“十二五”国家重点图书
出版规划项目

国家出版基金项目
NATIONAL PUBLICATION FOUNDATION

陕西出版传媒集团
2011年重大出版项目

中国少数民族法史通览

ZHONGGUO SHAOSHU MINZU
FASHI TONGLAN

总主编
张晋藩

本卷主编
李　鸣　陈金全　潘志成

参　编
李　剑　杨　玲　张晓蓓
李胜渝　杨丽英　袁春兰

第九卷

仫佬族·毛南族
羌　族·彝　族

陕西出版传媒集团
陕西人民出版社

丛书主编
张晋藩

张晋藩，男，汉族，1930 年 7 月出生，辽宁省沈阳市人。1952 年中国人民大学研究生毕业，历任该校法律系讲师、副教授、教授。1983 年至 1994 年任中国政法大学副校长兼研究生院院长、中国法律史研究所所长。现为中国政法大学终身教授、法律史学研究院名誉院长。

1983 年被评为中国法制史博士生导师，1988 年被评为国家重点学科法制史学带头人，1991 年享受国务院特殊贡献津贴。曾兼任：国务院学位委员会第二届法学评议组成员，中国法律史学会常务副会长、名誉会长，中国老教授协会副会长，全国人大常委会内务司法委员会特约研究员，中国法学会理事，等等。现兼任：中国法律史学会专业顾问，中国教育家协会名誉会长，最高人民检察院特约研究员，等等。

曾出版《中国法制史》《中国法律史论》《法史鉴略》《中国古代法律制度》《中国古代政治制度》《中国法律的传统与近代转型》《中国近代社会与法制文明》《中国宪法史》《中国监察法制史稿》《中华法制文明史》等 30 余部学术专著，主编《中国法制通史》（十卷本）大型学术著作。其中，有的已译成英、日、韩等国文字出版。迄今已发表专业论文 200 余篇。

2012 年，被中国法学会授予“全国杰出资深法学家”称号。

本卷主编

李　鸣

李鸣，男，1999 年毕业于中国政法大学研究生院，获法学博士学位。中国政法大学法律史研究院教授，民族法研究中心主任，西南政法大学、内蒙古民族大学兼职教授，中央民族大学民族法学博士生导师。长期从事法律史、少数民族法律文化研究，承担并完成多项国家级、省部级科研项目。出版《明代土地法制研究》《羌族法制的历程》《中国民族法制史论》《中国近代民族自治法制研究》等多部著作，主持编写全国民委系统“六五”普法学习用书《民族法规政策知识读本》。在《民族研究》《政法论坛》《现代法学》《比较法研究》等杂志上发表论文 40 余篇，其中多篇论文被《人大复印资料》全文转载。

陈金全

陈金全，男，1942 年生，四川渠县人。1967 年毕业于北京大学哲学系。西南政法大学教授、博士生导师，中国法律史学会第六届、第七届执行会长兼民族法律文化分会会长。曾在广西凤山、河池等壮瑶山乡工作 11 年。长期从事法律史和民族法文化的教学与研究。著有《北宋法律思想研究》、《中国法律思想通史》（两宋卷，合著）、《西方法律思想史》；主编《中国法制史》《西南少数民族习惯法研究》《彝族仫佬族毛南族习惯法研究》《凉山彝族习惯法田野调查报告》《贵州文斗寨苗族契约法律文书汇编》等。

潘志成

潘志成，男，1981 年生，江苏盐城人。贵州民族大学法学院教授、硕士生导师，法学博士，中国社会科学院法学研究所·贵州省社会科学院博士后研究人员，兼任中国人类学民族学研究会法律人类学专业委员会秘书长。主要从事法律史学、民族法学的教学与研究工作。出版有《西南民族传统法文化的历史与现状考察》《清代贵州苗疆的法律控制与地域秩序》等专著 2 部，合著有《清水江文书·土地关系及其他事务文书》《清水江文书·林业经营相关文书》《清水江文书·清江四案研究》《黔法探源》《西南少数民族习惯法研究》等多部著作，发表学术论文 20 余篇。

《中国少数民族法史通览》
总 序

早在公元前2世纪，中国便初步形成了多民族的统一国家，无论国家疆域、社会的物质文明和精神文明，都是由各民族共同开发、共同创造的，其中也包括辉煌的法制文明。在20世纪80年代中国法律史年会上，我首次提出了研究民族法史。在我的倡导与主持下，法史界的一些同道发宏愿纂修一部信而有征的少数民族法制史。希望借此传承与弘扬各民族法文化的优秀传统，展示少数民族的法律智慧，保存存在于少数民族地区的珍稀法制史料，进一步巩固以汉族为主体的中华民族大家庭。同时也可以充实中国法制史学的内容，提高中国法制史学的世界地位。

一、中华民族是统一的、多样性的伟大民族

在世界历史上的文明古国中，由于种种原因，多已失去独立自主的民族生命，或已沦丧其固有的文化传统，唯有中国历经五千多年的历史发展过程，始终绵永其独立的民族生命与文化。这和以汉族为代表的先进文化为基础所形成的统一的中华文化是分不开的。虽然古代有过华夏文化中心论的华夷之辨，有过“非我族类，其心必异”的狭隘民族观，也有过按民族划分社会等级的民族等级观，但并没有妨碍自秦汉以来中华民族便已形成的稳定共同体的绵延与发展。正像发源于巴颜喀拉山下的涓涓细流一样，中华民族也都发源于一个共同的文化传统，尽管血缘上有异，地域上有别，但不存在严格对立的民族隔阂与阻止交流的壁垒。

“中华民族”作为一个整体，不仅有着同源的文化，而且在漫长的发展过程中，不同程度地进行着相互渗透、相互亲和、相互同化。只是由于所处的地域不同、生产过程与方式不同、习俗不同而表现出“族”的特有的形式而已。

数千年来，各民族经过不断的迁徙、杂居、通婚、互市，在文化上互相学习，在血统上互相融合，你中有我，我中有你，民族畛域逐渐消弭，统一的民族精神日益凸

现，这个民族精神，早已超越了一族的界限。正是这种超越一族的磅礴之气，以及各民族在文化同源的背景下的多样性发展，才形成了绚烂多彩的中华文明，凝聚成厚重的“中华魂”。法律作为中华文化的一部分，也有其源与流、干与支的相互关系及内在联系，并由此形成了多样性的统一体。这是我们在探究中华少数民族法制历史时首先应该注意到的。

二、中华法系是集各族法律智慧共同缔造而成的

中国是世界法制文明的古国，具有四千余年从未中断的法制历史。中华法系是世界公认的特色鲜明的一大法系，其中也汇聚了中华各族的法律智慧。早在法律形成时期便表现出了民族间的相互吸收与传承。根据史书记载，上古时期，华夏族以外的苗民，便已开始制定法律，所谓“苗民弗用灵，制以刑……爰始淫为劓、刵、椓、黥。越兹丽刑，并制罔差有辞”①。其后黄帝灭其族而用其刑，使苗民的刑制发展成为整个夏商周三代通行的奴隶制五刑：墨、劓、刖、宫、辟，并沿用至汉初。

特别需要指出的是由战国末期至秦汉逐渐兴盛的匈奴族，是中国历史上北部游牧民族建立的第一个统一的军事政权，并且适应游牧民族调整内部生活与秩序的需要，开始设范立制。史书说：其法，拔刃尺者死，坐盗者没入其家；有罪小者轧，大者死。狱久者不过十日，一国之囚不过数人。②

自秦汉迄南北朝，在中华民族的大家庭中，又融入匈奴、鲜卑、氐、羌、羯等诸民族。从西晋末年开始的“五胡内迁”，到东晋时期与江南东晋政权抗衡的北方“十六国”，再到南北朝时期的北方五朝，少数民族相继在广大的中原地区建立了政权。同时根据统治广大地区的需要，结合本民族的习惯，制定了使用范围不同的法律，丰富了中华法文化的内容，甚至创造了为隋唐时期所直接取法的法律范本。例如，鲜卑族统治的北魏时期，自道武帝拓跋珪至孝文帝拓跋宏，都较为注重法制建设，经历了从习惯法过渡到成文法，再发展到引礼入法的几个阶段。在儒家思想的引导下，并经过汉族律学家的具体帮助，以“齐之以法，示之以礼”③ 为指导思想，终于在太和五年（481）颁布了著名的《太和律》。这部律典既融汇了汉魏晋以来法制建设的成果，同时也保留了某些元魏旧制，可以说是这个时期游牧文化与农耕文化大融合的产物。从程树德先生辑录的魏律遗文中可以看出儒家人本主义对魏律的影响：“世祖定律，

① 《尚书·吕刑》。
② 《史记·匈奴列传》。
③ 《魏书·刑罚志》。

妇人当刑而孕，产后百日乃决，盖本元魏旧制。”① 至于鲜卑后裔建立的北齐王朝，其在法制上的贡献具有承前启后的历史地位，程树德先生评论说：“南北朝诸律，北优于南，而北朝尤以齐律为最。”②《北齐律》开创的新体例，与隋唐律的传承关系十分明晰：“盖唐律与齐律，篇目虽有分合，而沿其十二篇之旧；刑名虽有增损，而沿其五等之旧；十恶名称，虽有歧出，而沿其重罪十条之旧。”③由于各民族坚持不懈地进行法制的创造和法文化的交流，才有隋唐时期中华法系的定型。历史雄辩地说明了中华法系是以汉族为主体，各族共同缔造的。

隋唐时期中国的法律文化、典章制度远播海外，中华法系成为相邻国家和地区的母法。而建立在祖国边陲的吐蕃、突厥、南诏等地方民族政权，各自有着一套行之有效的法律体系。尽管这些法律带有浓厚的地域色彩，并杂有民族习俗和宗教规条，但是不可否认，它们都包括在中华法文化的大法苑中，都是中华法制文明的重要组成部分，都体现了当时少数民族对法制的重视和思考。

唐朝统治者对少数民族的法律和习俗也持认同态度，《唐律疏议》在处理化外人相犯时就提出这样的原则，“诸化外人，同类相犯者，各依本俗法，异类相犯者，以法律论。”在此条的疏议中就特别提出：“‘化外人’谓蕃夷之国，别立长君者，各有风俗。制法不同。其有同类自相犯者，须问本国之制，依其俗法断之。”④ 由此开创了在统一的多民族国家中，不同的民族在特定条件下可以适用本民族法律的先河。这条规定也从一个侧面反映了各族法律的发展状况，以及在互相交流中不断地得到演进的原因。近年来随着考古的发现，隋唐时期各少数民族政权的法律文件已部分地公之于世，为我们认识这一时期少数民族法制状况提供了第一手资料。

由于唐朝对边疆少数民族实行“恩惠抚和”的政策，使众多的少数民族相继内附，而且由于统治者开明的民族观念，使得各民族关系更为和谐，唐太宗曾提道：“夷狄亦人耳，其情与中夏不殊。人主患德泽不加，不必猜忌异类。盖德泽洽，则四夷可使如一家。”⑤ 以致有唐一代，在内附的民族区域建立的羁縻府州县多达856个，“羁縻，犹言维系也”⑥。在这些羁縻府州县中，政权事务由当地少数民族首领世袭管理，原有风俗一概保留，中央政府不加过问。地方仅在军事上“奉征调”，在赋税上

---

①②③ 程树德著：《九朝律考》，中华书局2003年版，第383、391、391页。

④ 《唐律疏议》卷六“化外人相犯”条。

⑤ 《资治通鉴》卷一九七，贞观十八年十二月。

⑥ 《纲鉴易知录·唐纪》卷四十三，中华书局本。

纳贡。许多民族还制定了地方性法规。

宋朝是面对民族问题最多的朝代，宋朝统治者运用法律的手段调整与西北蕃族的关系，制定了《蕃官法》、《蕃兵法》、《蕃丁法》、《茶马法》等法规。在宋朝统治期间，契丹族、党项族、女真族先后崛起，建立了辽、西夏、金等国，分别制定了既吸收中原地区传统法律文化，又具有本民族特色的辽《重熙新定条例》、金《泰和律义》、西夏《天盛改旧新定律令》等。辽金律已佚，只有西夏国天盛年间制定的《改旧新定律令》保存完好。① 《天盛改旧新定律令》是中国历史上第一部用少数民族文字印行的法典，其详细程度为现存中古法律之最。法典总计二十余万言，没有注释和案例，全部是律令条文，其内容包括刑法、诉讼法、民法、经济法、军事法，多方位地反映了西夏社会生活的各个方面。②

至元代，在蒙古族的统治下，天下又合而为一，元朝统治的疆域空前辽阔，其法制的创造性则更加明显，譬如独具特色的刑罚体系，平反律目的创立、民事诉讼的程序化、行政法律规范的细化等等，都反映了法制的民族性与创新性。目前存留的《大元通制条格》，既是中华民族法制史上一部重要的法典，又是蒙古族法制文化所达到的高度的表征。

综上可见，隋唐以来各民族的融合和文化上的交流，为封建社会后期法律体系的趋于完备和法律制度的不断完善创造了条件。至清代，民族立法已臻于完备和成熟。

至清代发源于白山黑水的满族早在关外开国肇基时期，便通过颁布《盛京定例》的形式，与蒙古结成巩固的联盟，并促使蒙古族社会关系的法律调整。此外，还采用“参汉酌金”的立法路线，创造了民族特色鲜明而又迅速封建化的关外法制。1644 年入关以后，更将“参汉酌金”的立法路线推向全国。顺治三年的《大清律集解附例》其实是大明律的翻版，随着汉满法文化交流的深化，至乾隆五年修订的《大清律例》已经成为与唐明律相同的正统封建法典。

清朝统治者为了统治疆域辽阔的统一多民族国家，实行“因族制宜、援俗而治”的政策，一方面确认各族的习惯法在该民族地域内继续发挥效力；另一方面，为了巩固多民族统一国家，制定了一系列民族立法，如《蒙古律例》、《理藩院则例》、《回疆则例》、《青海蕃夷成例》、《西藏章程》以及适用于苗疆地区的条例等。《大清会

---

① 《天盛改旧新定律令》（史金波、聂鸿音、白滨译注，法律出版社 2001 年版），该法典从俄国引至国内，原文献藏于俄国科学院东方研究所圣彼得堡分所写本部。

② 史金波、聂鸿音、白滨译注：《天盛改旧新定律令》，法律出版社 2001 年版，第 3—4 页。

典》里也汇编了有关适用于少数民族的诉讼、审判、定罪、量刑等方面的律例近百条。这都标志着民族立法进入了前所未有的辉煌时期。

以上可见，自从中华民族进入文明时代起，在中华大地上便孕育了包括汉族在内的众多民族。尽管他们在不同的时代由于文化、经济、政治发展的差别而处于不同的历史地位，对于缔造中华法系所起的作用也有所不同，但无论如何，中华法系是各族人民共同缔造的，凝聚了各族人民的法律智慧，是各民族法律文化与法制经验相互交流与吸收的综合结果。

三、习惯法和民间法是少数民族法律体系中的重要组成部分

在悠久的历史长河中，建立独立政权的少数民族毕竟是少数，而建立全国性政权的少数民族也仅有元清两朝而已。绝大部分的少数民族依然固守在世代生活的一隅之地，遵循着传统的习俗和共同推崇的权威，维持着社会的秩序。在政治、经济和文化发展不平衡的统一多民族中国，这种状况是较为普遍的。这些民族的生产和生活如何维持，相互间的矛盾与纠纷如何解决，对财产的侵犯与人身的伤害如何制裁等，都需要依靠约定俗成的规则。这些规则有些是成文的习惯法，有些是不成文的习俗。虽然简陋，但却具有很高的权威性与约束力，发挥着对该族内部生活的调整作用，这是我们研究与撰写少数民族法制史所不可忽视的。事实上在国家大法难以完全覆盖到的角落，家族法、习惯法、民间法，或者其他风俗习惯都对建立与维持一定的秩序起了重要的乃至主要的作用。韦伯在论中国传统皇权治理模式时说："出了城墙以外，统辖权威的有效性便大大地减弱，乃至消失。"① 这论断虽然稍嫌绝对，但却揭示了一个现象：在乡土中国，确实存在王法难以达到的真空，何况在少数民族聚居的边远地区。所以在研究与撰写少数民族法制历史的时候，需要探究在该民族地区起着实际作用的法源；需要了解在该民族生活秩序中，法与情、法与理是如何统一的；尤其是需要掌握具有共同性的法律意识的生成、发展及其作用。毕竟一部法典的生命力是有限的，而内蕴在少数民族内心的法律意识是世代相沿的，尤其是在相对闭塞的角落中更是如此。

在20世纪50年代以前，独龙、怒、傈僳、德昂、阿昌、景颇、阿瓦、拉祜、纳西、基诺、黎、布朗、赫哲等十几个民族或这些族群所在的部分地区，原始社会色彩还相当浓厚。不仅不可能拥有成文法，甚至连本民族文字都没有，它们的法律还处在

① 韦伯著，洪天富译：《儒家与道教》，江苏人民出版社1993年版，第109页。

世代相传的祖先训谕与原始宗教规条以及部落首领的训诰层次上。如景颇族的“通德拉”，即属于早期习惯法的范畴，对于这些习惯法的解释和执行，由部族头人和巫师负责。正如前文所阐明的各少数民族之间的发展是不平衡的，譬如凉山的彝族在新中国成立初期还处于奴隶社会，头人作为奴隶主行使着处罚大权，运用习惯法（彝语称“节威”），来维护奴隶主的特权和对奴隶的剥削压迫。较之彝族发达的西藏的藏族、云南西双版纳的傣族在当时已经处于农奴制社会。

藏族是一个具有悠久历史的古老的民族，从吐蕃初期制定的教法戒律，到松赞干布根据佛教“十善”制定的“法律二十条”称为吐蕃成文法的母法，无论是《王朝准则之法》还是《伤人赔偿律》、《盗窃追赔律》，都以它为基准，逐渐形成了在历史上典型的地方少数民族的成文法体系和丰富的法律内容。至清朝统治时期，清政府还通过制定“则例”“章程”“条例”等部门法的形式对西藏进行全面的管理。与中央立法相对应，西藏地方政府也制定了一些重要的法规，主要有五世达赖时期的《十三法》、青海果洛地区的《红本法》、德格土司的《法律十三条》，毛垭土司的《十三条禁令》等。藏族法律形成的多样性以及宗教戒律、道德规范与法律规范的结合，构成了藏族独具特色的、多元的法律文化。

聚居在西南边陲的傣族，长期以来就适用本民族习惯法。远在 12 世纪，首领叭真统一各部建立勐泐政权，随后历代宣慰司和勐泐土司为了维持封建领主的地位，颁布了一系列封建法规，如西双版纳傣族的民刑法规、礼仪规程和孟连宣抚司法规等。此外，壮、布依、侗、苗、瑶、土家、畲、白、回、维吾尔、蒙古、满等 30 多个民族则处于封建社会的中前期。如在苗族地区，基本上是按宗支建立自己的社会组织，即所谓“立鼓为社”，各鼓社均有自己的民主议事制度，并根据古礼和传统习惯制定规约。明清时期，苗疆各民族的习惯法经过长期的演化，逐渐丰富起来，成为具有普遍约束力的“苗例”。它涉及社会生活各个方面，内容相当广泛。经过历代中央政府的认可，苗例在苗疆地区长期适用。

再如侗族，其习惯法为“约法款”，其中的法律条文成为“款词”。款词原本是靠侗族人民口耳相传，后来采用汉字记录语音的方式辑录下来，成了现在的成文形式的侗族习惯法。

总之，少数民族习惯法和民间法的数量是众多的，形式是多种多样的，其内容主要是对贼盗犯罪的惩治和以罚牲畜作为刑罚的主要手段；在审判上运用多种形式的神明裁判。① 这些少数民族的习惯法与民间法，历史悠久，特色鲜明，它密切联系社会生活，服务于社会生活，具有深厚的群众基础和较高的权威，起着相当有效的调整作用。它们的存在有其必要性与合理性，是需要以理性的态度对待的。

需要指出的是，有些少数民族经过一番斗争，才获得了适用本民族习惯法的法定权利。以苗疆各族为例，苗疆各族人民多次进行争生存、反压迫的武装起义，迫使清朝在立法中确认苗疆少数民族习惯法的法律效力。据《清高宗实录》卷一三九载："若苗与苗非聚众而自相杀伤、偷盗，苗人愿照苗例完结者，免其相验解审。""一切（苗人）自相诉讼之事，俱照苗例完结，不治以官法。"《大清律例》卷三七"条例"："苗人与苗人自相争讼之事，俱照苗例归结，不必绳之以官法，以滋扰累。"

随着社会的发展进步，少数民族间的习惯法与民间法也处于由粗俗趋向细密，由野蛮趋向"文明"的进步过程中。正因为如此，整理少数民族固有的习惯法、民间法对于保存传统的法文化资料是十分紧迫的。

四、"通古今之变"是研究少数民族法制史应有的态度

由于历史的发展具有连续性，所以研究少数民族法制史时不能只局限于特定的历史时期，还需要纵向地考察法律内容的嬗变与联系、法律思想的传承与发展，总之要通古今之变。但绝不意味着仅仅是为了叙述其发展过程，厘清其发展轮廓。首先，是为了抽象各少数民族法制历史发生发展的规律性。譬如，秦汉以降在统一多民族的中国，各个民族大小不同、强弱不同、语言不同、居住环境不同、经济类型不同、文化和社会发展程度不同，这些都必然反映在各族群的实际生活与思想意识当中，由此形成了不同民族的法观念和立法的特点，它们在共同性中又存在着明显的差异性。又如，少数民族在取得政权以后（无论是全国性的还是地方性的），法制建设都会出现跳跃式的发展，往往从简单、落后的习惯法跃升到封建性的成文法典，北齐律可以看作是一个最明显的典型。这不是偶然的，是适应先进的汉族的生产方式与社会生活借以存在的需要，同时也和法文化的交流融合分不开。恩格斯说："文明较低的征服者，在最绝大多数的场合上，也不得不和那个国度被征服以后所保有的较高的经济情况相

---

① 民族志研究者根据田野调查，发现时至今日，在我国一些少数民族地区，对一些纠纷仍然保留传统神判方法，如景颇族，村里的仲裁者在证据不足又不能排除犯罪可能的情况下，就运用神判，目的是借助于神的意志来判定告发人和嫌疑者谁是谁非。其常用的办法有闷水、捞沸油锅、煮米、鸡蛋清卦、斗田螺、捏鸡蛋、诅咒、叫天等等。

适应；他们为被征服的人民所同化，而且大部分甚至还采用了他们的语言。”① 法律的发展也是如此，中华民族内部法文化的交流与融合一直未曾停止过。

其次，是为了总结中央政府在处理民族关系上的历史经验与借鉴。譬如在汉族中原王朝“大一统”思想的主导下，从少数民族政治、经济、文化的差异性以及与内地发展水平的不平衡性出发，采取一定的因族因俗制宜的自治方式或原则。强调“修其教不易其俗，齐其政不易其宜”②，“以其故俗治”③，“各依本俗治”④，“天子之于夷狄，其义羁縻勿绝而已”⑤，“荡佚简易，宽小过，总大纲”⑥，“临时制宜，略依其俗，防其大故，忍其小过”⑦。既强调其因俗制宜，赋予一定的民族自治权，又强调中央政权的管辖与法律的统一适用。这两者结合，是中国古代治理少数民族地区成功的经验，对于今天加强民族关系的法律调整都有历史的借鉴意义。

除此之外，为了维护和巩固统一的多民族国家，中央政府还采取必要措施保证国家对少数民族地区的立法权和司法管辖权，从而形成了中国各民族多元一体的法律发展格局。如何发掘和利用民族法文化的本土资源，使民族的习惯法与国家法律有效地衔接并逐渐一体化，将会促进依法治国的方略在广大疆域的实施。

最后，通过深入挖掘整理民族法文化遗产，将会极大地丰富中华民族的法律文化宝库，繁荣民族法学。由于少数民族发展本身具有不平衡性，无论法律意识、法律思想、法律实践、法律表达在不同的少数民族间存在很大的差距。有的少数民族没有自己的文字，民族的形成又比较晚；而有的民族虽然显赫一时，如契丹族，却早已经消亡以至难觅其踪迹。所以要编写出少数民族法制史，必须要进行广泛的田野调查，收集散失在民间的珍稀法律史料，由今及古复原出少数民族最真实的法制发展进程中的图景。法国史学家马克·布洛赫提到历史学家的技艺时曾谈道：“史学家所要把握的正是它在每个阶段中的变化，但是在历史学家审阅的所有画面中，只有最后一幅才是清晰可辨的。为了重构已经消逝的景象，他应该从已知的景象着手，由今及古地伸出

---

① 恩格斯：《反杜林论》，载《马克思恩格斯选集》第3卷，人民出版社1972年版，第222页。

② 《礼记·王制》。

③ 《汉书》卷四二。

④ 《唐律疏议·刑名》。

⑤ 《史记》卷一一七。

⑥ 《资治通鉴》，卷四八。

⑦ 《后史记》卷八七。

掘土机的铲子。”①

系统地编纂中国少数民族法制史是一项前无古人的事业，它的出版必将深化已有的民族法制史研究成果，全面弘扬中华民族的法律文化，使原先隐藏在历史烟尘中的明珠能够在世界法制舞台上熠熠生辉！由于中国少数民族传统法律文化内容极其丰富，而且处于不断发展变化之中，所以编纂这套《通览》并不意味着对少数民族法制史研究的结束，而只能说是一个阶段性成果。“路漫漫其修远兮，吾将上下而求索。”屈子的吟唱同样适用于我们对于少数民族法制历史的探求。

早在1983年，我于中国法律史学会西安年会上第一次提出编写中国少数民族法制史的意见，其后在论及中华法系的特点时，也一再强调中华法系是由汉族为主体的中华民族共同缔造的，但是编纂少数民族法制史的想法一直未能落实。直到1999年岁末，在时任中共云南省委常委、政法委书记秦光荣同志的支持下，我于昆明召开了全国相关学者参加的编写《中国少数民族法史通览》研讨会，后又争取到多项基金的支援，才使得这个计划得以逐步实现。

编写这样一部卷帙浩繁的、前人所未做过的文化工程，困难是很多的。我们虽然勉力以赴，但缺点与不足之处，甚至错误都难以避免。敬请读者批评指正。

张晋藩

2014年9月

① 〔法〕马克·布洛赫著，张和生、程郁译：《历史学家的技艺》，上海社会科学出版社1997年版，第38页。

[目录]

仫佬族法制史

毛南族法制史

羌族法制史

彝族法制史

仫佬族法制史

MULAOZU FAZHISHI

MULAOZU DE SHEHUI GAIKUANG YU FALÜ YUANYUAN

第一章

仫佬族的社会概况与法律渊源

第一节

仫佬族概况

仫佬族［mùlǎozú］是中华民族大家庭中的一员，根据1990年全国人口普查统计，我国仫佬族人口总数为159,0328人，其中有80%（约122,0400人）居住在广西壮族自治区的河池市；而河池市的仫佬族人又有80%（约101,0378人）聚居于罗城仫佬族自治县。该县位于桂北九万大山南沿地带，地跨东经108°28′24″~109°9′18″，北纬24°37′25″~25°11′15″之间。东北、东南、西南、西北分别与融水苗族自治县、柳城县、宜州、环江毛南族自治县等县（自治县）相邻，与壮族、苗族、毛南族和汉族间的文化交流十分密切。

仫佬族是一个农业民族，以耕田种地为立业之本。罗城县共有耕地31.4万亩，林地158.1万亩，草地35.5万亩，水域8.9万亩。农业是仫佬族人的主要经济来源，仫佬族以种植水稻著称，在宋代龙江沿岸人民（包括仫佬族）即已“种稻似湖湘”。此外，仫佬族还种植玉米、红薯、芋头、谷子、小麦、荞麦、高粱等，经济作物有棉花、花生、黄豆、芋麻、芝麻、油菜等。

仫佬族的法制与这种农业经济息息相关，“冬头”、“长老”等民族上层既是仫佬族社会的首领，也是仫佬族农业生产的组织者。明清以降，仫佬族举行“开土迎春”仪式相当普遍，据清代的《罗城县志》记载：“立春前一日，迎勾芒神（谷神），引户办台阁，制花鞭，迎土牛于东郊。至县界，土牛以耕，三策，一曰风调雨顺，二曰物阜民安，三曰天下太平。观者如睹。立时，官吏祭神打春，以土牛分之送绅士。”①这里的绅士也即仫佬族的“冬头”和“老人”，各冬头在“开土”仪式时也要随着官吏把自己带来的谷种撒一部分到田里，表示今年耕种开始。开土迎春之后，乡民各自回家举行开土仪式。第二日立春这天，冬头把剩下的谷种分发给各家各户。大家得谷种后，与酒肉一起祭祖，然后牵着牛到自己的田里去犁三犁，将谷种撒到田里。撒谷种的时候，冬头要到各户察看，不让村民遗漏。冬头边察看边告诫村民，抓紧季节抢

---

① 转引自吴保华、胡希琼主编：《仫佬族的历史与文化》，广西民族出版社1993年版，第187页。

播抢种。① 冬头对号召人们重视农耕，不误农时，搞好生产方面确实起到了积极作用。

仫佬族的宗教信仰是仫佬族文化的重要内容。过去没有统一的宗教，从其先民的自然崇拜，发展到信仰多神，道教的“天仙”、“地仙”、“散仙”，佛教的诸佛、菩萨，以及民间的巫师、巫婆、祖先、鬼魂等等，多在信奉之列。

第二节

法律制度的渊源及其特点

仫佬族是一个人口较少的民族，1990 年全国人口普查仅 159,0328 人，历史上的人口应当更少，又长期处于中央王朝或外民族土司的统治下，仫佬族社会的法律制度总体上以中央王朝的法律制度为主。明代即已在仫佬族聚居区设流官，推行里甲制度，实行直接统治。但当时在县官之下，仍增设了土巡检司、镇和寨堡等基层机构，利用当地少数民族头人为官，把流官与土官的统治结合起来。到了清朝，特别是随着团甲制的实施，中央政府的直接统治得到了加强。可以说，明清时期中央政府在仫佬族社会并没有如同其他少数民族社会一样实施“因俗而治、不改其旧”的统治方针，中央王朝的法律制度是仫佬族社会法制的最主要内容。

在中央王朝的法律制度之外，仫佬族社会内部的族规、禁约也是其法制的重要渊源。这种自发形成的规约也具有一定的约束力，在保护农业生产、保护群众生命财产安全、维护社会秩序等方面，仍起着国家法律所不能起的某些特殊作用。具体而言，仫佬族社会的规约可分为两类：

一是族规。仫佬族是一个宗族观念很强的民族，血缘关系的纽带始终紧紧地把他们联系在一起，同族同宗的仫佬族人都住在一个或几个、几十个彼此相邻的村寨中。“冬”是仫佬族社会的宗族组织形式，几乎仫佬族各大姓都存在着这种称为“冬”的组织。“冬”一般都订立有族规，族规是族人必须遵守的行为规范。它在敬祖宗、明宗法、信神灵、孝父母、睦邻里、重信义、保族产、戒争讼、禁奸淫、惩盗贼等诸方

① 罗日泽等：《仫佬族风俗志》，中央民族学院出版社 1993 年 6 月版，第 44—45 页。

面都有具体的规定。例如《大梧村吴姓二冬的祠堂规则》:①

自来伦常固宜首重，宗祠尤贵分明，稽余二冬自鼻祖以来，生数十余代，烟户稍近七八百家，或世居本村有之，或分支别地亦有之，悉同归于一祠，实同归于一脉所生者也。迄今年深日久，房族间有牛马襟裾，不守道德，不从天伦，擅作欺宗灭祖，专为藐族慢尊，或乱伦而同族为婚，或勾匪而戮害同宗，或田地而私卖外人，有此等人，不特为本祠所不容，抑亦为法律所不许也。曩者曾因此等人物，扰乱本祠，诉至公庭，受阂祠人等协拟本祠规则，勒附石碑，以儆来者之效尤也，是为引。

——开祠议事，须要听族长公论，分别情由，年居卑幼，不得参语高声乱喊，有此等人即非谦让；

——为人须葆其固有之良，不得任意妄为，而恣淫乱伦等情，有之，不啻禽兽；

——婚姻之事，凡同宗共祖之姊妹、婶嫂，不得以疏族而娶为妻媳，亦不得以远居异地而乱为匹配，有此原因，即是灭天理之人；

——变卖房屋田地，须要先尽六房族内人等，无人承领后，即任由卖出外人，如有贪图串通受贿，族内未尽，遂卖出外人，有之，即是藐族之人；

——为人宜守本分，不得违法例而为非作歹，或盗贼与窝藏匪类通匪、勾匪忤害族内等情，有之，即是首恶之人；

——事理不平，应行具控，必先由族长等公论，倘若不清，任其经凭团总理论，以定其可否，若仍不清，即任其向前控诉，不得以口角是非或毫末之理，即听讼棍唆使，捏以大题，往往冤屈大受，有之，是藐法之徒；

——从勤息之人，必要公是公非，不得徇情庇护受贿扶同，有之，我等众人佥呈攻讦，如有退缩不行直前者，即以徇情受贿论，一并指明，俱难逃罪。

以上议条，各宜恪守，倘有不遵，或听讼棍唆使，动辄移殃嫁害与抢控抵塞等情，必经众族人等先行举罚，后论是非，小则公罚，大则送官究治，庶一道同风，而千门和乐，共享升平之福，永称礼仪之乡，是所望也。

民国九年六月二十九日

这则族规涉及的范围非常广泛，从伦常道德到婚姻、防盗、田地买卖以及调解戒讼等方面都有规定。新村谢姓的家训的十则要目是“敬君尊祖隆师，孝父母爱兄弟，睦家族正男女，尚勤俭治本业，重丧祭和亲戚，谨言行信朋友，崇礼让端品行，谨细

① 广西壮族自治区编辑组:《广西仫佬族毛南族社会历史调查》，广西民族出版社 1987 年版，第 180—181 页。

行严盗贼，清坟墓息争讼，教子孙清接继”，大致也是上述的敬祖宗、明宗法、信神灵、孝父母、睦邻里、重信义、保族产、戒争讼、禁奸淫、惩盗贼等内容。家族成员内部的纠纷多以族内调解的方式解决，如果争讼双方不服从家族裁决，才可以上告官府，但这种情形十分罕见。

触犯家法族规的族人，轻则罚款，重则开除族籍，甚至没收家产，作为蒸尝公产。如新村谢姓的清代族谱规定，凡是族内之人生育男丁的，必须在清明节到宗祠内办理“报丁”手续，如果一年不办理者，罚铜钱100文；两年不办理者，罚铜钱200文；延期一年，追加铜钱100文。又固定凡轮值办理清明祭祀的“头人”，如果不依照规定的数额办齐祭品和应分给族人的肉、糯饭、豆腐等，罚铜钱三百文。最为严厉的处罚，当属出籍（开除出族，或称革除出众）。凡是嫖本族女人的，或者偷本村人的东西，不承认错误者，都将被革除出众。如大梧群有一人因偷亲属的牛，又不承认错误，于是被革除出众，群众不与他来往，平时不和他讲话，不借东西给他，放牛也不和他在一起，如果要归众，必须要请吃和气酒。①

二是公约。在仫佬族社会中，曾普遍存在着一种称为“会款”的组织。每年农历六月，仫佬人就召开一次全村寨民众的大会，共同立约，制定出诸如禁止牲畜践踏庄稼，禁止偷盗粮食、蔬菜、柴草和违例挖田坎、乱放田水等一类保护生产的条文。有些会款的内容也不限于此，如四把乡“五冬”会款公约就有“不准偷盗为匪，不准窝匿匪类”，“不得勾姑嫖嫂”、“本大庙所属任何一村遭匪攻打，他村有群起援救的义务”等内容②，这就超出了保护生产的范围，使会款具有保护地方安全、稳定社会秩序的职能。“会款”一般都有首领，称“头人”，其推选办法类似族长。“头人”负责会款内事务，同时要接受群众监督。另一种公约称为“土岭公约”，凡耕种一个土岭的村人，每年到五月初五这天，到土岭集会，共同订立公约，会后共饮一场，然后再按户按人分发一小块猪肉。公约写在木牌上，竖在路旁或三岔路口，使群众看到以便遵守。其内容类似会款，也多为保护生产的规范，如“立禁约款条事，窃闻朝廷有律法，乡党有禁约。法律不遵，则纲常扰乱。禁约不遵则盗风易长，本村人居稠密，禾苗杂粮成熟竹木果品丰富，各家大小男妇不得眼见心谋，并及各家牛马亦不得踏践生理情弊，如有谁人牵牛踏践生理，偷盗一株一件，被人拿获者，公禀款头理论赏给花红票大元，众款告白预字通知，各宜禀遵，勿谓言之不早也，花红票即到即决不食

①② 广西壮族自治区编辑组：《广西仫佬族社会历史调查》，广西民族出版社1985年版，第156、156页。

言。”如果违犯了规定要受到处罚。处罚一般分为三类，第一类凡放牛马损坏庄稼，以罚款为主。第二类做匪、窝匪则罚款或送官究治。第三类勾姑嫖嫂，加重处罚。执行禁约的是款头，但款头在处理事情时，团总、村甲长都参加。①

中央王朝的法律制度和仫佬族的宗族族规、地方公约以及习惯法一起组成了仫佬族社会法制的内容。从总体上看，仫佬族的法制受汉族文化的影响较深入全面，不仅其法制的主要部分是由中央王朝的法律制度构成的，而且其民族社会内部形成的族规家训等也带有较明显的汉文化痕迹。但是，仫佬族的法制仍还有浓郁的民族特色，例如会款，又如冬组织的管理职能。它们作为一种有深远历史根源、有广泛群众基础的民族性或地方性习惯法，并没有在中央王朝统一法制实施的前提下丧失其原有作用，对人们的思想和行为仍有一定的约束力，在保护农业生产、保护群众生命财产安全、维护社会秩序等方面，仍起着国家法律所不能起的某些特殊作用。许多群众中的纠纷争讼，仍然要请族长来评理解决，解决不了才交政府处理，因此，颇受历代统治阶级所重视，甚至加以改造和利用。如李宗仁、白崇禧统治广西时期的1934年，罗城县政府仍然在仫佬族聚居的凤山、武阳以及三防等区征集族规禁约，修订为当时的乡村禁约，报广西政府批准，颁布全县各乡村执行，以达到巩固其统治的目的。② 仫佬族人口较少，又与周围的汉、壮等族有长久的接触，其文化和法制之所以能够代代传承、发展至今，一方面由于传承和发展了本民族的优秀文化遗产，另一方面也由于不断地汲取汉、壮等外民族的影响，来丰富和发展本民族文化与法制，所以，虽小而至今犹存。

---

① 广西壮族自治区编辑组：《广西仫佬族社会历史调查》，广西民族出版社1985年版，第147页。

② 吴保华、胡希琼主编：《仫佬族的历史与文化》，广西民族出版社1993年版，第112页。

MULAOZU DE SHEHUI ZUZHI JIQI HUNYIN ZHIDU

第二章

仫佬族的社会组织及其婚姻制度

第一节

社会组织制度

虽然仫佬族社会受汉文化影响较深，但仫佬族的社会结构仍是一种潜在的结构，它不浮于社会的表层，一直以民间独有的方式运行，并不完全与外来的封建中央政权的结构认同或融合。时至今日，这一结构形态仍部分存在并运行于罗城县仫佬族民间社会之中。

一、家庭

一般认为大约在唐宋元时期，仫佬族原始社会开始解体，逐步发展为封建领主制社会。永徽年间，曾被贬至柳州的唐代散文家柳宗元记载当时柳州一带还存在“土俗以男女质钱，过期则没入钱主”① 的奴隶制。明清时期，仫佬族进入封建地主制社会，逐渐形成了以核心家庭为主，主干家庭、扩大式家庭为辅的多种形式并存的家庭结构。直接导致核心家庭制的，是儿子婚后分家析产的习俗，仫佬族俗语说：“树大分桠，仔大分家。”就罗城下里乡的调查显示，自清朝光绪年间至今，祖孙三代同居的现象极为少见。老人们回忆说，兄弟同居共财产的家庭，在当地仅有一户。②

在各核心小家庭中，一切事宜多由家长筹划安排。随着汉族中央政权对仫佬族社会统治的加强以及汉文化的渗透和影响，“父为子纲”的原则也得到了仫佬人的普遍认同，家长权在这一观念的维系和支撑下更加牢固和强大，它主要表现在以下方面：第一，家长统一筹划生产事宜，率领全家大小成员进行生产，并代表着家庭与外界发生各种关系，使全家的生产和生活能有条不紊地进行。在仫佬族社会中，不分男女长幼都要进行力所能及的劳动，所得财产归家庭所有，父亲是家庭财产唯一的合法掌管者，由他统一决定财产的提留、支配、使用和消费，子女一般无权过问。为了维护父

① 《旧唐书·柳宗元传》。

② 广西壮族自治区编辑组：《广西仫佬族社会历史调查》，广西民族出版社 1985 年版，第 242 页。

亲的家庭财产权，民间一切有关财物交易的契约在通常情况下，必须要由一家之长的父亲署名画押，方能产生效力。官衙、村寨、家族下达事项，大多责令作为家长的父亲遵行。子女若不经家长许可私自动用或处分家庭财产，要么视为“越权”，要么视为“家盗”，都要受到家法的严厉制裁。如果子女背着父母典卖家中财物，如土地、房屋、耕牛、粮食等，社会不予承认，违者，物还原主，财没不追，家长还要重罚子女。第二，家长有权干预家庭成员的各项事情。人们认为，子女的生命是父母给的，没有父母便没有子女，父子之间是一种天生的不平等的领属关系。在这种条件下，父亲的意志不容违抗，权威不容置疑，例如仫佬族人的婚姻大事，均由家长包办，子女一般无权自主。如果父亲年纪大了，精力有限，而儿子又已长大成人，那么，家庭的管理权力，就由父亲移交给儿子。在这种情况之下，家庭中重大事情的处理，儿子都还要征询于父亲，得到父亲的同意认可之后才能去做。不过如果儿子已经分家另过，父亲就不便过问儿子小家庭的事情。

二、家族

仫佬族是一个宗族观念很强的民族，血缘关系的纽带始终紧紧地把他们联系在一起，同族同宗的仫佬族人都住在一个或几个、几十个彼此相邻的村寨中，例如仫佬族大姓之一的银姓族人，主要居住在中石村一带，过去曾有“银姓十三村”的说法。这些聚族而居的银姓村落，除峒场不计外，都集中于纵横各约六里的一个平坝上。① 仫佬族的其他大姓也如银姓一般聚族而居，如东门乡的大潘、小潘等屯为潘姓，大罗、小罗等屯为罗姓，四把乡的大梧村为吴姓，他姓他族杂居的村落较少。

几乎仫佬族各大姓都有一种称为“冬”的组织，有人认为“冬”是为交纳粮款而划分的区域单位②，不过立于明朝洪武二年（1369）的仫佬族吴姓“二冬”宗祠碑碑文表明，这一组织早在明初即已存在，且在当时即已具备了血缘性。“冬”实质上就是血缘宗族，仫佬人以同“冬”作为划分宗族的标准，人们以冬为单位建立宗祠，订立族谱，举行祭祀活动。而且，同一个冬的成员往往聚居于一处。在一个村寨里，

① 广西壮族自治区编辑组：《广西仫佬族社会历史调查》，广西民族出版社 1985 年版，第 109 页。

② 广西壮族自治区编辑组：《广西仫佬族毛南族社会历史调查》，广西民族出版社 1987 年版，第 179 页。

如果有几个“冬”，则各冬的房屋都建在本冬的范围内，以巷道为分界线，不相杂乱；即便是分迁外地，另建新屯，也多为同冬聚居，宗族的纽带绷得相当紧。①

仫佬族的宗族多建有宗祠。它是家族存在的象征，这里供奉着列代祖宗的牌位，是追忆祖先，让族人有归属感的地方，有祭祀祖先、约束族人的社会功能。罗城仫佬族的宗祠多建于清朝嘉庆、道光年间，至今尚存的东门银姓五冬的祠堂三开间，三进，加左右两厢，总建筑面积约300平方米。每逢清明节日，各“冬”例需备办猪、鸡、糯饭、香烛纸钱等祭品在宗祠中祭祀祖先，并要到宗族公共墓地扫墓一次。家族内的重大事务也在此举行，例如审核家族人丁增减的情况，商议族内重大事宜，审理家族内部发生的纠纷和违反家法族规的案子等等。建有宗祠，必有清明田等族产，此田产由宗族内各户轮流耕种或租给他人耕种，其收入主要用于族内的经济开支，包括祭祀祖先、修缮祠堂、增订家谱、兴办公益事业、资助学子应试、救济贫困族人等。族产是家族赖以存在的物质基础，也是强化宗法关系的经济支柱。下里乡的谢姓和上下穿山的卢姓仫佬族虽然没有清明田，却总有一笔现款，年年放债生息，以这项收入作为祭祀的费用。在以往，聚居于一个村屯的宗族往往占有一些公共山场。起初是各户共占，后来子孙多了，又分作几份，公山内的土地同族人可以自由垦种。②

宗族的存在不仅是因为血缘关系，它具有一定的社会功能，如果这些社会功能丧失，宗族也必然失去存在的基础，这就如同在现代城市社会宗族之踪迹无处可觅。宗族重要的功能有两点：一是生产生活上的互助；二是保护成员的生命财产不受侵犯。

三、“冬”的职能分化与基层政权形式

元明清以来，仫佬族社会一直是在中央政府的管辖之下，冬的职能不但不能代替政府行政权力，反而要受到政府行政权力的支配和利用。特别是在明清以及民国时期，中央政府实行了保甲制度，对乡里组织进行了更为有效的控制，冬的宗族组织的职能受到一定的削弱，出现了由宗族组织向地域社会组织转化的趋向。

清代将仫佬族地区县以下划分为“里”，在“里”下设“冬”。每“冬”约十余户，有“冬头”，由大家推选，负责筹粮收款。唐兆民在《罗城仫佬族民族来源调查》中写道：“过去一个冬，虽然往往是一个大户，以后这个大户子孙分居，便成为

①② 吴保华、胡希琼主编：《仫佬族的历史与文化》，广西民族出版社1993年版，第108—109、243页。

小户，小户粮赋分散，每年征粮食，官府便派定一人催收。这种催粮的人，称为冬头。如果冬的小户不按期完粮纳赋，官府则凭冬头是问，派差役枷着冬头到欠粮户催粮。冬头由县里的户房指派，任期一般不超过三年；不称职的，一年换一个也是常事。冬头的权利是耕种‘冬头田’。田由各冬先年置买，年年由冬头自耕自收，且不需完纳粮赋。银姓八冬的冬头田计有一千二百斤田面，约合三亩。”

尽管“冬”实质上是一种宗法血缘组织，但上文所述关于冬头征粮之说当是确实之事。冬头为官收粮征赋，是“冬”演进过程中一个重要的发展阶段，而且对“冬”的延伸可能产生了很大的影响。历代中央王朝在实现了对仫佬人地区的统治之后，也自然要在仫佬人中寻找代理人。冬头与官府互相利用，结为一体，也就变成了历史发展的必然。尽管仫佬人的“冬”在漫长的历代中央王朝统治时期，蜕变成了统治阶级的工具，但这种蜕变是局部的，不是质变，因为“冬”还有议事会，“冬”在仫佬人中的血缘组织功能始终没有丧失。也就是说，“冬”在其冬头代官征粮的同时，仍然履行其民族传统的职能。① 正是因为“冬”组织兼具“宗族统治”和“地方行政”的双重功能，所以成为一种较为稳定的社会组织，其组织结构呈现相对静止的长期存在的状态。

第二节

婚姻制度

一、婚姻范围

在仫佬族社会中，血缘群体的表现形式是同姓或同冬的宗族或者是房族。据说在很久以前，罗城中石乡的银姓仫佬族人即使是同姓同房，也是可以互相通婚的，后来由于受汉族封建礼教的影响，同姓同房才禁止通婚，甚至即使是“走坡”也不被允许，约在清代咸丰、同治年间，大银村员生银良知等陈情县官批准禁止同姓婚娶，并

① 李甫春：《“冬”与仫佬族源流追溯》，载《中南民族大学学报》2004 年第 1 期，第 51 页。

在祠堂内勒石共遵，现“四冬”的祠内尚存有此石碑，是清朝同治八年（1869）三月十一日刻的。① 又据说在民国初年，大新乡大梧屯吴姓二冬的一个男子与同冬的一个寡妇相爱而结婚，族内长老禁止不了，罚他酒肉也拒不交出，老人都很生气，认为这是乱伦行为，为了“以儆效尤”，于民国九年（1920）立下祖祠禁规，刻碑入墙，有一段写道：“婚姻之事，凡同宗共祖之姊妹、婶嫂，不得以疏族而娶为妻媳，亦不得以远居异地而乱为匹配，有此原因，即是灭天理之人。”②不过在新中国成立后，仫佬族同宗不婚的原则有所松懈，首先是银姓内部的四、五、八冬打破界限彼此通婚，到1990年就出现了冬内部的通婚，但也仅有两例。其实即使是同冬之人，其共同的祖先也需追溯到五六代以上，即使通婚，也为现代法律和遗传科学所允许，且随着社会观念的变化，日益丧失约束力的宗族对冬内结婚也无可奈何。③

二、婚姻的缔结

（一）恋爱与订婚

仫佬族婚姻以父母包办、媒人说合为主，青年男女由“走坡”唱歌相识相爱而结婚并不很多。即使是后者，也必须经过父母同意，媒人引线才能结合。如有一方父母不同意，就不能结婚。

男家相中某一女子，便请媒人前往女家询问。如果女方父母有意，便与对方相约，在“赶圩”时吃米粉谈亲事，拿八字合命。合八字的方式大约有三种：一是算命，二是问卦，三是将男女的八字一同压在香炉下，三天内诸事平安，便是五行相生、八字相合，可以婚配；否则，不能婚配，把八字退给女方，这门亲事就告吹了。

八字相合之后，男方父母即答应订婚。订婚的手续是：女方的八字要留在男方，并先送两斤猪肉给女方作为“暖婚”，随即媒人即和男女双方商定日期。然后男方就带着八斤以上的猪肉、一对鸡、两壶酒和财礼钱到女方进行订婚。男方把财礼送到女家，又称“过礼”。据调查称，这项财礼在光绪年间规定为白银22两，另首饰银3

①② 广西壮族自治区编辑组：《广西仫佬族毛南族社会历史调查》，广西民族出版社1987年版，第179、197页。

③ 黄兴球：《仫佬族银姓宗族及其婚姻圈》，载《思想战线》2003年第3期，第43页。

两。① 一经“过礼”订婚，男女双方的婚姻关系即发生效力。

（二）结婚及婚后的居住

在仫佬族社会，结婚一般分接亲、出嫁、拜堂三个阶段，这与汉族的旧式婚礼大同小异，独特之处有二：一是“送嫁十姊妹”，在新娘过门前一个月，同村寨的同辈姑娘自愿组成十人傧相，到新娘家做姐妹，与新娘日夜相伴，帮她做新鞋，缝嫁衣，备妆奁。成亲的那天，十姐妹与新娘打扮得一模一样，穿相同的“情人鞋”、“送嫁衣”，撑同样的“姐妹伞”，剪同样的发型，扎同样的辫子，甚至连举止姿态都相近相似。二是设“歌卡”，男方一行人到女方村寨接亲时，要唱答盘问方能通过“歌卡”进入新娘家。同样，女方送亲队伍到男家村寨也得答出问歌才能进新郎的家门。

新婚当晚，新人并不同房，也不铺床，新房内仅放桌椅、点心茶水等，双方青年男女聚集房内互唱花歌过夜。第二天天还未亮，新妇便要辞别夫家，与女伴一道回到娘家并一直住下去。之后等到春、秋农忙时节方返回夫家一次，直到第三年才不限定返回的季节和居住的天数。这样，往返于两家间，每次只能住一夜，最多住一“街”（三天），这种过程一般要持续三五年，有时长达七八年，直到怀孕即将生小孩之后才能搬进夫家长住。从结婚到快生小孩这段日子里，新妇往返于娘家、婆家之间，即叫“走媳妇路”。在此期间，新妇仍属“娘家人”，过年过节大都在娘家，而这段时间在婆家是不能与大家同桌进餐的，只能独自在灶间里吃饭，不过夫家要分一块地给新妇种棉花。这种“走媳妇路”的习俗在西南少数民族中较为常见，又称为“不落夫家”，在苗族、瑶族、布依族等民族中都很流行，这种习俗往往同早婚有关。仫佬族父母在子女六七岁时，便替他们找对象，早婚风气很盛，有钱的人家更是如此。男女结婚时发育尚不完全，在结婚后女子不落夫家，过了十年八年长大成人，并怀孕生了小孩后，才长住夫家。因此可以说早婚是仫佬族“走媳妇路”习俗得以长期保留的一个原因，而“走媳妇路”习俗又强化了早婚习俗的延续力。

（三）入赘

入赘也是仫佬族社会存在的一种婚姻形式，但一般情况下，未婚女一概不招郎，招赘的多是寡妇（子死，留媳招婿）或离婚妇。入赘也有两种情况，一是男方带钱上

① 广西壮族自治区编辑组：《广西仫佬族社会历史调查》，广西民族出版社 1985 年版，第 191 页。

门，出钱办婚事，不收女家财礼，这种情况下男方在婚后可享有当家做主的权利，如果是外姓也无需改姓，日后若与女家亲属不和睦，也可带妻子回夫家居住；二是男子接受女家财礼，婚事由女方出钱操办，则该男子需改从女方姓氏，若女家以后讨厌他，可以把他撵走，另招别人。

三、婚姻的中断及相关制度

离婚的现象，在新中国成立前有不少。据称，在1910年以前仫佬族社会中丈夫提出离婚比较容易，而妻子提出离婚则十分困难，且伴有许多苛刻的条件。

具体的离婚纠纷是请村上的老人来处理的，由他们来判定哪方有理。如果老人判男方理亏时，则男方不得干预该女子今后的生活，不能干涉她今后再嫁；但如果判定女方理亏，则女方今后再嫁所得财礼钱的全部或部分要归男方所有，这叫“身价钱”，用以补偿男方的损失，除非女方在离婚时交出一笔钱作为“赎身费”，那么其再嫁时所得财礼男方便无权过问。还有一种情形，即女方如果不同意离婚而男方一定要离，则需给女方赔付“垫脚钱”。

离婚时，丈夫必需立下字据，加盖指印。再嫁时，丈夫仍需书立契约给后夫收执。旧时代给予离婚妇女的待遇是极其残酷的。人们把这种离了婚的妇女称为“生遣婆”，或称为“生离”。一个生遣的妇女，不得直接回到娘家去。在清朝末年，要在娘家村旁的岩洞或灰寮里住一个月以后，才许进娘家的门。在民国初年，改为九天，后来又改为三天。

再嫁有两种，分为离婚妇女的再嫁和寡妇的再嫁。

生遣的女子再嫁之前，要先离开娘家，在岩洞或灰寮里住一个月以后。既嫁之后四十天内也不得回娘家，也不许进同村邻居的屋。再嫁那天，还不得从别村的村前经过。据老人们解释，这是因为生遣的女子有秽气，不这样做，娘家或别村人将人畜不安；另一则说不这样女子便不易约束，她们将更调皮而闹离婚。

对于寡妇，仫佬族人称为“熟离”。新中国成立前，寡妇夫家的亲房弟兄为了不让外人分享她的财产，规定必须经大家同意，寡妇才能招人上门。因此，大多数情况下，寡妇只能再嫁出门，再嫁时不得带走原夫家的财物，且改嫁所得财礼钱归夫家所有。寡妇再嫁的时间一般要在前夫死亡半年之后，一般是在天未亮时举行。

MULAOZU DE CAICHAN ZHIDU

第三章

仫佬族的财产制度

第一节

土地制度

在近代仫佬族社会中，既存在着原始公有制经济，又存在自然经济和封建地主占有制经济，同时还存在着商品经济，就土地制度来看，以私人占有形式为主，兼有一定范围的共有形式。

除了私人占有土地外，仫佬族社会还普遍存在着不同范围的共有形式，这种共有大约可分为两种：第一，村寨共有的土地，如大庙田、清明田、蒸尝田等，罗城县四把乡新村即有大庙田1050斤（以每亩收获400斤计，约合2.5亩），出租给田少的人家耕种，所得之租作为每年祭神费用，该村又有清明田20,0980斤，蒸尝田2700斤，都出租。此外还有1800斤社田，其租金所得用于每年二、八月之祭祀。这几项田地合在一起约占全村田地总数的1/10。在罗城县仫佬族各村中还有一定数量的公共山场，如新村谢、吴二姓共占山场一大片，面积约40平方里。公共山场归全村人共同享有，本村人可以任意开垦，不受限制。丢荒后，别人也可以再去垦殖，且这种公共山场不用纳粮。不过这种权益不给予外村人，如果有外人进入该山场砍柴割草，被村内人发觉时不仅受指责、批评，工具和所割的柴草都要被没收。① 第二，仫佬族各大姓宗族都建有自己的公共祠堂，并有一定的族田祠产出租给他人耕种，所得用于祭祀及族人聚餐之费用。居住在罗城下里乡谢村的谢姓宗族分为三大房族，每个房族各分占一块垌场，之间筑有石墙为界，无论耕作樵收均不能越界。在下川山的卢姓祖墓碑上，也镌有收垌场的租作祭扫用的记载，可以看出，这些垌场是谢卢两姓初到当地时所占有的公共山场，后来才分给各家庭管业的。②

除了这两种土地占有形式外，在清代，还存在着一种官田——“堡田”。清初将隶属柳州府的罗城县划为44堡，堡设堡目，目下领兵，推行堡兵制。③ 由小长安牛鼻通向罗城县城直至四把一带，沿途各村凡以“堡”为名的村寨均有堡田，耕种这种堡

①② 广西壮族自治区编辑组：《广西仫佬族社会历史调查》，广西民族出版社1985年版，第142—143、209页。

③ 《清史稿》之《兵志五·土兵》。

田的农民称为“堡丁”，堡丁对堡田有使用权而无所有权，他们无须纳粮，但需为官府供服劳役，如抬轿、挑担、供应军队的马草等。堡丁的社会地位较一般农民低，本人不能参加科举，一般农民不与其通婚甚至也不在婚丧嫁娶时与其同席。各堡设有“堡目”，管理堡田及劳役事宜。不过到了清朝末年，地方政府为了增加收入，实行“倒堡归民”政策，所有垦种堡田的人也要一律纳粮交租了。①

第二节

买卖与借贷制度

在仫佬族社会，买卖的主要标的物是土地。凡出卖田地，必先通过房族，从近亲到远亲（也即内六房到外六房），看族内是否有人想买，族内无人承买则问过本屯，若屯内无人买，方可卖给外屯的人。要是六房和屯内有人想买，而卖给外人，六房与屯内的人就要出面干涉。在卖田时，卖主要写契给买主，地点在买主家，并要有卖主的兄弟房族等亲人和买主找的中间人在场，并在契上写明在场者的姓名；写完后，要读给在场的人听，若无意见，各方就在田契上按手指印，然后把契纸交给买主保存，作为今后永远耕种这些田地的权利和依据。买主得到契约后，要请卖主、中间人及在场者吃一餐饭。此外，还要给中间人和在场者一个封包。这时，所卖田地方正式归买主所有。

土地典当也需先过问亲族，典当的时间一般为三年。②土地作为一种不动产，对其处置不仅是个体家庭的事，还关系到整个宗族的实力，因此“田宅买卖先问亲族”这一规则通行于多数民族社会，在仫佬族大梧村吴姓二冬祠规中即有如此规定：“变卖房屋田地，需要先尽六房族内人等，无人承领后，即任由卖出外人，如有贪图串通受贿，族内未尽，遂卖出外人，有之，即是藐族之人。”③

借贷的种类有实物，也有货币。实物主要是稻谷，借稻谷的人，多由于家里的粮食不够，借的手续是先由缺谷者事先向比较富裕的亲属说明经济困难的情况，如果对方同意借，就进一步商定借的数字与月毫。过去年利率一般是50%，借稻谷都是口说

①②③　广西壮族自治区编辑组：《广西仫佬族社会历史调查》，广西民族出版社1985年版，第143、212、180页。

为凭，不写借据，也不找中间人。借货币的现象虽然不多，但出现较早，多是银子，月利三分，借货币的手续要比借稻谷的麻烦，大致是因为事关金钱，且银钱的借贷双方也非借谷物那样多少有亲戚关系，因此彼此信不过，双方讲定，还要找中间人来写契约，用田做抵押，事先写明借款数、还款期和利率，如果不能按期还清本利，用以抵押的田地就归债权人所有了。有的如果逾期不还利上加利，这种滚雪球往往导致借贷人破产。

除买卖借贷外，还有一种叫“牛租”的。因为喂养一头耕牛需要足够的粮食，贫困的农民无力养活一头耕牛，且田地较少也无必要，所以每年得向有多余牛只的人家租牛回来使用。一头普通的牛，一天得交租10斤稻谷，月租一般200多斤，也有300斤的，小牛的租额则减半。付租的办法有两种：一种是不交租，耕种时借牛回来用几天，农忙时则去帮牛主干几天活，也就是用人工去换牛工。一种是交实物，主要是稻谷，也可照价折成纸币。如果牛因患病而死者不予赔偿，如果是因跌死的，除将死牛交牛主外租者还赔半价。① 《仫佬族风俗志》还谈到牛只多的人家，由于牧场狭小，栏圈拥挤，便将小牛交给关系较好的亲友代养。小牛长大后，由代养者使用两年，才交给牛主。②

第三节

继承制度

一、父系继承

父系继承最为重要的功能即在于对血缘家族的维系。人类学家罗维认为，继承法实质上是血族观念的基础，其结果使一个属于死者血族的远亲占取较血族之外的近亲

① 广西壮族自治区编辑组：《广西仫佬族社会历史调查》，广西民族出版社1985年版，第144、211页。

② 罗日泽等：《仫佬族风俗志》，中央民族学院出版社1993年6月版，第51页。

更优先的地位①。仫佬族社会中男性的继承权相当突出：父母的家庭财产多由亲生儿子继承，儿子多的则由几个儿子将家产平均分成几份；没有亲生儿子，可以过继兄弟之子或收买养子、招上门婿为继承人；如果都没有，死后，其财产则由其六房内的侄儿或堂侄等近亲占有，以承顶他的“香烟”。如果没有侄儿来承顶香烟，其财产便作为绝业遗产处理，其继承权属于六房，由自己的兄弟、从兄弟、再从兄弟及其子孙来继承。总之，仫佬族社会是男系继承制，女子无财产继承权。即使是父母年老无子，随女儿生活，其祖业房产也不能由女儿、女婿继承，一般的做法是由近亲购买后将价款交给赡养父母的女儿、女婿。

二、族内继承原则

鉴于对血族观念的强调，人们把个体家庭的财产看成是夫家家族财产的一部分，如同仫佬族社会中强调土地买卖需先问内六房一样，遗产一般也只在本家族内分配，防止本家族财产外流，以维护继承中家族成员的切身利益以及家族的整体利益。肯定族人对宗族内家庭财产具有一定的共同继承权，是宗法制度下宗族共财制的遗存，这为巩固宗族的生存和发展提供了便利条件。在继承过程中，家族充当着重要的角色，主持、干预、指导按习惯做法分割、转移遗产。这主要表现在以下几个方面：其一，族长和族人对家庭财产继承行使保障权和监督权，凡继承遗产、分家析产，都需请同宗同族有影响力的人物到场，家族成员既是公证人，又是评议人，分家才具有法律效力。其二，男子无后可立嗣，仫佬族社会中嗣子需从内六房近亲亲属中挑选。立嗣的目的是为了传宗接代，以保证宗祀、家统不绝。嗣子的法律地位与亲子相同，可以继承所嗣者的家业。但立嗣有严格的限制，立嗣的对象必须按血亲宗支由近及远，且辈分相当，不许尊卑失序。由于立异姓为嗣子，会扰乱宗族，并使家产从本族落入外姓他族，故为法律所禁止。其三，妻子一般没有继承丈夫遗产的权利，为什么这么说呢？相关调查的情况都说，寡妇改嫁时不得带走原夫家的财物，且改嫁所得财礼钱归夫家所有，这就表明寡妇没有继承亡夫财产的权利。夫亡无子，守志寡妇可以占有、使用和管理丈夫留下的财产，且需凭家族择嗣继承遗产。但若改嫁，她无权带走和处分夫家的财产。即使在特殊的情况下寡妇可以招赘，后夫在不离开前夫家族的前提下可分享前夫的财产，但养子要改从亡夫的姓，待两人死亡后，家庭财产由其儿子继

① 〔美〕罗维著：《初民社会》，吕叔湘译，商务印书馆1935年版，第296页。

承。其四，男子若无子且未立嗣，其女儿一般仍没有继承权，其祖业房产先由房族协商评价，按先亲后疏，先内后外的原则购买，其价款由女儿所得。

财产继承有两种形式，一是父母在世时诸子分家析产，二是父母亡后分割家庭财产，不过在仫佬族社会中，父母在世时即分家析产的现象十分普遍，多数是随着各个儿子结婚而次第进行的。长子长大结婚之后，不等其他弟弟长大成人便要分居。分家的原因，虽有儿子成婚后，婆媳关系不好处、兄弟不和睦等情感因素，但主要还是从经济方面考虑，几代共居，众人杂处，互相依赖，彼此牵制，生活难以统筹安排，生产难以合理调配。分家之后，化整为零，别居独处的小家庭从自己的实际情况考虑，灵活自主地安排生产和生活，由于生产行为与既得利益直接挂钩，调动了个体家庭的生产积极性，对发展封建经济极为有利，同时也减轻了父母的生活负担。

分家是人生中一件庄重的大事，必须请内六房血缘近亲到场，代为将田地房屋用具等搭配均匀，然后抓阄为定。兄弟分家后，如弟妹年幼未曾婚嫁的，则仍与父母同居共食，父母有几个儿子，都结婚了，有的父母各自开火的也不少，但与幼子同居共食者居多，除非幼子的媳妇也讨厌老人，父母才离开所有的儿子，自成一家。

家产的搭配均分与赡养老人是分家析产的核心问题，兄弟分居时，其赡养父母的方法，计有三种：一是家庭富裕田地较多的，通常要留一份“养老田”给父母，作为年中食用，农民之家，这种养老田多由儿子轮流代耕，以其收获，供养父母；二是每年由几个儿子平均给谷供养父母，不论是留养老田还是平均供谷，数量都不太多。三是贫寒之家，田地极少，则轮流供养父母，每个儿子供饭一个月，周而复始。

毛南族法制史

MAONANZU FAZHISHI

MAONANZU DE SHEHUI ZUZHI ZHIDU

第一章

毛南族的社会组织制度

毛南族是我国少数民族中人口较少的一个民族，全国共有64,000多人，主要分布在广西壮族自治区的环江、南丹、都安等县，其中70%聚居在环江毛南族自治县的上南、中南、下南这些地方，俗称“三南”，素有“毛南山乡”之称。毛南山乡地处桂西北山区，紧接云贵高原东麓，东北部有九万大山，西北面有凤凰山，中间屹立着茅难山。与河池市、南丹县、贵州荔波县及本县的水源、川山乡毗邻。地势为西南高、东北低。东北部的半石山区，在山石之间有大、小块平原，称作“田垌”，可种植水稻。西南部的大石山区，怪石嶙峋，形成像蜂窝的一块块旱地，只能种植玉米和其他杂粮，称作“垌场”。

毛南族没有自己的文字，只有自己的民族语言，属汉藏语系侗台语族侗水语支，加之毛南山乡地处偏僻，因此这个民族的历史多没有记载，仅由民间口头一代一代传承下来。

毛南族历史悠久，先秦时其先民曾为“百越”的一支。1949年后，进行民族调查和识别工作时，于1956年7月，承认为“毛难族”。1986年6月，国务院批准改“毛难族”为“毛南族”，同年11月，批准设立环江毛南族自治县。

第一节

血缘团体

一、家庭

从毛南族各主要大姓的族谱所记载的世系来看，至迟在明代，毛南族已经进入父系社会。清朝时期的毛南族家庭，多是核心家庭，也有少数人家保持二、三代同堂者。所谓核心家庭，系指父母及其未婚子女所组成的家庭形式，毛南族的核心家庭其规模一般都不大，一般在3—5口之间。直接导致核心家庭制的，是儿子婚后分家析产的习俗，儿子结婚之后，一旦有了小孩，往往分家独立出去，自行组成一个小家庭，以免婆媳、姑嫂之间产生矛盾。祖孙三代同居的现象极为少见，若有，多因父母年老仅生一子，则老父母与结婚生子的儿子一起居住。

在毛南族社会中，母亲的兄弟——舅舅的身份既有父亲一样的尊严，又有大于父亲的特殊权利和作用。因此流传“娘亲舅大”的说法。舅舅之大，在于他是每个家庭以至家族的母系代表，拥有维护母系权益的特殊权威和义务，对外甥的婚姻嫁娶、治丧、建屋、财产分配以及道德行为等重大事情，都有权过问、干涉以至享受某些利益。

二、家族

毛南族是一个宗族观念很强的民族，血缘关系的纽带始终紧紧地把他们联系在一起，同族同宗的毛南族人都住在一个或几个、几十个彼此相邻的村寨中，聚族而居是毛南族村落的一个显著特点。在三南地区，有谭、覃、蒙、卢等四个主要姓氏，历来极少杂居，多以一姓聚族成村，以父系血缘为纽带，排斥外姓或别族来村居住。至今，在耕地分散的峒场里，三五户同姓族为村者颇多，而在生产条件较好的田峒，人口较多的村寨也有单姓成村者，如内陆屯仅卢姓一族，后来人口日增，陆续分离而到附近建立几个卢姓小村，但他们之间保持着密切的宗族关系。①

宗族组织的元素包括祖先信仰与仪式、继嗣制度、家族公产等。毛南族有的宗族设立族长，其主要职权是主持祭祀、保管族谱、执行族规、管理族产及处理族人之间的纠纷等。有的宗族还建有宗祠，它是家族存在的象征，这里供奉着列代祖宗的牌位，是追忆祖先，让族人有归属感的地方，有祭祀祖先、约束族人的社会功能。没有宗祠的宗族多建有自己的“社”作为他们商讨氏族内部大事、进行宗教活动的中心。这种中心一般是同姓的几个村庄和峒场共同建立的。如下南乡六圩街并建在村谭氏的“社”场设在六圩街背后山脚下及原下南中心小学校内；下南乡松现、大罗、东言三个屯都姓覃，其社场设在大罗与东言两个屯会合的山口地方。上拿、上丈等蒙姓各屯也就近设“社”。卢姓集中于上光、玉环村及附近峒场，也自立宗祠或社场。其余姓氏村峒，也以同样方式建立他们的活动中心。

建有宗祠，必有清明田等族产，此田产由宗族内各户轮流耕种或租给他人耕种，其收入主要用于族内的经济开支，包括祭祀祖先、修缮祠堂、增订家谱、兴办公益事业、资助学子应试、救济贫困族人等。族产是家族赖以存在的物质基础，也是强化宗法关系的经济支柱。如内陆屯卢氏宗祠曾有族田 40 多亩，山地 5 亩，由本姓各户领种，其收入一半归耕种者所得，另一半交给宗族，作为祠堂香火和祭祀开支。②不过越是到了民国后期，拥有族产的宗族数量就越少，上述内陆屯卢氏宗族的族田也因故变卖。家谱是维系宗族的又一标志，毛南族谭姓、覃姓等大姓都留有族谱。家谱详载自远祖以来的各代世系，是个人取得族籍的依据，只有具有一定血亲关系或者宗亲关系的人才有资格列入家谱的名单中。家谱的存在，使延绵的宗族在子孙后裔不断滋长蔓延的情况下，维系家族内的等级辈分、长幼秩序，加强宗族成员间的识别、联系和团结，教育族人。

---

①② 广西壮族自治区编辑组：《广西仫佬族毛南族社会历史调查》，广西民族出版社 1987 年版，第 41、37 页。

第二节

社会组织

毛南山乡的村落，分别称为“龙办”（村）和“晓峒”（峒）。由于地理环境的影响，毛南人居住非常分散，即使是居住户数较多的村，一般也是二十多户至五六十户，最多的也有200多户的，例如玉环村在1958年时有257户，但村落分散在54处，过去交通不便，仅有山道相连。而峒的居住人数较少，例如最大的内陆屯有41户，最小的下角屯仅2户。有的为了垦荒一座山地，单家独户居住在半山腰或山顶上。①

在明清时期，还没有推行保甲制度之前，各村普遍存在着“隆款”组织。隆款即乡村禁约，由一定范围的人们约定制成。该范围的人们就是一个组织。其规模有一个村或一个峒场，也有几个村庄或几个峒场联合起来，组成一个较大的隆款组织。制定隆款的目的在于维持本组织内的安全，以及本地区的共同财产利益。各个组织形成之初，大都先有人提议并召集村民商量，民主推选德高望重、有能力为大家办事的老人主持。这些老人便是群众的自然领袖，由他们组织和执行隆款制度。村老们受托之后，即可拟订隆款禁约。禁约条文有的刻在石碑上，有的写在木板上，有的只在口头传诵。一般情况下，隆款禁约包括两方面的内容：其一是对外来行窃、抢劫、纵火的人，一旦发现即吹牛角号，组织大家捉拿归案，实行惩治，任何人不得包庇、私通或狼狈为奸。如下塘乡的隆款组织曾有这样的规定：如发现有外地人来抢劫行盗时，本款内的各村各峒人人都要拿起棍棒、刀、枪等武器共同捕盗。其二是对内维护本村、本族风俗公德等集体利益，违者由村老们审理，受审者轻则被训斥教育，重则罚款、惩治，强迫实行“安龙谢土”，洗刷罪孽，驱逐邪魔，保障村寨安宁、人畜两旺。如堂八乡的隆款规定，杀人者要偿命；偷窃物品者要赔偿或罚款；因奸而犯道德习俗者不仅受舆论的谴责，而且要重处重罚。在下南波川乡，有块清代的《协众约款严禁正俗护持风水碑》，规定有某处的山水不能侵犯，田间庄稼不能侵害，禁开鸦片烟馆，禁止盗窃窝赃及一切悖理坏俗的行为，等等，一直到新中国成立前还为人们所共同遵

① 广西壮族自治区编辑组：《广西仫佬族毛南族社会历史调查》，广西民族出版社1987年版，第35页。

守。这些隆款组织所制定的要人们共同遵守的款约，是氏族部落时代遗留下的，具有原始时代人类社会组织的民主性质。然而，从清朝至民国，毛南族地主沿用了本民族这一古老社会组织形式来为他们的统治服务，因而使这种组织制定的条款带有一定封建时代的内容和色彩。新制度也不是纯粹的，它包含有旧制度遗留下来的种种残余，表现出社会形态的历史性和复杂性。

在隆款组织中，村老扮演着重要的角色。村老，毛南话叫“匠讲”，是村峒的自然首领，村寨的民事纠纷如婚姻、财产分配、兄弟不和、邻里不睦、小偷、田地山林纠纷等都由他来处理。村老不是选举产生的，而是自然形成的。他说话公道，不讲情面，能顾大局，有判断是非的能力，并能以理服人，这样他就有威望，说话有人听，做事有人跟了。村寨内发生纠纷之后，由纠纷的一方备办酒席，请村老和另一方到场，大家先入席就餐，饭罢，由纠纷双方当事人陈述纠纷发生的原因、经过、双方存在争执的问题等。“匠讲”边听边察言观色，有时提出疑问、质询，把事情的真相弄明白后，由“匠讲”摆道理，指出双方的是或非，裁决一方对或不对，应该赔礼道歉或赔偿损失。纠纷双方若是都同意“匠讲”的裁决，当场即给“匠讲”下“典钱”，多少不论，这种典钱即是证据钱，说明日后不能反悔。如果一方不下“典钱”，这件事就无法解决，要待日后“匠讲”再作调查处理。纠纷双方要是都下了“典钱”，即不能反悔，若有反悔，“匠讲”就出来讲道理说：“你们给我放了‘典钱’，还想反悔吗?”这样谁都不能翻案，至今还流传着一句俗语：“一根竹篾吊千斤，一枚铜钱公道话。”①

除了“匠讲”，还由村民推选出1—3人负责给政府催粮，毛南话叫“排头”。排头调解民事纠纷，但村峒有事也需请他去旁听。学董是村峒中又一位重要人物。村峒的小孩要读书识字，就需要有人带头办学，请塾师来教书，这个负责办学的长者即称为“学董”。学董一职没有报酬，纯属义务性的，但可以有个好名声，所以还是有人乐意当学董的。村峒中还有武相公。他要善于拳术武艺，有一套骑马、射箭的本领，曾到县或府去应试过，考中合格者才赐武相公称号。武相公在村峒的主要职责是义务传授武艺，如遇外敌入侵，则需组织团练御敌，兵乱报警时，他要带头出征平息匪乱。②

自明朝，开始在毛南族聚居地区推行“里甲制”。民国时期的《思恩县志》记载，明朝正德年间思恩县设有“毛南甲”，归镇宁乡管辖。清时又设立毛南甲、毛南

①② 蒙国荣等编著：《毛南族风俗志》，中央民族学院出版社1988年版，第60—61页。

里等乡村政权，由乡绅负责管理。咸丰年间，改“里甲制”为“团甲制”，组织团练，将思恩县划为五个团，毛南甲归后团管辖，甲内设立团总，实行军政合一的统治。民国初年，又将分散的团练武装重新组织加强，将思恩县原有的五大团改为五个区，县设保卫团总局，各区设保卫团分局，“后区”统辖毛南甲、上疃甲、仪凤甲共三个甲，设有“三甲联团保卫局”，各甲仍设团总，村有村长，屯设牌长。至此，隆款组织逐步失去原始民主性质，一些群众领袖受伪村、甲长操纵，不再代表群众利益，有的自然涣散或被村、甲长等代替。至新中国成立前，很多村峒的隆款组织已经销声匿迹，只在一些偏僻的村峒中尚存。不过由于具有原始民主性质的“隆款”在毛南人的生活中长期发挥着重要作用，虽经政权更迭，无论是团总抑或乡、村、甲长，仍未脱离“隆款”的传统习惯行事。①

自明代开始，中央政权即已通过“里甲制”在毛南族聚居地区建立了直接统治，中央王朝的法律制度是毛南族社会法制的最主要内容。在此之外，毛南族社会内部的公约、家规等习惯法也是毛南社会法制的重要内容。这种自发形成的习惯法在毛南人的生活中仍具有一定的约束力，在保护农业生产、保护群众生命财产安全、维护社会秩序等方面，起着国家法律所不能起的某些特殊作用。

“隆款”组织的禁约是这种习惯法的主要内容之一。关于这种组织，我们已有介绍，在此不作赘述。“国有国法、家有家规”，家规族训也是习惯法的组成部分。一户毛南族农民在自家的堂屋神龛“天地国亲师”两边写了这样一副对联“国策有规黎庶乐，家法和顺子孙贤”。毛南人重脸面，如果谁家出了坏人（主要是偷盗和乱伦行为），就被认为是给家里丢了脸面，如果出了人才，也认为是给自家增添了光彩。他们要求子孙作风正派，不能沾染恶习，一不赌，二不嫖，三不吹（吸大烟），四不偷。这“四不”是家家户户的家法家规。谁犯了，家庭成员就感到丢了脸面。青少年有越轨行为的，长辈就叫他到祖先灵位前跪拜认错，发誓今后不再重犯。②

总的来说，毛南族习惯法的内容主要是两个方面：一是防偷惩盗，保护私有财产，规定凡砍伐他人林木、烧柴、偷窃财物和破坏庄稼者，村老视情节轻重，罚款36文、72文以至数百、数千文以戒再犯。二是惩治通奸，凡与有夫之妇发生奸情被捉者，双双捆送女方的娘家，情夫出八吊钱赔罪，除用一二吊钱备办酒宴，向其夫和公

---

① 广西壮族自治区编辑组：《广西仫佬族毛南族社会历史调查》，广西民族出版社1987年版，第16、21、66、40页。

② 蒙国荣等编著：《毛南族风俗志》，中央民族学院出版社1988年版，第55页。

婆赔礼外，所余六七吊钱，归捉奸者所得，俗称“卖钱”，纠纷即可了结。与未婚的姑娘通奸被捉者，男子虽不受罚，但在以后姑娘出嫁时，需出钱向其夫赔罪。如果两者愿结为夫妇，则无需向他人赔罪或受罚。然而，倘若因奸而生育者，则受全村和家族所忌，被视为渎犯祖先神灵，除婴儿被杀外，还责令双方举办“安龙谢土”的禳灾仪式。要备办36牲，即羊、鹅、猪各一只和33只鸡，请师公巫婆念经消灾。①

古代，毛南族和其他历史悠久的民族一样，都经历过漫长的原始社会阶段，不过随着历史的发展，其曾有的法制早已湮没无考。但近现代毛南族社会中尚存在着原始社会的组织形式、原始共有制和原始的耕作方式，人们以“隆款”的形式共商村峒内部事务和对外关系、制定习惯法，带有鲜明的原始民主色彩。直至新中国成立前，毛南族社会还存在着游猎时代的“猎规”：有经验的长者称为老猎手，组织猎队时，他是众人公认的指挥者，由他传授“猎规”，猎规没有什么文字记载，全靠“口碑”一代传一代，猎物的分配按习惯规定，不准多拿多占，“见者有份”，除老猎手两份外平均分配，猎狗和猎手都有一份，打中猎物的要头骨或尾巴，回去插在大门左边的板壁上。

毛南族习惯法的另一个特点是受宗教的影响较大。正如英国法学家亨利·梅因指出的那样，无论东方与西方，一些“早期的法律”总是表现出它们与宗教和道德规范的结合。毛南族习惯法受宗教禁忌与宗教观念的影响是深刻的，在毛南人的生活中，宗教与世俗是密切不可分的。美国人类学家布朗教授认为，在原始社会的法律体系中违法行为分为公共过犯和私事过犯两种。所谓公共过犯，诸如血族通奸、巫术损人、破坏风俗及亵渎圣物等损害社会人群的行为即被视为公共过犯，诸公共过犯都是与宗教观念联系在一起的。② 在毛南族社会中，宗教对习惯法的影响仍较明显，例如宗教的神明裁判方式是辅助习惯法形成判决的依据。毛南人内部的纠纷主要由村老（即匠讲）调解，总体上看是注重事实与证据的，但若案件事实不清或证据不足时，经纠纷双方同意，即可采取神明裁判的方式解决案件。一般盗窃之事，失主怀疑某人盗窃，但又找不到证据，于是就在村老主持下，举行“过油”的神判仪式，由失主和被怀疑的盗窃者双方于屋檐下拜神，砍鸡头发誓赌咒。之后，倘若被怀疑者偶尔发生意外的病难灾害，便认为是隐匿窃事遭神灵报应，是为负方，要当即请巫师作法，由其备办

① 广西壮族自治区编辑组：《广西仫佬族毛难族社会历史调查》，广西民族出版社1987年版，第40页。

② 北京大学社会学人类学研究所编：《社区与功能——派克、布朗社会学文集及学记》，北京大学出版社2002年版，第417—419页。

36牲祭品，到山脚下祭神禳灾，若病难不除，还要向胜方赔偿经济损失。若是失主发生意外，则表示他诬陷了别人，也需向被怀疑者赔礼道歉。对于重大的案件，还可能用“上刀山”、“下火海”等方式进行神明裁判。① 在《谭氏族谱》中也记载有以神判方式解决纠纷的故事，传说谭三孝之后裔与颜姓争夺山林耕地，两者争执不下，便按传统的“喊山山应”的方式，请求神判。双方定期于七壮山前，颜姓的头人对山高喊“莫六官”，山却未应。至谭姓头人喊山时，先躲在山后的谭姓族人回道：“这里是谭家的地方。”颜姓家族信以为真，无可奈何地离开居地，向外迁徙。②可见，神明裁判曾是毛南人解决疑难案件常用的方式，这也是宗教渗透到习惯法领域的突出表现。此外，毛南人的宗教观念还决定了人们对某些习惯法规则的认知，人们认为某些行为是对神灵的亵渎，如若不对作孽者予以惩罚并为其错行赎罪，则神灵将惩罚整个群体，这明显地表示出对超自然力量的崇拜。霍贝尔认为“作孽”是一种违反禁忌的行为，禁忌来源于对自然力的恐惧，它们可能是对于保持正常生活所需条件的神化以维持该条件的实现。③ 在毛南人的社会里，诸如通奸之类的行为，都被认为是亵渎祖先神灵的，会给村里带来邪气，受全村和家族所忌，若要避免祖先神灵的惩罚，则必得举办“安龙谢土”的禳灾仪式，请师公巫婆祭龙，并由各家把印有龙王图案的红、黄、蓝、白、黑五种色纸分给各户，贴在柱上、堂屋内东南西北及门口，以示驱邪，保佑平安。④

---

①② 广西壮族自治区编辑组：《广西仫佬族毛南族社会历史调查》，广西民族出版社1987年版，第40、3页。

③ 〔美〕霍贝尔：《原始人的法》，严存生等译，贵州人民出版社1992年版，第230页。

④ 广西河池地区民族事务委员会编：《河池地区民族概览》，广西教育出版社1988年版，第253页。

MAONANZU HUNYIN JIATING JIQI CAICHAN ZHIDU

第二章

毛南族婚姻家庭及其财产制度

第一节

婚姻制度

一、婚姻范围

（一）血缘团体外婚制

相传在很久以前，毛南人凡是同一姓氏，均是不能通婚的。不过毛南大姓谭姓人口众多，占毛南人口的80%以上，与他姓通婚日益困难，于是改变这一规则，源自谭姓始祖谭三孝的各个支系之间均可通婚，但支系内部仍不得通婚。如谭三孝的直系谭兴伯生有八子，其后即分为八个宗支，称为八轻，或称八疆，起初放宽了同姓不婚的限制，允许这一系与谭氏的其他支系互相通婚，但该直系内的八轻之间仍不得通婚，后来又打破了轻与轻之间不得通婚的限制。后来仍感不便，进一步改变为轻内亦可通婚，后来除同姓三代内的直系亲属不婚外，其余不受限制。不过，有的小姓仍奉行同姓不婚的习惯。①

（二）特定婚配

特定婚配是一种独特的婚姻习俗，在这种习俗下某种配偶选择法优先适用。

姑舅表婚在西南少数民族地区的分布是普遍的，毛南人流传着“穷户姐女嫁弟仔；富家姐仔娶弟女”的说法，前者是说舅家的儿子有优先娶姑家女的权利，后者是姑家的儿子也有优先娶舅家女的权利，这说明毛南社会原来实行的是双向度的从表婚，不过就近代的情况看，则演变成舅家可娶姑家一女的特权，也即舅家对外甥女的婚姻拥有优先权。除非舅家表示不要，才得许配他人。“交互从表婚”异于其他婚制，

---

① 广西壮族自治区编辑组：《广西仫佬族毛南族社会历史调查》，广西民族出版社1987年版，第6、42页。

最重要的是它的优先性具有强制性特点。有时为了缓解婚姻无法缔结的压力，通过协商，舅家也可放弃优先娶甥女的这种权利。但嫁出甥女后，甥婿所付财礼的一半或大半要归舅舅，作为姑家对舅家的补偿，这种补偿相当于是一种身价钱。

除姑舅表婚外，特定婚配还有夫兄弟婚和妻姊妹婚等。前者系指在兄弟死后娶其寡妇，又称转房、收继婚等，后者指姊妹共嫁或续嫁一个丈夫。在毛南社会里这种习俗由来已久，清朝乾隆年间的《庆远府志》记载当地盛行“兄死则弟妻其妯，又名‘上篮’，弟死亦然”。对此，毛南人称作“换茶”，一个毛南男子死后，其遗孀可以转嫁给他的兄弟，只需双方自愿，并征得双方父母、舅舅的认可，无需财礼和举办酒宴，即可在家成亲，社会舆论不加限制，道德准则允许，此外还有姐死而转娶其妹的情况。转房这种情况虽然不多，但是合法可行。从人类学的研究看，在很多少数民族中都存在转房制。转房的原因一般有两个，一是源自买卖婚，把妇女看成是家族的财产，丈夫死了，作为可继承的动产，寡妇仍需保留在家族内部，不得流失；二是群婚制的遗存，在群婚制下，一家的兄弟们原来都是她和姐妹们的共同丈夫。到对偶婚后，一个人一般只与一个配偶同居，几个兄弟已不可能同时作为她的丈夫了，但在其丈夫死后，她仍然可以保留与故夫之兄弟结婚的权利和义务。

二、婚姻的缔结

（一）恋爱与订婚

毛南人的婚姻以父母包办、媒人说合为主，但并不是完全的强迫撮合。

毛南人恋爱自由，不过婚姻并不自由，由对歌而结成夫妻的并不很多，即使是后者，也必须经过父母同意，媒人牵线才能结合。如有一方父母不同意，就不能结婚。旧时的毛南人盛行早婚，男女孩童和少男少女的婚配，多由媒人搭桥、双方的父母提起和做主。媒人搭桥有两种形式：一是男方父母看中女方，托媒人去求婚；另一种是双方互不相识，全靠媒人搭桥。媒人取来双方的八字，由男方拿去给算命先生看八字是否相和相生。如果相和相生，就说明可以结亲。有的地方还要将男女双方的八字放在一起，如果三天（另说一个月）之内家里人畜平安，诸事顺遂，便认为相和。① 合

① 广西壮族自治区编辑组：《广西仫佬族毛南族社会历史调查》，广西民族出版社 1987 年版，第 153 页。

过八字之后，媒人便和双方父母约定日期和地点（多数是在赶圩时）带上儿女见面“相亲”。届时，媒人向男女双方伸出手来问：“依呀，你同意不同意，请给典。”如果心里同意，就把父母预先给的钱（银毫）多放些在媒人的手心上；如果不同意，就放得很少或者根本不放，婚姻就不成了。媒人收了双方的“典钱”（垫钱）后，过一段时间便分别到男方和女方家，告诉对方已经同意了。这时，各家都请媒人吃一餐酒肉表示感谢。这种相亲方式，毛南族称为“送典”（或送垫）。虽然由父母包办，但男女双方可以选定自己的对象，还是具有一定自主权的。

“送典”以后，男方需给女方送财礼，女方接受财礼即算定了亲。财礼之多寡，由双方父母及舅舅商定，并取决于男方家庭的经济条件，这个过程叫“讲牛”。以铜钱为聘礼的叫“黑牛”，以白银为聘礼的叫“白牛”，如今用人民币，只称“讲牛”。在民国以前，婚姻的财礼很少；民国以后，一般家庭要送60—100个银元。如果是地主富豪之家，财礼多至数百元至千多元。财礼商定后，男方选择一个日子，报知女方，然后由新郎的妹妹或姐姐跟媒人去，把“牛钱”送给女方。财礼有的是一次送齐，有的在订婚时送一部分，到结婚时送齐。此外，定亲时，男家还需要送猪肉百余斤及几只大鸡和酒、软糕米等物。经过定亲之后，婚姻关系即告成立。女方接受财礼之后，要负责准备全套嫁妆，如蚊帐、被子、衣服、饰物等。嫁妆之多少决定于男方财礼的多少，富家嫁女还有的送金银、牛甚至土地等。

（二）结婚及婚后的居住

定亲之后约一两年，男方择定吉日，女方由姑嫂或女伴陪同到男家“认亲”。这是非正式的结婚仪式，毛南人称之为“踩门”。这时，男方备办两三桌酒席，请舅父母、叔伯等近亲的人与来“认亲”的媳妇见面，吃一餐，长辈们给新媳妇一些钱作见面礼，这种仪式俗语称“哄媳妇”。新媳妇由女伴陪同在男方家住一晚上即回娘家，此后她不能再称为“姑娘”，而应叫作“媳妇”了。

在毛南族的婚礼仪式上，新郎和新娘不拜堂，也没有“闹洞房”取乐的习惯，而是举行热闹非凡的唱歌、对歌活动。当晚在新房内摆两张床，新娘用床稍矮，新郎用床稍高，表示夫妻在家庭中的不同地位。不过，婚礼的当晚，新婚夫妻不能团聚，只由伴娘陪新娘一起住洞房过夜。次日中午，由新郎的母舅主持“开被”仪式，在新郎家里当众拆开女方的嫁妆，由新郎家子女双全的两位姑嫂开被，歌师对唱“开被歌”，婚礼至此方告结束。此后在新郎家用完一餐饭后，新娘便同伴娘们一起回家。①

婚礼过后3—7天，男方择个吉日，把新媳妇接回来"发棉"，即婆婆把半斤至一斤经过加工的棉条给新媳妇用于纺纱，表明她接受了婆家的劳动任务，成为男方家庭的正式成员。不过此时，新娘在夫家也仅能住一晚，次日一早即与一同前来的姐妹一起回娘家。此后若干年中，新娘也不在夫家定居，只是在逢年过节或是春秋农忙时节，或是夫家房族有红白喜事，由新郎的弟妹把新娘请回来参加劳动和过节，这俗称走媳妇路。先是小住3—5天，而后渐渐到10天、20天乃至一个月，仍回娘家长住。这样的过程一般要持续一两年，有时长达三五年，直到怀孕即将生小孩之后才能搬进夫家长住。这种"走媳妇路"的习俗在西南少数民族中较为常见，又称为"不落夫家"，往往同早婚有关。毛南族父母在子女六七岁时，便替他们找对象，早婚风气很盛，有钱的人家更是如此。男女结婚时发育尚不完全，在结婚后女子不落夫家，过了十年八年长大成人，并怀孕生了小孩后，才长住夫家。在"走媳妇路"期间，在娘家的毛南族妇女，保留了过去可与其他男子自由交往的权利，夫家碍于习俗，难以到娘家干涉她的自由。而娘家对已嫁的女儿，也不能过严管束，从而为妇女提供了一生中自由的时期。通常娘家拨给小块田地，可以独自经营，收获作为零用，即使将来落夫家后，此田照样耕作，也可由家人代为耕种，收获照样归她，使之终身与娘家保持着密切联系。

（三）入赘

缔结婚姻之财礼需要很大的费用，贫苦的人家若是无力负担，难以迎娶媳妇的，只好到女方家入赘，特别是儿子多的贫苦人家，房屋田产不够分配，必要将一个或两个儿子入赘女家，这种赘婿俗称"上门郎"。不过在一般情况下，未婚女一概不招郎，即使父母只有一个女儿，十之八九也要将她嫁出去，招赘的多是寡妇（子死，留媳招婿）或离婚妇，在获得房族近亲的同意之后，才能结亲。

一般人对上门男子非常鄙视，认为有才干的男子决不上门，上门的一定是没有出息之人。若是入赘寡妇之家，他要倒背着拦雨的"背篷"，由女家的后门或窗口入屋，并改随妻姓，所生子女，除一子可随父姓外，余均随母姓。赘夫在家庭中地位很低，没有当家做主及管教儿女的权利，人格上相当于帮工，若女家嫌弃则会被赶出家门，

---

① 广西河池地区民族事务委员会编：《河池地区民族概览》，广西教育出版社1988年版，第241—244页。

另招别人上门。毛南人称上门男子为“上人家里做丈夫的人”，又有一种特别鄙视的称呼，直译为“口衔抹碗布的家伙”，即等于“下贱”的意思，民间流传的《叹身歌》唱道：“家贫无钱去入赘，数我平生命最衰；前门不开后门进，逢人强笑背人泪。枉生于世受人欺，万事不如入赘悲；男子当婚要娶媳，莫去入赘受倒霉。”道出了入赘者的悲苦，万不得已很少有毛南人去入赘的。①

三、婚姻的中断及相关制度

毛南社会中，男女均有权提出离婚，人们把女方提出的离婚称为“闹郎”，妻与丈夫感情不好，常常制造事端跟丈夫吵闹直至离婚。一般情况下，夫妻间谁悔婚或提出离婚，谁就得承受一定的经济损失。由于男子花钱娶来了媳妇，若自己提出离婚，就自动丧失了已出的财礼和花费，人财两空。至于女家，已收了嫁女的财礼，女儿已属于夫家所有，一般就不再为她承担责任，替她出钱离婚。故双方家庭或社会舆论，都对离婚加以苛责。而提出离婚的，多是受害最深的媳妇本人，然而，她无论在娘家抑或夫家，都没有属于自己的经济收入，拿不出相当数量的钱，偿还夫家已付的财礼。所以，妇女事实上很少有离婚的自由，且妇女在改嫁时，原夫要先向后夫索回过去所送财礼及办婚礼的花费，否则不许改嫁。

坚决提出离婚的媳妇，务必要得到他人的有力支持和资助，要求才能实现。通常是在“不落夫家”的恋爱生活中，真情实意的恋人决心与她结合，不顾“好女不嫁奸夫”的社会压力，也不惧夫家提高财礼索赔或百般刁难，不惜付出昂贵的代价，甚至倾家荡产支付赔偿，使所爱的妇女从夫家摆脱出来。其后他们的结合属必然的事，不再经过娘家，婚礼从简，由情夫到她寄住的亲属或兄弟家，将她接回成亲。过一个月后，才双双回娘家拜请，称“认亲家”。有的恋人无钱离婚，但双方情深义重，妇女坚决不到夫家屈从。至此，他们只有双双远奔他乡结合，永世不敢回来。还有的恋人至走投无路时，悲愤欲绝而至自杀殉情。②

寡妇和离婚妇再嫁时的仪式基本相同，因为父母认为妇女只能嫁一次，再嫁便不爱了，所以一般再嫁时嫁妇不能再在她父母家里嫁出，只能在她兄弟或其他亲戚家里嫁出。寡妇再嫁需在原夫去世四个月后才能再嫁，而离婚者不在此限。在此之前，寡

①② 广西壮族自治区编辑组：《广西仫佬族毛南族社会历史调查》，广西民族出版社 1987 年版，第 45、155，95 页。

妇必须与亡夫家族办妥了断绝关系的契约，并由迎亲的男方，送给亡夫家少量的财礼作为补偿。婚礼需于半夜举行，寡妇进入男家时，要用毛皮裹头、芭蕉叶遮脸，踏着门前铺的白布进入。据说这是为了逃避亡夫灵魂的视线，以避免他的纠缠与报复。若是妻死续媒，也要遵从严格的禁忌，新妇只能半夜来，要头顶铁锅，从侧门或拆除的楼板孔中进入夫家，否则将遭亡妻的嫉恨和报复。不论是离婚妇再嫁还是寡妇改嫁，都无须经过"不落夫家"的过程。

有关婚姻的纠纷，除了上述离婚纠纷之外，最多的是关于婚外情的纠纷。因为毛南族婚姻多属包办，夫妻婚后感情不和的事便多起来。特别是女方在"走媳妇路"时，娘家、婆家多不行管教，无拘无束的少妇，在娘家日渐长大，正值美妙的豆蔻年华，她们经常在劳动之余，或赶圩赴会之时，尤其在每年特有的"五月庙"（即分龙节）等节日或喜庆聚会之中，与相逢的小伙子结识攀谈，或到山坡的歌场上，尽情对歌叙唱。日久天长，自然会本能地产生对他人的爱慕之情，进而有的私下约会，结成了爱侣。在极端秘密的私会中，全凭双方自愿，有的相处时间很短，有的长达几年，至情消意散则分手，双方互不承担责任和义务。不落夫家的毛南少妇，既有名义上的丈夫，定期要与之过夫妻生活，有的还另有经常往来的情夫。夫家对媳妇在娘家怀孕，很难弄清来由，一般不加深究，如果没有确实证据而闹起纠纷，反而对他们不利。因为村民们认为，妇女与他人怀孕，若回村里生育，将给村民带来灾祸，因此只能在村外的山洞里生育。同时，奸夫家也只得破费钱财，请师公来村"安龙谢土"，赶鬼消灾，男方才将在山洞里已生育的媳妇母子接回。

一般情况下，夫家对媳妇的外遇多不肯善罢甘休，若是"奸夫奸妇"当场被抓住，便被押送到夫家，由村老议处，有的会被视为对本族和祖先的渎犯，有的合族到对方村中兴师问罪，要求惩办。一般情夫要出八吊钱赔罪，除用一两吊钱备办酒宴，向其夫和公婆赔礼外，所余六七吊钱归捉奸者所得，俗称"卖钱"，纠纷即可了结。有时认罪的男子需怀抱一只大鹅，随同请来的师公，前往被冒犯的夫家村寨游村诵经，驱除晦气，并挨门挨户各贴三张神符，向村民赔罪，然后再送给该村一笔财物作为赔偿。倘不遵从，势必发生纠纷，以致形成村与村、族与族之间的争斗。然而，如果夫家未能抓到真凭实据，即使妻子怀孕生子，也难以诿罪他人。如果其夫张扬外传，则将引起本村本族对他的反感，被认为是渎犯村民和祖宗神灵，以致被责令备办

36牲，即羊、鹅、猪各一只和33只鸡，请师公举办盛大的“安龙谢土”驱除灾害。①与未婚的姑娘通奸被捉者，男子虽不受罚，但在以后姑娘出嫁时，需出钱向其夫赔罪。如果两者愿结为夫妇，则无须向他人赔罪或受罚。②

第二节 继承制度

毛南族社会中的继承不仅包括继承人从已死亡的被继承人那里承受财产，也指继承人在被继承人生前以分家析产的方式承受其财产。

在毛南族社会中，继承主要表现为父系继承制度，男性继承权相当突出，主要表现在：父母的家庭财产多由亲生儿子继承，儿子多的则由几个儿子将家产平均分成几份；没有亲生儿子，可以过继兄弟之子或收买养子或以赘婿的子女为继承人；如果都没有，死后，其财产则由近亲占有。总之，毛南族社会是男系继承制，虽然父母会给女儿留一定的陪嫁田（或称粽蛋田），但这不意味着女子享有财产继承权。父系继承的另一个表现为父系的血缘亲族在继承（分家析产）中扮演着重要角色。一般鉴于对血族观念的强调，人们把个体家庭的财产看成是夫家家族的财产之一部分，遗产一般也只在本家族内分配，防止本家族财产外流，以维护继承中家族成员的切身利益以及家族的整体利益。在继承过程中，家族充当着重要的角色，主持、干预、指导按习惯做法分割、转移遗产。这主要表现在以下几个方面：其一，族长和族人对家庭财产继承行使保障权和监督权，凡继承遗产、分家析产，都需请同宗同族有影响力的人物到场，家族成员既是公证人，又是评议人，分家才具有法律效力。其二，男子无后可立嗣，毛南族社会中嗣子需从近亲亲属中挑选。立嗣的目的是为了传宗接代，以保证宗祀、家统不绝。嗣子的法律地位与亲子相同，可以继承所嗣者的家业。但立嗣有严格的限制，立嗣的对象必须按血亲宗支由近及远，且辈分相当，不许尊卑失序。其三，妻子继承丈夫遗产的权利是受限的，若是夫死无子，妻子是可以占有使用夫家的遗产的，但是她必须将这份财产保留在夫家的家族之内，如若再嫁，则不得带走夫家财

①② 广西壮族自治区编辑组：《广西仫佬族毛南族社会历史调查》，广西民族出版社1987年版，第44、40页。

产；即便是招赘，也需将一部分财产分给夫家的近亲房族，并订立契约，指明赘夫无继承权，夫家财产只能由寡妇及赘夫的子女继承。

财产继承有两种形式，一是父母在世时诸子分家析产，二是父母亡后分割家庭财产。在毛南族社会里较为普遍的是前父母在世时即分家析产，这个过程多数是随着各个儿子结婚而次第进行的。长子长大结婚，待妻子落夫家或是生育子女之后，不等其他弟弟长大成人便要分居。分家的原因，虽有儿子成婚后，婆媳关系不好处、兄弟不和睦等情感因素，但主要还是从经济方面考虑，几代共居，众人杂处，互相依赖，彼此牵制，生活难以统筹安排，生产难以合理调配。分家之后，化整为零，别居独处的小家庭从自己的实际情况考虑，灵活自主地安排生产和生活，由于生产行为与既得利益直接挂钩，调动了个体家庭的生产积极性，对发展封建经济极为有利，同时也减轻了父母的生活负担。

在毛南族社会中，分家时，一般将家产分为若干等份，父母和长子可多得一些，长子多得一些在毛南语中称为“份多外”，是因为哥哥带弟妹，较早负担家务，一般做弟妹的也没什么意见；幼子尚未娶亲的，也可多得一头牛或一些可动产作为将来娶亲之用。若是一夫多妻的家庭，一般是在纳妾后即将财产分成两份，因为大多数情况下妻妾是分居的，不过妻的地位要高一些，即使她没有儿子，仍至少可分得家产的三分之一，而妾的儿子再多，也只能分得三分之二，自然正妻所生之嫡子与妾所生之庶子也有名分和高低之别。① 若是妻子亡故而再娶，则后妻生下的子女或是随后妻来的后妻前夫之子女，也都一样看待，分得一份家产。有义子、赘婿的，要在招上门时即在众亲族监督下立有契约，确定财产分配原则，义子的继承权等同于亲子，房族人等不得抢夺，但赘婿一般是没有继承权的。

分家时，一般也给女儿留有一定的田产，毛南话叫“份若给”，意思是“粽蛋田”，说她们出嫁了，但逢节庆日要回娘家团聚，平时有空也回来看爹妈，有事还要回来帮忙料理，回去时都要送点东西，如粽蛋、鸡蛋等，如果不分给她“粽蛋田”，去哪里要呢？这份“粽蛋田”可以由姐妹自己耕种，也可以由兄弟耕种，家中谁种“粽蛋田”，谁就需负责姐妹来往的应酬。不过姐妹对该份田产只能使用，并不能出卖，所以说“粽蛋田”的存在并不代表女儿有财产继承权。不过，在有些地方也说，如果女儿结婚生有男孩的，可将“粽蛋田”带到婆家，作为永业；若只生有女孩，此

① 广西壮族自治区编辑组：《广西仫佬族毛南族社会历史调查》，广西民族出版社 1987 年版，第 45 页。

田不可带走。此外，姑娘在未婚或是虽已成婚但未落夫家期间，可以自己开荒种植棉花，收入作为私产，父母和兄弟不加干涉，更不能侵占。将来到了夫家，她可将这部分私产带走，公婆甚至包括丈夫都不能过问这些私产。

兄弟分家之后，最为关心的问题自然是赡养老人，这也是分家析产的核心问题，家产的分配与之密切相关，谁承担赡养父母的义务并料理其丧事，则父母在分家时所分得的那份财产归谁所有。一般情况下，父母都是与幼子合居，由幼子承担赡养义务，父母分得的财产也归其继承；也有与长子同住的，由长子赡养并继承其遗产；若是父母独居的，多由几个儿子共同赡养，其财产也由各个儿子共同继承；若是父母无后，则可立继子承担赡养义务并继承其遗产；连继子也没有，则由亲族赡养送终，财产也归亲族所有。①

第三节

财产制度

一、土地制度

新中国成立前，毛南族社会的土地多属私有，但也有一定的公有土地。一般每个村寨后面的风水林即属全村公有，人们视为祖先和神灵寄居之所，不敢触犯，禁止砍伐，因而保护了村民用的水源。属于村寨的远处山林，也是公有的，本村村民可以自行砍柴放牧，他村的人不许擅自进入，例如堂八村的谭姓宗族占有该村全部荒山，只有本村谭姓可开垦伐木；玉环村则是境内山林的上半截林木全村公有；内陆屯也规定屯后林木皆属公有，但不许个人任意砍伐，距离村庄较远的公有山林、荒地私人可以垦殖，但非卢姓不得占用。山峒地方有的村寨如玉环、堂八等地，每村还有两亩左右的公共“庙田”、“宗祠田”、“粮田”等，多者亦不过十余亩，由头人管理，村民按户轮种，年可收谷500余斤，以一半供每年祭祀之用，另一半归耕种者。此外，村内

① 蒙国荣等编著：《毛南族风俗志》，中央民族学院出版社1988年版，第58页。

较大的宗族还有族田，如内陆屯卢氏宗祠曾有族田 40 多亩，山地 5 亩，由本姓各户领种，种者交租作为祠堂香火和祭祀开支。①

这种公有耕地多属原始社会解体后出现农村公社土地公有制的一种残余，因而历史越向前发展，其数量就越少，最后或因他事变卖归私人所有（如前述氏族田，即因发生宗族纠纷而卖归私人，至今，宗族公有田地已不存在），或为村峒头人所占有，成为私有土地。例如新中国成立前每村都曾有一亩“粮田”，以收获的一半作为甲长差役的薪俸，但长期掌握这块田地的甲长竟将它典当他人，成为私产。②

从清初起毛南族地区土地兼并开始盛行，至咸丰年间，已出现占有许多耕地而“富冠一乡”的地主，说明地主占有制的经济开始发展了。据调查，玉环乡地主卢九皋兄弟五人共占良田好地数量超过千亩，年产粮 2000 余担。他们占的耕地分布在玉环、中南、下南、仪凤以及壮族地区的川山、水源等地。而全乡的 24 户雇农，基本上没有任何田地，全靠为人佣工度日。中南也有几户地主各占百亩以上的耕地。波川乡 11 户地主，人均占有耕地为贫苦农民的十几倍。这些都是耕地较多、自然条件较好的地区，相比而言，边远的石山区耕地少，至新中国成立前土地占有还并不集中，如下塘乡土改时仅有三户富农，占有耕地面积不足 50 亩，仅占全乡耕地面积的 2%，由于地理条件的影响，石山区的经济发展水平还较落后。③

地主经营土地的方式主要有两种：一是出租，二是雇工经营。

土地占有者向无地或少地的贫苦农民出租土地，其收租以实物地租为主，地租又分为定租和活租两种，其中以活租为主要形式。民国初年，租额对分制，即主佃各得收获量的一半，收获时地主亲自或者差人临田监收，当场收割脱粒，属于地主的部分，由佃户挑送至地主的谷仓。至新中国成立前数年，地租较前加重。收获时地主先收取收获量的 10% ~20% 作为“纳粮”，余下主佃平分，佃户实际上仅能得收获量的 40% 左右，也有对半分租，“公粮”部分由地主承担。定租多是在田地较远、地主监收不便的情况下，不管丰收还是灾年歉收，都要按预定的租额如数交清。此外，每年春耕和秋收的农忙季节，佃户要依据佃耕土地的多少，先为地主无偿劳动 10 天、20 天不等。如堂八乡的地主谭维祯，出租土地时规定佃户要无偿为他犁田、插秧、挑

---

①② 广西壮族自治区编辑组：《广西仫佬族毛南族社会历史调查》，广西民族出版社 1987 年版，第 37、57 页。

③ 莫家仁：《解放前毛南族的社会形态研究》，载覃永绵、谭鹏星编写：《毛南族研究文选》，广西民族出版社 1987 年版，第 49 页。

粪、收割各五天。收获时地主亲自或差人临田分租，佃户需酒肉招待，过年时需送鸡、肉等礼物，否则可能被夺佃。①

另一种情况是雇工经营，毛南山区耕地面积少，剩余劳动力多，而且自然条件较好的地方土地集中较为严重，因此雇工现象也较常见。新中国成立前，毛南族地区雇工经营的土地约占地主占有土地的80%，如波川乡的十一户地主雇工耕种的土地占其所占土地的84%。雇工的形式分为长工和短工两种，长工时间为一年至数年，短工有月工和日工两种，多在农忙季节雇请。在雇佣长工时，雇主和雇工之间需订立契约和请担保人，规定雇工不得随意退工，如果发生雇工私自逃跑，雇主有权逮回，并找担保人罚款。

二、买卖、借贷

在毛南族社会中，买卖的主要标的物是土地。凡出卖田地，必先通过房族，从近亲到远亲，看族内是否有人想买，族内无人承买则问过本村，若村内无人买，方可卖给外村的人。要是房族和村内有人想买，而卖给外人，族人就要出面干涉。在卖田时，要请双方族老主持，卖主要写契给买主，契上写明卖田地的原因、收受的价银及在场者的姓名等等。参与者钤印为证，各人得一两元的东毫作为酬劳，并接受买主的宴请。所立契约，要送给村长盖印方能生效，同时，买主要送3%～4%东毫给村长作报酬。② 土地典当也需先过问亲族，这表明土地作为一种不动产，对其处置不仅是个体家庭的事，还关系到整个宗族的实力，因此“田宅买卖先问亲族”这一规则通行于多数民族社会。

民间的借贷起初只是互助性质的，如咸丰时《谭翠品墓》碑云：其“放债以怜贫”。早先借贷年利息为10%，俗称“扣九”，即在借时先扣除十分之一的利息，借期以十个月为一期，到期还本。但至民国中期后，形成了高利贷，利息为100%，低者50%，高者200%。③借贷的形式有实物借贷、货币借贷、牲畜贷养、买青苗等。通常在借贷时，借贷者备办酒宴，邀请贷方和证人、保人、介绍人来，当场写立契据，

---

① 莫家仁：《解放前毛南族的社会形态研究》，载覃永绵、谭鹏星编写：《毛南族研究文选》，广西民族出版社1987年版，第50页。

②③ 广西壮族自治区编辑组：《广西仫佬族毛南族社会历史调查》，广西民族出版社1987年版，第37、12页。

规定借贷人必须用田地、财产、房屋或人身作为抵押，如果到期后不能偿还，则其抵押的田地、财产、房屋归债主所有，以人身抵押者沦为长工，妻女被迫为奴。

按债主的要求，有的借钱还粮，也有的借粮还粮，还有借债还工诸种。借粮还钱的，多在贫苦农民春荒缺粮之时，债主借出 100 斤粮，或借可买 100 斤粮的钱，约定 7 月新粮收获时，要还粮 150 斤，为期仅半年。有的借粮折算为若干短工，至农忙时以工抵债。也有借猪的，如贷出一头小猪，借者养大后，先除小猪的重量归贷者，所余对分。也有贷出母猪，生仔按三分之一归贷者，并交还母猪。也有贷出菜牛的，至养肥时杀卖，先除去牛本及交税，所余牛肉对分，或将壮牛卖出，所得牛款的三分之二归牛主，不过若是租来的牛、猪发生意外，则需照价赔偿。①

除买卖借贷外，还有一种叫“牛租”的。因为喂养一头耕牛需要足够的粮食，贫困的农民无力养活一头耕牛，且田地较少也无必要，所以每年农忙时得向有多余牛的人家租牛回来使用。租期一般为二至三个月，一头水牛需交租谷 200 斤，黄牛 120 至 150 斤。②

① 广西壮族自治区编辑组：《广西仫佬族毛南族社会历史调查》，广西民族出版社 1987 年版，第 79 页。

② 蒙国荣等编著：《毛南族风俗志》，中央民族学院出版社 1988 年版，第 38 页。

羌族法制史

QIANGZU FAZHISHI

CAIWEI SHIDAI（XIA-SHANG-ZHOU）QIANGQU FAZHI

第一章

采卫时代（夏商周）羌区法制

第一节

传说中的羌人

羌族是我国民族大家庭中历史悠久的民族之一。在数千年历史发展长河中，羌族对华夏民族的形成及其文化的缔造、繁荣做出了卓越的贡献，在中华民族发展史上具有重要的历史地位和深远的文化影响。

羌的名称，东汉应劭《风俗通》说：“羌，本西戎卑贱者也，主牧羊。故‘羌’字从羊、人，因以为号。”许慎的《说文·羊部》释羌曰：“羌，西戎牧羊人也。从人，从羊；羊亦声。”这反映了羌最初是西部一个以牧羊为主的游牧民族。

羌的来源，据说“西羌之本，出自三苗，姜姓之别也。其国近南岳，及舜流四凶，徙之三危，河关之西南羌地是也。滨于赐支，至乎河首，绵地千里。赐支者，《禹贡》所谓析支者也。南接蜀、汉徼外蛮夷，西北（接）鄯善、车师诸国”①。舜时，三苗遭放逐至西北三危山一带，与当地土著民融合，成为羌人来源之一。在禹时有析支或赐支的称谓，即指今青海湖至扎陵湖、鄂陵湖一带地区和居住在这一地区的羌族。

“姜”是羌人中最早由西部游牧进入中原转向农耕的一支，并在当时处于社会经济的领先地位。据《国语·晋语四》记载：“昔少典娶于有蟜氏，生黄帝、炎帝。黄帝以姬水成，炎帝以姜水成，成而异德，故黄帝为姬，炎帝为姜。”姜姓的炎帝“神农氏”，“斫木为耜，揉木为耒”，“乃始教民，播种五谷”。② 农耕使“姜”姓羌人生活稳定，不断发展壮大，并与黄帝等部落联盟集团接触更加频繁，关系日渐密切，共同构成了“华夏族”。但大部分羌人仍然过着游牧生活，生活水平低下，而他们正是日后羌族的主体部分。

---

① 《后汉书》卷八七，《西羌传》。

② 《淮南子·修务训·尝水草》。

第二节

夏商周对羌人的施政与立法

公元前21世纪，以羌人为主体建立的夏朝，标志着中国国家的形成，奴隶制法制的雏形相应出现，夏朝的创立者禹即是羌人。《史记·六国年表》："禹兴于西羌。"禹的出生地传说是在今岷江上游羌族地区，如《吴越春秋·越王无余外传》："鲧娶于有莘氏之女，名曰女嬉，年壮未孳，嬉于砥山，意为人所惑，因而妊孕，剖肋而产高密。家于西羌，地曰石纽。石纽，在蜀西川也。"《艺文类聚》卷十一引皇甫谧《帝王世纪》："伯禹夏后氏，姒姓也，生于石坳……长于西羌，西羌夷人也。"据史书记载："夏有乱政，而作禹刑"①。"禹刑"大约是启及其后继者根据羌族氏族部落的习惯法制定的国家法，"夏后世正刑有五，科条三千"②，夏的正式刑罚包括"大辟二百，膑辟三百，宫辟五百，劓、墨各千"，③ 主要是肉刑和死刑，刑罚手段极其残忍。从中可以清晰地看到"刑起于兵"的痕迹。夏朝建立后，已成为夏朝臣民的羌族已融为华夏族而不再是羌人，未成为夏王朝臣民的羌仍为古羌人，他们只是依附于夏的氏族部落。夏朝推行"五服"④ 制度，在天子领地外围，每五百里为一区域，按距离远近分为甸服、侯服、绥服、要服、荒服，对不同区域采取不同的统治方式。地处边远地区，生产力水平低下的古羌人属于"荒服"，只要维持与夏朝的联系，不交贡赋，依俗而治，可以流动迁徙。

殷商时期，羌位于殷的西部，大体在今甘肃大部和陕西西部一带。作为商王朝的方国（部落）之一，羌被称为羌方，其活动地域广阔。商初，羌定期朝觐商王，并交纳贡物，商王朝引以为荣，大肆宣扬，据《诗经·商颂·殷武》称："昔有成汤，自彼氐羌，莫敢不来享，莫敢不来王，曰商是常。"羌成为拥戴成汤的基本力量之一，但二者关系松散，各行其是。《竹书纪年》："成汤十九年，大旱，氐羌来宾。"成汤

---

① 《左传·昭公六年》。
② 《隋书·经籍志》。
③ 《周礼·秋官司寇·司刑》郑玄注。
④ 《尚书·禹贡》。

遭遇旱灾，羌人并未趁人之危，加以攻伐，而是前往朝觐，以示友善和慰问。武丁时期殷室中衰，诸夷皆叛，商王朝为了掳掠奴隶，不断对羌动武，二者关系恶化。战争中被俘的羌人，大多数用作祭祀神鬼的牺牲，一次多达数十、数百人。① 除此之外，有技能的羌人或沦为畜牧和狩猎的奴隶，或沦为农耕和服杂役的奴隶。在甲骨文卜辞中，有“执羌”、“追羌”的记载，说明羌族奴隶逃亡，即要遭到追捕和拘束。武乙、文丁时期，商与羌方的关系有所好转，羌方首领常常朝见商王。

姜姓羌人与姬姓周人有密切的关系。大约在夏朝末期，他们与在今陕西、甘肃一代活动的周人部落世代通婚，如传说周人始祖“弃”，乃是姜姓部落之女姜源的儿子。周人首领古公亶父的妻子叫姜女，是姜人第一位嫁给周人的女子，后人称为“太姜”。后来，历代周王也以娶姜女为后居多，武王妃名邑姜，成王妃名王姜。羌人中的“姜”姓氏族，与周人结为婚姻部落联盟，商末，周武王伐纣，有“庸、蜀、羌、髳、微、卢、彭、濮”八族率师会于牧野②，羌居其一，是合力助周灭商的重要的军事力量。周王朝建立后，分封了齐（今山东北部）、吕（今河南南阳西）、申（今陕西、山西之间）、许（今河南许昌东）、纪（今山东寿光）、向（今安徽怀远）、州（今山东安丘）、鄣（今山东东平）、历（今湖北随县）等姜姓诸侯国，起屏藩拱卫周室的作用，并完全融合于华夏族之中。西周时期，重大的立法活动是“周公制礼”③，孔子曰：“殷因于夏礼，所损益可知也；周因于殷礼，所损益可知也。”④ 周公是将夏、商两代的礼制加以折中损益，加上周族自己原有礼制习惯，制定了一套通行全国的系统的礼制。夏礼中有羌人的习惯法，周族又与羌族一支的“羌人”关系密切，周礼也就必然吸收了羌族习惯法的一些合理成分。对没有分封的羌部落，西周“修其教不易其俗，齐其政不易其宜”⑤，让他们自行处理内部事务。

春秋战国时期，羌在战乱中分化成三类：其一，有一部分以羌人为主体的西戎，主动进入中原地区，散居各诸侯国中，十分融洽地成为华夏族的一员。其二，居住在西北高原的羌戎，在秦国“西霸”的过程中，经过数百年的攻伐，最终被击溃，其居地成为秦统治的辖区，羌人被秦所融合。如羌人所建的义渠国，“筑城数十，皆自称

---

① 在甲骨文中有“用氐羌”、“氐羌用”（氐即氐），这是商朝以俘获的氐羌为祭品的卜辞。
② 《尚书·牧誓》。
③ 《礼记·明堂位》。
④ 《论语·为政》。
⑤ 《礼记·王制》。

王”①，占据了包括今甘肃东部、陕西北部、宁夏及内蒙古河套以南地区，成为秦称霸西戎的主要对手，因而征战不休。周贞定王二十五年（前444），“秦伐义渠，虏其王”，②义渠虽战败，但并未遭到重创。14年后，义渠反攻，深入秦内地的渭水流域，直到秦昭王三十五年（前272）才灭义渠国，于其地置陇西、北地、上郡，“自是中国无戎寇”③。其三，滞留在黄河上游和湟水流域（今青海境内）的羌人，受中原文化影响，开始由原始狩猎生产方式向农耕兼畜牧生产方式转化，并大量繁衍子孙，远避秦、羌之间的战争，使羌族得以保存和延续下来。据史书记载：“羌无弋爰剑者，秦厉公时为秦所拘执，以为奴隶。不知爰剑何戎之别也。后得亡归，而秦人追之急，藏于岩穴中得免。羌人云爰剑初藏穴中，秦人焚之，有景象如虎，为其蔽火，得以不死。既出，又与劓女遇于野，遂成夫妇。女耻其状，被发覆面，羌人因以为俗，遂俱亡入三河间。诸羌见爰剑被焚不死，怪其神，共畏事之，推以为豪。河湟间少五谷，多禽兽，以射猎为事，爰剑教之田畜，遂见敬信，庐落种人依之者日益众……其后世世为豪。”④秦厉共公当政时（前476—前443），羌人爰剑被秦国抓去做了奴隶，学得了农牧生产知识，后来设法逃到黄河与湟水交界处，教羌人弃狩猎而从事农耕兼畜牧，受到羌人拥戴，被推举为首领。羌人称奴隶为“无弋”，无弋爰剑是有史记载的羌人的第一位首领。从无弋爰剑起，实行世袭制，他的子孙都是首领。由此可见，采用先进的生产方式和确立基本的社会组织是羌族稳定和发展的开端。“至爰剑曾孙忍时，秦献公初立，欲复穆公之迹，兵临渭首，灭狄豲戎，忍季父卬畏秦之威，将其种人附落而南，出赐支河曲西数千里，与众羌绝远，不复交通。其后子孙分别，各自为种，任随所之。或为旄牛种，越嶲羌是也；或为白马种，广汉羌是也；或为参狼种，武都羌是也”。⑤秦献公向西迅速扩大自己的势力范围，武力达到渭水源头。羌人畏惧，为保留自己的族群，不得不进行第一次大规模远距离的迁徙。他们不断向西南迁徙，进入高山河谷地带，并以大量繁衍子孙和分散各为部落的有效方式保持和延续种族的生存，而“种”就成为羌族分类的重要标志。“及忍子研立，时秦孝公雄强，威服羌戎。孝公使太子驷率戎狄九十二国朝周显王。研至豪健，故羌中号其后为研种。及秦始皇时，务并六国，以诸侯为事，兵不西行，故种人得以繁息。”⑥秦孝公实力强大，羌人在秦的统领下归服于周。秦王嬴政时主要精力用于吞并六国，军队才向西征伐，羌人得以繁衍生息。

此时羌人以畜牧为主，但也有农耕者。部落繁多，或以动物之名为号，如白马、

①②③④⑤⑥　《后汉书》卷八七，《西羌传》。

牦牛、参狼、黄羝、黄羊、黄牛等，以示族支的图腾崇拜。或以地名为号，如勒姐、卑湳，以示地缘性的羌支联盟；或以父名为号，如先零、烧当、钟羌，以示父系世袭的传统。各部各有酋长，数相攻掠，战事频繁。

春秋战国时期，由于躲避战乱，羌人的一支从甘肃地区翻越大雪山，络绎迁居到岷江上游一带生息繁衍，与当地古羌人融合，成为当今羌族的直系祖先。

JUNXIAN SHIDAI（QIN-HAN）QIANGQU FAZHI

|第二章|

郡县时代（秦汉）羌区法制

第一节

秦汉王朝对羌区的施政与立法

秦统一天下后，“使蒙恬将兵略地，西逐诸戎，北却众狄，筑长城以界之，众羌不复南度”①。秦修长城将羌人隔离在外，不属于秦管辖范围，彼此之间，互不统属，互不侵扰，相远求安，羌人不再向南发展。而另一部分氐羌在西、南地区定居，秦在此设湔、氐等道。秦制定民族法规“属邦律”，规定了道官依法行使职责、保有少数民族首领的特权地位和“自治”权力、不随意改变民族地区的社会体制、民族首领犯法可减免、臣邦人不许擅离“主长”、少数民族成员犯罪不连坐、保障少数民族成分的纯正性、对少数民族首领的法定继承人予以特殊保护等条文，这些条文适用于包括羌人在内的所有少数民族。

汉初，推行黄老学说，无为而治，偃兵息民，对周边民族奉行亲和政策，不予干涉，羌人有了更大的发展。当时，匈奴冒顿单于兵力强大，东破东胡，西击走月氏，南并楼烦、白羊河南王，并收复了被秦将蒙恬侵吞的匈奴原领地，一时“威震百蛮，臣服诸羌”②。景帝时，羌人不堪忍受匈奴的挟制，请求内迁汉地，协同防守陇西塞，于是景帝将其迁徙到陇西郡的狄道、安故、临洮、氐道、羌道（今甘肃西南部），③与当地汉人杂居生活，成为汉管辖范围内直接统治下的少数民族。

汉武帝时期，推行“征伐四夷，开地广境”的政策，“北却匈奴，西逐诸羌”④。为了隔绝匈奴与羌人的联系，汉朝在占领的羌族聚居区的河西走廊设立边郡边县，管理当地事务，加强司法管辖。羌区除设立一般地方行政机构郡县外，还设有护羌校尉、属国等特殊机构，管理羌人事务。

（1）边郡边县。汉武帝元狩二年（前121），大将军霍去病出居延击匈奴，匈奴浑邪王投降，汉在西羌人居住的河西地区设立酒泉、武威、张掖、敦煌四郡，“通道

①②④　《后汉书》卷八七，《西羌传》。

③　道，秦汉时是少数民族聚居地区县一级行政机构，《汉书·百官公卿表》：“有蛮夷曰道”。狄道：今甘肃临洮县。安故：今临洮县南。临洮：今甘肃岷县。氐道：今甘肃西和县。羌道：今甘肃舟曲县。

玉门，隔绝羌胡，使南北不得交关”①，筑令居塞（今甘肃永登县境内）和建西平亭（今西宁市）等军事据点，障塞亭燧，以制约羌胡。西平以西建临羌县，西平以东建破羌县，皆隶属陇西郡。边郡边县是在原西羌居住地区建立的汉朝统治的地方政权，生活在边郡边县的羌人被称之为“内羌”，凡在边郡边县之外的羌人则称之为“外羌”。汉代在羌区建立的边郡边县制有三个特点：其一，边郡边县的行政区域按羌人聚居范围进行划分，并尽量迁入一部分汉民；其二，实行汉羌双重管辖，郡守县令一般由汉人充任，同时承认羌人首领的统治地位，由他们对当地羌民采用因俗而治的方式进行管理；其三，国家对边郡边县推行赋税优惠政策，赋税一般无定额，还可随时酌情减免。

汉代活跃在西南地区的有牦牛羌、白马羌、参狼羌、青衣羌等及其繁衍的部落，随着汉武帝对西南夷的开发和建置郡县，许多氐羌族支，被划归沈黎郡、越嶲郡、汶山郡、广汉郡、武都郡、蜀郡等管辖。

（2）护羌校尉。汉将西羌居住的河湟地区据为已有，势必与羌人产生冲突。汉武帝元鼎五年（前112），先零羌与封养牢姐种解仇结盟，与匈奴交往，合兵十余万，共同进攻令居、安故，包围枹罕（今甘肃临夏县）。汉遣将军李息、郎中令徐自为领兵十万，前往征讨，很快平息了西羌各部的骚乱，大部分羌人归降，少部分羌人“乃去湟中，依西海、盐池左右。汉遂因山为塞，河西地空，稍徙人以实之”②。为了有效地管理西羌，汉王朝于元鼎六年（前111）在西羌地区开始设置护羌校尉，总领西羌事务，其“持节领护，理其怨结，岁时循行，问所疾苦。又数遣使驿通动静，使塞外羌夷为吏耳目，州郡因此可得儆备”③。护羌校尉，属凉州，秩比二千石，是降服汉朝的西羌地区最高行政长官，拥有行政权、军事权、司法权，平时对羌人进行恩抚离间，羌人一旦反叛汉朝，可迅速领兵镇压。

（3）属国。汉昭帝始元六年（前81），从陇西郡分出金城郡，辖允吾、浩亹、令居、枝阳、金城、榆中、临羌、安夷、白石、枹罕、破羌等县，其疆域约为现在的东起榆中，西至湟源，南到夏河，北抵永登。金城郡外西南的羌族，则为护羌校尉管辖、防范的区域。汉宣帝时，遣光禄大夫义渠安国“行视诸羌，分别善恶”，先零羌种豪要求渡过湟水，追逐汉人没有耕种的土地放牧牲畜。汉朝不予采纳。先零羌按照自己的意愿冒渡湟水，逐汉人所不田处以为畜牧，郡县不能禁。义渠安国率兵采取过激措施，“召先零诸豪三十余人，以尤桀黠，皆斩之。纵兵击其种人，斩首千余级”，

①②③　《后汉书》卷八七，《西羌传》。

致使“羌人恐怒，亡所信乡，遂劫略小种，背畔犯塞，攻城邑，杀长吏。安国以骑都尉将骑三千屯备羌，至浩亹，为虏所击，失亡车重兵器甚众”①，义渠安国败逃而回。汉遣后将军赵充国率军讨伐，赵充国针对羌人各部落间的松散联系和面和心异的实际情况，采取离间的策略，集中兵力剿灭了“首为叛逆”的先零羌，“以威信招降罕开及劫略者，解散虏谋”。同时，不扣留通报消息的羌人首领的弟弟为人质，认为他无罪，并派遣他归告种豪，宣示汉朝的法令：“大兵诛有罪者，明白自别，毋取并灭。天子告诸羌人，犯法者能相捕斩，除罪。斩大豪有罪者一人，赐钱四十万，中豪十五万，下豪二万，大男三千，女子及老小千钱，又以其所捕妻子财物尽与之。”②这条法令奖惩分明，要求羌人斩捕反汉的酋豪，立功赎罪，对反叛的羌人产生了强烈的分化作用。此时，后将军赵充国、强弩将军许延寿、破羌将军辛武贤并进击西羌，宣帝诏曰：“军旅暴露，转输烦劳，其令诸侯王、列侯、蛮夷王侯君长当朝二年者，皆毋朝。”③ 神爵二年（前60）夏五月，“羌虏降服，斩其首恶大豪杨玉、酋非首，置金城属国以处降羌。”④属国是边郡以外“主蛮夷降者”的特别行政区域，它“各依本国之俗而属于汉，故曰属国”⑤。金城属国都尉治所最初在金城郡允吾县西。属国内归降的羌族酋豪有权处理本民族事务，保留其民族习惯法，在酋豪之上，设属国都尉将兵监护镇抚之，属国都尉由汉人充任，级别相当于郡守。在汉、羌居住的金城地区，分设金城郡和金城属国，从事农耕的有户籍的汉人，归金城郡管辖，从事畜牧业的没有户籍的羌人归金城属国管辖，在同一地区实行“因族分治”、“一地两制”，是有利于地区和民族安定的。东汉继续设立金城属国，由护羌校尉代行属国都尉职权管辖金城羌民。

在平定先零羌的过程中，赵充国多次上言在羌区屯田，后被宣帝所采纳，于是在湟水流域屯田，这既有助于对羌族的平定和镇抚，也俭省了汉朝的军备开支。屯田使汉族先进的农业生产技术传到河湟地区，也促进了羌区社会经济的变化，出现了羌人“复欲归故地，就田业”，“以广田畜”，“居山田畜”，“羌人获麦”的情形，有的部落还产生了奴隶，开始向阶级社会过渡。

以上建置表明，西汉王朝对统治下的或有臣属关系的羌族，因其臣属程度的不同、居地远近的不同、关系疏密的不同，采取了灵活多变的统治方式：有的归郡县直

①② 《汉书》卷六九，《赵充国传》。

③④ 《汉书》卷八，《宣帝纪》。

⑤ 《汉书》卷五五，《卫青霍去病传》，颜师古注。

接管辖，而又有别于汉民郡县；有的专设治羌机构因俗而治；有的仍为羌人自己管理，汉朝只是加强其军事、行政、司法上的监护和镇抚，这种临事制宜，略依其俗的务实态度，收到了较好的社会成效，一时之间，“四夷宾服，边塞无事”①。

汉元帝时，烧当羌势力强大，联合诸羌进攻陇西，被汉朝击平。汉平帝时，王莽辅政，废护羌校尉，“多持金币诱塞外羌，使献地，愿内属”，于羌地设西海郡，以此作为罚罪的特定场所。“又增法五十条，犯者徙之西海，徙者以千万数，民始怨矣。”② 加上边地的降羌无护羌校尉专门监护管辖，“被发左衽，而与汉人杂处，习俗既异，言语不通，数为小吏黠人所见侵夺，穷恚无聊，故致反叛”③。汉羌杂处混治，造成了王莽统治羌人政策的失败，教训尤为深刻。

东汉建立后，建武九年（33）班超上言：“今凉州部皆有降羌，羌胡被发左袵，而与汉人杂处，习俗既异，言语不通，数为小吏黠人所见侵夺，穷恚无聊，故致反叛。夫蛮夷叛乱，皆为此也。旧制，凉州部置护羌校尉。……今宜复如旧，以明威防。”④光武帝采纳班彪建议，恢复设置护羌校尉，管理羌人事宜。护羌校尉的任免颇为频繁，担任此职的有临众、牛邯、夏育、窦林、郭襄、吴棠、傅育、张纡、邓训、聂尚、贯友、史充、吴祉、侯霸、马贤、段颎等三十几人。与此同时，东汉将归降的羌人向内地迁移，以致“西北诸郡，皆为戎居”⑤。郡县之内的羌人，遭到了东汉官吏和地方豪强势力的欺压和奴役，据《后汉书·西羌传》记载：“诸降羌布在郡县，皆为吏人豪右所徭役，积以愁怨。”“其内属者，或倥偬于豪右之手，或屈折于奴仆之勤。”郡县之外生活的羌人，也时时受到汉朝官吏的侵扰，《汉书·匈奴传》曰：“近西羌保塞，与汉人交通，吏民贪利，侵盗其畜产妻子，以此怨恨，起而背畔，世世不绝。”例如，烧何豪羌妇比铜钳，年百余岁，多智算，为种人敬信，皆从取计策。时被卢水胡所击，比铜钳乃将其众来依郡县。种人颇有犯法者，临羌长拘押比铜钳，而诛杀其种六七百人，以致汉显宗也感到太过分，动了恻隐之心，自责“国家无德，恩不及远。羸弱何辜，而当并命！夫长平之暴，非帝者之功，咎由太守长吏妄加残戮”，诏令“比铜钳尚生者，所在致医药养视，令招其种人，若欲归故地者，厚遣送之。其小种若束手自诣，欲效功者，皆除其罪。若有逆谋为吏所捕，而狱状未断，悉以赐有

①③④ 《后汉书》卷八七，《西羌传》。
② 《汉书》卷九九上，《王莽传》。
⑤ 《晋书·北狄传》。

功者"①。更有掌握兵权的护羌校尉、属国都尉和汉王朝派遣平羌的刺史、将军，大多虐刻凶暴，倚恃权贵，不遵法度，对羌族失于绥御，多所扰发，使羌人惨遭杀戮。如汉章帝时，护羌校尉张纡，表面上接纳降服的烧当种迷吾羌，实际上将迷吾羌骗至临羌县，"设兵大会，施毒酒中，羌饮醉，纡因自击，伏兵起，诛杀酋豪八百余人。斩迷吾等五人头，以祭育冢。复放兵击在山谷间者，斩首四百余人，得生口二千余人"②。护羌校尉背约失信，势必酿成大乱。尤其是汉王朝一贯促成"羌胡相攻"，而在羌人内部，采取屯田、守边、征伐等多种手段分化其力量，也逐渐引起了羌人的警觉和反感。东汉对羌人的防范与镇压，必然导致羌人一次又一次的顽强反抗。

安帝永初元年（107）夏，朝廷遣骑都尉王弘征金城、陇西、汉阳三郡羌人数百千骑出征西域，因路程遥远，去而无返，羌人惊惧愁怨，行至酒泉，纷纷逃散。东汉王朝命各郡发兵阻截，官军勒索骚扰，捣毁庐舍，羌人被迫发动起义。"时羌归附既久，无复器甲，或持竹竿木枝以代戈矛，或负板案以为盾，或执铜镜以象兵"③，打败了车骑将军邓骘、征西校尉任尚统领的五万大军。起义军攻赵、魏、益州，杀汉中太守董炳。武都、参狼、上郡、西河的羌人纷纷加入，起义队伍声势更盛。永初三年（109）起义军进入河东、河内等郡，郡县官吏无心战守，纷纷胁迫所属汉民内迁，汉民留恋故土，不愿离开家园，也响应羌人的起义。永初五年（111），杜琦、杜季贡、王信率汉人与羌人联络，共同反抗东汉统治，汉军在汉羌起义军的联合打击下，屡遭重创。元初二年（115）东汉调南匈奴骑兵、南蛮兵二十余万，经数年剿杀，元初五年（118）才镇压了这次羌民大起义。而朝廷也付出了沉重的代价，耗去钱币二百四十余亿，还致使"边民死者不可胜数"，"并、梁二州为之虚耗"。④

顺帝永和四年（139），以来机为并州刺史，刘秉为凉州刺史，来机等"天性虐刻"，"到州之日，多所扰发"⑤，激起羌民再度起义，并威胁到京城洛阳，朝廷以马贤为征西将军，率军十万屯汉阳，又于扶风、汉阳、陇道作坞壁三百所以为防御。羌人大败官军，杀死马贤父子，烧园陵，掠关中，杀伤长吏，迫使东汉王朝再度将安定、北地两郡内迁。由于此时汉族农民起义不断发生，东汉王朝腹地面临更大威胁，不得不对羌人一面进行镇压，一面进行招抚、纳降，直到冲帝永憙元年（145），才将这次起义平息下去。

桓帝延熹二年（159），段颎为护羌校尉，东、西羌十万人起而反抗，合力攻并州、凉州及三辅。朝廷任皇甫规为中郎将，持节监关西兵，皇甫规认为"羌戎溃叛，

---

①②③④⑤ 《后汉书》卷八七，《西羌传》。

不由承平，皆由边将失于绥御”①，于是将那些不遵法度、多杀降羌的边官边将，全部条奏其罪，或免或诛。羌民闻之，极为感动，相劝降者10余万。但朝廷内外官吏诬蔑皇甫规贿赂群羌，令其虚降。皇甫规后被调职。桓帝延熹六年（163），东汉王朝复以段颎为护羌校尉，更加凶残地推行屠杀政策，七年（164）春，封僇、良多、滇那等羌酋豪355人被迫率3000人投降。八年（165）出击勒姐羌、当煎羌，至永康元年（167），西羌的反抗斗争基本上被镇压下去。建宁元年（168），段颎在泾阳击败东羌，广大羌民被迫迁入汉阳山谷。第二年，段颎又出兵穷山深谷，屠杀近两万人，招降4000人，分置于安定、汉阳、陇西三郡，东羌的反抗斗争最终陷于失败。五年之间“凡百八十战，斩三万八千六百余级，获牛马羊骡驴骆驼四十二万七千五百余头，费用四十四亿，军士死者四百余人”②。历时近十年的东西羌人的反抗斗争，终于被血腥镇压下去，段颎被封为破羌将军，新丰县侯，邑万户。

羌人在东汉60余年的不断反叛，引起了后来的史学家、政治家的反思，如司马光说：“夫蛮夷戎狄，气类虽殊，其就利避害，乐生恶死，亦与人同耳。御之得其道则附顺服从，失其道则离叛侵扰，固其宜也。是以先王之政，叛则讨之，服则怀之，处之四裔，不使乱礼义之邦而已。若乃视之如草木禽兽，不分臧否，不辨去来，悉艾杀之，岂作民父母之意哉！且夫羌之所以叛者，为郡县所侵冤故也；叛而不即诛者，将帅非其人故也。苟使良将驱而出之塞外，择良吏而牧之，则疆埸之臣也，岂得专以多杀为快邪？夫御之不得其道，虽华夏之民，亦将蜂起而为寇，又可尽诛邪？”③ 同民族的统治者对被统治者不能一味严刑杀戮，何况是处理复杂的民族关系呢？汉朝对羌族反抗的镇压，给羌族带来了深重的灾难，羌区生产凋敝，人口锐减，社会发展十分缓慢，但羌民的起义也给东汉王朝以沉重打击，东汉王朝的政治威信一落千丈，经济负担沉重，军事力量疲于奔命，四处应急，实力不断受到削弱，最终难逃覆灭的命运。这正如陈子昂所言：“昔后汉末西京丧败，盖由此诸羌。”④

① 《后汉书》卷六五，《皇甫规传》。
② 《后汉书》卷六五，《段颎传》。
③ 《资治通鉴》卷五六，《汉纪》。
④ 陈子昂：《谏雅州讨生羌书》，《古今图书集成》《方舆汇编·边裔典》卷五〇。

第二节

羌人的社会习俗

秦汉之际羌人的社会习俗，具体体现在如下几个方面：

在社会结构上，羌人“其俗氏族无定，或以父名母姓为种号”，支系众多，“附落”繁杂，各自占据一定的区域自行生活，造成了羌族政治、法律的分散性和多元性。每一羌支的规模“大者万余人，小者数千人”，“不立君臣，无相长一”，由部落首领“酋豪”发号施令，“酋豪”由富有和勇敢的长者充当，其子孙世袭其位。各羌支之间，“更相抄暴，以力为雄”①，互相争斗异常激烈，形成了“以战死为吉利，病终为不祥”的坚强勇猛的性格和民族精神。各羌支之间的争斗，不外乎三种原因：其一，争夺物质财富和生存空间。例如，大允谷（今青海贵德县西）山高谷深，地理条件较差，烧当羌世居于此，“种小人贫”。大榆（今青海贵德、尖扎县之间），“土地肥美，又近塞内……又有西海鱼盐之利，缘山滨水，以广田畜”②，世居于此的先零羌、卑湳羌皆强富，于是烧当羌多次攻伐先零、卑湳，战而胜之。烧当羌夺居大榆，由此开始强大，常雄诸种。先零、卑湳则被驱出大榆，向东迁徙，势渐削弱。其二，扩大政治势力范围。羌族各支在政治斗争中，分化迅速，强弱形势明显，“强则分种为酋豪，弱则为人附落”，无论是各羌支间的互相攻伐，还是几个羌支联合共同对付异族的侵扰，往往弱小的羌支只得依附于一个较为强大的羌支，并成为其隶属的一部分，以维护本族支的生存，“附落”由此而产生。拥有附落的多少，是衡量一羌支是否强大的重要标志，而弱小的羌支往往成为政治斗争的牺牲品。在汉代，羌族中就有“五十二种衰少，不能自立，各分散为附落，或绝灭无后，或引而远去”③。其三，血亲复仇，羌族各支以“父名母姓”为种号，以血缘关系为纽带，以家族、氏族为基本单位建立的社会组织，因此，羌支之间的械斗残杀和血亲复仇普遍存在，结怨甚深。“羌人无大君长，而诸种豪递相杀伐，故每有仇仇，往来相报”。只有当他们遇到共同敌对的羌支或外族时，才“解仇盟诅”，暂时联合起来，抗击外来之敌，维护彼此的

①②③ 《后汉书》卷八七，《西羌传》。

共同利益。羌支的联盟，具有明显的军事性质，从而具有临时性和不稳定性。一旦军事活动结束，或共同利益产生变化，联盟关系会随之解体，各羌支恢复原状，依旧彼此独立，各行其是，互相争斗。

在经济生活中，羌人过着“所居无常，依随水草。地少五谷，以产牧为业”，“多禽兽，以射猎为事”的狩猎游牧生活，生产水平极为低下，生活极不稳定。虽自秦厉共公时“爰剑教以田畜”，但受自然条件限制，农耕仅在局部地区产生和发展，畜牧业占主导地位。如，汉宣帝时，“先零种豪言：‘愿得渡湟水，逐人所不田处以为畜牧’……后因缘前言，遂渡湟水，郡县不能禁”①。社会生产组织以个体家庭为单位，家庭规模不大，一般为一夫一妻，儿子成人娶妻后，往往兄弟分居，各立家庭。私有制也随之产生和发展，并出现了阶级对立，贫富悬殊的态势。

在民族习俗方面，羌族“十二世后，相与婚姻，父没则妻后母，兄亡则纳厘嫂，故国无鳏寡，种类繁炽”②。同祖十二世后分立为氏族，可以相与通婚，由氏族组成部落，此即所谓“种”。禁止男性父系近亲通婚，女性母系则没有这种限制，姑舅表亲通婚还可优先缔结。在一夫一妻制下，一夫多妻现象普遍存在，“羌与北狄同俗，……饶妻妾，多子姓，一人生子数十或至百人”③。“酋豪”更是如此，爰剑曾孙“忍及弟舞独留湟中，并多娶妻妇。忍生九子为九种，舞生十七子为十七种”④。转房制在羌人中也十分盛行，“父子伯叔兄弟死者，即以继母、世叔母及嫂弟媳等为妻”⑤。转房不限于同辈，也发生在异辈之间，既可纳厘嫂，也可妻后母。在羌族婚姻中有聘礼的规定，《广志》云：“嫁女得高资者，聘至百犊。”⑥

羌人堪耐寒苦，“虽妇人产子，亦不避风雪”。“羌胡俗耻病死，每病临困，辄以刃自刺。”⑦ 羌族的丧葬，既有土葬，也有火葬。羌族盛行火葬，“羌人死，焚而扬其灰”⑧。“氐羌之民，其虏也，不忧其系累，而忧其死不焚也。”⑨“秦之西有仪渠之国者，其亲戚死，聚柴积而焚之，熏则烟上，谓之登遐，然后成为孝子也。”⑩“父母死，耻悲泣，皆骑马歌呼”，有的甚至“莫不吼号，或以刀自割，又刺杀其犬马牛

①②④ 《后汉书》卷八七，《西羌传》。

③⑥ 《文献通考》卷三三，《太平寰宇记》卷一八一。

⑤ 《北史》卷九六，《宕昌》。

⑦ 《后汉书》卷一六，《邓训传》。

⑧ 《太平御览》引《庄子》佚文。

⑨ 《吕氏春秋·孝行览·义赏》。

⑩ 《列子·汤问》。

羊”①。羌人的土葬有独特的方式，据《龙安府志》记载：“番人死丧无孝，但穿破衣，埋葬无棺椁，死者亲子负尸往穴地，盘其足，坐如生时，用土石掩覆安埋。”

羌族习惯法内容极为简单，“杀人偿死，无它禁令”②，维护人的生命权成为其唯一内容，其他的法律关系并不发达。

① 《后汉书》卷一六，《邓训传》。

② 《后汉书》卷八七，《西羌传》。

GEJU SHIDAI（WEI-JIN-NANBEICHAO）QIANGQU FAZHI

第三章

割据时代（魏晋南北朝）羌区法制

第一节

魏晋对羌区的施政与立法

一、三国对羌人的争夺与统治

东汉灵帝中平元年（184）爆发了黄巾农民大起义，后来黄巾起义军的主力虽被残酷镇压下去，但各地余部仍坚持斗争。在镇压黄巾起义的过程中，各地官僚趁机拥兵自重，扩张势力，形成群雄割据的局面。经过相当长一段时间的混战，魏蜀吴三国鼎足而立，三分天下。为了扩充地盘和增强实力，进一步争夺天下、实现“大一统”奠定基础，三国都加强了对边界地区少数民族的拥有和控制，以取得新的兵源与劳动力，处于魏、蜀两国之间而以勇悍善战、吃苦耐劳著称的羌人，就成了魏、蜀争夺和利用的人力资源。羌人或被征调为军，或被招诱和强制内迁，或在羌族地区设立郡县和立法加强管理。

三国争战时，曹操军队中民族成分异常复杂，有匈奴、乌桓、羌、氐等多种少数民族。曹魏在统一北方的过程中，注意到了对甘青羌人地区的经营，早在建安十九年(214)，曹操消灭占据枹罕的“平汉王”宋建，诸羌归降，就设置西平郡，以加强对甘青地区羌人的控制，西平郡辖六县：临羌、破羌、安夷、白土、西都、浩亹，西平成了河湟一带政治、经济、文化的中心。建安末年，甘青少数羌人酋豪企图趁天下动乱，曹魏政权在该地区立足未稳，建立割据政权，如西平麹演两度叛乱，据州占郡，自称护羌校尉，不久被曹魏平定。

为了加强对羌区的统治，魏文帝黄初年间（220—226）承袭汉制，在管理边疆地方机构中仍设护羌校尉，“是时丧乱之后，吏民流散饥穷，户口损耗”，金城太守苏则“抚循之甚谨。外招怀羌胡，得其牛羊，以养贫老。与民分粮而食，旬月之间，流民皆归，得数千家，乃明为禁令，有干犯者辄戮，其从教者必赏。亲自教民耕种，其岁大丰收，由是归附者日众。”其“既有绥民之效，又能和戎狄，尽忠效节”，① 魏文帝以功加封苏则为金城太守兼任护羌校尉，让他既管理地方事务，又管羌氐等民族事务。正始元年（240），魏在陇西打败蜀将姜维后，将羌人三千户迁入关中。正始八年（247）陇西、金城、西平羌人配合姜维攻魏，凉州羌人治无戴也起兵响应，魏发兵镇压，大肆屠杀饿河、烧戈等地羌人，并强行掠走一万余口。

魏明帝时，徐邈为凉州刺史，持节领护羌校尉。“河右少雨，常苦乏谷，邈上修威武、酒泉盐池以收虏谷，又广开水田，募贫民佃之，家家丰足，仓库盈溢。乃支度州界军用之余，以市金帛犬马，通供中国之费。以渐收敛民间私仗，藏之府库。然后率以仁义，立学明训，禁厚葬，断淫祀，进善黜恶，风化大行，百姓归心焉。西域流通，荒戎入贡。”同时，“与羌、胡从事，不问小过。若犯大罪，先告部帅，使知，应死者乃斩以徇，是以信服畏威。”取得了“弹邪绳枉，州界肃清”② 的社会效果，为处理羌胡关系积累了成功经验。

蜀汉明确提出了“西和诸戎，南抚夷越”③ 的民族政策，在处理少数民族关系时，“攻心为上，攻城为下；心战为上，兵战为下”④。在蜀吴之争中，蜀后主建兴三年（225），诸葛亮定南中，迁徙最富有战斗力的“青羌万余家于蜀”⑤，将他们编为骑兵五部，因其所当无前，号称“飞军”，成为蜀国依靠的军事力量之一。在蜀魏较量中，蜀汉重用羌人首领马超、马岱，以抗击魏国，使“北境得以宁静”⑥。在自己统治区域内的羌人聚居区，调整郡县设置，汶山郡除原有的绵虒、广柔、蚕陵、氐道、汶江五县外，增设平康、白马、都安、升迁四县，并改置广汉属国为阴平郡，设阴平、广武、刚氐、甸氐四县，尽量任用少数民族首领担任新调整设置的郡守县令。还在汶山郡边缘地带建汶山、龙鹤、冉駹、白马、匡用“五围”⑦，皆置修屯牙门，加强对羌人地区的控制。这样一来，羌人地区行政建置更加完整，内部管理更加规范，对羌区的外部防范也更加严密，一度出现了“纲纪粗定，夷汉粗安”的局面。⑧

蜀汉政权对统治区域内的羌人的反抗，一般采用武力镇压与招降相结合的方式。

---

① 《三国志・魏书》卷一六，《苏则传》。
② 《三国志・魏书》卷二七，《徐邈传》。
③ 《三国志・蜀书》卷三五，《诸葛亮传》。
④ 《三国志・蜀书》卷三九，《马谡传》注引《襄阳记》。
⑤ 《华阳国志・南中志》。
⑥ 《三国志・蜀书》卷四五，《王嗣传》。
⑦ 《华阳国志》卷八，《大同志》。
⑧ 《三国志・蜀书》卷三五，《诸葛亮传》引《汉晋春秋》卷四。

如建兴九年（231），汶山郡的羌人暴动，蜀汉派遣安南将军马忠、将军张嶷讨伐，遭到他里羌人扼险抵抗，不得攻克，后蜀改行招降才破他里，其余各部羌人或归降，或遁窜山谷。再如，延熙十年（247），汶山羌人又起兵，不久被姜维率兵平定。

二、西晋对羌人的统治

西晋时期，羌人几乎遍布关中，“关中之人，百余万口，率其少多，戎狄居半”①，这数十万戎狄中包括匈奴、鲜卑、羯、氐、羌等，其中羌人主要分布于冯翊、北地、新平、安定诸郡。对内迁的羌人，西晋王朝视其族支的大小、强弱、聚散以及“汉化”的程度，区别对待。有的保留其固有的部落组织，以王、侯、将军名号封赐其酋豪，如烧当羌姚柯回曾封“魏镇西将军、绥戎校尉、西羌都督”，让其仍旧拥有一定的政治权力，而特派遣汉人为司马以监督之。另一些部落酋豪则不册封，“部落随所居郡县，使宰牧之”②，其羌人成为郡县的编户齐民，与汉人一样按“户”、“人”纳米交钱。少数民族被分为“远夷”、“近夷”两类，“远夷不课田者输义米，户三斛，远者五斗，极远者输算钱，人二十八文。”“近夷服事供职，同于编户”③，经济负担极其沉重。

西晋沿袭汉魏的边郡体制，设护羌、夷、蛮等各类校尉专管少数民族。如武帝设西戎校尉，驻长安，管理关中羌、氐、杂胡诸族事务；设护羌校尉，驻姑臧，管理陇西、河西地区羌、杂胡、鲜卑事务；设西夷校尉④，驻汶山，管理四川西部羌、氐等族事务；置护羌中郎将管理西北和南方羌氐等诸族事务。元康年间（292—299），护羌校尉为凉州刺史，西戎校尉为雍州刺史。

西晋的地方官吏、豪强将内迁的羌人沦为佃客、奴隶，任意贩卖、凌辱及屠杀，引起了羌人的激烈反抗。如泰始五年（269）西晋为了镇压因灾荒而引起的骚乱，设置秦州，秦州刺史胡列“勇而无谋，强于自用”，上任就采用高压手段，致使“失羌戎之和”。⑤ 泰始六年（270）河西鲜卑首领秃发树机能率本族起义，安定、北地的羌

---

① 《晋书》卷五六，《江统传》。

② 《晋书》卷九七，《北狄匈奴传》。

③ 《晋书》卷二六，《食货志》。

④ 《华阳国志·大同志》：武帝太康三年（282）“以蜀多羌夷，置西夷府，以平吴军司张牧为校尉，持节统兵，州别立治，西夷治蜀，各置长史司马”。

⑤ 《晋书》卷三五，《陈骞传》。

人积极参与，秦州刺史胡列战败被杀。元康四年（294），匈奴郝散在上党起事，杀戮地方官，不久被杀。两年后其弟郝度元与冯翊、北地的马兰羌、卢水胡联合起兵，杀北地太守张损，败冯翊太守欧阳建、雍州刺史解系，晋军节节败退。镇守关中的赵王伦“刑赏失中，氐、羌反叛”①，他们推氐人齐万年为帅，并称帝号，围攻泾阳，西晋派安西将军夏侯骏、指挥建威将军周处、振威将军卢播领兵镇压，结果周处被杀，起义军发展到七万人。三年后，因齐万年被俘，起义宣告失败。

面对氐、羌的民族反抗，西晋王朝深感危机四伏，防不胜防，如何处理民族矛盾？山阴县令江统提出荒谬的《徙戎论》，他从歧视少数民族的立场出发，大放厥词："非我族类，其心必异，戎狄志态，不与华同"，尤其是羌、氐之民，“性气贪婪，凶悍不仁”，主张借助军事力量，“徙冯翊、北地、新平、安定界内诸羌，著先零、枹罕、析支之地”，让他们“各附本种，反其旧土，使属国、抚夷就安集之”，这样一来，“纵有猾夏之心，风尘之警，则绝远中国，隔阂山河，虽为寇暴，所害不广”。②这就是要求已经移居中原，编入郡县，从事农耕的羌民，重新回到以往的畜牧生活方式中去；要求已经杂居、散居于汉族地区的羌人重新被孤立、隔绝起来，严加控制。江统极其反动与愚昧的论调，逆历史潮流而动，挑拨民族矛盾，阻碍民族融合，散布民族仇视，是绝对行不通的。

晋元康中，秦州及雍州所属天水、略阳、扶风、始平、阴平、武都等六郡汉、賨、氐、羌等族十万余人，逃荒入蜀就食。西晋勒令流民限期离境，各自还乡，流民秋收无望，毫无行资，“人人愁怨，不知所为”，要求延期秋收之后动身。益州刺史罗尚竟然出兵镇压。永宁元年（301），流民在賨族酋豪李特领导下在绵竹起义，“与蜀人约法三章，施舍赈贷，礼贤拔滞，军政肃然”③。太安二年（303）起义军攻取成都，光熙元年（306）李特子李雄称帝，国号“大成”。作为多种民族建立的“大成”政权，虽只存在近三十年，但它推行“宽和政役，远至迩安”的方针，“兴文教，立学官”，“事少役稀，民多富实”，闾门不闭，路不拾遗。“狱无滞囚，刑不滥及”，④民族平等，不加歧视，出现了“夷夏安之，威震西土”的显著成效。

---

① 《晋书》卷一五，《赵王伦传》。

② 《晋书》卷五六，《江统传》。

③④ 《华阳国志》卷九，《李特雄期寿势志》。

第二节

东晋少数民族政权对羌人的施政与立法

西晋末年，当南方地区掀起波澜壮阔的流民大起义，牵制了西晋王朝的大部分兵力时，北方各族反晋斗争轰轰烈烈地开展起来，西晋（惠帝）永安元年（304）匈奴贵族刘渊首先起兵，北方各族纷纷响应，力量逐渐壮大，西晋怀帝永嘉二年（308）建立汉国。西晋愍帝建兴四年（316）刘渊子刘聪灭西晋，晋王室在江东建立东晋政权，形成南北对峙。北方少数民族政权继汉赵之后相继出现，匈奴创立夏、北凉，鲜卑创立前燕、后燕、西秦、南凉、南燕，羯族创立后赵，氐族创立前秦、后凉、成汉，羌族创立后秦。各政权统治者更迭频繁，又长期处于战乱之中，为了延续自己的统治，这些政权四处掠夺人口，强制将其迁往自己易于控制的地区，并采取以夷治夷、随俗而治的策略，以争取不同民族部落的理解和支持，从而促进了各民族的大迁徙、大动荡、大分化、大融合。后秦建立之前，羌人并没有形成统一的势力集团，只由各族支部落的酋豪率领，分别依附于其他民族的势力集团，因而羌人也成为各势力集团拉拢、争夺的对象，受到挟制和利用。直至羌人执政的后秦的建立，这种状况才有了明显的改观。

一、汉赵、后赵对羌人的统治

（一）汉赵

南匈奴在建立汉国之前，以游牧经济为主，部落是基本的社会组织，最高首领称单于或大单于，也有百官之设。永兴元年（304）刘渊建立汉国，为适应统治中原的需要，从中枢到地方政权机构，基本承袭魏晋以来汉族政权的制度，而杂以匈奴传统习俗，“胡汉分治”。即以汉地官制治汉，以单于台制治胡。中枢设“丞相、太师、太傅、太保、大司徒、大司空、大司马”等七公、太尉、御史大夫及大将军等文武大臣，地方上设州牧、郡守、县令、司隶校尉等，匈奴贵族多用原汉族政权的官爵名号，与汉族官吏共同执掌政权。为统治汉族以外的少数民族专设单于台制，单于的最高长官为大单于。河瑞二年（310），刘渊始置单于台于平阳西，任其子刘聪为大单于。汉建元元年（314），刘聪即位，大定百官，“胡汉分治”的统治机构逐渐健全。一方面，中枢机构下，“置左右司隶，各领户二十余万，万户置一内史，凡内史四十三”①，用以统治汉人；另一方面，建单于台，大单于下设“单于左右辅，各主六夷十万落，万落置一都尉”②，依照各少数民族习俗统治胡、羯、鲜卑、氐、羌、巴蛮（或曰乌丸）等“六夷”。刘曜即位前后，曾一度废置单于台，光初九年（326）刘曜“置单于台于渭城，拜大单于，置左右贤王以下，皆以胡、羯、鲜卑、氐、羌豪杰为之”③。由此可见，汉赵政权以匈奴为统治民族，汉族豪强以及其他民族的首领、酋豪也是汉赵统治集团的重要成员，汉赵政权仍以羌族酋豪实施对羌人的具体管理，在一定程度上沿袭羌族旧俗，维护羌族上层分子的切身利益，因而得到了他们的支持和拥护，这也有利于汉赵政权对羌人的控制和利用。

汉赵推行“胡汉分治”的根本原因在于汉族与少数民族存在着社会经济结构的不同与风俗习惯的差异，④ 为了缓和民族矛盾，促进社会稳定，统治者只能因势利导，依俗而治，对汉族和少数民族采用不同的管理机制和统治方法。这样做，有适应各种不同文化类型群体便于统治的一面，但从长计议，它又人为地保存乃至加深了彼此间的隔阂，在一定程度上延缓了民族融合的进程，埋下了政权分裂的隐患，不利于大规模、深层次的统一和融合。

汉赵对羌族主要采用恩威兼施的政策，武力镇压与招抚相结合，羌人也为此付出了沉痛的代价。如刘聪之子晋王刘粲陷害皇太弟刘义谋反，抓捕服侍大单于刘义的氐羌酋长十余人，严刑拷问，烧铁灼目，酋长受刑不过，乃自诬刘义谋逆。于是尽诛东宫亲信宦属数十人，坑杀东宫侍卫士卒15,000余人。由于刘聪、刘粲滥杀无辜及氐羌酋长，一时引起氐羌部众的反抗，后被车骑大将军靳准镇压。

汉赵一方面采用“虚其心腹，以充畿甸”的政策，“驱掠（长安）士女万余口退还平阳”，⑤ 另一方面，对归降的羌人，常强制迁徙，以加强控制。如光初元年（318），刘曜命石勒攻下平阳小城，收降巴人及羌、羯降者前后10余万落，徙之于司州诸县。光初三年（320），刘曜击败关中上郡氐羌的反抗，分徙其部落20余万口于

①② 《晋书》卷一〇二，《刘聪载记》。
③⑤ 《晋书》卷一〇三，《刘曜载记》。
④ 汉族以农业为主，“六夷”以游牧和畜牧为主。

长安①。光初五年（322），刘曜向西北扩张，灭陈安，取陇右、仇池，氐羌纷纷归降，又迁2000户氐羌于长安。羌人被迫离开故地，迁徙到汉赵政治、经济、文化的中心地带，但基本的社会组织和生活方式却得以保存，这表面上加强了对异族的兼容和控制，实际上却存在着一种难以融合的趋势。当汉赵政权忙于东征西战，实力受到削弱时，羌人在关中的离异和反抗就自然而然地出现了，并最终无法遏制，这就从根本上动摇了汉赵政治统治的根基。

（二）后赵

后赵为羯族建立的政权。大兴二年（319），石勒自称大单于、赵王，定都襄国（今河北邢台），以河内、魏郡、汲郡、顿丘、平原、清河、钜鹿、常山、中山、长乐等11郡与汉赵的广平、阳平、章武、渤海、河间、上党、定襄、范阳、渔阳、武邑、燕国、乐陵等13郡，合24郡，户29万为后赵。后赵沿袭汉赵“胡汉分治”的政策，职官的设立和管理有两套体制：封内设置内史进行管理；另置大单于“镇抚百蛮”，由羯人专任的门臣祭酒“专统六夷”以辅之。提高羯人地位，称之为“国人”，“讳胡之律”② 十分严峻，胡汉分治较汉赵更为明确。在后赵政权中，人按民族分为三等，第一等是被称为“国人”的羯人，他们是统治的基本力量；第二等是羌氐等“六夷”，是后赵拉拢、争取的对象；汉人则居于最下等。后赵进一步完善行政机构，制定律令。石勒称赵王前，曾下令：“今大乱过后，律令滋烦，其采取律令之要，为施行条制。”于是“命法曹令史贯志造《辛亥制度》五千文，施行10余岁，乃用律令”③。石勒称赵王后，明确划分胡汉贵族的权力范围，以张宾为大执法，“专总朝政，位冠僚首”，④署张班、孟卓为左右执法郎，推行九品中正制，维护汉士族的特权地位。在大执法下，设立经学、律学、吏学、门臣四个祭酒，门臣祭酒由胡人担任，专理胡人词讼，并用张离等为门生主书，“司典胡人出内，重其禁法，不得侮易衣冠华族”，⑤严厉打击胡人破坏民族关系的犯罪。

在后赵的权力之争中，羌人仍然是不可忽视的一支力量。石勒破东燕酸枣而还，

---

① 《晋书》卷一〇三，《刘曜载记》。

②⑤ 《晋书》卷一〇五，《石勒载记下》。

③④ 《晋书》卷一〇四，《石勒载记上》。

徙巴帅及诸羌羯降者10余万落于司州诸县①。建平四年（333）石虎平秦陇后，又击败集木且羌于河西，俘获数万。氐王苻洪，羌酋姚弋仲皆向石虎投降，石虎让苻洪监六夷军事，任命姚弋仲为六夷左都督，徙氐羌15万落于司、冀州。② 大宁元年（349），梁犊造反，石虎为挽救危难，以其子燕王石斌为大都督，借助羌姚弋仲和氐苻洪的力量击败梁犊，氐、羌在这次战役中发展了自己的势力，逐渐成为一支对后赵构成潜在威胁的独立的政治力量。

二、前秦对羌人的统治

前秦是以氐族苻氏为主建立的王朝，前秦统治的关中历来是民族杂居之地，民族矛盾复杂，民族冲突尖锐，苻坚执政时，提出了“黎元应抚，夷狄应和”的主张③，以较为开明慎重的态度处理民族矛盾，使其有所缓和。

首先，氐人苻坚废除了汉赵、后赵推行的“胡汉分治”制度，倡导氐、羌、胡、鲜卑与汉人不分彼此，互相融合。一方面，苻坚任命王猛为侍中、中书令、京兆尹，“明法峻刑，澄察善恶，禁勒强豪，鞭杀一吏”，即使是氐族权贵官吏违法犯罪也一律严惩，绝不手软，“于是百僚震肃，豪右屏气，路不拾遗，风化大行”④。另一方面，苻坚以汉族封建政治、文化传统的继承者自命，信用汉人，争取汉族地主的支持和合作，建立氐汉相结合的政权，促使氐族和少数民族上层向封建官僚转化，下层向部曲兵户转化，以阶级对立取代民族对立。

其次，用安抚怀柔政策笼络各少数民族。苻坚主张“夷狄应和”，对投降归附的少数民族，“服而赦之”，有罪不诛。尤其是优容各族首领，封以官职，予以信用。如羌族姚苌授将军头衔，拥兵自重，四处征战。与此同时，苻坚将大量的鲜卑、羌、羯人迁入关内，布满畿甸，使少数民族远离本土，各民族杂居，这样既便于控制，又利于民族融合。

再次，对征服民族实行羁縻统治。前秦对经济文化较发达的前燕故地、凉州旧城直接派人管辖外，对边远的少数民族都是任用本部落的酋豪管理，而把氐族人分遣到

① 《晋书》卷一〇四，《石勒载记上》。
② 《晋书》卷一〇五，《石勒载记下》。
③ 《晋书》卷一一三，《苻坚载记上》。
④ 《晋书》卷一一四，《苻坚载记下》。

边地监视戍守，这一方面维持了少数民族的经济结构与风俗习惯，给其较大的自治权，另一方面分散了氐人的力量，结果使自己在关中失去了本族人数上的优势，在内地和边远地区都无法控制和驾驭异族，出现了“远徙种人留鲜卑，一旦缓急当语谁”的尴尬局面。①

三、南凉、西秦对羌人的统治

在“五胡十六国”时期，羌族聚居的甘青地区先后建立了前凉（314—376）、后凉（386—403）、南凉（397—414）、北凉（397—439）、西秦（385—431）等少数民族割据政权，在频繁的兼并战争中，羌人的生活极不稳定。

南凉是河西鲜卑秃发氏集团建立的政权，河西鲜卑以游牧经济为主，其主要游牧地“东至麦田、牵屯，西至湿罗，南至浇河，北接大漠。被发左衽，无冠冕之仪，迁徙不常，无城邑之制”②。乌孤建立南凉后，初期仍保留大单于称号，中后期仿行汉魏以来汉族封建政权体制而略有损益，秃发氏王族担任中枢和军事高级官职，地方官中，司隶校尉、州牧为秃发氏坐镇以统之，郡太守、护军一级由其他民族的豪族和俊杰之士充任。另外，本着“置晋人于诸城，劝课农桑，以供军国之用；我则习战法，以诛来宾。若东西有变，长算以縻之；如其敌强于我，徙而以避其锋”的原则③，将南凉分成两大部分：汉人主要从事农业生产，交纳赋税；鲜卑人、羌人、胡人主要服兵役，从事征战。太初二年（387）将进攻姑臧所掠汉人8000余户置河湟从事农业生产，而徙西平、湟河诸羌3万余户于武兴、番禾、武威、昌松四郡，④ 羌人成了南凉征战的士兵，其征战的任务频繁而沉重。

西秦为陇西鲜卑乞伏氏集团建立的政权。太元十九年（394）乞伏乾归降服氐羌、鲜卑诸部，占有陇西、巴西之地，自称秦王，史称西秦。隆安四年（400）迁都苑川。后乞伏乾归为后秦姚兴所败。降后秦，署其为“镇远将军，河州刺史，归义侯，复以其部众配之”⑤。弘始十一年（409），乾归趁后秦内忧外患、逐渐衰弱之机，重新称秦复国。更始四年（412）炽磐迁都枹罕，继承王位，笼络陇右汉羌，不少羌人

---

① 《晋书》卷一一四，《苻坚载记下》。

②③ 《晋书》卷一二六，《秃发乌孤载记》。

④ 汤球：《十六国春秋辑补》卷九〇。

⑤ 《晋书》卷一一七，《姚兴载记上》。

酋豪被授以政治军事要职，如彭溪念为北河州刺史、镇卫将军。莫者羖羝，为左上将军。莫者阿胡为尚书郎中。但对于反抗的羌人又实行残酷的镇压，如太初十六年（403），“讨叛羌党龙头于滋川”。① 更始三年（411）乾归“率步骑三万，征西羌彭利发于枹罕……斩之，乾归入枹罕，收羌户一万三千”②。随后将都城由金城迁枹罕，以加强对羌人的控制。永康四年（415）炽磐“讨南羌弥姐康薄于赤水，降之”。永康七年（418）“讨彭利和于漒川，大破之”，“徙羌豪三千户于枹罕”③，以削弱羌人势力。

在西秦统治区的12郡中，羌人分散居住在南安、安固、武始、汉阳、天水、略阳、漒川、甘松、匡朋、白马10郡。永康三年（414）西秦灭南凉后，又在羌人分布的河湟地带的枹罕置河州，浇河置商州，湟河置沙州，乐都置凉州，以加强统治。对于西秦的征服和统治，羌人没有停止反抗斗争。建弘七年（426），羌、汉3000余户在陇西强豪辛澹率领下，驱逐镇守南漒的西秦征南将军回枹罕，后辛澹走仇池，南漒复为羌人势力之区。南朝宋元嘉四年（427），“山羌（羌分居武始、洮阳南山者曰山羌）叛秦”，并击败前往镇抚的秦军，使其“士马死伤者什八九”④。永弘四年（431）西秦亡，甘松、匡明、白马等郡羌人为吐谷浑所控制，成为吐谷浑政权的主要臣民之一。

四、后秦羌人的统治

继氐人苻坚的前秦之后，羌人姚氏建立了另一个国号为秦的政权，史称“后秦（384—417）”。姚氏是南安赤亭羌人，系甘青地区烧当羌后裔，世为酋豪。姚苌曾率部降于前秦，后拥兵割据，建立后秦，即帝位于长安。

建初八年（393）十二月，姚苌死，次年五月，其长子姚兴即帝位于槐里（今陕西兴平县东南）改元皇初。姚兴当政时，保留部分羌人原有的统治方式的同时，采取一系列改革措施，促使羌族逐步汉化，以适应统治中原地区的需要。从而使后秦成为五胡十六国中较为强盛的封建政权之一。

---

① 汤球：《十六国春秋辑补》卷八六。

②③ 汤球：《十六国春秋辑补》卷八七。

④ 《资治通鉴》卷一二〇，《宋记》二，元嘉四年。

（一）招抚流民，放免奴婢

“五胡十六国”时期，连年战乱，造成了巨大的社会动荡，百姓纷纷离开家园，流落他乡，劳动力的大量流失，使成片的良田变为荒地，人口急骤减少，对统治政权构成巨大的威胁。后秦统治者采取积极措施，招抚流民，使之成为征战和生产源源不断的有生力量，为经济的复苏和社会的安定创造条件。早在姚襄驻济、淮之时，就招抚流民达七万之众，安置居住，组织生产，使流民过上了安定的生活，而得到流民的拥戴。从此以后，姚襄战胜流民则从之如流，战败百姓也扶老携幼跟随逃亡。姚兴执政后，更加重视推行招抚流民的政策，以便争夺劳力，扩充兵源和增加财赋收入。皇初元年（394）打败苻登，散其部众，各归田里。皇初四年（397），齐公姚崇攻洛阳不克，乃攻陷栢谷，“徙流人西河严彦、河东裴岐、韩袭等二万余户而还”,① 其后，武都氐屠飞、啖铁等据方山（今甘肃平凉县西）叛秦，姚兴遣姚绍讨之，斩屠飞、啖铁，遣狄伯支迎流民曹会、牛寿万余户于汉中。弘治七年（405），又徙江中流民郭陶等三千余户于关中。招徕安置流人，不仅对安定社会秩序有利，而且也增加了后秦的实力，使后秦有了在诸割据势力中争雄的资本。

魏晋以来，特别是晋初因禁止募客，户调式中限制佃客数目，广占土地的豪强大量使用奴隶生产作为补充，战乱中沦为奴隶的人不断增加。奴隶制的复活，无疑是封建社会的倒退。针对蓄奴的风气，弘始五年（403）姚兴颁布免奴为良的法令，责令郡县，“百姓因荒自卖为奴婢者，悉免为良人”②。从而改善了一部分劳动者的处境，有利于社会生产的发展和封建体制的巩固。

（二）广纳人才，整顿吏制

姚兴执政后，渴求人才，包容广纳。他曾告诫群臣：“古人有言，关东出相，关西出将，三秦饶俊异，汝颍多奇士，吾应天明命，跨据中原，自流沙以东，淮汉以北，未尝不倾己招求，冀匡不逮。然明不照下，弗感悬鱼。至于智效一官，行著一善，吾历级而进之，不使有后门之叹。卿等宜明扬仄陋，助吾举之。”③他让各级官吏举荐人才，同时责令郡国每年贡清行孝廉一人，殊才异学者还可专门推举，并随时呈述政见得失，史称其“留心政事，包容广纳，一言之善，咸见礼异”。如尹纬原在前

---

①③ 《晋书》卷一一七，《姚兴载记上》。

② 《晋书》卷一一八，《姚兴载记下》。

秦仅为小官下僚，姚兴重用擢拔，成为后秦的佐命功臣，“成兴之业，皆纬之力也”①。姚兴还接纳东晋前来投奔的权贵，如弘安王桓谦、临原王桓怡、雍州刺史桓蔚、左卫将军桓谧、中书令桓胤等，壮大了自己的力量。

姚兴注意整顿吏制，信赏必罚，奖惩分明。如司隶校尉郭抚、扶风太守强超、长安令鱼佩、仓部郎王年等，“清勤贞白”，下令表彰，加官晋级。始平太守周班、槐里令李彭则以贪赃枉法处死，致使郡国肃然。

（三）完善法制，抑制豪强

姚兴重视法制，严明政纪。废除烦苛法条，禁止滥用刑法，“刑政有不便于时者，皆除之。兵部郎金城边熙上陈军令烦苛，宜遵简约，兴览而善之，乃依孙吴誓众之法以损益之”②。重用汉族世家尹纬，“兴律学于长安，召郡县散吏以授之，其通明者，还之郡县，论决刑狱”③。如果州郡遇到不能决断的疑难案件，可上呈最高法官廷尉判决，姚兴也经常到谘议堂听断疑狱，“于时号无冤滞”④。

后秦的统治体制，除郡县外，还有少数民族酋豪所率领的部落与部曲制相结合的，以营领户的军营形式。各酋豪统领的诸营，与郡县不相统辖，却具有独立而强大的政治、军事力量，构成了对中央政权的严重威胁。姚兴注意抑制羌、氐、汉等豪强，加强中央集权。早在太初七年（392），姚兴尚未即位，便诛杀“拥有部曲，终为人害”的豪强苻胤、王统、徐成、毛盛等人。皇初四年（397），又将因督运稽迟，致使三军乏食的辅国弥姐高地、建节杜成等处死，于是诸部大震，郡国肃然。姚兴还一再迁徙豪强所属人口，如弘始四年（402），徙河西豪右万余户于长安。后在打败辽东侯弥姐亭地时，又将其部下2000余户迁到郑城，归于郡县的管辖，以削弱豪强的势力。除此之外，姚兴还采取经济手段收取豪强的财富。弘始十一年（409），姚兴以国用不足，增加关津之税，并认为：“能踰关梁通利于山水者，皆富豪之家，吾损有余以裨不足，有何不可？”⑤ 不顾豪强的反对强令执行。

（四）崇儒奉佛，注重教化

后秦统治者对有助于维护封建统治的儒学、佛学十分重视。姚兴提倡儒学，名儒姜龛、淳于岐、郭高均在长安讲学，各地远道而来的学生有一万多人。姚兴在处理政

---

①②③④ 《晋书》卷一一七，《姚兴载记上》。
⑤ 《晋书》卷一一八，《姚兴载记下》。

事之暇，常招姜龛等人到东堂，讲论道艺，错综名理。有的学生要出关中往洛阳求学，姚兴也予以同意，允许其自由通行，禁止官吏阻挡拦截。并下令留台诸镇，“各置学官，勿有所废，考试优劣，随时擢叙”。① 姚兴大兴儒学，重用儒生，旨在从思想意识和文化层次上缩小与汉族的距离，这既对汉人有感召力，又能进化羌人的统治观念，而儒家忠君孝父的伦理精神与教化和谐的价值取向对于协调民族关系和治理国家都是大有裨益的。

魏晋时期，流行“佛是戎神，所应兼奉”的说法，② 姚兴也想利用正在兴起的佛教，寻找“以夷治夏”的理论依据。弘始六年（404），招龟兹名僧鸠摩罗什传播佛法，引诸沙门于澄玄堂听鸠摩罗什讲经。由于姚兴的大力提倡“公卿已下莫不钦附，沙门自远而至者五千余人。起浮图于永贵里，主波若台于中宫，沙门坐禅者恒有千数。州郡化之，事佛者十室而九矣”③。鉴于原有佛经经典谬误甚多，遂支持鸠摩罗什与沙门僧睿、僧肇等800余人，重新考校翻译，“其新文异旧者，皆会于理义。”姚兴亲自参加考校，“罗什持胡本，兴执旧经，以拍考校”，“续出诸经并诸论三百余卷”④。推崇佛学能认同少数民族的共同信仰和统治地位，也可以加强对人们思想上的控制，这在客观上大大促进了佛教文化的传播。

由于羌民族在执政过程中积极、主动地进行“汉化”，封建化的层次较高，姚兴时后秦曾一度颇为强大，控制了西起河西，东逾汝颍的广大地区。但由于处于北魏、东晋两大势力之间，发展也受到很大限制。姚兴晚年，诸子争位，内部分化，矛盾日趋尖锐。弘始十八年（416），姚兴死，皇太子姚泓即位，改元永和，在宗族内乱与东晋外在攻伐中，姚泓被晋军俘获，斩于建康，第一个羌族建立的割据政权在苦心经营了33年之后，迅速灭亡了。

第三节

南北朝对羌区的施政与立法

西秦、北凉灭亡后，青海西宁的东部及东南部的羌人，处于北魏统治之下，同

①③④ 《晋书》卷一一七，《姚兴载记上》。
② 《晋书》卷九五，《佛图澄传》。

时，部分受制于吐谷浑。但也有几支羌人部落相继兴起，形成了半独立性的小政权。

一、宕昌羌、邓至羌的兴衰

继后秦之后，陇西羌水（白龙江）一带的宕昌羌、白水江流域的邓至羌等相继兴起，建立规模较小的民族政权，成为羌人的政治中心，据《南史》记载“宕昌、邓至……其本并为氐羌之地，自晋南迁，九州分裂，此等诸国，地分西垂，提挈于魏，时通江左”①，宕昌羌、邓至羌处于南北朝之间，与北魏、南朝均有交往。

（一）宕昌羌

南北朝时，宕昌羌分布于洮河以东，白水以北，渭水以南的地区，过着以牧畜为主，相对定居的生活：“俗皆土著，居有屋宇。其屋，织牦牛尾及羖羊毛覆之。国无法令，又无赋役。唯战伐之时，乃相屯聚；不然则各事生业，不相往来。皆衣裘褐，牧养牦牛、羊、豕以供其食。父子、伯叔、兄弟死者，即以继母、世叔母及嫂、弟妇等为妻。俗无文字，但候草木荣落，记其岁时。三年一相聚，杀牛羊以祭天。”② 其社会组织是一种不稳定的部落联盟，“姓别自为部落，酋帅皆有地分，不相统摄”，③没有统一的法令，也不必纳税服役，平时“各事生业，不相往来”，只有当外敌入侵时，才聚集、组织到一起。宕昌羌迁入中原较晚，基本上还处于氏族部落社会末期奴隶制初期阶段。

晋永嘉年间，吐谷浑向洮河扩展，即与羌人发生冲突，羌人部落间联合起来，抗击吐谷浑的攻击。到梁懃时，世为酋帅，“得羌豪心，乃自称王焉。”其界“自仇池以西，东西千里，席水以南，南北八百里。地多山阜，部众二万余落。”④ 后仇池国杨难当强盛时，宕昌羌曾一度受其挟制。

北魏太武帝时，势力向河西发展。宕昌羌始通北魏。太平真君九年（448），梁懃之孙弥忽（或作梁瑾忽、梁瑾慈）遣子弥黄“奉表求内附”，北魏封弥忽为宕昌王，赐弥黄为甘松侯，⑤从此宕昌与北魏通使不绝，宕昌与吐谷浑相邻，常受其威胁，宕昌遣人向北魏求救，北魏出面干预，迫令吐谷浑归还所掠人口，维护了宕昌羌的切身

---

① 《南史》卷七九，《夷貊下》。
②③⑤ 《魏书》卷一〇一，《宕昌羌传》。
④ 《周书》卷四九，《异域上》。

利益，宕昌羌常向北魏纳贡方物，北魏则赐以车骑、戎马、锦彩，并以宕昌王为东羌校尉、河凉二州刺史、安西将军。宣武初，北魏正式诏令吐谷浑："宕昌梁弥邕与卿并为边附，语其国则邻藩，论其位则同列。"① 在北魏的调解下，宕昌与吐谷浑平等相处，互不侵犯。

宕昌羌也遣使南朝，受其封爵。宋孝武帝大明四年（460），宕昌王奉表献方物，次年，以宕昌王梁唐子为河州刺史。② 宋末以宕昌王为使持节，督河凉二州、安西将军、东羌校尉、河凉二州刺史、陇西公。南齐高帝建元元年（479）封弥机为镇西将军。永明元年（483）武帝以弥机为河凉二州刺史。梁以曾封宕昌为安西将军、河凉二州刺史、宕昌王。

北魏分裂为东西魏后，宕昌羌逐渐离心。其酋帅仙定勾结吐谷浑侵扰金城，被西魏击溃，仙定请降，西魏封为抚军将军、岷州刺史。北周保定四年（564）因其屡扰洮州，周武帝派大将军田弘灭宕昌，以其地为宕州。此后宕昌羌人散入吐谷浑和党项。

（二）邓至羌

邓至羌，活动地域包括今川甘间的白水江以及岷江的上游，而中心区可能是甘肃的文县镇羌堡一带③，故又名白水羌。《北史·邓至传》载："邓至者，白水羌也。世为羌豪，因地名号，自称邓至。其地自亭街以东，平武以西，汶岭以北，宕昌以南，土风习俗与宕昌同。"

北魏孝文帝太和五年（481），邓至王"彭舒者遣使内附，拜龙骧将军、益州刺史、甘松县开国子"④。并与北魏常有贡使往来，甚至邓至王位继承也要征得北魏的同意。后邓至势力日益衰弱，其地归西魏，"立宁州，后改为邓州"⑤。

邓至羌与南朝也有交往。南齐建元元年（479），齐封像舒彭为持节平西将军。永明元年（483），以其西凉州刺史。梁天监元年（502），像舒彭被封为督西凉州诸军事，进号安西将军，封邓至王。⑥

① 《魏书》卷一〇一，《宕昌羌传》。

② 《宋史》卷六《孝武帝纪》。

③ 杜佑《通典》卷一九一曰："今交川郡（今四川松潘县）之南，通化郡（今四川理县通化）之北，交川临翼（皆今松潘及茂县之间），同昌（今甘肃文县西部）等郡皆邓至之地。"

④ 《元和郡县志·剑南道》。

⑤ 《元和郡县志·山南道》。

⑥ 《南史》卷七九，《夷貊传》下。

二、北魏对羌区的施政和立法

北魏是拓跋鲜卑建立的政权。北魏在用武力或招抚的办法统一北方后，对表示归顺的羌族酋帅采取量才录用、优容待之的政策，通过他们控制部落。并设有护羌中郎将和护羌校尉官吏加以管理。对其部众或编入部队，迁徙戍边，或掠卖为奴婢，或计口授田，编户齐民。同时，还在一些民族聚居区周围设置重镇进行威慑。其具体对策为：

第一，保留部落，优容酋帅。北魏对包括羌人在内的少数民族政权或部落的酋帅降附者，一般采取拉拢利用政策，羌族地区的地方官吏都任用酋帅担任。如封宕昌王弥机为西戎校尉、梁益二州牧、征南大将军、河南公。封邓至王为龙骧将军、益州刺史、甘松县开国子等。

第二，威德并施，镇抚并用。北魏在统一战争过程中，羌族的部落酋长，往往率领所部人口和牲畜，自动内附。如太平真君九年（448）宕昌弥忽遣子“奉表求内附”，被北魏接纳。太和五年（481）邓至羌王遣使内附，北魏授以官职、封号。北魏对鲜卑本族虽然屡下令“离散诸部，分土定居，不听迁徙，其君长大人皆同编户”①，但对归附的少数民族或部落，除了一部分直接吞并或建州统辖外，大多未设立州郡编户，而是以“五方之民各有其性”，故实行“修其教不改其俗，齐其政不易其宜，纳其方贡以充仓廪，收其货物以实库藏”②“抚之在德”的政策，即保持其原来的部落体制、宗教信仰、民族语言和风俗习惯，酋豪的权利地位仍受到尊重，继续“世领部落”，但羌族酋帅必须服从拓跋统治者的政治和军事需要，供应军马、粮食或率兵出征。对陇蜀之间的氐羌，北魏是建置州郡进行统治，还设立护羌中郎将、护羌校尉及安定、枹罕等镇加以管理和弹压。另外，“又有东亭卫、大赤水、寒宕、石河、薄陵、下习山、仓骧、覃水等诸羌国，风俗粗犷，与邓至国不同焉。亦时遣贡使，朝廷纳之，皆假之以杂将军、子男、渠帅之名。”③对于地处边地、势力弱小的众羌国，北魏接受贡奉，并封以官爵，将它们纳入自己的统治范围内，但却不对其组织结构、习俗予以干预和改变。

---

① 《魏书》卷八三，《贺讷传》。

② 《魏书》卷一一〇，《食货志》。

③ 《北史·邓至传》。

北魏中后期，不断在少数民族聚居区内编造户籍，以扩大赋税征收的范围，“以诸胡先无籍贯，奸良莫辨，悉令造籍。又以诸胡设籍，当欲税之。以充军用”①。各级地方官又征敛无度，这无疑加重了诸族人民的经济剥削。北魏政权还大量调发羌人为军，让各族互相攻伐，消耗实力，再加上“频年屡征，有事西北，运输之役，百姓勤劳，废失农业，遭离水旱，致使生民贫富不均，未得家给人足，或有寒穷不能自赡者”②。社会矛盾日趋尖锐，各族人民反抗斗争不断。太平真君六年（445）卢水胡盖吴起义，其中有不少羌人参加，次年，盖吴起义失败，魏太武帝又继续对李闰堡地区的羌人实行镇压，并在李闰堡及泾州、河州一带设镇，作为镇抚羌人等的军事据点。但羌人的反抗斗争仍不断发生，如太和四年（480），“洮阳羌叛”，为枪罕镇将讨平之。太和十七年（493）前后，“泾州羌叛，残破城邑”，③ 当北地郡地方官吏暴虐对待羌民时，“北地诸羌数万家，恃险作乱，前后牧守不能制”，只有刘藻等为数不多的贤明官吏任北地太守时“推诚布信”，“为政宽平”④，诸羌才真心归附。

北魏末年，北方设置了六个军事重镇。由于“六镇”镇兵受镇将的残酷奴役和剥削，正光四年（523）开始举行大起义，正光五年（524）渭州襄城羌人莫折太提杀秦州刺史李彦，起兵反魏，自称秦王，南秦州孙掩、张长命、韩祖香等纷纷响应，杀刺史崔游。命卜克攻克高平镇，杀镇将赫连略、行台高元荣，势力大振。莫折太提死，其子莫折念生即位，称天子。派遣都督杨伯年、樊元、张明攻仇鸠、河池二戎，派遣天生东下陇东略地，取岐州，执杀魏都督元志及刺史裴芬之，袭雍州，命金城王莫折普贤屯水洛城以防魏军。次年莫折天生与岐州刺史崔延伯、西道北台萧宝夤大战于黑水、被击败，阵亡近十万人，退回陇右。后与氐人万俟丑奴联合，大败萧宝夤，屡破城池，进据潼关，威胁洛阳。后莫折天生亡于雍州，念生为部属杜粲所杀，余部在万俟丑奴率领下，在固原以西及夏州一带继续抵抗，到普泰元年（531）最后失败。莫折氏与万俟氏领导的起义，坚持五年之久，沉重地打击了北魏的腐朽统治。

魏晋南北朝是中国历史上很有特色的时期，政治混乱而思想活跃，国家动荡却文化繁荣。就羌族在这一特殊时期的发展变化而言，各族首领逐鹿中原的连绵不断的争霸战争，促使羌民族与其他民族在共同的灾难和痛苦中增进了交往和相互了解，民族

---

① 《魏书》卷一九上，《京兆王子推传附遥传》。

② 《魏书》卷四上，《世祖纪》上。

③ 《魏书》卷四七，《卢渊传》。

④ 《魏书》卷七〇，《刘藻传》。

融合成必然趋势。首先，自东汉以来，羌族和其他少数民族陆续迁入内地，羌民一部分由放牧的牧民变为农耕的农民，生活生产方式发生了改变，使他们逐渐接受了中原文化；其次，频繁的割据战争和共同的反抗压迫把羌族和其他民族紧密联系起来，使他们有共同利益所在，从而增进了各民族的了解；再者，封建王朝政权在羌区不断增设郡县并任命羌族酋豪做官，不同程度地打破了部落组织的封闭分割状态，促使羌族上层主动吸收其他民族的优秀文化。不仅如此，战乱流亡和民族迁徙造成羌族的散居以及和其他民族特别是汉族的杂居局面，使各族人民逐渐过着共同的经济、政治和文化生活。由此看来，动乱的魏晋南北朝是各民族在融合中发展的特殊时期。

魏晋南北朝是分裂割据和若干区域性政权的对峙时期。无论是汉人政权，还是少数民族政权，对羌人的施政与立法都主要表现为恩威并施、统分兼顾。羌族法制在动荡中艰难迈进。

JIMI SHIDAI（TANG-SONG）QIANGQU FAZHI

第四章

羁縻时代（唐宋）羌区法制

第一节

隋朝在羌区的行政建置

公元589年隋王朝统一南北，结束了近四百年的分裂局面，基于魏晋南北朝民族融合及各民族关系发展的新形势，隋唐的民族政策有了较大的变化，民族歧视、强行征服的趋势已不如过去那样明显，但中央对民族地区的控制和管理有所加强，关系更加密切。

对羌等少数民族，隋文帝声称："溥天之下，皆曰朕臣，虽复荒遐，未识风教，朕之抚育，俱以仁孝为本。"① 不主张动辄兴师动众，武力征讨，而本着"志存安养"，"群方无事"的原则，大力倡导封建教化。只有当羌人作乱，危及地方时，才发兵平息。如开皇八年（588），"冉駹羌作乱，攻汶山、金川二镇，沙罗率兵击破之"。② 对于岷江上游广大的民族地区，隋文帝在北周所置郡县的基础上，有着更为广阔的开拓，达到了今杂谷脑河流域、大小金川一带。开皇十四年（594），隋王朝屡征西羌，在宽宥归降的羌人的同时，要求其在乡里定居，养老抚幼，依从汉人的生活方式和习惯生存，"自是，（羌人）朝贡不绝"③。

隋文帝为加强中央对地方的控制，改以往州、郡、县三级制度为州、县两级制，废罢郡的建置，以州统县，并规定州县不得自辟佐吏，而由中央统一任命。在岷江上游以及川甘交界的羌人地区，隋王朝在建置方面也进行了一些调整，开皇三年（583），罢汶州北部郡、汶山郡；扶州龙涸郡；冀州翼针郡、广平郡、左封郡；覃州覃川郡、荣乡郡、清江郡。置蜀州及翼州、覃州。开皇五年（585）改蜀州为会州，置会州总管府。隋炀帝改州为郡，以郡统县，大业三年（607），罢会州、翼州、覃州，合置汶山郡，领十一县：汶山县、北川县、汶川县、交川县、通化县、左封县、平康县、翼水县、翼针县、江源县、通轨县。汶山郡面积辽阔，是四川地区辖县最多的大郡之一。隋王朝通过行政建置的调配，加强了中央王朝对羌族地区的控制。

对于甘青地区，隋文帝在行政建置上也予以充分的重视。例如，对青海东部的郡

---

①③ 《隋书》卷八三，《西域》。

② 《隋书》卷四六，《苏孝慈传附兄弟沙罗传》。

县机构实行调整，在湟水流域一带设西平郡，下辖湟水县、化隆县。隋炀帝大业四年（608），征伐吐谷浑后，移西平郡治于原吐谷浑国伏俟城，统宣德、威定二县，皆在青海湖以西，又在黄河九曲西南置河源郡，治古赤水城，统远化、赤水二县，于是青海绝大部分羌人地区均纳入隋王朝的统治范围以内。

第二节

唐朝羁縻州的设立

唐朝是我国历史上多民族统一国家的重要发展时期。唐统治者一改以往“贵中华，贱夷狄”的民族偏见，以较为求实、公允的态度对待少数民族，从而收到了“偃武修文，中国既安，四夷自服”① 的统治成效。

唐朝初期，唐高祖认为：“画野分疆，山川限于内外；遐荒绝域，刑政殊于函夏。”从而提出了“怀柔远人，义在羁縻，无取臣属，分命行人，就申和睦，静乱息民”② 的政策。唐太宗即位后，继承和发展了这一政策。他反对“非我族类，其心必异”的观点，认为“夷狄亦人耳，其情与中夏不殊，人主患德泽不加，不必猜忌异类。盖德泽洽，则四夷可使如一家；猜忌多，则骨肉不免为仇敌”。夷狄“贫弱，吾收而养之，计其感恩，入于骨髓，岂肯为患！”③ 他明确表示：“自古皆贵中华，贱夷、狄，朕独爱之如一，故其种落皆依朕如父母。”④ 正是在这种正确的思想指导下，唐借鉴内地统治汉人的经验，并将其推广到少数民族地区，同时又考虑到少数民族自身的社会状况和风俗习惯，于是在边疆少数民族地区创立了羁縻府州，以安置内附的各少数民族。据史书记载：“唐兴，初未暇于四夷，自太宗平突厥，西北诸蕃及蛮夷稍稍内属，即其部落列置州县。其大者为都督府，以其首领为都督、刺史，皆得世袭。虽贡赋版籍多不上户部，然声教所暨，皆边州都督、都护所领，著于令式。”⑤ 这表明唐王朝对羁縻州的设置与管理有三个特点：其一，一般就地设置羁縻府州。对

① 《资治通鉴》卷一九三，《唐纪》卷九，贞观四年十二月。
② 《册府元龟》卷一七〇，《帝王部·来远》。
③ 《资治通鉴》卷一九七，《唐纪》卷一三，贞观十八年十二月。
④ 《资治通鉴》卷一九八，《唐纪》卷一四，贞观二十一年五月。
⑤ 《新唐书》卷四三下，《地理志七下》。

于那些愿意内附的边疆少数民族，唐中央政府按其现有活动地域作为羁縻州行政区划的基础，羁縻州界内虽立县名，但无城郭居处，部民不向唐王朝直接交纳赋税，户口也不上报户部，享有一定的自治权；其二，以该民族、该部落的首领为羁縻府州县的长官。羁縻府州县的都督、刺史、县令必须由中央政府任命，均由少数民族的酋豪担任，并且其子孙“皆得世袭”；其三，各羁縻府州县由各边州都督府和都护府直接管辖，再统于唐王朝。都护府是中央与羁縻府州之间的纽带，代表中央政府行使对羁縻府州的管理权，负责管理边防、行政和民族事务。都护由朝廷命官担任，不能世袭。

唐在羌区设立羁縻府州县的基本情况是：

贞观三年（629），西北羌人中的细封步赖率部落内附，唐太宗厚加赏赐，以其地为轨州（治所在今四川松潘县西北），授步赖为刺史。附近其他部落纷纷仿效，率众内属，并请求成为与汉人同等的编户，乃列其地为崌州（今四川茂县地）、奉州（今四川松潘县西北）、岩州（今四川松潘县西北）、远州（今四川茂县地），各以其酋豪为刺史。贞观五年（631）唐开党项河曲地为16州，47县，党项羌内附者达三十万口。贞观九年（635），唐大破吐谷浑，原臣服吐谷浑的党项羌拓拔赤辞归降，唐以其地置懿、嵯、麟、可等32州，赤赐辞姓李，为西戎州都督。天授三年（692）又对内附的羌人二十万户置吴、浮、归等十州。这些羁縻州并没有严格界限，原则上一个部落就是一个州。故有归顺州部落、归义州部落、顺化州部落、和宁州部落、和义州部落、保善州部落、宁定州部落、罗云州部落、朝凤州部落之称。

在今岷江上游的羌人区，地方数千里，自武德改郡会州，置茂州都督府，领9个羁縻州：维、翼、笮、涂、炎、彻、向、冉、穹。这些羌州面积窄小，一直没有城郭。“熙宁中，范百常知茂州，民请筑城，蛮人来争，百常与之抗拒，且战且筑，城乃得立。”① 其中“维、翼两州，后进为正州。相次为正者七”②。羁縻州升为正州后，大多数官员仍从当地部落中遴选，但不完全采取父死子继的办法，而是由朝廷任命，同时杂以汉官，以便统领。其后，因羌人部落归附的增加，设羁縻州愈来愈多。永徽二年（651），特浪羌、辟惠羌酋豪各率种落万余户内附，以其地置蓬州、鲁州，后增设至32州，都隶属于茂州都督府。

在今甘青交界的羌人地区，置松州都督府，下辖崌州、懿州、嵯州、阔州、麟州、雅州、丛州、可州、远州、奉州、岩州、诺州、蛾州、彭州、轨州、盍州、直

① 《明史》卷三一一，《四川土司》。

② 《旧唐书》卷四一，《地理志》。

州、肆州、位州、玉州、嶂州、祐州、台州、桥州、序州、拱州、剑州等二十七个羁縻州，除由招抚党项羌、生羌所置外，其余州均是适应原来居住的羌人而设。

当有的羁縻州比较稳定时，被升为正州（与汉族地区的州一样），也有一些正州因局势不稳被降为羁縻州。羁縻州时增时减，因势随时变更，建置不大稳定。

唐中叶，西北及岷江上游羌区的行政建置颇为健全，有的州县已有所辖之乡及户口的初步统计，对纳赋和贡品内容也有一定的规定。如松州，辖嘉诚、交川二县，开元时户七百二十，乡六，贡狐尾、当归、犀、牛酥。茂州，辖汶山、汶川、通化、石泉四县，开元时户二千五百四十，乡一十三，贡麝香、升麻。赋麻布。元和时户六百九十，贡麝香，牙硝等。①

唐代在少数民族地区设置羁縻州是妥善处理少数民族问题的一个创举，秦汉以来，羌人在安定的条件下，例行到中央王朝“朝贡”，名义上仅属“宗藩”关系，羁縻州较宗藩关系进了一步，直接被纳入中央控制的地方特别行政系统。这既保证了中央王朝政治统治和行政管理的统一，密切了各民族之间的交往，强化了中央对少数民族地区的关注和扶持，又合理利用了少数民族的有利因素，避免了民族地区的独立与分裂，提高了民族地区的社会地位，促进了当地政治、经济、文化封建化的进程。

安史之乱后，唐代的羁縻制度受到很大破坏，中央与民族地区的关系失调，民族地区长期处于动荡不安之中。这是中央王朝民族法制建设的一次大倒退。

第三节

宋朝在羌区的立法与司法管辖

宋沿袭唐的羁縻州制，在岷江上游的羌区设二州，一是茂州，领汶山、汶川二县，以及盖、涂、静、当、直、时、飞、宕、恭等9个羁縻州，这些羁縻州皆羌人部族，有的只有50户，最多的静部落也不过400户。部族自推一人为州将，以羌族习惯法治理其内，不向宋朝输纳赋税，唯州将常到茂州官府接受节制。“茂州居群蛮之中，地不可数十里，宋初无城隍，惟植鹿角自固。”② 茂州人口少，面积小，治所简

① 《元和郡县图志》卷三二，《剑南道》。

② 《宋史》卷四九六，《蛮夷列传四》。

陋，冠以正州之名，用以控制羌人羁縻州。二是威州，领保宁、通化二县，以及保、霸二个羁縻州，宋任命羌人首领董氏为保、霸二州刺史，让其世袭其位，并对保州、霸州颇为优待，每年拨钱12100缗，米麦14700石，绢2850匹，以及细布、绫棉、茶盐、银等。①

宋代范成大认为，在少数民族地区，“推其雄长者为首领，籍其民为壮丁，其人物犷悍，风俗荒怪，不可尽中国教法绳之，姑羁縻之而已”②。在少数民族地区推行羁縻统治的突出特点，是由少数民族首领担任羁縻州刺史，用其少数民族习惯法对当地的本少数民族进行统治。少数民族习惯法与国家法的关系有两种表现形式。其一，凡少数民族习惯法和国家法共同认定的犯罪，依少数民族习惯法而不依国家法论处。如宋真宗大中祥符二年（1009）诏曰：“外夷自相杀伤，有本土法，苟以国法绳之，则必致生事，羁縻之道正在于此。”③ 其二，国家法认定而民族习惯法没有认定的犯罪，应不予论处。如宋初，茂州、威州羌人每相盟誓，皆杀奴取信。淳化元年（990）“禁川陕南岭、湖南杀人祭鬼”。淳化二年（991），杀人祀鬼，“朝廷以其远俗，令勿问”④。至神宗时，知成都府赵抃使用牲畜代人，才改变了羌人杀奴盟誓的陋习。⑤

宋朝初建以来，不少汉人不断移入羌区，使茂州、威州初具城镇规模，成为当地的政治、经济、文化的中心。熙宁八年（1075）茂州知州范百常应居民请求，始筑城自固，改变了旧无城墙的状况。但宋王朝对羌区指导思想是“欲揭上腴之征，以取不毛之地，疲易使之众，而得梗化之氓，诚何益哉”⑥，只求维持现状，得过且过，甚至熟视无睹，放任自流。因而对羌区治理缺乏建树，而在行政建置中纷繁而时有变动，致使羌区很不安宁。

宋朝中后期，形成了辽、西夏、金等少数民族政权的鼎立或对峙，宋朝作为中原王朝的实力逐渐削弱，在处理与少数民族势力集团的外在关系上，采取但求苟安的态度：“厚其委积而不计其贡输，假之荣名而不责以烦缛；来则不拒，去则不追；边圉相接，时有侵轶，命将致讨，服则舍之，不黩以武。”⑦ 宋朝针对羌人的民族法制一

① 《宋史》卷四九六，《蛮夷列传四》。
② 范成大《桂海虞衡志·志蛮》。
③ 《宋会要辑稿·番夷五》。
④ 《宋史》卷四九三，〈蛮夷列传一〉。
⑤ 《宋史》卷三一六，《赵抃传》。
⑥ 《宋史》卷四九三，《蛮夷一》。
⑦ 《宋史·夏国上》。

是要协调宋与西夏之间的关系，二是对西北羌人多加安抚，三是对散居、杂居内地的羌人严厉控制，其基本内容如下：

1．订立盟约，互相牵制

宋仁宗庆历四年（1044），宋朝与西夏订立盟约，双方约定：宋朝册封元昊为夏国主，西夏对宋朝仍保持名义上的臣属关系；宋朝每年给予“岁赐”绢十三万匹，银五万两，茶二万斤。在各节日和元昊生日另赐银二万两，银器二千两，绢、帛、衣着等二万三千匹，茶一万斤。宋朝西夏恢复往来贸易，并置榷场两处，但不准青盐入境，宋朝准许夏国自置官属，等等。盟约缔结后，双方关系在一段时间里有了很大的缓和。

2．姑务羁縻，以缓争战

宋朝建立之初，对西北羌人依循“皆因其酋豪，许之世袭”① 的法令，大量敕封羌人首领担任羁縻州长官，统领各部族，治理其传统的活动区域，从而与宋朝建立了密切程度不同的朝贡关系，以拉拢和控制羌人。羌族首领若背弃宋朝，宋朝则在不得已的情况下才兴兵征讨，予以打击。

3．依法严惩触犯民族利益的暴吏贪官

“太平兴国二年（977）二月，灵州部送岁市官马，赂所过族帐物粗恶，羌人恚不受，知州、比部郎中张全操捕得十八人杀之，没入其兵仗羊马，戎人遂扰。上遣使赍金帛抚赐其族，与之盟，始定。召全操下有司鞫之，决杖流登州沙门岛。”② 汉人不尊重羌人的民族习俗，惹怒羌人，汉官吏强行镇压，逼羌人叛乱。宋朝廷派人抚慰，并严惩破坏民族关系的官吏，才化解了事端。宋朝维护和谐的民族关系的举动，使许多羌人主动要求内附。

4．认可并限制民族习惯法的法律效力

唐龙镇羌人来美及其叔璘，人少势弱，常常依附于宋朝与契丹之间，景德四年（1007），因受契丹之迫而投靠宋朝，“上亦悯其穷而款塞，特优容之。会契丹使至，即令谕其事，仍还所掠璘美人畜。其族人怀正又与璘互相仇劫，侧近帐族不宁，诏遣使召而盟之，依本俗法和断”③。对于内附羌人的内部纷争，宋王朝从中调停，让其依本民族习惯法了断。但处理羌汉之间的法律纠纷，应适用于国家法，而不用羌族习惯法，如以往“羌杀边民，入羊马，赎其死”，羌民按本族习惯法“赔命价”的规定赎杀死汉人的死罪，宋王朝于天圣六年（1028）立法规定：“羌自相犯，从其俗；犯

---

① 《宋史》卷三一八，《张方平传》。

②③ 《宋史》卷四八六，《党项传》。

边者，论如律，自是无敢犯。"① 羌人与羌人互相侵犯，依羌族习惯法论处；羌人与汉人相侵犯，依宋朝法律论处。

5. 订立羌族地方"条约"

仁宗庆历三年（1043），范仲淹宣抚陕西，他屯兵营田，大力招还羌、汉流民，"于是羌、汉之民，相踵归业"，为加强与羌人的关系，"犒赏诸羌，阅其人马，为立条约"，条约规定："若仇已和断，辄私报之及伤人者，罚羊百、马二，已杀者，斩。负债争讼，听告官为理，辄质缚平人者，罚羊五十，马一。贼马入界，追集不赴随本族，每户罚羊二，质其首领。贼大入，老幼入保本寨，官为给食；即不入寨，本家罚羊二；全族不至，质其首领。"② 这种不违背国家法律的精神、原则，又吸收民族习惯法的合理成分，为维护羌人的生命和财产安全而制定的地方法规，既有效地实施了国家对羌人的司法管辖，又顺从了民族习惯，容易得到羌人的认可和遵行，于是"诸羌皆受命，自是为汉用"。

6. 严刑防治散居、杂居内地的羌民

宋代羌人有生户、熟户之分，"接近汉界，入州城者谓之熟户；居深山僻区、横过寇略者谓之生户"③，宋对"生户"羌民推行羁縻之策，但对自己管辖范围内的"熟户"羌民则采取了严刑镇压，有的地方官吏甚至法外用刑，激化了民族矛盾。如王彦升在原州，"西人有犯汉法者，彦升不加刑，如僚属饮宴，引所犯以手捽断其耳，大嚼，卮酒下之。其人流血被体，股栗不敢动。前后啖者数百人。"④ 野蛮凶残，令人毛骨悚然。在秦州有质院，"质诸羌百余人，自少至老，扃系之，非死不出"。⑤ 又如温仲舒知秦州，将长期居住在渭南的"番户"，"驱之渭北，立堡栅限以其往来"。⑥ 汉族地主、官吏也大肆兼并和侵占羌民的土地，如"环庆羌田多为边人所市，致单弱不能自存，因没彼中"，⑦ 这些民族歧视、民族压迫的行径，必然引起羌人的不满与反抗，致使"戎人内附之地，朝廷恩威不立"⑧。

宋朝衰微之时，统治力量相对削弱，羌人酋豪自行其是，不服从宋朝的控制。

---

① 《资治通鉴长编》卷一〇九。
② 《宋史》卷三一四，《范仲淹传》。
③ 《宋史》卷二六四，《宋琪传》。
④ 《宋史》卷二五〇，《王彦升传》。
⑤ 《宋史》卷三二八，《蔡抗传》。
⑥ 《宋史》卷二八一，《寇准传》。
⑦ 《宋史》卷二五八，《曹玮传》。
⑧ 《宋史》卷二八五，《贾昌朝传》。

第四节

西夏党项羌的统治

一、西夏政权的建立和衰亡

党项与西羌同源，“汉西羌之别种”①，因而称之为党项羌。南北朝时期，党项羌生息于析支之地（今青海河曲一带），隋唐之际，逐渐向周围地区发展，活动区域“东距松州，西接叶护，南杂春桑、迷桑等羌，北连吐谷浑，处山谷间，亘三千里”②。

党项羌居地气候恶劣，五谷难以生长，党项羌人不从事农耕，仅以畜牧为业，生产水平较为低下，而原始氏族制度仍相当稳固，部落与部落联盟都处于萌芽状态中，“每姓别自为部落，一姓之中复分小部落，大者万余骑，小者数千骑”③，散分于山谷间，不相统属。每一部落俱由氏族成员选举最有威望的人充当首领。平时各自为业，不相往来，只有战斗时才屯聚在一起，没有法令约束和赋役义务。党项羌的习惯法规定，“不婚同姓”，实行严格的族外婚，允许妻庶母、伯叔母、嫂子、子弟媳，不许娶同姓，以维系氏族的生存和发展。同氏族的人相互保护，相互援助。人们崇尚武力，然好为盗，更相剽夺，尤重复仇。未复仇者必须蓬首垢颜、跣足草食，直到斩杀仇人，方得恢复常态，成为氏族中的合格成员。④党项诸姓部落中有细封氏、费听氏、往利氏、颇超氏、野辞氏、房当氏、米禽氏、拓跋氏等八部，其中以拓跋氏最为强盛，处于党项羌的主导地位。隋开皇六年（586）拓跋部首领拓跋宁丛率部众到旭州内附。此后，党项羌与隋王朝往来渐趋密切，然而时而归服，时而反叛。

唐朝建立后，党项各部相继归附，唐朝设置羁縻州安置他们。地处西藏高原上的吐蕃王朝日渐强盛，于唐高宗龙朔三年（663）北上灭吐谷浑，党项诸部亦为吐蕃侵袭威逼，散居在今甘肃南部和青海境内的党项部落被迫请求内迁，唐朝廷移原置于陇

---

①②③④ 《旧唐书》卷一九八，《西戎·党项传》。

右地区的静、边等州都督府至庆州（今甘肃庆阳），辖下的二十五个党项羌部落也随着一道内迁。滞居于松州又未迁徙的党项羌人则为吐蕃所役属，并逐渐融合于藏族之中。

天宝十四年（755），安史之乱爆发，边兵精锐者皆应征入援，陇右一带空虚，吐蕃趁机发兵进袭，散分于灵、盐一带的党项各部也相继发动了骚乱，致使西北数十州相继沦没。唐鉴于内迁而散居盐、庆诸州的吐谷浑、党项诸部与吐蕃濒近，易受胁迫，故将这一带的党项部落移到银州以北、夏州以东地区，徙吐谷浑于夏州西部，阻挠其相互往来、彼此勾结，并派朝廷官员任押党项部落使，招党项部落首领朝觐，授刺史，待以厚礼，予以安抚和适当的监控。

唐王朝为防备党项羌兴兵作乱，经常对其实施经济封锁。唐德宗贞元三年（787），最早颁布“禁商贾以牛、马、器械于党项部落贸易”① 的法令。元和九年（814），唐宪宗下诏重置宥州，以扶持党项羌，至太和（827—835）中期，党项逐渐强大，四处寇掠，“然器械钝苦，畏唐兵精，则以善马购铠，善羊贸弓矢，鄜坊道军粮使李石表禁商人不得以旗帜、甲胄、五兵入部落，告者，举罪人财畀之”②。开成（836—840）末年，党项羌愈加繁富，当时远近商贾纷纷前往以缯宝交换羊马，而藩镇统领无绪，“恣其贪婪，不顾危亡，或强市其羊马，不酬其直”，致使“部人怨，相率为乱，至灵、盐道不通”。③大中四年（850），唐宣宗被迫颁布放宽边禁的法令：“或闻以前帅臣多怀贪克，部落好马，悉被诛求，无故杀伤，致令怨恨。从今以后，必当精选清廉将帅，抚驭羌戎……除禁断兵器外，任以他物于部落往来博易。”④ 并对从前“所有愆违，自此一切不问”⑤，事态得以平息。

自从拓跋部徙居庆州、夏州等地后，党项羌居地与中原地区毗连，与内地交往密切，受汉人封建社会形态的影响进一步加强，其无论在生产关系上还是生产力发展水平上都有很大的进化，原有的氏族制度日趋瓦解，以姓氏为主体的氏族部落逐渐被以地域为中心的部落组织所代替，并在此基础上发展为雄踞一地的部落群体。

天宝（742—756）末年，党项羌平夏部首领拓跋守寂，因参与平定“安史之乱”有功，被唐王朝任命为容州刺史天柱军史。不久，又被授为灵州都督。咸通（860—

①③ 《新唐书》卷二二一，《党项传》。
② 《旧唐书》卷一九八，《西戎·党项传》。
④ 《唐太诏令集》卷一三〇，《唐宣宗平党项德音》。
⑤ 《全唐文》卷八一，《唐宣宗洗雪南山·平夏德音》。

874）末年，拓跋思恭窃据宥州，自称刺史，割据自雄。后因参与镇压黄巢农民起义有功，授拓跋思恭为夏、绥、银诸州节度使，封夏国公，赐姓李，统辖夏、绥、银、宥四州，成割据一方的藩镇。

唐末，唐政权在农民起义冲击下摇摇欲坠，各地藩镇纷纷割据自雄，战乱不已。拓跋部为了维护自身利益，一方面继续臣属于唐王朝，听从中央的调遣；另一方面则僻居西北一隅，尽量保持原有的社会组织，以体现对辖区内政治统治的独立性和自主性，并伺机向外扩张自己的势力。后梁、后唐、后汉、后周等国并起后，拓跋部竭力避免卷入当时的纷争，虚委周旋于各种政治势力之间，保全和发展自己的实力。直到宋朝建立后，党项羌人李彝殷仍牢牢占有夏、绥、银地区，并拥有一支相当强大的军事力量，史称："夏虽未称国，而自王其土久矣。"①

宋建立后，封党项羌李彝殷为太尉。李彝殷死，其子李光睿即位。李光睿死，其子李继筠即位。李继筠死，其子尚幼，由其弟李继捧即位，贵族不服，滋生内乱。李继捧向宋朝献出四州八县，率族人迁居开封，致使夏州地方政权一度中断。李继捧的族弟李继迁反对投附宋朝，率部逃至夏州东北三百里的地斤泽，抗宋自立，势力日渐壮大，经过20年的惨淡经营，迫使宋任命李继迁为定难军节度使，赐姓赵，并归还夏、银、绥、宥、静五州给李继迁管辖。但李继迁并不接受宋朝号召，而是伺机用武力夺取了宋的一些地区，使重建的夏州地方割据地盘在原有的基础上有所扩大。

李继迁去世时，正值宋与辽缔结"澶渊之盟"，宋为进一步巩固和扩大周边的和平局面，急于缓和与西夏的矛盾；而李继迁临终时也曾嘱咐其子李德明上表归附宋朝，"一表不听，则再表，虽累百表，不得请，不止也"②。景德三年（1006），夏州、宋朝订立和约，宋朝封李德明为定难军节度使、西平王。李德明一方面与宋、辽屡示友好，保境息民，发展生产，稳定人心；另一方面竭力攻打吐蕃潘罗支和回鹘可汗，初步统一了河西走廊，使夏州地方政权的势力扩大为夏、银、绥、宥、灵、盐、甘、凉八州。明道元年（1032）五月，宋仁宗加封李德明为夏王，这实际上相当于正式承认了李德明割据政权的合法性。

明道元年十月李德明死，其长子元昊嗣位，主张维护党项羌的传统习惯和生产生活方式，"以兵马为先务"，"严以刑偿"，"教民以功利"③，公开建立具有鲜明羌族

① 吴广成：《西夏书事》卷二。

② 戴锡章：《西夏记》卷四。

③ 吴广成：《西夏书事》卷一六。

特色的独立政权，而不在臣属于宋朝。为此，元昊采取了一系列措施，如：不再接受唐、宋王朝赐给的“李”、“赵”汉姓，而以元魏王室的后裔改姓“嵬名”氏，更名“曩霄”，自称“兀卒”（意为“青天子”）；下达秃发令，不准用汉人风俗结发，国人三日内一律削发，违抗者，即刻处死。宝元元年（1038）元昊正式称帝建国，定国号为“大夏”，史称“西夏”。庆历四年（1044），西夏与宋朝达成和议，宋朝册封元昊为夏国主，西夏对宋朝仍保持名义上的臣属关系，实际上形成辽、西夏与宋三足鼎立的态势。

元昊死，谅祚为帝，灭外戚没藏氏，与宋朝和议，恢复双方原来边界，互不侵扰。嘉祐六年（1061），谅祚下令夏国人不再沿用党项蕃礼，改用汉仪，恢复唐赐李姓，健全官僚体制，汉部增设各部尚书、侍郎、南北宣徽使及中书学士等官职；蕃部增设昂聂、昂星、谟个、阿泥、芭良、鼎利、春约、映吴、祝能、广乐、丁努诸号。谅祚的改革，推动了党项羌政权的封建化进程。

崇宗乾顺秉政后，为稳定局势，一改过去“尚武重法”的立国方针为“尚文重法”。他内兴改革，对外利用金忙于灭辽攻宋之机，夺取辽西北诸州及宋陕西北鄜、西宁等地，把西夏疆界扩大到前所未有的规模，形成了西夏、金、南宋新的三足鼎立的格局。

仁宗仁孝继续推行“尚文重法”的路线，对内实行改革，发展生产，振兴文教，厉行节约，及时粉碎了外戚任得敬分裂西夏的阴谋，对外同南宋、金维护友好关系，从而使封建生产关系和社会经济得到进一步发展，使西夏进入了它的全盛时期。

桓宗纯祐，对内安国养民，对外附金和宋，但受蒙古人严重威胁，内部矛盾开始激化，社会经济、文化停滞不前，“夏叶中衰于是乎始”①。襄宗安全、神宗遵项、献宗德旺、末主睍统治期间，推行了一条附蒙侵金的错误路线，侵金的结果使西夏元气大伤，加之西夏统治集团内部四分五裂，王位更迭频繁，使蒙古乘虚而入，发动了强有力的军事进攻，西夏节节败退。传位十世帝王，持续一百九十年（1038—1227）的西夏，最终被元蒙所灭。

二、西夏立法概况

在西夏立国的过程中，西夏的法制也随之建立了起来，逐渐由习惯法向成文法发

① 吴广成：《西夏书事》卷四二。

展，并达到成熟。在党项羌氏族部落社会时期，“俗尚武力，无法令，各为生业，有战阵则相屯聚，无徭赋，不相往来”①，调整氏族内部人际关系的是不成文的民族习惯法，没有成文法。凡遇有民间纠纷，诉于官，“蕃族有和断官，择气直辞辩者为之，以听讼之曲直，杀人者，纳命价百二十千”②，社会纠纷都依习惯法处断。西夏政权建立以后，历代统治者十分重视成文法的建设，推动由民族习惯法到封建法制的建设进程，立法在服从实际情况的需要，保留许多民族习惯法内容的基础上，大量吸收唐宋法制的精神、原则、体例，加强汉化，使西夏王朝在局部统一过程中的法制建设具有自己的独特性，是中国历史上少数民族立法的典范。

不过，西夏时期何时开始有自己较为完备的法典，目前还没有确切的资料可查。第一任皇帝元昊对西夏成文法的建设十分重视，为了制定成文法，他以宋作为效仿的楷模，尽力调查了解宋朝的典章制度。如宋仁宗放宫人207人，“悉任所之”，元昊得此消息后，“阴以重币，购得数人，纳诸左右，于是朝廷刑赏、宫闱阴事，纤悉具知”③，他不仅“明法律”，而且十分重视法治，他“晓浮图书，通蕃汉文字，案上置法律”④，确立“尚武重法”的立国路线，“行中国法令”⑤。治国时“既袭封，明号令，以兵法勒诸部”⑥，这表明至迟在元昊时西夏已有参照唐宋律而制定的成文法。以后历代西夏皇帝也都加强法制的建设，⑦ 多采用律令的形式，在政治、经济、文化、军事方面颁布了一些法律制度，发展至崇宗乾顺时，西夏法律体系逐步形成，为以后的法律制度的发展提供良好的基础。

崇宗乾顺的贞观年间（1101—1113），为了以法治军，编撰了一部有较高实用价值的军事法典——《贞观玉镜统》，内容分五个部分：序言，军政，赏功，罚罪，进胜。对军队的编制、军政管理，特别是赏功罚罪条例进行了详细的规定，其目的在于整顿西夏军队的军纪、军风，提高军队的素质和战斗力，以应付复杂的周边军事形势。仁宗仁孝时，修订了一部综合性的法典《天盛改旧新定律令》（以下简称《天盛律令》），《天盛律令》是现今保存比较完好的一部少数民族政权执政期间用少数民族

① 《隋书》卷八三，《党项传》。

② 曾巩：《隆平集》卷二〇。

③ 吴广成：《西夏书事》卷一三。

④⑥ 《宋史》卷四八五，《夏国传上》。

⑤ 《资治通鉴长编》卷一五〇，庆历四年六月戊午。

⑦ 《贞观玉镜统》卷三中有一条规定：对隐藏缴获敌人财物者，按《律令》中贪污罪从犯判断，可见至少在崇宗贞观年间（1101—1103）西夏就有了王朝法典《律令》，说明西夏从建国以后一直在修订法律，只是现在由于西夏原始资料的匮乏，无法考证。

文字（西夏文）刻印颁行的比较系统和完备的封建法典。它是对西夏成文法建设的经验总结，是在西夏长期的历史发展过程中形成的。

《天盛律令》的制定有着深刻的社会、政治、经济、文化根源。西夏建国后经过110年到仁宗朝时，其政治经济文化水平已经发展到一个新的阶段。经济上，西夏经济生产方式多元化，有畜牧业、农业，在农业发展的基础上产生了手工业和商业。依据西夏地区的地理特点，都有了很大程度的发展，工业生产技术和生产工具有了长足的进步，达到了很高的水平，使社会的发展具备了一定的经济基础。

经过一百多年的发展，西夏的政治制度已经成熟和完善，借鉴宋朝的机构建制，在中央设置了中书省、枢密院、三司为国家行政、军事、财政最高机关，设御史台掌管监察、弹劾。同时又设立了一些司、府管理国家生活中的专门的事务。仁孝时期，将政府机构分为上、次、中、下、末五等司。中央机构逐渐在改革中完善。在地方上设置为州、县二级管理地方的事务。这么庞大而又缜密的政府机构一方面为法律的制定和执行提供了机构条件，另一方面也迫切地需要有相关的法律进行调整。

经济的发展推动了统治制度的完备和文化事业的全面发展，当时西夏文字得到推广使用，建立了各类学校，实行科举考试，刊印了很多西夏书籍，西夏文化广泛传播。接受汉族的先进文化，儒学被提高到了空前的高度，历代统治者尊为圣人并封为文宣王的孔子，在这时被西夏仁宗封为文宣帝。大力发展佛教，全面校勘佛经，藏传佛教得到了进一步的传播，文化的发展为法典的制定提供了坚实的基础。

西夏各民族文化的融合也影响了法典的制定，西夏是以党项羌为主体的，包括了汉族、藏族、回鹘、鞑靼等民族，每一个民族有着自己的生活方式和文化，这些文化在各民族的生产生活过程中，相互交流和吸收，特别是汉族的文化对西夏有广泛影响，这都在西夏法制过程中打上了自己的烙印。

针对西夏政治、经济、军事发展的新情况，有必要对旧的法典重新进行增修，于是，仁宗天盛年间（1149—1169），由立法官北王兼中书令嵬名地暴等23人，以“为民取则，为世除恶”① 为编撰法典的目的，“敬承祖功，续秉古德，欲全先圣灵略，用正大法文义”，“比较旧新律令，见有不明疑碍，顺众民而取长义”② 的原则重新修订成《天盛改旧新定律令》。在法典的制定过程中，充分考察西夏的经济社会发展，吸收党项羌的民族习惯法，大力对唐宋法律进行借鉴，终于制定了《天盛改旧新定

① 李仲三汉译：《天盛改旧新定律令》，宁夏人民出版社1998年版，第1页。

② 《天盛改旧新定律令》，《颁律表》。

律令》。

《天盛改旧新定律令》各卷的分布情况如下：

第 1 卷，分为：谋逆、失孝德礼、背叛、恶毒、为不道、大不恭、不孝顺、不睦、失义、内乱等 10 门，共 39 条。

第 2 卷，分为：八议、亲节、罪情与官品当、贪状罪法、老幼重病减罪、不奏判断、黥法、杀牛骡驼马、戴铁枷等 9 门，共 50 条。

第 3 卷，分为：盗亲、杂盗、群盗、重盗、妄劫他人畜驮骑、分持盗畜物、盗赔偿返还、自告偿还解罪减半议合、追赶捕举告盗赏、搜盗踪迹、问盗、买盗畜人检得、盗毁佛神地墓、当铺、催索债利等 15 门，共 99 条。

第 4 卷，分为：弃守营垒城堡溜等、弃守大城、边地巡检、敌军寇、边主期限、修城应用、敌动等 7 门 84 条。

第 5 卷，分为：军持兵器供给、季校等 2 门，共 37 条。

第 6 卷，分为：发兵集校、官披甲马、军人使亲礼、纳军籍磨勘、节上下对他人等互卖、抄分合除籍、行监溜首领舍监等派遣等 7 门，共 77 条。

第 7 卷，分为：为投诚者安置、番人叛逃、敕禁、邪行、行职、妄派、杀葬赌等 7 门，共 70 条。

第 8 卷，分为：烧伤杀、相伤、夺妻、侵凌妻、威势藏妻、行非礼、为婚等 7 门共 79 条。

第 9 卷，分为：司事执集时、事过问典迟、诸司判罪、行狱杖、越司曲断有罪担保、贪奏无回文、誓言等 7 门，共 88 条。

第 10 卷，分为：续转赏、失职宽限变告、官军敕、司序行文、遣边司局分等 5 门，共 89 条。

第 11 卷，分为：矫误、出典工、射刺穿食畜、渡船、判罪逃跑、使来往、检视、派供给者、为僧道修寺庙、共畜物、分用私地宅、草果重讼、管贫智高等 13 门，共 95 条。

第 12 卷，分为：无理注销诈言、失藏典、内宫待命等头项等 3 门，共 84 条。

第 13 卷，分为：许举不许举、举虚实、功抵罪、派大小巡检、逃人、遣差人、执符铁箭显贵言等失等 7 门，共 116 条。

第 14 卷，误殴打争斗 1 门，73 条。

第 15 卷，分为：催缴租、取闲地、催租罪功、租地、春开渠事、养草监水、纳冬草条、渠水、桥道、地水杂罪、纳领谷派遣计量小监等11门，共86条。

第16卷，分为：农人利限、派管粮农监、园子、摊地租、催缴利限、命置分等、官地转隐农主逃亡入典、头归卖地农主利限纳量等8门，共46条。

第17卷，分为：斗尺秤换卖、钱用毁市场、库局分转派、供给交还、急用不买、物离库、派执事等7门，共58条。

第18卷，分为：缴买卖税、舟船、杂曲、盐池开闭、能增定税罚贪、派供给小监、减摊税、年食工续、他国买卖等9门，共56条。

第19卷，分为：派牧监纳册、分畜、减牧杂事、死减、供给驮、畜利限、官畜驮骑、畜患病、官私畜调换、校畜磨勘、牧盈能职事管、牧场官地水井、贫牧逃避无续等13门，共78条。

第20卷，分为：罪则不同、各种碎等2门，共56条。

《天盛改旧新定律令》颁行之后，西夏王朝又根据社会情况的变化，对法典进行调整，增补一些新的内容，如神宗遵项时，编纂了《亥年新法》。

除制定国家的根本大法外，西夏统治者还有针对性地制定了一些具体的法令。作为《天盛律令》的补充，如仁宗针对哆讹领导的起义，为了缓和阶级矛盾，曾制定过“赈济法”。针对巩固边防的需要，制定了“戍边法”。

三、法典的主要内容

《天盛律令》与唐宋律一样也是一部综合性法典。它包括了亲属法、经济法、国家政权法、宗教法等四大类。《天盛律令》一方面吸收了唐宋律以忠、孝为核心维护封建专制统治的法制思想，行之有效的“十恶”、“八议”、“五刑”的立法传统，丰富、严谨、细密的法条特色，另一方面，本着“顺其性而教之功利，因其俗而严以刑赏”① 的立法原则，以党项羌的民族习惯法充实、发展了唐宋律的内容，使之有明显的民族法制特色。《天盛律令》律文与唐宋律文不同的是，不是一般只规定对违反刑律的处罚，而是律令合一，首先对应如何作为做出明确的规定，然后才是对违反规定的处罚，法律的规范作用与惩治犯罪的作用关系密切，互相支撑。

① 《新唐书》卷二二一，《党项羌传》。

（一）亲属法

1. 婚姻法

（1）婚姻的成立

根据党项羌的婚俗，实行一夫多妻制，无妻、妾之别，只是称谓上有所不同。依法，先娶者为妻，后娶者为妇人。女性结婚的法定年龄为十三岁。自律令印行之日起，按习惯自为凭据为婚及索妇等，不为法律认可。成婚有一整套程序，严格按法律规定办理。

父母之命。由于受汉人婚姻的影响，尊长对卑幼拥有主婚权，尊长中，亲生父母为第一序列，婚姻必须遵从父母之命。子女不问父母而擅自成婚，不仅得不到社会的承认，而且还要受到法律的制裁。如果没有亲生父母，则祖父母及同居庶母，女之同母兄弟、嫂娣及亲伯叔、姨等为第二序列，经过他们共议达成一致意见，方可为婚。由此可见，家族主婚是对父母之命的一种补充规定。诸人索妻媳，传媒者不问父母时，父母六个月期间告，则当改过。因不宜婚姻，生子徒一年，成婚则徒六个月，媒人徒三个月，未知则不治罪。

同姓不婚。西夏收继婚极为普遍，但是西夏法律规定同姓不能为婚。同姓为婚，既违背伦常和社会准则，不利于子女的繁殖和健康成长，又不能利用婚姻加强与异姓部落的联系，以形成广泛的党项羌人的联盟。因此，同姓为婚被视为“非礼”，与情节较轻的“淫乱”罪一样，处以三年徒刑，并强制离异。同姓结婚之媒人传语者也当治罪。

“给婚价”。西夏，女性的婚龄为十三岁，先订婚，三年期间，男方“给婚价”，即向女方交纳钱财作为聘礼。这是婚约成立并得到法律确认的关键性要件，至于婚价的多少，依身份的不同而有差别。婚姻以婚价为信，女方父母接受给婚价，即标志婚姻关系成立，并受法律保护，违律时分不同的情况给予不同的处理。酒食不同于婚价，收受者虽悔婚退婚无罪。婚价不限多少，悔婚者则当定罪科罚。订婚以后，如要解除婚约，则应根据具体情况，分析谁之过错，再予酌处。订婚以后，如要解除婚约，分三种情况：一是男方悔婚，则以前所予婚价不退还，以作为对女方的经济补偿，婚姻解除；二是男女双方自愿退婚，或女方悔婚，男方愿放弃，则女方如数偿还男方婚价；三是订婚三年后，女方接受婚价而悔婚，男方又不愿放弃，女方父母服一年徒刑的刑事处分，强制执行原婚约。男方实在无力给婚价，则三年婿当往出劳力，期满，当予之妻子。女不满十三岁，禁止完婚。诸人女在未嫁，父母不允，男方随意抢亲速受礼，属非正常结婚，为法律所否定：违律而父、兄弟告时，抢亲受礼者有官罚马一，庶人十三杖。女人情愿则笞三十，不情愿则不治，归还父母，依愿嫁之，若已侵凌妇人则徒六个月，隐匿于其地者徒一年。父、兄弟不告，不许他人举报，违律告状取状者，一律有官罚马一，庶人十三杖。女方也不许一女嫁二处，欺诈男方，根据出嫁的先后顺序，前者属正常婚姻，妻予先主，婚价退还后主，女方家长处以徒刑。先主不需要妻子，也可先主得婚价，后主留妻子，优先选择权在先主手中。婚姻乃男方主动缔约而违约，罪比一女嫁二处加一等。婚价的多少，根据为婚人不同的社会地位而有所差别，但在数量种类上有明确限定。

备嫁妆。女方家长有得到婚价之权利，同时也应履行为女儿出嫁置办嫁妆之义务，嫁妆的多少与婚价多少成正比，如实在无力置办者，也可免之。嫁妆作为已婚妇女在婚姻过程中能够得到的属于自己的一点财产，其份额十分有限，但是并非已婚妇女必须获得的财产权。

与家长对子女的主婚权一样，主人拥有对奴仆妇女的主婚权，奴仆妇女不得擅自为婚，只有头监允许，乐意给予契据，这些妇人才能与人为婚。

（2）婚姻的解除

婚姻能否持续与夫妻感情无关，而主要取决于男方父母和丈夫的意愿，在婚姻解除上，公婆对儿媳、夫对妻的特权尤为突出。

出妻。即男方单方解除婚姻，休弃妻子。其条件基本沿袭了唐宋法典中“七出三不去”的规定，并做了适当的修改：妻犯奸，违义悖德，紊乱血统，故把“与人行淫”列为不加任何附加条件出妻的理由，且剥夺妇女的诉讼权利。不生子女、不侍奉公婆、有主多言、盗窃、妒忌、恶疾等六种过错，男方父母与丈夫应达成出妻的共识，不可互相隐瞒，以示对出妻的审慎。丈夫出妻而未问自己父母之意，则有官罚马一，庶人十三杖。出妻还有总的限制条件，即所谓“三不去”：如果妇女有六种过错，然一者能行孝礼于公婆，二者娶时贫苦低微后富贵威上，三者迎娶时送者迎人根断而无住处，则不可休妻。西夏法典对“三不去”有两种变通：一是女方父母愿意，当出；二是女方父母不愿赎，但丈夫执意出妻，当罚聘价，退还嫁妆，随其欲往。“三不去”在某种程度上对于任意去妻做了限制，但更主要的是出于维护宗法伦理的需要。

协议离婚。男女双方家庭也可协议离婚，丈夫与女方父母一方愿出，一方愿赎，出嫁女可回归娘家。丈夫愿出妻而女父母不欲赎，则当由男方退还嫁妆，并损失聘财，作为对女方的赔偿，任女方所往。一切以女方父母意志为准，女方能赎则赎，无力可让人替赎。结婚以后，丈夫亡故，寡妇行三年孝礼期满，有公婆则不许随意出。若公婆情愿放，有欲赎出者，则有无子女一律当听赎出。无公婆，离不离开夫家全凭寡妇自己决定，他人不得干涉。寡妇离开夫家不能带走夫家的财物，违律时，有官罚马一，庶人十三杖。

特殊情况的离婚。由于西夏国处于战争频繁状态，如果丈夫死亡，寡妻必须守孝三年。之后，公婆情愿，可以改嫁。没有公婆，则随寡妻本人意愿，愿住即住，愿往即往。如果丈夫被俘，妻子有子女者，应于十年后方可离婚；如无子女者，五年后可以离婚；未迎娶者，逾三年，婚约作废。女女婿入赘，生子女，丈夫亡故，有公婆时不许随意往，当送公婆。未生子女则行三年孝礼，期满后可随意嫁人。

（3）婚姻违法行为的处罚

禁止男女殉情。男女二人殉情，原本传话人知觉，依有罪人之从犯判断，未知则徒一年。殉情男女未死，徒六个月。

禁止密谋夺他人妻。设计引诱藏匿他人妻子，依所定罪判断。二人相悦而匿者，男女一律徒三年，引诱者徒六个月。诸人与人妻行淫，女人不愿，密谋持抢时，徒四年。女人能举报而不举报，心悦愿住者徒三年。女之亲属与谋受贿者，比夺妻罪减一等。

禁止强行抢他人妻。诸人合力取人妻者，庶人当绞杀，胁从引诱者，徒五年。若女人心悦而取，曰“为我计谋”者，徒十二年。若夺妻者亲手伤杀其丈夫及追赶者、引导报信人等，依强盗伤杀人法判断。妻之丈夫伤杀夺妻之恶人，则酌情依法治罪。

2. 家庭法

着重维护父权、夫权是西夏法律调整家庭关系依循的原则，但对违背礼教的民事行为的处罚则较唐宋为轻。

其一，子孙必须服从父母的权威。西夏法律规定：父母不情愿，儿子强制分居另食，徒一年。父母情愿则不治罪。父母的意志与子女的服从义务得到法律的强调。

其二，尊长全面掌握和处理家族财产。家庭共有畜物，家庭成员人均有份，但分用共有畜物，需经户主。若子孙、兄弟、妻子、媳等背后分用在自己的份额之内，则不需治罪，也不需赔偿；若在自己份额之外，不应处分而分用，五缗以下勿治罪，五缗以上一律官罚马一，庶人十三杖，所分用畜物当还属者。其中与父母分用者，则不用治罪。

其三，赡养孤寡。家人亲戚有供养孤寡老幼的义务，冷漠无情，不行人道者，要受到法律的惩治。

其四，认可保护私生子。诸人娶妻子，后与他人行淫乱而怀有杂子女者，不许取状寻问。已产出而为父母所杀、所伤，必定受到法律的制裁。未嫁女与人行淫而养私生子，当登记在册，不许将私生子赐为使军。

其五，禁止同性恋。不许男人自共相处行欲。违律者，造意徒六年，从者徒五年。

3. 继承法

关于家财继承，亲生子为第一序列。奸生子没有继承权，奸生子不被视为家族成员而丧失了享有财产的基本权利。

倘若无子，则在同族同宗中择立继子，继承家产。拟制血亲的继子为家财继承的第二序列。西夏法律规定：男子有子不许立继，无子才可立继，继子虽非直系亲属，但需从同姓亲属中择立，异姓或不明姓氏的弃子不能为嗣，以防止“异姓乱宗”。继子为继父之继承人，享有很高的法律地位，他能继承所嗣者在身份上和财产上的权利。即使所嗣者在立嗣后又生亲子，嗣子也有权得到一份家产。

妇女的继承权，限定条件比较严格，首先，妻子对其夫的财产有无继承权，关键在于夫亡后寡妻是否改嫁。寡妻守志，可掌管丈夫份额内财产，夫亡改嫁，无权带走任何财产。亲生女分为未出嫁的“门下住女”和出嫁女。“门下住女”有财产继承权，出嫁时按律令以应得嫁妆给予，若无祖父母、父母、伯叔、姨、子、侄、孙等，“门下住女”继承全部财产。若无“门下住女”，出嫁女才可继承全部财产。继承财产者必须履行安葬死绝人的义务。

子女全无的绝户，家产入官充公。

（二）经济法

1. 生产法

西夏的社会经济以畜牧业、农业为主，手工业、商业所占的比重较小。西夏建国后，统治者运用政治、法律，维护和巩固封建生产关系，在一定程度上促进了生产的发展，促进了社会的安定。

(1) 农业法

西夏十分重视农业生产，在中央政府设立的十六司中，就有专门管理农业的“农田司”，表明统治者对农业部门的重视。西夏多次颁布促进农业生产方面的法令，推动了具有封建制色彩的农业经济的发展。

①开垦荒地。西夏是在与辽、宋的战争中不断强大起来的，长期战争，造成了巨大的社会动荡，兴、灵二州和河西走廊的地主和农民纷纷逃离家园，流落他乡。劳动生产力的大量丧失，使成片的耕地变为荒地，土地资源浪费现象十分严重。针对这种状况，为了确保土地的利用率，西夏统治者鼓励人民开垦荒地。法律规定：无论是无主荒地，还是三年无人耕种的“抛荒地”，只要有人“愿持而种之”，并告转运司，转运司当问邻界相接地之家主等，仔细推察审视，于弃地主人处明之，实属弃地，即发给耕种谕文，登记注册，让其耕种。免除垦荒者三年租佣草，三年之后，再根据土地的优劣、苗情的好坏，决定交纳“五等租”中的哪一等地租。

农户耕种土地邻近的闲田旷土也可大力开垦。耕地附近的闲散土地，可大力开发，充分利用。开垦一亩至一顷，可免征租佣草，以弥补开垦所费之工。且不许告举取状。若违律告举取状，导助者等有官罚马一，庶人十三杖。开垦土地一顷以上，除一顷外多开垦的土地应告官府，登记注册，三年之后，能够耕种，依法交租佣草。西夏王朝利用鼓励垦荒的形式，加快了土地私有化的进程，增加着国家的赋税。这对西夏农业的发展和经济的稳定是大有好处的。

②兴修水利。西夏统治者在鼓励垦荒的同时，也要求人们兴修水利，以保证农业的发展。修水利是农夫不可推卸的责任和义务。农夫按田土多少，确定出多少日开渠劳役。田亩数与出工时间成正比，田亩愈多，出工修水利的时期愈长。修水利的工期最高为四十天，在期限内未完工，“当告局分处并寻谕文”，不寻谕文而逾期，根据期限的长短给予不同处罚。

开渠灌溉田地，以不侵占耕地为前提。开渠需经官府批准，开渠不合理，追究相关人的法律责任。

为美化环境，巩固渠坝，西夏令渠水巡检、渠主指挥租户家主沿官渠植树，培育成材，认真监护，除依时节剪枝条及伐而另植以外，不许诸人砍伐。若违律不植树木，有官罚马一，庶人十三杖。官树木及私家树木为他人砍伐时，计价以偷盗法判断。

为了保护水渠不受人为破坏，严禁沿渠附近取土、取柴。如果违律取土抽损，致被水断破时，抽损者之罪与渠头放弃职守致渠断破罪状同样判断。未断破，则计土、柴以偷盗罪及徒三个月从其重者判断。他人举告，当依举盗法得赏。

为了有效地管理好水利灌溉事业，西夏法律具体规定了水渠的组织管理及水的使用办法。其管理水渠的基层组织管理者有渠头、渠主、渠水巡检，伕事小监等等。他们的职责有二：其一，负责巡视监察和修理水渠。其二，负责管理放水灌田。

（2）畜牧法

畜牧业是党项人传统的生产部门，也是主要的经济部门。牲畜，特别是马、牛、骆驼等大牲畜不仅是生活资料生产工具与运输工具，还是重要的军事装备。畜物之兴废，关系到经济与国防。因此，西夏对于畜牧业的管理给予了高度的重视。在中央机构的十六司中，设群牧司统管全国的畜牧业。在立法中，不仅详定官牧管理之制，包括牧群之组合、牧官之选任、系饲、游牝之方法，死耗、繁殖之数率等；另一方面，又严惩监牧人员失职违纪，不按制度办事，以造成畜产非正常死亡及繁殖率低于法定数额的行为。

畜数减少。喂养畜产死耗有法定数率，一是畜产死耗超出法定之数率，一是畜产繁殖低于法定数额，皆要受到惩罚。因滥杀幼畜，引起畜数减少，也要受到制裁。

喂养不如法。放牧饲养官畜不尽职，致命减食草及瘦，依法制裁。

养疗羸病畜产不如法。牧场官畜患病时，当速告经略处或群牧司，及时派人查验，有将不患病、未死亡的牲畜虚假上报损耗者，依偷盗罪论处。

乘骑或驾用官畜而不爱惜。致使伤损，其危害在使国家财产蒙受损失，故为法律所不容：凡借用官畜而保养不善致使畜产损伤，借用及主管之人皆当科罚。

禁止官私畜任意调换，损公利私。违律调换，不但要进行经济赔偿，还要依法治罪。

禁止擅自借用、随意使用官私牲畜。违律借用，借者、求借者一律追究法律责任。

建立牲畜检校磨勘制度。在检校过程中，不允许牧人相互索借四种官畜，再重验之，弄虚作假，欺瞒官府，倘若违律时，借者、索借者，再验之牧人，牧人之大小牧监皆根据所借骆驼、马、牛的多少，定罪量刑。

除此之外，诸牧场四种官畜原已交纳，死减以外损失者，依次当紧紧催促牧人偿之。倘若牧人无力，则当催促小牧监令偿之。小牧监偿之不足，则当催促牧首领、未驱令偿之。其中倘若催促偿之而无所偿，实无力者，当置命。牧人、小牧监、牧首领、末驱损失牲畜无力赔偿治罪比较四类牲畜分为骆驼、马、牛、羖羊三等，损失骆驼、马比损失牛处罚为重，损失牛又比损失羊为重；犯罪主体为牧人、小牧监、牧首领和末驱三类，牧人犯罪处罚比小牧监重，小牧监犯罪处罚又比牧首领、末驱重。身份愈低，处罚愈重，身份愈贵，处罚愈轻。

赏赐。管理、检校牲畜的大小官吏，胜任一年，可予以物质奖励，二年以上，除物质奖励外，还可得官、加官，以资勉励。

2. 赋役立法

(1) 户籍法

户口是赋役的凭据，西夏加强对劳动者的人身控制，借以保障国家赋税征收与徭役的遣派，故十分重视户籍管理。要求依法登录人口，并严厉惩罚虚报年龄等破坏户籍管理的违法行为。攒造户籍有固定程序和格式，官吏必须严肃对待，如实登录。如果增减年状，虚报纳税人口，科敛害民，视有无个人恩怨，受贿与否，予以轻重不同的处罚。

(2) 租佣草法

西夏农户交纳以麦米为主的实物地租，不同地区交纳的实物地租还有所区别，除纳租外，还附带交纳草料，以供饲养牲畜之用。僧人、道人、大小官吏因公索取农田司所属耕地及寺院中地、节亲主所属地，皆依法为租佣草事。西夏采取“租户给牌法”，各租户有一木牌，其上种地多少与纳租多少一目了然，清清楚楚。不仅如此，“诸租户所属种种地租见于地册，依各自所属次第，郡县管事者当紧紧催促，令于所明期限缴纳完毕。”其中注滞时，种种地租分为十分，使全纳、部分纳、全不纳等时，功罪依所定实行。官吏必须按册征收，催促地租者令一班小监当分别按纳册催促其人地租，不许另过。违律另过时，过者、导助者所在局分大小等，一律依执牧农重事转院罪状判断。催租者收租时，应给纳租人留下凭据，以证其纳租是实。严禁在国家指定的纳租定额之外，无官方谕文，乱摊派，增加农民的经济负担，引起社会的骚乱。

西夏交纳赋税，由各级官府负责催征，并呈册上报，不得延误。至于劳役，也不许随意增派，因官所出为辅役，于租户家主应出笨工，则转运司人不许自意兴工。有言情当告中书，视其事况，笨工役一百以内，计其应兴工，则可兴之，一百以上一律奏量实行。

3. 商法

西夏推行重农牧抑工商政策，旨在利用政治权力调整工商业发展的趋势与节奏，把它们规范于小农经济的模式内，对自然经济发挥补充、整合功能，以维护封建社会结构的稳定。

（1）市场管理法

市场是买卖交易的重要场所，为了保证商贸活动的正常进行，西夏王朝运用法律整理市场秩序，西夏关于市场管理方面的法律，主要是确立新旧度量衡的换算，以及有关度量衡标准的确定与签署，同时，详细规定了有关市场商品买卖与处罚逃税的法律条款。

为了维护市场交易的正常秩序，西夏法律维护自愿、公平交易，严禁不法之徒把持行市、逼迫买取，干扰他人正当交易。官府介入买卖，也基于买卖双方情愿，不许强迫买取，若官吏仗势逼卖，强买取物之价与所予之价比较，给家主造成损失，除徒一年外，还要进行经济赔偿。

（2）禁榷法

酒法。西夏沿袭传统的禁榷制度，以禁酒为重点。按律："诸人不许私造曲。买者知晓，则当比从犯减一等。若买者不知，勿治罪，他人告举时，举赏：当由各犯罪者依罪情次第承当予之。问而知之，举赏及私曲实有所卖之价已用，当计以时价罚之，没纳入官。"由于造酒消耗大量粮食，喝酒易生事端，因此，西夏严禁私人造酒，违律私造，视产量多少，产量高的比产量低的处罚加重，造意者比从犯处罚加重。买者知晓，减从犯一等，不知毋治罪，鼓励他人举告，由犯罪者承担赏财。同时，也不允许造小曲，私人经营规模较小酒业，也被杜绝。西夏法律不仅在生产环节禁止私造曲酒，而且在买卖、饮用方面也有禁条。官方生产酒，不许糟蹋粮食，不许生产劣质酒危害社会。

盐法。西夏并无榷盐的明确禁令，仅对卖盐者提出了一些基本的要求。严令销盐价格，并交纳盐税，偷税者按偷盗法严惩。另外，严禁偷盗国家闭护池盐，维护国有盐资源不受破坏。

（3）对外贸易法

西夏与宋、辽、金皆有贸易往来，因此，在西夏法律中，有"与他国买卖门"，规定了对外贸易的法律规范，且较为细致。如赴他国买卖，只能临行前支取，不能预先领取，以防挪作他用，事先支付者，都将受到法律的制裁。

对外贸易，禁止官方骆驼、马等运送私物进行买卖，官方货物买卖，运载力不够时，可出价让私畜主装载，但也不许驮载私物。畜主不愿意而强迫令负者，予以刑事制裁。

对外贸易，有几项基本要求：其一，官物在出售前，应登记注册，与私物分别卖之而不发生混淆。其二，官方在境外收购实物后，当在正副使眼前校验，成色、总数当注册，种种物当记之，以执前宫侍御印子封印。有擅自毁御印子，解而盗抽时，比偷盗加一等治罪。其三，番物买回后，当让有关部门审视，核校种种物成色数目，合格时，方敛之。如果以私物调换公物，乃至给官府造成亏损者，按偷盗法严厉制裁。其四，买卖中竞价既定，如果随意加价买卖，当量所加之价，以枉法贪赃罪法判断。

4．物权法

（1）财产所有权

①土地所有权。土地是封建社会最重要的生产资料，因此，土地所有权是古代所有权制度的核心和基础。西夏土地私有权受到了法律的承认和维护。西夏凡属荒地和他人抛弃三年的闲地允许耕种者按先占原则开垦而据为己有，即获得土地的所有权。耕种三年之后，官府遣人丈量所耕土地，视苗情及相邻土地的地租，确定租额，令土地所有者承担纳租等义务。若属者未放弃，依租佣草法为之时，有出言掩饰，无理持取，察者与告者暗中作谕文，察者受贿则以枉法贪赃罪法，未受贿十三杖，从其重者判断。不向官府申报随意耕种。又不纳租者，或官吏受贿减免租税者，当计量，比照偷盗罪减一等治罪。并剥夺其私有土地的所有权。

西夏法律在确认土地归属的同时，禁止对所有权的侵犯。无论是开垦他人土地，还是断取相邻地禾穗，皆按偷盗罪处罚。

谁有土地的所有权，谁就有土地的使用权和受益权，如果在土地争执中，所有权的归属尚未明确，庄稼归双方共同管理，共同收割，共同保存，不许使之损失，待所属明确后，土地上的添附物归土地所有者所有。

②遗失物的归属。拾得遗失物，西夏法律规定：拾得官府或私家牲畜、财物后，在一个月的限期内向官府报告，不满一月，则不得定罪。超期不报告官府而隐瞒，或虽报官，却与局分人分用，皆按偷盗法判断。官畜、物在三个月内，私畜、物在一年内有人认领，则当归还。超期无人认领，则送交报案之官府，归国家所有。西夏法律只保护遗失人对畜物的所有权，拾得人只有暂保管和交还的义务，无任何权利可言。

（2）债权法

债权是所有权转移的一种形式，在财物交易过程中，为体现自愿、公平、互利、诚信的原则，防止民事纠纷的产生，法律要求交易双方必须凭中合议，立契为据：契约一旦订立，即成为调整民事行为的法律依据，翻悔违约一方，即将受到法律的制裁，以维护受侵害一方的正当权益。

①买卖。西夏法律允许买卖私有土地，诸人卖自属私地，奉行自愿原则。明立文契是买卖土地必须履行的法定手续，土地买卖契约一般以单契的形式出现，这种单契仅限于卖方出给买方的收执，这就是所谓卖契。

土地买卖，在移交土地所有权的同时，其买卖土地所承担的国家征收的地租也必须由卖方过让给买方，这就要求买方至官府注册，办理过割手续。已告而局分人不过问，受贿徇情则依枉法贪赃罪判断，未受贿徇情则依延误公文法判断，追究官吏的法律责任，为了明确纳租的多少，买地者可以请求转运司重新丈量所买土地，买凭据上有顷亩数不足者，不足部分的地租当减免，地价当归还买地者。不得反悔。土地出卖后，不许原业主改口追告及节亲子弟追告，倘若违律追告，徒六个月，土地仍属买者所有。

打击盗卖。西夏法律，维护土地私有权，凡不属于自己的私有土地，均无权处分。在土地买卖中，盗卖便在法律严禁之列，盗卖土地，为不正当的买卖手段，侵犯了国家和个人的土地所有权，西夏法律除计亩多少按偷盗罪给予刑事处罚外，均没收所卖地价，征还其地：公地还官，私地还主。

禁止强卖。出卖私有土地的决定权掌握在业主手中，完全出于自愿，禁止买主逼迫卖主强行出卖。

在西夏人口与土地、牲畜一样作为物产可以买卖。人口买卖必须征得主人、家长的同意，订立契约，方可进行。使军不问头监，不取契据，不许将子女、媳、姑、姐妹等自行卖与他人。违法买卖者给予处罚。使军已问所属头监，乐意给予契据，则允许将子女、媳、姑、姐妹、妇人等卖与他人。

在买卖过程中，重复买卖，理应受到法律的禁止。西夏法律规定在处理重复买卖时，根据买卖前后顺序的差别，前者地真价实，属正常买卖关系，应受法律保护，物归前者；后者，买卖之物朦胧不清，属不正当交易，应予解除，卖者受罚，价还后者。如果无法证明孰前孰后，则出价高者得物，价低者还钱。

西夏法典严禁在敌界的出卖行为：西夏的人、马、披、甲、牛、骆驼和其他的一些物品，不准在敌界出卖的，庶人造意斩，从犯判无期或长期徒刑，官人以官品当罪。

②典当。西夏典当业较为兴盛，法典专设《当铺门》，对典当有具体的法律规范。西夏可典当物品十分广泛，除不动产可典当外，动产也成为经常典当的物品。典当在

物主与典主自愿的条件下进行，典当要立契为凭。西夏的典当契约是一种附有回赎条件的特殊类型的买卖契约。典当契约的关系在约定的期限届满后的一段时间内，出典人可以随时以原价赎回典当标的物，这是典当与买卖的主要区别。

西夏的典当契约与买卖契约在形式要件和程序上有许多相似之处，如必须写明立契时间、双方当事人姓名、标的物等，但典当契约维护典主在财物典当期间对典当物的占有权和收取利息的同时，也保护业主备价回赎自己财物的权利。

典当时，物属者与开当铺者两相情愿，典当期限的长短、价粮本利的多少，可据二者所议实行。典当在一定条件下可以转化为买卖：其一，当物主向典主交纳本钱和利息完毕，赎回自己的物产后，方可将这些物产进行买卖。其二，物主与典主出于自愿，立契约为凭据，限定业主在一定期间内赎回典当的物产。过期不赎或利息已等于典价，典主可将该物产出卖。除此以外，不许典主在限期内将典当物产卖与他人，也不允许业主未回赎而变卖典当的物产。如果典当各种物品回赎限期不明确，而利息已与本钱相等时，物属者不来取赎，开当铺者可随意出卖典物。物主违律诉讼时，有官罚马一，庶人十三杖。

为了避免典当过程中出现不必要的争执和纠纷，杜绝将盗窃赃物进行典当，西夏法律规定，价值十缗以下的物品，可随意典当；价值十缗以上的物品，必须进行识别典物来源的正当性之后才能典当。如果不识其物，也不另寻识人，而典当盗窃赃物，典主除受到刑法惩治外，还要承担限期寻盗的责任。若限期内寻盗不得，将受到典物归还原主，没收典钱的经济处罚。

典主应承担的法律责任还有：一是未能妥善保管，任意将典当的衣物变破旧者，典主只收回本钱，不取利息，现物归还原主。二是当典当物在典当处着火、被盗诈，典主承担赔偿责任。

私人之间的典当，典当之物值价多少，由物主与典主协商，出于自愿。官府开设的当铺，诸人典当各种物品时，经计量本利相抵时可使典之，如果不计量则不许典。防止物廉钱多，给国家造成损害。典者若违律典当，有受贿情节，以枉法贪赃论。

③借贷契约。西夏一般以契约的形式借贷财物，央求中人作保和抵押物品是借贷的基本条件。契约上写明借贷双方姓名、借贷日期、数量、利率、抵押物，并附保证条款和违约补救措施，最后是借贷人、中人、见证人签名画押。契约要求借贷人按约定期偿还借贷物，并支付利息。按期不能履行上述义务，借贷人将失去抵押物而为债权人所有。

西夏法律从以下几个方面对借贷关系的调整做出规定：

其一，限制借贷利率。法律规定：全国中诸人放官私钱，本为一缗（一千文），收利五钱以下（月利息在百分之五以下）；放官私粮，本为一斛（十斗），收利一斗以下，依情愿使有利，不准比其增加。本利相等后，不允许再计算利钱。若违律得多利时，有官罚马一，庶人十三杖。所超取利多少，当归还债务人。

其二，限制借贷对象。借贷时，钱主应估计借贷者偿还债务的能力，不可为得利息而随意借贷。这既禁止借贷主唯利是图，又避免了不必要的债务纠纷。

其三，限制借贷主体。家长掌握借贷同意权，子女擅自借贷官私财物，家长不知，家长同意负担则当还，不同意则当不还，不许强令家长还债。

其四，禁止负债赖债不还。债务逾期或本利相等后，债权人当催索，不还则告官，官府当强力搜取问讯。法律维护债权人的经济利益，强制债务人守约，还清所欠全部债务，并对不还债及赖债予以刑事制裁，负债值越多，处罚相应越重。负债不还者认罪之后，可给二三次限期，当使设法还债。一次次超期不还债时，当计量依高低当使受杖。债务人无还债能力，当催促同去借者偿还。同去借者也不能还，则可令债务人出力典债。

其五，禁止私债强力夺取债务人财产相抵。债务人负债不偿，债权人不依法告官处理，而是私自强取债务人财物抵债，是侵权行为，也为法律所不容。应该归还财物的，必须强制归还财物，给债务人造成经济损失的，必须赔偿。

其六，严惩借贷中的欺诈行为。借贷以诚信为本，债务人借债不还和债权人诬指他人借贷，皆以不枉法贪赃罪论处，受到刑事处罚。

综上所述，西夏法律维护以诚信、互利、自愿、公平为原则的借贷关系，一方面保护债权人的利益不受侵害，如要求债务人按期如约偿还债务，严惩负债不还的犯罪行为；另一方面，也对债权人的某些行为予以限制，如禁止债权人“取息过律”，禁止债权人不看对象随意借贷，禁止债权人强力掠夺债务人财产，这实际上形成了对债务人正当权利的保护。

④寄托保管契约。寄托保管契约即是一方将自己的财物交付他方保管的协议。西夏法律规定：寄托保管畜物分有偿保管和无偿保管两种，有偿保管具有经营性质，寄托畜物遗失，保管者承担全部责任，偿还全部畜物，但不进行刑事制裁。无偿保管，多系亲属，寄托畜物遗失，寄托双方都有责任，收寄者只赔付畜、物的一半，其另一半由物主承担。

未经物主允许，受继人不得使用、处分受寄畜物，受寄人私下出卖受寄物，刑事处分的轻重视受寄畜、物价值的高低而定，除此之外，还要民事赔偿，将钱交还物主。

（三）政权行为法

1. 职官法

在《天盛律令》中，中央和地方的行政机构进一步完善，将整个西夏王朝100多个司职局按上、次、中、下、末五等品位排列，还规定了不属于五等司的机构相当于哪一品级，规定了具体的官职的名字，各级官吏的权限等。虽西夏国家机构林林总总，较为完善，各级官员有一定限额和条件，行政管理体系初具规模，但各级官员的职责、隶属关系不甚分明。

西夏官制有官名、官职之别，其要旨在于官职名称与实际职务相脱离，以适应君主专制中央集权的需要。官名只用来表示官位和俸禄的高低，为西夏正式编制的官员，禁止矫为官吏进行欺诈，欺诈者应承担罪责，受到相应的处罚。

西夏为各级官府和官吏行使职权提供方便，建立了司印、官印制度。官印是特定政权和官位的象征形式和证明条件，具有一定的权威性。不同级别的机构、官吏所用印的质料、重量、大小各不相同，以示等级高下的区别。只有“威臣”、“帽主”以上的官才有资格请有官印，且用于簿册及诸司告状中，比其官低者不许请印。官吏用印要注册登记，而军人用印较灵活，不得约束太严。

西夏选拔统治人才和任用官吏，大致有袭官、求官、赐官三种途径。袭官是指西夏官、军、抄的身份可以由其亲属承袭，但要求较为严格。在承袭中“大姓”拥有优先权，有亲生子者，不许以继子承袭，杂子（其妻与他人通奸所生子）没有承袭权。绝户者，可由其他亲属依节亲顺序，由亲父、伯叔、兄弟、侄、孙承袭。求官是指按一般程序得到官职。一般官府将求官者逐级呈报，文官由中书审定，武官由枢密审定。内务官府求官者，则由内务机构审定、公布，其程序繁于一般官府。赐官是指行政机构的重要官职由皇帝“赐”敕委任。法律规定：“上、次、中三等大人，承旨、习判，下等司正等当赐敕，依文武次第，由中书，枢密所管事处分别办理。下等司承旨、末等司大人等当赐头字。”① 无论袭官、求官、赐官哪一种方式而任官，都需呈

① 《天盛改旧新定律令》卷十，《官军敕门》“赐敕语法”。

报中书、枢密审查，办理登记手续，批准任命。官吏不得私下将官职擅自转让他人。

西夏法律还规定了“诸司大小任职三年”一迁转的办法，官吏超期不赴任者，各依所超日期数予以一定惩罚。在不赴任上超期大致相同的情况下，一般对高官的处罚比对低职官吏的处罚加重。

官吏因各种原因不能按时赴任，有一定的宽限期，但有严格的奏报程序，并经所属上级机关批准，宽限期短的经所属诸司长官批准；宽限期长的则需奏报中书、枢密审定。

西夏职官法规范中，有一套行之有效的考课奖惩条文，这对国家政策法令的贯彻、执行有积极的推动作用。西夏官吏，一般任职三年完毕后，应续转。凡应续转的官吏，都需接受考课。即课其职守，考其功效，按照考课的结果，决定迁降赏罚。凡称职官吏，升官一级。但奖励的物品则根据官职高低有所不同，高官比低官所得的奖品丰厚。任官期间受处罚则登记在册，续转时当磨勘，减少官赏，或剥夺官职。

西夏引用了汉代的官吏致仕制度，官员达到一定的年龄即还禄位于朝廷，告老回家。西夏致仕没有明确的年龄界限，只要其无力继续为官，无论是年高，还是有疾病，经奏报，皆可不再任官，但致仕失去的仅仅是职位，官称及相应的待遇并不因此而取缔。致仕制度使各级官吏不断新陈代谢，对提高统治效能有积极作用，又使离任的官吏的基本利益得以维护，不失为两全其美之策。

总之，西夏有关职官法内容的丰富和系统在中国历史上综合性王朝法典中可以说是绝无仅有的，值得我们认真总结和借鉴。

2. 军事法

西夏兵制在一定程度上受宋朝兵制的影响，但主要是根据本国的具体情况而定的。大致有如下特点：第一，实行征兵制，成年壮丁二丁抽一，编入军籍。第二，兵民合一，寓兵于农牧。“无复兵民之别，有事则举国皆来”①。第三，监军司分管民户。第四，军队指挥机构严密、布防合理。

在军队编制上，西夏依党项羌旧俗，一家为一帐，小部落数百帐，大部落千余帐，民十五为丁，每有战事，以部大小出丁参战。西夏这种以氏族血缘关系为纽带的部落兵制被沿用，家有二丁征收正军一人，每四丁抽二人随军服杂役，称“负赡”，一正军需二“负赡”，合称“抄”，是最小的军事单位。所征兵由各部落首领统领，

① 《资治通鉴长编》卷二一七，熙宁三年十一月乙卯。

谓之“一溜”，各级编制不允许私自改动。正军配给马、驼各一匹，马、驼如有伤亡，必须赔偿，称为“长生马驼”。

西夏军制有三项基本内容：第一，除了组织由党项羌组成的“族内兵”之外，增设“族外兵”，即在被俘虏的汉人中挑选勇敢善战者组成名为“撞令郎”的军队，让其冲锋在前，以减少党项军队的伤亡。第二，健全军队指挥机构，加强中央对地方驻军的领导。西夏军队总数为50余万人，为了便于对军队的管理和调遣，依照宋朝“厢”、“军”的设置。以黄河为界，将全境分为左、右两厢，共设十二监军司，每一监军司各立军名，分区布防。第三，建多兵种军队。分“擒生军”、“卫戍军”、“铁鹞子”、“泼喜军”等。

对选任将职，《贞观玉镜统·军政》规定：“共命将职，有诏旨，行文书”（第1条），“统印信，主律令者”（第2条），也就是说，选任诸如正副将军、正副行将、正副佐将等一类军官，必须由上一级几个方面的统兵官，共同举荐，上报中央经皇帝批准，颁布诏旨、印章、符牌、下达正式文书，选任将职过程才算完成。

元昊定兵制时，军队人员分正军和负赡两种。正军是冲锋陷阵的战斗员，负赡是随军杂役。到乾顺时，军队人员的构成，逐渐复杂起来。《贞观玉镜统·军政》：“将处役［人］、辅军、私人杀［敌］人”，（第28条）“虞人［获］官赏赐”，（第26条）“刑徒，苦役减刺［字］”（第75条）。除正军之外，还有辅主（助手），“私人”（军职人员的亲友子弟及朋友）、“役人”（仆役）、“虞人”（向导）、“刑徒”、“苦役”等等，按规定，“私人”、“役人”必须紧紧跟随将军参战，立有奇功者（俘获敌人的人、马、甲、胄、旗、鼓、金在1500件以上者），可晋升为军卒，并得到大量赏赐。“刑徒”、“苦役”也可以立功减轻刑期。

西夏军官职级，分官、职、军和司位。官又有主事官与不主事官（杂官、幕僚）之分。西夏军官的升降，以官为主，立军功即加官升级，因罪过则贬官降级。其官阶为30级左右。

西夏军律可分为赏赐律与罚罪律两大门类，其内容较为丰富，主要有：

赏赐的标准按以下确定：第一，立大功奇功。律令规定，凡能“挫败军锋”，大败敌军，俘获人、马、甲、胄、旗、鼓、金1500件以上者，为立大功奇功，可得到一份相当丰厚的赏赐。反之，凡是俘获数量在1500件以下者，只算立一般军功，按照其俘获的“物品数量领取官赏”。① 第二，对军官论功行赏。在战斗中，人、马、

① 《贞观玉镜统·进胜》第1条。

甲、胄、旗、鼓、金各有得失时，原则上互相抵消，如果得超过失“一百种以上”可领赏，得超过失“一百种以下到一百种的”则不能得到赏赐。当损失多于获得时，一般要受到应有的处罚。但将军深入敌境、殊死拼杀、尽管得不偿失，仍可按俘获之物计功给赏。另外，将军取胜与取得战利品，不能两赏俱得，只能按赏赐最多的那项领赏。只有将军亲手杀敌，方可两赏俱得。第三，对立了军功的刑徒、苦役行赏。凡刑徒、苦役立了军功，其功按常人的一半计算；去除刺字或减刑期。

赏赐的主体包括：第一，克敌制胜者。第二，打败仗时能立军功者。第三，俘获敌人或缴获战利品者。第四，举报不法之人，揭发虚报战功及买卖首级充赏者。第五，虞人带路有功者。

奖赏的种类包括：第一，提升官资。按功劳大小和原任官职官资的情况，提升官资，凡立有同样的军功，原来没有官资或官资少者升的资级多，士兵可加 15 级，原来有官资或官资多者升资级就少，将军最多只加 7 级。第二，物质奖励。包括银锭和生活用品——银碗、衣服、茶叶、丝绸等物。凡立大功奇功的军官，其官资高的，可得金碗、金腰带、银鞍鞯和高级纺织品，一般立功者可得茶 8—400 斤，丝绸 7—400 匹，银碗 7—100 两。第三，特殊奖。对立大功奇功者赏给军直（军中服杂役之人）、官级越高赏赐数量越多，相同的军功，将军可赏赐 70 名，而一般军卒只能赏赐 30 名。第四，给予荣誉称号，对立有军功、未能加官的正副行将、游监、佐［将］、正首领、应监、小首领、帐主、押队、军卒等给予勇捷的称号。

在罚罪方面。罚罪的标准有：第一，处罚败军之将。第二，处罚阵亡将领的随行人员。第三，剥夺子弟继承职衔和赏赐的权利。第四，严惩虚报战功者。

罚罪的内容有：第一，违令逃亡。正副将军不战而逃，由代行其职者将其捉拿归案，并将其罪行上报朝廷，听候处罚。其跟随的役人、辅军、私人等丢下将军，逃避战斗失败者，一律杀掉。撤军，一是闻令而退，二是指挥先行，有违反者，徒六月至一年。第二，延误战机。将军不能按规定时间到达事先确定的会合地点，根据是否发生战斗给予不同的处罚。第三，短缺人马装备。在战争时期丧失人马装备，亡失一分以上，就要受到降官罚马的处分，亡失越多，处罚越重。西夏军法还严禁买卖典当军备物资。否则给予不同的处罚。第四，虚报战功，徇私舞弊。正副将军虚报俘获人、马、甲、胄、旗、鼓、金等一种以上，便要受到惩处，而且数量越大，所受处罚越重，第五，察军擅自离开将军者。按规定察军在行军战斗时应当紧紧跟随将军，形影不离。如果在战斗中擅自离开将军，又对战事不了解者，将被处以极刑，并且满门充军。

处罚种类有：第一，罚马。将军、行将、佐将在战时触犯刑律时，一般要罚马，最少要罚 2 匹，最多时要罚 10 匹。第二，革降官、职、军籍、司位。将军、行将、佐将在战斗中因犯有诸如会合迟到、亡失兵马等罪行，则要根据情节轻重、官职高低，革除或减免其官、职、军、司位等职衔。第三，逮捕、夺军权。如正副将军不战而逃，便要收其兵权，逮捕监禁，听候发落。第四，杖刑和刺字。察军、护卫、主旗鼓者、司吏、军卒等因触犯刑律，在判处其他刑罚的同时，往往要判笞杖和刺字（面上、前额、后额）之刑。第五，罚作苦役。根据所犯罪行情节的轻重，决定罚作苦役的时间，情况轻的罚作苦役的时间较短，反之，则较长。其刑期一般为 1—6 年，严重者可达 12 年，乃至无期徒刑。第六，终身监禁。如正副将主旗、鼓、金都阵亡，旗鼓各亡失一件，其护卫便要判处杖 20，面上刺字和终身监禁。第七，死刑。犯罪情节严重者一般都要判处死刑。如主旗、鼓、金，在战斗中挂失旗、鼓、金，自己逃回，便要处死（绞杀或剑斩）。弃失武器装备二十种以上者，一律绞杀。

西夏军事法律体系严密，层次分明，条文丰富，性能突出，简便明确，便于操作。这对保持军队的战斗力，发挥军队在捍卫国家主权，维护民族安定方面，提供了可靠的法律保障。

3. 刑事法

西夏刑法具有典型的封建法律的特点。如极力维护皇权，维护封建社会等级秩序，强调中国封建社会礼法结合的传统，又体现党项羌族严刑峻法、轻罪重罚的习惯。

（1）刑法适用的基本原则

西夏统治者在司法实践中总结经验，根据犯罪的主体和客体，动机和后果，以及其他各种因素，制定了定罪量刑的各种原则。

①严惩十恶。西夏法典继承了唐宋法律“十恶”重罪制度，但在此基础上做了明显的改动：其一，罪名略有不同。唐律的“十恶”为：谋反、谋大逆、谋叛、恶逆、不道、大不敬、不孝、不睦、不义、内乱；西夏法的“十恶”为：谋逆、失孝德礼、背叛、恶毒、为不道、大不恭、不孝顺、不睦、失义、内乱。除“十恶”的排列顺序以及“不睦”、“内乱”与唐律完全一致外，其余八种罪名在称谓上都有一些相应的改动。其二，立法体例不同。唐律将“十恶”放在《名例律》“五刑”之后作原则性规定，而对“十恶”的具体处罚却分别详列于《名例律》以外的其他篇条中，由这

些篇条具体规定如何定罪量刑。西夏法典卷一取消了唐宋律中的名例律，将“十恶”分为十门，并将与“十恶”有关的39条律文集中于此，详细规定了对“十恶”种种不同罪状的相应刑罚。“十恶”的指导性下降了，可适用性提高了。其三，具体内容不同。西夏法典不睦门、内乱门的伦理犯罪条文较唐律有所减少，谋逆、不道等门对危害国家统治与皇权、贵族特权和破坏社会秩序的刑事处罚的条文却增加了一系列具体的规定。同样一种罪名，量刑的轻重、适用对象的范围也不一样。其四，变通特例的不同。唐律规定：犯“十恶”议请减赎当等特殊规定统统无效，而西夏只规定“十恶”不许“官当”一条。①

②贵族、官员犯罪减免刑罚。八议。指议亲（为帝之族亲、姻亲）、故人（长久待命，已测威力）、智人（君子聪慧，有大德行，出言行为，堪以取则）、善能（艺能殊胜，能习兵马，可判断事，辅佐帝道，能教授人礼）、有功（有大功勋，能斩将夺旗，能拓边地，支撑国难，以及率军一齐来投诚）、尊上（有“及御印”以上官）、勇勤（臣僚中行大勇勤，勤持官事，昼夜不忘，数度成功，及数次派出使他国，能胜职事）、宾客（邻国王臣一齐来本国投诚，日过后子孙在）。西夏法典的“八议”与唐律“八议”比较，称谓不尽相同，“议亲”的范围也比唐律有所扩大，包括帝王族之亲、姻亲和皇后之亲。法律规定，上述八类具有特殊身份的人，如果犯了死罪时，奏议实行。自长期徒刑以下依次当减一等。即具有应议资格的人犯死罪，司法机关不得直接审理，应经大臣议决，申报皇帝裁决。“八议”者如犯长期徒刑以下，通例减一等处理，不必“议”。

官品当。即官员犯罪，可以用官品抵当，以减轻其刑罚制裁。西夏法典进一步细化了以官抵罪的条款，并与庶人犯同样罪做出比较，按官职大小应减数减罪。官当层次分明：官职越低，抵罪愈少，受处罚相应较重；官职愈高，抵罪越多，受处罚相应较轻。唐律仅能以官品抵当徒罪或流罪，西夏法典官当范围进一步扩大，从杖刑、徒刑，到死刑，皆可以官品抵罪。但以官品抵死罪，必须奏告。另外，唐律官当只限于官吏本人，西夏法典官当还可包含“语抵”以上官吏的父母、子、兄弟、妻等亲属。西夏官品当在适用时采用从轻原则，由于从犯罪到“事发”，有一定的时间差距，在这段时间里，如果犯罪官吏的品级有所变化，定罪量刑时采取无官就有官、小官就大官的方式，一律按有官时的最高级别享受官品当的优待。

赎。西夏以财抵刑的赎刑的适用范围比较狭窄，一是看应不应赎；二是看是否

① 《天盛改旧新定律令》卷一，《内乱门》。

“有力赎”，当官人以官品当罪时可使用赎刑，一是以钱抵罪、一是以马抵罪。老幼病残减罪后，应服劳役，也可按五日交一斤铁计算，“能赎则赎”。一般庶人和官品低下者不适用以财抵刑。

换刑。官吏犯罪享有“减等”和“换刑”的特权，官吏被处以杖刑，可改为笞责，数量为一杖折换五笞。如果节亲主犯罪时，依照法律应受大杖者当转受细杖，应受七杖者笞三十，八杖笞四十，十杖笞五十，十三杖笞六十，应受十五杖者笞七十，十七杖笞八十、二十杖笞一百。劳役者，属能赎应赎类，则可依边等法赎之。若属不应赎及无力赎，则节亲主提点局分当于房舍周围设一周而拘管之。

③亲属相犯，准五服论处。西夏法典继承了唐宋“准五服以制罪”的原则，将亲属按五服分为五类，并包含族亲与姻亲两项内容：但西夏五服没有采用唐律中“斩衰、齐衰、大功、小功、缌麻”的称谓，而是依服丧的时间长短分为“三年丧、一年丧，九个月丧、五个月丧，三个月丧”五等。准五服以制罪的内容、性质与唐律一致。一种行为的罪与非罪以及罪刑轻重，往往依据与相关人是否五服亲，以及何种亲而定。服制愈近，即血缘关系越亲，以尊犯卑者，处刑轻于凡人；以卑犯尊者，处刑重于凡人。与此相反，若是盗窃财产，则愈亲者其罪愈轻，愈疏者其罪愈重。

④老弱废疾减刑。考虑到老幼废疾犯罪对社会危害程度较凡人为轻，这些人“不堪受刑”，西夏法典对于一定年龄的老幼以及一定程度的病残者除谋逆、故意杀人、群盗、强盗等重罪外的一般性犯罪，分别规定了不同的宽宥办法。总体而言，老者年龄愈大，幼者年龄愈小，废疾程度愈重，他们的刑事责任越小，宽免处罚的幅度越大。另外，老幼、废疾者之罪已减后，还须服多少时间劳役，按五日交一斤铁计算，能赎则赎，确实不能赎，有担保只关者，则当全减。

考虑到从犯罪到“事发”，在时间往往有一定距离，西夏法律规定，犯罪时，人健壮未染重病，而事发时年老及染重病，一律依老疾减罪论；犯罪时年幼及染重病，事发时长大、病愈，依幼小、染重病减罪论。其中长大、病愈人应得所派劳役多少，依壮人法承受前往。

⑤共同犯罪，以造意为首。共同犯罪，是指二人以上的共同故意犯罪。它是西夏刑法重点打击的对象，除对一些严重犯罪行为，如谋逆官家、触毁王座、子女亲自杀祖父母或父母，量刑不论主从，一律处以极刑。但除了“不论主从”的特殊规定外，其他犯罪，都根据参加共同犯罪成员在犯罪中所起的不同作用，原则上分别首从，造意为首，从重处罚，从犯减等。

⑥株连。株连是因一人犯罪牵连亲属承担罪责的刑罚制度。这种扩大刑事责任的范围、株连无辜的规定，是西夏法律极端残暴的表现。如犯“谋逆”，妻、子、孙、儿媳及同居之父母、祖父母、兄弟、未出嫁姐妹皆连坐，当易地居，使入牧农主家中，畜、谷、宝物、地、人等，所有当并皆没收入官。西夏连坐也有一定限制，如男人满八十岁，女人满六十岁，及未及老年中男有重病，女有弃病等勿连坐。寡居之祖母、婶母、嫂娣、姑及未嫁女、妹，也不连坐。

⑦亲亲相隐不为罪。西夏法律受儒家“屈法以伸情”观念的影响，以维护封建家族制度为出发点，在不危害封建统治根本利益的前提下，允许亲属间互相容隐其犯罪，这一原则规定：高、曾祖、祖父母、父母犯谋逆、失孝德礼、背叛三大罪恶，允许子孙举告，除此之外，其他犯罪，不许子孙举告，举告者，视为“不孝顺”，一律绞杀。有接子孙状者徒十二年，不许审问父母等之罪。

⑧更犯累科，二罪以上俱发以重论。犯罪已发或已配而又犯新罪，按重罪包含轻罪的道理，取诸罪中最重之罪加以处罚，不必累计各项犯罪科刑。

⑨投归、自首减罪。西夏对异族敌方投诚者，采取优待政策，投归者除犯十恶、军乏罪、斗殴杀人等重罪，不予赦免。依法判断，此外，自投诚五年内，一般性犯罪，一次一律减二等，重犯二次减二等，杖罪一种当全免，超过五年及犯三次以上等，不减免，当依法判断。犯罪自首，可根据犯罪事实和情节，减轻治罪。能赔偿挽回损失，还可进一步减刑。

（2）刑罚制度

西夏刑制，有正刑、附加刑两大类，正刑是对犯罪行为适用的主要刑罚方式，分为笞刑、杖刑、徒刑、死刑四种。

①笞刑。在西夏法典中，笞又称为小杖、细杖，一般适用于犯罪情节较轻的罪行，也可折合杖刑，一杖代替五细杖。笞刑分为笞十五，笞二十，笞三十，笞四十，笞五十，笞六十，笞七十，笞八十，笞九十，笞一百若干等。笞刑可以单独使用，也可以作为徒刑、死刑的附加刑。

②杖刑。西夏对杖的大小有明确规定：“木枷大杖等上当置有官字烙印。杖以柏、柳、桑木为之，长三尺一寸。头宽一寸九分，头厚薄八分，杆粗细皆为八分，自杖腰至头表面应置筋皮若干，一共实为十两，当写新年月。”① 杖刑作为主刑单独适用时一般分为七杖、八杖、十杖、十三杖四级。作为徒刑的附加刑适用时一般为十三杖、

① 《天盛改旧新定律令》卷九，《行狱杖门》“大杖木枷斤两尺寸”。

十五杖、十七杖、二十杖四等。杖刑一般只用于庶人，官吏犯罪一般不用刑杖，或将大杖转为笞刑。

③徒刑，即劳役刑。分为十二等：三个月、六个月、一年、二年、三年、四年、五年、六年、八年、十年、十二年、无期徒刑。其中三个月至六年为短期徒刑，八至十二年为长期徒刑。获徒刑同时加配杖刑。徒三个月至二年时，十三杖；徒三年至四年时，十五杖；徒五年至六年时，十七杖；徒八年至十二年、无期徒刑，二十杖。获徒刑的罪犯，大多被迁移至“地边城”、“苦役处”服刑，也有留在原籍隶属于农奴主作苦役。

④死刑。即剥夺罪犯的生命。分为绞杀、剑斩二种。绞杀得以保全遗体，稍轻于身首异处的剑斩。

西夏的附加刑是补充正刑的治罪方法，它们可以独立使用，也可与正刑配合使用。西夏主要的附加刑有黥、戴铁枷、罚、没、革等五种。

黥。“黥”是“刻肌肤”的耻辱刑。西夏法典规定，犯重罪，一般都要施黥刑，其方法为“徒一年至三四年，手背黥四字。徒五、六年耳后黥六字。徒八年、十年等面上黥八字。徒十二年、无期徒刑等当黥十字”。动用黥刑有严格限制：一是犯各种杂罪时，获一种短期劳役，无论高低一律勿黥；二是官人及其儿子、兄弟，僧人、道人中赐穿黄、黑、绯、紫等人犯罪，除十恶及杂罪中不论官者外，一律不加黥刑。

戴铁枷。戴铁枷是徒刑的一种附加刑，适用于犯徒罪的牧、农、舟车夫和奴仆。短期徒刑当戴三斤重的铁枷，长期徒刑当戴五斤重的铁枷。罪犯在刑期内擅自去掉铁枷，要加重处罚。管理罪犯的官吏私下违法为罪犯在刑期未满时去掉铁枷，要承担行事责任，受到法律的严厉制裁。

罚。有罚马、罚钱、罚铁三种。罚马，一般用于官人犯罪以罚马抵杖刑或徒刑。一般是庶人十三杖，官人则罚马一匹，以马抵罪最多可用七匹马。不堪罚马可折算为罚钱、降官、罚杖。罚一马当折交二十缗钱。或者罚一马当折降官一级。罚钱对官人、庶民都适用。但有的犯罪，无论官员和庶人一律要受处罚。有的犯罪，庶人受杖，官人罚钱。当受罚者无力交纳罚钱时，可用“笞、杖”折抵。罚铁，一般责令犯轻微罪行的官人交纳一定数量的铁，以示惩罚。

没。即将罪犯的财产和人没收入官，其主要用于触犯十恶重罪者连坐处罚之时。

革。即革除官人的官位、军衔和职权的刑罚。

（3）主要犯罪及处刑

在西夏法律中，当时较为重要的社会问题都纳入了刑法的调整范围，因此犯罪的种类繁多，体系庞杂。当时法律规定的犯罪主要有以下几种：

①侵犯统治阶级根本利益的犯罪。确保皇帝至尊地位和维护封建政权，是西夏法律的重要内容。其直接有关的犯罪主要有：

谋逆。“欲谋逆官家，触毁王座”，即预谋危害皇权和侵犯官吏人身安全的行为。谋逆被列为“十恶”之首，罪大恶极，所以处刑特重。一是谋逆者，如果谋逆行为已显明者，不论主从，一律皆以剑斩，家门子、兄弟节亲连坐，没收畜物。二是谋逆虽无实际后果，如果以语言摇动众心未得，以威力摄人导引未能等者，造意、同谋皆以剑斩，父母、妻子、子女等当连坐，应易地而居，送边地守城，终身充军。即使是在酒醉、疯癫中说讲谋逆语，众民共知，有可信见，也按谋逆奏告实行。三是对谋逆，当依时举告，不举告或举告稽误，视谋逆行为实行与否，谋逆行为已行，判无期徒刑；谋逆行为尚未行，徒十二年。

失孝德礼。指动手盗毁皇帝的堂殿、宗庙、地墓、碑表及损坏官鬘金抄等犯罪行为，分为两种情形：一是因直接贪财，即不分主从，以剑斩杀，妻子、同居子女连坐，迁往异地，入牧农主家中，资财入官；二是自身有过错，不念不服，思行报怨，生恶心，一律按已行谋逆惩处，若未动手，造意绞死，从犯迁往异地，在守边城军中无期徒刑，做十二年苦役。

背叛。叛国逃亡，投靠境外的敌对政权。已行者造意以剑斩，各同谋者发往不同地守边城无期徒刑，做十三年苦役。妻子、儿女连坐，当入牧农主中，没收资财，三分之二交官，三分之一给举告者。未行者，造意绞杀，从犯迁居异地，当守边地城无期徒刑，做十二年苦役。

大不恭。触犯皇帝的至尊地位。如，除在帝前劝谏以外，任意宣说诽谤者，重则将说者以剑斩；敌视国家，在帝臣间用谗舌者，言重则剑斩；伪造及偷盗御印，主谋以剑斩，从犯无期徒刑；传御旨时不行臣礼，起轻视心；皇帝召唤无故不来，造意以剑斩，从犯无期徒刑；盗窃御衣及宗庙供物，主谋绞杀，从犯十二年；合御药、进御食有误，一律处死刑。

此外，危及统治者的犯罪还有“失义”。即背义乖仁。如因有诉讼缘由等下级官吏斗杀上级官吏、地方官吏斗杀中央官吏、学生斗杀官家所派老师，皆处死。

②悖逆封建家庭伦常罪。

恶毒。即五服至亲，自相残杀。如，子女杀祖父母、父母，杀伯、叔、姨、姑、姊妹、兄长，自穿三个月丧服至穿九个月丧服中卑幼杀尊长，妇人杀丈夫，使军、奴仆杀头监，犯者皆斩。尊长杀卑幼，减等处罚。

不孝顺。指子女对长辈有违礼行为。如对高祖、曾祖及祖父母、父母撒土灰、吐口水、顶嘴辱骂及举告一般性犯罪，皆绞杀。

不睦。亲族相犯，不相和睦。如拐卖祖父母、父母等，造意以剑斩，从犯无期徒刑。

内乱。禽兽之行、淫乱于家。乱伦与为非礼，皆以剑斩。

③恶性杀人及以阴邪手法杀人。

为不道。安忍残贼，背违正道。如妄杀一门下无罪三人，及杀一门一二人使根断，或杀不同家门四人，投毒，杀时砍肢节和手足，令人惨不忍睹，一律不论首从皆剑斩。作咒法事，谋有意杀他人，按故意杀法，处死。

④官吏失职、渎职、擅权、贪赃等犯罪。西夏对官吏要求甚严，凡官吏不依法办事，不忠于职守，不廉洁奉公，不恪守礼法等行为，皆绳之以法。其主要内容有：

贪赃。西夏法典中将“贪状罪”区分为“枉法贪污”和“不枉法受贿”两大类。其中，“枉法贪污”指受贿后，按行贿者请求，枉法断罪；“不枉法受贿”指受贿后，在执行具体公务时，并没有按行贿者请求枉法决断。法典规定，枉法贪污者所受处罚，明显比不枉法受贿者处罚加重，并且，枉法贪污，达到一定数额，造意者可判死刑，而不枉法受贿，无论数额多大，罪不至死。另外，行贿者按受贿者之从犯，及有中间说情者，比行贿者减一等治罪。贪饮食酒食者，按各自价值定罪。

失职、擅权。事有大小轻重，应奏（皇帝）应言上（呈报上级）者，法律各有明确规定，禁止官吏擅自决断。否则要受到处罚。

诈欺以及弄虚作假。如矫作传行制、圣旨，不论官，当以剑斩。其余未奏而谓已奏，然后矫传行圣旨及先矫传行圣旨者，一律绞杀，有官可以官当。

泄露机密。损毁、盗隐、亡失写秘事及牒诏书、兴兵文书、恩赦，与所行之事有碍，当绞杀。

渎职。内宫待命种种事而当值饮酒，罪依所定判断。种种待命及择人守护、诸执局分人，当值不来，放弃职守，革职承罪。

⑤侵夺财产罪。打击盗贼犯罪，保护官有和私有财产，稳定社会秩序，是西夏法律的重要任务。《天盛律令》第三卷分九门将凡属与盗贼治罪的条文集中于此。第一，单列盗杀牛马的治罪条文。鉴于牛、马、骆驼等牲畜既是重要的生产工具，又是价值

昂贵的财产，因此，将牲畜与其他财物加以区分，分别治罪，以示对保护家畜的重视。屠杀自己的牛、骆驼、马都要受到刑事制裁，如果盗杀他人的牛、骆驼、马，处罚更重。第二，对强盗的处罚重于对偷盗的处罚。强盗分为持武器与不持武器二种，持武器盗窃比不持武器盗窃处罚加重。偷盗，已谋已往，物已入手，三十缗以上，造意绞杀，从犯徒十二年。第三，加重对群盗的处罚。“五人以上同谋皆往盗窃，畜物已入手，则多寡不论，当为群盗。”凡有犯者，不分首从、官庶，一律皆当以剑斩，妻子、同居子女连坐，应入牧农主家中。其中二三人往盗窃，有一二人未往盗窃时，勿算群盗，依强盗、偷盗主从犯判断。第四，严惩“盗毁佛神地墓”的犯罪。西夏以佛、道、儒三教为国教，故严禁“亵渎神灵”的盗窃罪，凡盗毁佛像、神帐、道教像、天尊、夫子庙等，造意者徒六年，从犯徒三年，僧人、道士盗毁比庶人加一等治罪。第五，重盗加重处罚。因盗被判徒刑，刑满或被解除劳役后，又重新盗窃，应加重处罚。无期徒刑中重盗者，犯一个月劳役以上罪，则不论大小，当绞杀。

盗窃，除受到刑事制裁外，还要将犯罪所得之赃归还官府或原主，无法归还，则依价赔偿，举告之赏也由盗者提供。

⑥侵犯人身罪。西夏法律规定的侵犯人身安全犯罪包括杀人和伤害二种，但庶人对庶人、庶人对官人、官人对庶人、官人对官人之间的故杀故伤等犯罪的处罚各不相同，区分当事人的身份而给予不同的处罚。庶人杀、伤官吏比官吏杀、伤庶人量刑重，反之，量刑轻；下官杀、伤上官比上官杀、伤下官量刑重，反之，量刑轻。弟子、学生殴打伤害甚至致死师父、先生，当与杀诸司局分人上属大人、承旨罪相同。官家所派弟子殴打师长及学童殴打先生致伤，一律与打伤皇使罪相同。这充分体现西夏刑法维护封建等级特权的性质。

严惩放火烧伤杀人。诸人相恶，有意而放火伤人死人者，依有意伤人杀人法判断。若已烧物，则物无论大小，庶人造意斩，从犯无期徒刑。

尊亲属有意杀卑幼，也要受到刑事制裁。如，亲祖父母、父母有意杀己子孙时，杀一人徒八年，杀二人以上一律十年。杀共夫娣姒之子时，自一以上，不论官，当绞杀。

一般亲属之间斗殴杀人，不予宽恕。如，对自三个月丧服至一年丧服节上人殴打争斗动手而杀时，庶人以剑斩。

相伤，要考虑四种因素定罪量刑。首先看是否使用兵刃、他物、手足殴人，以兵刃殴人处罚最重，他物殴人次之，以手足殴人最轻。其次，分清未伤、已伤、已亡三种情形，已伤又需看造成伤害的部位及轻重程度，加以不同的处罚。再次，分析伤害的主观意图，（争）斗、（预）谋、故（意）、过失、误（会）、（嬉）戏以及动手先后有所区别，予以处罚。最后，殴打对象与罪犯的关系，卑犯尊、下犯上处罚重，尊犯卑、上犯下处罚轻。

对染有狂犬病的狗应当拘捕，恶犬及牲畜桀厉显而易见者当置枷约束。否则，动物对人有伤害行为，其主人要受到法律制裁。

⑦侵犯妇女人身权利及破坏家庭关系的犯罪。西夏法律重视保护妇女的人身权利和家庭关系，严惩强奸、通奸等严重危害妇女身心健康和破坏家庭关系的行为。其一，在节内亲戚中行淫乱行为，根据对象不同，可分别处以杂死、十二年长期、六年、五年、四年、三年徒刑，但只有获死罪和长期徒刑，才依法追究，判六年以下劳役的亲属间的淫乱行为，在一年后就不予追究了，如果有人取状或举告，反而要受到惩罚。其二，强奸量刑重于通奸。引诱人妻成奸，男女一律徒三年；强奸人妻，徒八年。诸人合力取人妻者，庶人当绞杀，胁从引诱者徒五年。其三，他人夺妻，诉讼之前可以和解，不许他人举报；诉讼之后，依法裁决，不许和解。其四，强奸幼女处罚从重。其五，与寡妇行淫量刑重于与未嫁女行淫。

从对刑事犯罪的定罪量刑看，西夏法典比唐宋律有加重处罚的趋势，如，唐宋律规定，故杀官私马牛者徒一年半，主自杀马牛徒一年；而西夏法典规定，杀自己牛、骆驼、马者，徒四至六年。再如，偷窃罪，按唐宋律罪不至死，西夏法典可判绞杀。另外，西夏法典中没有民族歧视的规定，党项羌人与汉人犯罪，都一样对待，不会出现同罪异罚的现象。

4. 司法法

（1）司法机构

西夏建立之前，元昊着手“更祖宗成规，藐中朝建制”①，“设官之制，多与宋同”②，中央设中书省、枢密院、三司（户部司、度支司、盐铁司）为国家行政、军事、财政最高机关。中书省、枢密院在掌管全国行政、军事事务的同时，还兼管民事、刑事审判的监督与复核审查。御史台掌管监察、弹劾，也参与一些刑事案件的审判。另有一府（开封府，管理西夏都城兴庆府）、六司（翊卫司，职掌宿卫、戍守及侍卫扈从；官计司，职掌官吏人事调动和补阙；受纳司，职掌仓储保管及收支；农田

① 吴广成：《西夏书事》卷一八，《论赞》。

② 《宋史》卷四八六，《夏国传下》。

司，职掌农田水利，粮食平粜；群牧司，职掌马匹饲养、繁殖和交换；磨勘司，职掌官吏考究和升降）、两院（飞龙院，职掌御马供养；文思院，职掌供御议物及服饰制造）。中央官吏，“自中书令、宰相、枢密使、大夫、侍中、太尉以下，皆命蕃汉人为之”①，由党项人担任的官职，以番号命名，如宁令、谟宁令、丁卢、素赍、祖儒、吕则、枢铭等。元昊建西夏后，于宋宝元二年（1039），增设尚书省，置尚书令，“考百官庶府之事而会决之”②。同时，将中央机构增加为十六司（经略司、正统司、统军司、殿前司、皇城司、三司、内宿司、巡检司、陈告司、磨勘司、审刑司、农田司、总门司、群牧司、受纳司、承旨司），管理政务。其中，陈告司，掌管受理全国案件的告诉；审刑司，掌管全国审判和司法行政事务，是规范的中央司法机构。

仁孝时期，将政府机构分为上、次、中、下、末五等司，陈告司、审刑司均为中等司。陈告司主要负责受理全国案件的告诉，类似中原王朝的“登闻鼓院”，陈告司设六正、八承旨、六都案、十七案头。审刑司设二正、二承旨、二都案、二案头，西夏的审案直接由审刑司对皇帝和中央政府负责，很多刑事案件要奏请皇帝裁决，或分别报请中书、枢密审核定案。

西夏地方行政建制为州、县二级。州设刺史、通判，县设县令等官，皆由西夏王朝委派。都城所在地称府。与州同级的还有郡，设于边防要地，兼理军事民政。各级地方行政机构与司法机构合一，府、军、郡、县都有审理案件的职能，但属死罪与无期徒刑的大案，则需报经略司备案复核。

（2）诉讼制度

①告诉的限制。西夏推行“亲亲有罪相为隐”的原则，亲属之间、主仆之间告诉有严格限制；其一，子女只可举告高曾祖、祖父母、父母犯谋逆、失孝德礼、叛逃，以及亲祖父母、父母等被子、孙、媳所杀之罪。其二，妻子、媳可举告公婆、丈夫等，以及自己自九个月至一年丧服节上下可互相举告的罪名有谋逆，失孝德礼，叛逃，内宫淫乱，杀祖父母、父母，诋毁君主，投放毒药，故意杀人，对母、姑、姐妹、女、媳等行为不轨。其三，使军、奴仆可举告头监的罪有：十恶中获死、长期徒刑及他罪中获不论官之死罪。凡举告之类别和罪名，当一一分明。除此之外，犯其余种种罪时，节上下允许相隐罪，不许举告。违律举告时，根据犯罪情节和诉讼双方的亲疏关系，进行相应的处罚。

---

① 吴广成：《西夏书事》卷三五。

② 吴广成：《西夏书事》卷一三。

对于婚姻等民事纠纷，父母、兄弟在一定期限内（“不问父母索妻，举告期限为六个月”；不愿为婚强令予价的举告期限为一百日）可举告外，“不许逾期告状及他人举报，违律告状，取状者，一律有官罚马一，庶人十三杖”。对获六年以下劳役的轻微违礼行为，“一年期间当取状推究，逾一年不许取状推究。若违律时，取状、告者等一律有官罚马一，庶人十三杖”。

一般情况下，一状只许呈告一事，重诉时也不允许在原状上增加状告内容。只有举告谋逆、失孝德礼、背叛这三种罪名例外。

②告诉程序及责任。除“亲亲有罪相为隐”外，对于他人的犯罪行为，每一臣民都有不可推卸的举告责任，如果知而不告，则要承担法律责任。

告诉有严格程序，必须由下而上，按司法管辖逐级告劾，禁止“越司上告”。严格区分有理诉讼和无理诉讼，后者加重处罚。

举告必须有真凭实据，禁止捕风捉影，妄加虚告，尤其是以“谋逆、失孝德礼、背叛”等重罪诬陷他人，更应受到法律的严厉制裁。一般刑事案件虚告，也要反坐。

举告十恶是实，应得何举赏者，视举人如何、言状如何、全知不知情状等，依时节奏量实行。举告其他杂罪，举赏数量亦有规定。举盗窃等罪是实，赏当由盗人出，盗人无有，则由盗窃相关责任人出，其人亦不能，则由被盗之业主从所得赔偿中出；如果被盗之业主所得赔偿甚少，不足按份给赏，及未得赔偿者，则当由官府赐给。另外举状为实，有重大立功表现，可以功罪相抵。

（3）审判制度

①明确规定司法官的责任。西夏对案件的审理有法定程序，职司依律接状，勘验侦讯。司法官在审讯中，必须秉公执法，认真审断，不允许讲私情，干扰审断，如果司法官接受贿赂，则将从重处罚。重者轻判，轻者重判，故意曲枉，的确明显可见，及行贿时说“请枉断勤事”，受贿者亦说“当为汝枉断”话，知证分明，当按枉法贪污论。

司法官应该严格依据法律断罪，为此，西夏加强了司法监察。诸司查律令者，除诸司设二案头、五司吏共七人查阅律令外，另专设律案检一员，仔细核对判决文书所引律令，所引律令有误，判罪轻重出入者，视有无受贿、相恶情节，予以惩处。

要取得犯人口供，可以拷讯，但为了防止司法官专横，滥用“拷讯”，西夏法典对拷讯做了具体的限制：知有罪人罪证确凿而不说实话，可三番拷讯，一番拷讯可行三种：笞三十、行杖、吊木上。三番已拷而不如实交代，则当奏报。如果拷讯致死，则应视具体情节加以处罚。另外，诸司枷系当事人时，需经司内大人、承旨共同商议，承旨以下官吏无权在司中行大杖，违律时要受到相应处罚。

②审理和判决。田地、房舍纠纷，强调以官方验证后出具的文书为凭据。并以引凭据作为解决田地房舍纠纷的证据，酌情裁断。

对于刑事犯罪，举告者可搜集证据，协助官府提拿罪犯，举告者还可得到一定的奖赏。如果被盗人在盗者家中随意捡拿财物，偿还自己的损失，因而不举告盗贼，擅自了断，则要受到“有官罚马一，庶人十三杖”的处罚。

官吏中承旨、司判、都案有判决权，案头、司吏无判决权。判决书是判决的法律依据，其制作有具体的规定：审讯记录有一定格式，文字处理要及时准确，对延误、滞留、误写刑案文书者，包括中书、枢密和各司的官员都要承担罪名，受到法律的相应制裁。

刑事诉讼案件审断的时限有明确的规定：死刑、长期徒刑等四十日，获劳役者二十日，其余大小公事十日期间问毕判断。刑事案件犯罪性质严重、对社会造成极大的危害，因此当于所定之日审断完毕，不许懈怠，以至延误判罪量刑。倘若至期限日未结案而又无缘由，司法官当承担罪责，受到相应的处罚。

③上诉复审及死刑复奏程序。案件审理完毕，应对囚犯本人及其家属宣告判决的具体罪名，如果不服，当事人及其亲属可以逐级向上申诉，逐级上诉的程序比较复杂：在局分都案、案头、司吏办案过程中，有谓受枉误而争讼者，当告于所属司大人，再有争论时，当入状于匭匣司，由匭匣司审核，对匭匣司审核不服，则报于中书、枢密，最后可告御前而转司，另遣细问者奏量实行。但无故越诉者，徒三个月。

案件审理完毕，检查有无失误，无误应依季节依次上报，先由边境刺史、监军司、经略人，最后至中书、枢密查检有无失误，并与律令仔细核校，有失误则另行查检，无误则登记于册，奏告定案。这项规定，强化了上级机关对下级机关审理案件的复核监察作用。

对死刑等重罪，必须经过上级司法机构复审，以示慎重。郡县等基层司法机关无权决定死刑、无期徒刑的终审。如果下级司法机关不将死刑复奏，擅自斩杀罪犯，则要追究其法律责任，官吏不论大小，当绞死。

（4）监狱管理

西夏对监狱管理做了非常周密的规定。设督监、小监负责管理狱囚，他们对牢狱中犯人的监守失误，致使囚犯脱逃或受贿放逸罪犯将受到严惩。

在押犯应戴铁枷，根据期限的长短，重量也不相同。戴铁枷者期限未满，不可擅自去掉铁枷。不许狱官任意认定有罪，任意传唤和无理打拷、恐吓诸囚及罪人。监禁者监守失误，致使囚犯自杀者，要受惩罚。监禁者若违律使囚犯逃脱或受贿放逸罪犯，与罪犯同罪。囚犯生病不医治，或不提供食品衣物致囚犯死亡者，主管监狱的官吏，分别治罪。

（四）宗教法

党项羌是一个拥有悠久历史和古老文化的民族，在长期的生产劳动和生活中，不仅创造了巨大的物质和精神财富，而且还形成了具有本民族特色的宗教信仰。西夏统治者充分认识到宗教在传承党项羌民族文化和维系社会秩序方面有着不可替代的作用，因而把宗教管理作为国家法律控制的一个重要方面，颁布了宗教事务管理法律制度。

1. 宗教场所管理法

宗教场所的存在是进行宗教活动的基本条件，对宗教场所的管理是宗教管理法律制度的基本任务和功能。为保证宗教场所的神圣、庄严、尊重、静寂、圣洁，维护西夏宗教的发展，西夏法典对佛教寺庙、道教道观及其供奉在内的神像和周边环境都予以法律保护。

保护寺庙财产和神像。寺庙合法拥有自己的财产，其等同于官府财产，凡盗窃寺庙财产，比照盗窃官府财产，加一等治罪。无论是哪种宗教，其宗教场所的佛像和神像受法律保护，凡有损坏或盗毁行为，若违律，造意徒六年，从犯徒三年；若是神职人员、管理人员偷盗、损毁，当比他人罪状增加一等；若非损坏，盗而供养者，则有官罚马一，庶人十三杖；若价值很多，则视强盗、偷盗钱数之罪及毁损罪比较，依其重者判断。

保护宗教场所周边环境。西夏法律严禁在寺庙内杀生、捕捉禽鸟，违法者判处六个月的徒刑。皇使、贵族随缘者在寺庙下榻，不准将驮马牲畜拴在寺庙内，也不准引导妇人在寺庙内居住，违律者有官罚马一，庶人十三杖。侍奉者当在寺庙外居住。

民间百姓和其他寺庙的居士等要留宿寺庙，必须上报请示，按规定请示，按规定准许在寺庙居住之人，应批准住宿。如果属于住宿范围之人，但没有按正常规定的程序上报，也要承担法律责任。

在宗教场所进行穿墙壁、凿井、取土等土木工程，必须按法律规定上报职管部门，并取得职管部门批准同意的谕文，并按谕文施工，若违法不寻谕文，擅自动工，依非法在寺庙住宿承担法律责任。

2. 宗教人员管理法

在西夏社会，僧人、道士不直接从事生产活动，国家也免征其赋税徭役，这直接影响到国家的社会成员构成是否合理和财政收入是否锐减，因此，直接对僧人、道士等以宗教为职业的人口的控制和管理，是西夏宗教事务管理法律的重要内容。西夏宗教人员管理法有如下内容：

（1）出家为僧人、道士

欲出家为僧、为道士者，西夏法律有严格限制，必须具备一定条件和履行一定的程序，方可成为僧人、道士。这又分为几种情况：一是僧人、道士所属行童，只要能诵《莲花经》、《仁王护国》两部佛经及种种敬礼法、梵音轻和，则寺院中所属职官可上报功德司，再呈中书。这些上级主管部门审批通过后，告之寺院方面并问及应试童子，令其寻找担保者。在此期间，寺院职官通过核实纳册，查明该童子确实属童子根，并对其此前之所作所为了解之后，认为符合条件者，则此童子可准奏为住家僧人。二是境内番、汉、羌中僧人道士所属居士、行童，及前僧人、道士，能完整解释《般若》、《唯识》、《中道》、《百法》、《华严行愿》等其中一部经典，理解前后意，并知常为法事，有真知灼见，且经验丰富，可衣绯，为座主，但勿得官。三是欲出家为道士，道士行童中有能诵《太上黄宫□□经》二卷、《太上君子消灾经》一卷、《太上北斗延生经》一卷、《太上灵宝度理无上阴经》一卷、《至分金刚经》一卷、《太上君子说天生阴经》一卷、《太上天堂护卫经》一卷、《太上君子说上东斗经》一卷、《太上南斗六司延寿妙经》一卷、《黄庭内景经》一卷、《黄帝阴符经》一卷、《太上元始天尊说十为一为大消灾神咒经》一卷、《太上灵宝九真妙戒金籙□要拔罪阴经》一卷等十四卷经书，则依出家变道法量其行，能诵无碍，则可奏为道士。四是番、汉、羌行童中能晓诵法定经书十一种（诵经种类因民族身份的不同而有所不同，番羌所诵经书为：《仁王护国》、《文殊真实名》、《普贤行愿品》、《三十五佛》、《圣佛母》、《守护国吉祥颂》、《观世音普门品》、《竭院般若》、《佛顶尊胜总持》、《无垢净光》、《金则般若与颂全》。汉人所诵经书为：《仁壬护国》、《普贤行愿品》、《三十五佛》、《守护国吉祥颂》、《佛顶尊胜总持》、《圣佛母》、《大□□》、《观世音普品门》、《孔雀经》、《广大行愿颂》、《释迦赞》），量其行业，诵之无碍，虽没有僧人师傅，也可奏为出家为僧。五是僧人行童、室下常住两种行童以及道士行童才可使为僧人。以上种种诸类以外的人，不许私自为僧人、道士。倘若违律为僧人、道士貌，则年十五以下不治罪，不许举报，自十五以上诸人当报。所报罪状依法所定判断。

（2）妇女可为僧人

诸寡妇、未嫁女等有诚心为佛法，没有异议而又有人担保，可以依所欲为住家僧人或出家僧人。并根据她们的身份确定其为僧人的等级地位。如是中等司承旨、中书、枢密、都案以上人的母亲、妻子，可衣绯；此外以下者当衣黄。不许妇女无牒而为尼僧。若违律时，有主、为他人奴仆则徒四年，无主而无障碍则徒二年。举赏二十缗钱，由犯罪者承担。已判断后仍为不止者，当以新罪判断。

（3）在籍僧人

国家通过纳册制度对僧人予以认可和规范管理。凡寺院中居士、童子必须注册登记，其中僧人的注册，要上报中书；居士、童子注册要上报殿前司，并当为磨勘。如果该注册而没有注册，或者册上有名而无此僧人，不能赦免其国家徭役等事项。对不注册的伪僧人，要依法治罪。僧人纳册后，由有关部门颁发牒，牒是证明僧、道合法身份的重要凭证。牒的丢失、毁损、转移等必须按照国家法律规定办理。他国僧人投奔西夏，也要注册予牒。

（4）僧人还俗

境内僧人出家以后，由于种种原因，情愿交牒还俗，需登记在案，禁止其入仕当官；还俗僧人参军入伍担任军职，当上报，于所情愿处登记注册。

（5）假冒僧人

假冒僧人，擅自从事佛、道活动，目的在于躲避国家赋税徭役，或逃脱国家法律的制裁，或获取特殊身份和社会地位，或骗取信徒的信任和依赖。西夏法律规定：为伪僧人、道士，已得到朝廷提拔重用者，于册上消除，当绞杀；未得到朝廷提拔重用者，徒六年。官吏、宗教人士知情不报，酌情牵连治罪。诸人欲为伪僧人，执剃度者知其非僧人而为之落发时，当比有罪人减三等判断。因未仔细讯问而不知情者，有官罚钱五缗，庶人十杖。

（6）僧人犯罪

僧人犯罪，因身份特殊，享有一定的优待。一是不予连坐。由于僧人、道士出家修行，与家庭不相往来，因此，不论僧人、道士还是其家人犯谋逆大罪，皆不连坐。二是赐衣僧人、道士可按官当等减免治罪。被赐穿黄、黑、绯、紫衣而享有特权的僧人、道士犯罪，除十恶及杂罪中不论官者以外，犯各种杂罪时与官品当，并按应减数减罪，且不得施用黥刑。僧人、道士中赐黄、黑、绯、紫衣者犯罪时，比庶人罪减一等。除此之外，获徒刑一年，赐绯、紫衣者当革职，取消穿绯、紫衣的资格。

3. 宗教事务管理法

西夏宗教事务管理是行政管理的有机组成，为保证对宗教事务的有效管理，西夏制定了详细的宗教事务管理制度，主要包括宗教管理机构、宗教管理官吏的升降及内部程序的规定。

（1）宗教管理机构

西夏在中央设立了僧人功德司、出家功德司、道士功德司等机构分别负责全国的宗教事务管理，诸司大人、承旨、监、习判依法派遣。这些宗教管理机构的设置格局合理、职权范围明确，具备了统一、高效、精简的特征。宗教寺院是地方负责管理宗教教徒的具体机构，宗教寺院内部设有完整的组织管理系统，主要职官有僧监、副、判、寺检寺主、众主、坐主等。国境内有寺院中圣容一种者，当遣常驻镇守者正副二提举，此外不许寺中多遣提举，倘若违律，不应遣而遣时，遣者、被遣者一律有官罚马一，庶人十三杖。

（2）宗教官吏管理制度

宗教管理官吏有任期和赴任的期限，得职位后，官敕谕文已下而不赴任及赴任超出宽限期，当报知主管部门。寺院官堂等所属僧道小监、副、判众主等出现空缺，大家共同商议，推荐本寺院符合条件者当为，如本寺没有适合人选升用，则遣他寺中堪用之人。

（3）宗教司印制度

法律规定：诸寺僧监司者可请印，变道中不得请印。若违律时，有官罚马一，庶人十三杖。宗教管理机构不同级别的官员印章的质地、轻重、尺寸都有所不同，以示权力大小的区别。次等司僧人功德司、出家功德司所用官印为：铜制，在铜上镀银，重十五两。

四、西夏法典的特点

西夏法典有如下基本特点：

第一，承袭唐宋封建法典基本精神。《天盛律令》第一章十门即列有谋反、谋大逆、谋叛、恶逆、不道、大不恭、大不孝、不睦、不义、乱伦“十恶”重罪，共39

条，除“大不孝”、“乱伦”略有文字差别之外，完全是《宋刑统》“十恶”的翻版。第二卷前几门列出的八议、亲属辈分、依官品断例、老幼重疾犯罪减免断例的名目，与中国封建法典的官吏贵族犯罪享有议、减、免等特权以及依服制处罪是一致的，其中“十恶”罪犯的缘坐范围、没收的家产等也基本相同。不难看出西夏法制在封建化过程中，吸收了儒家礼孝的精神和中原法律文化的传统。

第二，维护奴隶主地主经济利益。西夏《天盛律令》以刑法为主，尤以刑罚重惩盗贼罪最多，第三章近100条中有关盗窃罪及赃物的处置约占4/5，每条的罪行界定和处罚办法比唐宋律更加详细、具体。如第95条规定了强盗、偷盗、持械或未持械，勾结或未勾结、窃盗等不同的概念和处刑，“抢劫财物总额过十二缗以上者，首犯处绞刑，从犯处十二年苦役”，未持械强盗、盗窃犯则分别为二十五缗、三十缗以上处绞刑。强盗团伙即群盗，未得畜物，首犯也处绞刑，重行盗窃即再犯者，无论新罪大小，一律处绞刑。对于宫内盗窃官物、官吏监守自盗处罪加等，“加刑不必准议，可加到死刑”，凡是犯强盗罪者都要“施以烙印”，即处黥刑。此处还有对窃盗的捕亡，告赏、查赃、讯问等等条款，比较集中，便于检索。尽管条文中未曾出现酷刑的使用，但是从奴仆盗主财物，官吏、庶民不同罚的规定看，法典重窃盗之罪是在于严格保护西夏奴隶主地主的私有财产和经济利益的。

第三，突出尚武的游牧民族特色。畜牧的保护和军事作战的条款十分丰富而且细致。《天盛律令》第二章“屠宰私赃马驼牛断例”门，详细地规定了屠宰牛、马、骆驼的惩罚；擅自宰杀自己的家畜一头处四年苦役，二头处五年苦役，三头处六年苦役；窃杀五服内亲属的牛马驼者加重刑罚，杀三头处八年苦役，宰杀他人的牛马驼，最高处十年苦役。强劫、窃盗官、私畜物的规定是被作为强盗、盗窃罪的主要内容。这种严禁滥杀大牲畜，还是适应畜牧民族生活生产以及军事作战的需要。《天盛律令》第4、5、6卷规定了大量军法内容，诸如防守、巡查、敌人进犯、武器装备、发兵遣将、军人编伍、后备军等等。具体规定派遣守营而不往者依延误时间长短分别处徒、杖刑；弃守大城的主官、将领一律处斩。军法如此周密，表明军事战争对西夏来说不仅频繁发生而且至关重要。

TUSI SHIDAI（YUAN-MING-QING）QIANGQU FAZHI

第五章

土司时代（元明清）羌区法制

第一节

元代土官制度在羌区的推行

元朝是蒙古族凭借强大的军事力量，先后灭掉西夏、金、南宋等王朝而建立的一个统一的封建政权。元代是全国大一统规模空前巨大的时代，前代无力深入的偏远少数民族地区都归入了统一的国家版图。正如《元史·地理志》所言："自封建变为郡县，有天下者，汉、隋、唐、宋为盛，然幅员之广，咸不逮元。汉梗于北狄，隋不能服东夷，唐患在西戎，宋患常在西北。若元，则起朔漠，并西域，平西夏，灭女真，臣高丽，定南诏，遂下江南，而天下为一。故其地北逾阴山，西极流沙，东尽辽左，南越海表。"面对需招抚众多民族的复杂局面，必须建立相应的民族法制，收服人心，才能使自己的统治在少数民族地区畅行无阻。

西南边陲，地势险要，交通闭塞，少数民族众多，各民族的具体情况又各不相同。元统治者认识到"远方蛮夷，顽犷难制，必任土人，可以集事"。① 于是在唐宋羁縻制度的基础上，首先在包括羌区在内的西南少数民族地区推行土官制度。土官制度是元王朝对少数民族因地制宜、缘俗而治的一种政治统治方式。所谓"土官"乃是封建王朝普遍利用土著少数民族上层人士充任当地政权机构长官，使之听命中央的同时，让他们按旧俗对原有部属和辖地进行世袭统治。使"官吏军民各从其俗，无失常业"②，以保证民族地区的稳定。"诸蛮夷长官司。西南诸溪洞各置长官，秩如下州，达鲁花赤、长官、副长官、参用土人为之。除袭替土官外，急阙久住者，依例以相应人举用。"③ 土官制与羁縻制不同的是：它既保留了世居当地的少数民族首领旧有的权力、地位和内部统治方式，但中央王朝又削弱了其"各长其君，各治其民"独霸一方的自主性、独立性，从官衔的编制、称谓以及土官的任免、升迁、奖惩诸方面将其纳入封建正规官制的体系中，并在其境内派宗王率兵驻守，进行监督，派蒙古、色目、汉人等流官参与管理，从而使元王朝对少数民族聚居地区的管辖，更为直接、深

① 《元史》卷二六，《仁宗本纪》。

② 《元史》卷一〇，《世祖纪》。

③ 《元史》卷九一，《百官志七》。

入、紧密和行之有效。

元朝土官制对少数民族地区行政机构的设置，土官的任用，以及土官应履行的义务等方面的内容做了具体的规定：

第一，设置专门的民族地区行政机构。对新归附的地区，需戍守军兵，该地按原地方首领管辖地域的大小、人口的多寡分别设置宣抚司、安抚司、招讨司、长官司、千户所等，“品秩员数，各有差等”①，各级土官皆隶属于行省，由行省分派的宣慰司都元帅府节制。宣慰司以流官坐镇主治，而又兼置土官，在其下各级机构中，广泛任用土官。对靠近内地或较发达的少数民族地区，则设置路总管府、土府、土州、土县行政机构。

第二，正式任命土官。土官的承袭、权职多从“本俗”，并准许他们“世守其土，世长其民”，“土官病故，子侄兄弟袭之，无则妻承夫职”。② 但元朝对土官的任命有一套严格的程序。土官一经任命，即赐予诰敕（正式任命文书）、印章（行使行政权力的凭据）、虎符（调遣指挥兵马的凭据）、驿玺书、金银符等信物，使土官“俾得以王官旌节，统摄其部落”③。保证元的各项政令在当地得以推行。土官倘若不经朝廷准许后袭职，朝廷则要兴师问罪。土官一经职，即为世袭。

第三，土官的奖惩。元朝法律规定：“诸土官有能爱抚军民，境内宁谧者，三年一次，保勘升官，其有勋劳，及应升赏承袭，文字到中府，辄非理疏驳，故为难阻者，罢之。”④ 对凡能安定一方，爱抚民众者三年一次，予以升官、授衔、晋爵等赏赐。凡非理阻碍土官升赏者，要罢免其官职，以示对土官政治地位提升的重视。土官犯罪，不用“常律”，而有专门的法规：“土官有罪，罚而不废”⑤，有处罚，但不轻易废除土官世袭职位。只有当土官之间互相兴兵仇杀，给民族地区造成动乱时，则以“叛逆之罪”严惩，绝不姑息。“其有妄相告言者，以其罪罪之。有司受贿妄听者，以枉法论。”⑥另外，国家法对土官的一些陋习，视为犯罪，严加禁止，如法律规定“诸蛮夷官，擅以籍没妇人为妻者，杖八十七，罢职记过，妇人笞四十七”⑦，体现了国家法向少数民族地区进行渗透的趋势。

第四，土官的义务。土官接受元廷的封号、爵位后，为表示其“忠顺之心”，必

---

① 《元史》卷八七，《百官志三》。

② 《元史》卷二六，《仁宗本纪》。

③ 《元史类编》卷四二。

④⑤⑥⑦ 《元史》卷一〇三，《刑法志二》。

须向中央王朝承担贡赋的义务。朝贡一般一年或两年一次，有的偏远地区可三年一次。朝贡的物品为各地“方物”（土特产）。土官朝贡后，元王朝照例给予优厚的金银、物资作为回赠，以示对土官的荣宠。土官管辖地区的户口、民田要登记造册，上报朝廷，其民户“皆赋役之，比之内地”①。赋税有金银钞、粮、布三大类，此外，土官还有受命修治道路、设立驿站以及率兵出征的职责。凡土官不朝贡、“不输税赋”、不听从调遣出征，均视为“不臣”，元廷将兴兵讨伐和镇压。

元朝还严厉打击妄冒土官，进行政治欺诈的犯罪。法律规定：“诸边臣，辄以子婿诈称招徕蛮獠，保充土官者，除名不叙，拘夺所受官。”② 有力地维护了土官特殊的政治地位。

元王朝在岷江上游羌区具体建置是：设茂州，辖汶山、汶川两县，同时还有土官体系，计有：松潘、宕、叠、威、茂州等处军民安抚使司，秩正三品。达鲁花赤一员，安抚使一员，同知一员，佥事一员，经历、知事、照磨各一员，镇抚一员，实行流官土官并用。治所松潘县。威州保宁县、茂州汶山县皆隶焉。武宗至大二年（1309）七月，改安抚司为宣抚司，治所迁汶川县。下辖：

静州茶上必里溪安乡等二十六族军民千户所，达鲁花赤一员，千户一员。

龙木头都留等一十二族军民千户所，达鲁花赤一员，千户一员。

岳希蓬萝卜村等处二十二族军民千户所，达鲁花赤一员，千户一员。

折藏万户府，达鲁花赤一员，万户一员。

在安抚使司万户府、千户府机构中，设有安抚使、万户、千户等官职，多以羌族酋长充任。

除此以外，元王朝还经常派兵巡视，以加强军事震慑③，并在茂州一带“开吐蕃道”，促进茶盐贸易，今北川小坝羌族乡境内发现至元二十七年（1209）七月二十七日摩崖石刻题记一方，记录了元地方政府与当地羌民之间的一次盟誓，石刻题记文字如下：

石泉县西□□□□□□本县荣□本□□正申□□不时□□□军奉到上旨□□□□抚镇遇事除□□先遣蛮官□□□□□□□□旋蛮官漏定细善当□□□带引七十余人率

① 《元史》卷五八，《地理志一》。

② 《元史》卷一〇三，《刑法志二》。

③ 今茂县较场乡点将台有元代石刻题记云：“大元开国忠顺公玄刘上万户文引兵至此。至元癸巳七月二十七日记”。

众来降，□镇□□□□令中人于七月二十七日集此，□□□□人等无不悦服□记，木刻记事，悉心归顺大元。茶盐道路，通行□□，不敢□□，害人作耗，偷盗一切作过。蛮汉一百余人共同打狗埋石为誓，违者愿归犬□而亡。恐其翻异，真书大字，刻石路侧，意欲犯者，往来观之，必自畏惧，今立万年不悔之心，故记石也。

至元二十七年七月二十七日书①

题中所称“木刻记事”、“打狗埋石为誓”是羌人习惯法，所言“大元茶盐道路通行”指的就是自北川县治城羌族乡沿白草河而上，经小坝、片口，以至松潘白羊乡之古道，以通茶马互市。元代地方官按照羌族习惯法与羌民盟誓，旨在保证盐茶道路畅通和羌区的治安。

元代正式建置四川行省，为管理四川境内少数民族，特升设诸道蛮夷宣慰使司。张庭瑞任四川行省官员时，蛮夷宣慰使司下属碉门土司的羌人与妇人老幼入市交易，与人争价而杀人，碉门鱼通司将凶犯一行逮捕，引起羌人首领恼怒，断绳桥，谋入劫之。鱼通司向张庭瑞告急，左丞汪惟正问计，张庭瑞说：“羌俗暴悍，以斗杀为勇。今如蜂毒一人，而即以门墙之寇待之，不可。宜遣使往谕祸福，彼悟，当自回矣。”汪惟正就让张庭瑞为使者，带领数骑抵羌界，羌陈兵以待。张庭瑞对羌酋说：“杀人偿死，羌与中国之法同，有司系诸人，欲以为见证耳。而汝即肆无礼，如行省闻于朝，召近郡兵空汝巢穴矣。”羌酋弃枪弩罗拜说：“我近者生裂羊脾卜之，视肉之文理何如，则吉其兆，曰：‘有白马将军来，可不劳兵而罢。’今公马果白，敢不从命。”于是对杀人者进行了论处，其余诸人尽遣还乡。张庭瑞与羌人订立盟约：“自今交市者，以碉门为界，无相出入。”官买蜀茶，增价卖给羌人，人以为患。张庭瑞变更引法，并对茶加价的不妥行为予以纠正，“使每引纳二缗，而付文卷与民，听其自市于羌，羌、蜀便之。”元朝统治者一是积极协调国家制订法与羌族习惯法的关系，使二者互相认同，从而被羌民接受和遵守；二是以誓约这种订立习惯法的方式与羌人制订新的条约，以体现元廷以法治羌的意图。这些依循习惯法而贯彻国家制定法的举动，“甚得蛮夷之心”。②

① 李绍明：《北川县小坝元代石刻题记考略》，载《四川文物》1989年第2期。

② 《元史》卷一六七，《张庭瑞传》。

第二节

明代土司制度在羌区的完善

明王朝取代元朝后，在民族法制建设上，“踵元故事，大为恢拓，分别司、郡、州、县，额以赋役，听我驱调，而法始备矣。然其道在于羁縻，彼大姓相擅，世积威约，而必假我爵禄，宠之名号，乃易为统摄，故奔走惟命。然调遣日繁，急而生变，恃功怙过，侵扰益深，故历朝征发，利害各半。其要在于抚绥得人，恩威并济，则得其死力而不足为患。”① 明王朝为了既“抚绥得人”，征得少数民族地区的赋税和人力资源，又“易为统摄”，让少数民族服从中央王朝的统治，“恩威并济”，给予土司“名号”，“爵禄”，分别“司郡州县”进行管理，使土司“谨守疆土，修贡职，供征调，无相携贰”②，“约束所辖蛮民，安分循礼，毋作过以取罪戾。”③明代在元代土官制度的基础上建立充实而完善的土司制度。

明代土司设置分文职和武职两类。文职土司设置土府、土州、土县，“设官如府、州、县”，“其品秩一如流官”④；武职土司承袭元朝土官制度，主要有宣慰使司、宣抚司、安抚司、招讨司、长官司和蛮夷长官司，只是明代的宣慰使司已由元设于全国行省与郡县之间一级行政组织变为专在民族地区设立的土职，明代武职土司的品级还普遍低于元。文职土司在地方上隶属布政司，在中央隶属吏部；武职土司在地方上属都指挥使司，在中央隶属兵部，不过这种隶属上的区分有时也并不十分严格。土司自从三品至从七品，有九等品级，皆“食其土”，并不按官秩取俸。由于土司官职的授予权归中央王朝，因此，土司完全被纳入封建王朝统一的职官组织系统中，受到控制和差遣。土司一经任命，明王朝即赐予诰敕、印章、冠带、符牌等信物，作为朝廷命官的凭证和权力的象征，让其代表中央王朝实行少数民族地区的统治。按照明代定制，土司武职千户以上授予诰命，百户以下下达一道敕命。在授职时授予印章和冠带。土司最高一级为指挥使，正三品，赐银印，其他土司均赐铜印，但按品级不同，铜印有大小、厚薄之分，冠服也按品级不同有所区别。

---

① 《明史》卷三一〇，《土司》序。

②③④ 《明史》卷七二，《职官五》。

明代授予土司官职的方式有三种：其一，原官授之。凡由元归附明朝的土官，授予原有官职。如“洪武初，西南夷来归者，即用原官授之”①。其二，按劳绩多寡分尊卑。依据少数民族首领对明王朝的“忠勤”情况，决定授予职官的大小。即“以劳绩之多寡，分尊卑之等差”②。其三，因疆域分种落。按新归附少数民族首领辖地大小、人口多少授予不同的官职，即“因其疆域，分析其种落”③。第一种方式沿用了元代任用土官的方法，第二、第三种方式是明代的创新，这进一步强化了中央王朝视土司具体情况的酌处权，对土司的任用和控制更有针对性、灵活性。

一、明代土司制度在羌区的推行

明初，鉴于川西羌族逐渐强大，“松潘威茂诸羌，反复不常，叛服靡定”，加之羌区特殊的战略地位，“宜如宋元制，录用以统其民”，④ 并在羌区全面确立了土司制度。其一，对元朝愿归顺的土官委以较高土司职位，予以收买。洪武四年（1371），明王朝统一四川后，羌区元时土官，静州长官司、岳希长官司等纷纷率众归降。明王朝承认他们的传统地位。洪武六年（1373）原茂州权知州杨者七及陇木头、静州、岳希蓬诸土官赴京朝贡。洪武十一年（1378）四川都司遣兵修灌县桥梁至陶关，汶川羌族首领孟道贵疑之，集部落阻陶关道。都司分兵两路击之，会于茂州，杨者七迎降，以杨者七仍领茂州，正式设置茂州卫指挥使司，以指挥楚华领兵三千守御。时因羌区“去省穹远，莫能控制”，部分羌族首领反复无常，羌区形势并不稳定。派遣御史大夫丁玉讨之，丁玉“召集诸寨首领，给以银锞，俾各守土地，番民以为世宝”⑤。洪武十二年（1379）“威茂土酋董贴里叛”，命平羌将军御史大夫丁玉出征，克服其地，建置威州卫指挥使司，将潘州并于松州，置松州卫指挥使司。洪武十五年（1382）杨者七阴结生番，约日伏兵陷城，因军士告密而被捕杀，茂州城内羌民被强行迁出城外。为加强对羌区的统治，开始建置土司，“于南路设长宁安抚司，与岳希、蓬族、静州、陇木四长官司俱隶茂州，郁即二长官司隶叠溪千户所，各降印信”。⑥正式加以任命。其二，为分散羌区强宗大姓的势力，遍设土司，使其互相牵制，彼此分离，便于中央

①② 《明史》卷三一〇，《土司》。
③ 张萱：《西园闻见录》卷七九，《土官》。
④ 《明史》卷三一一，《四川土司》。
⑤⑥ 道光《茂州志》卷三，《边防》。

王朝的利用和控制。

明代羌区土司的世系不很完整，根据各种零星的资料记载，其大致情况如下：

静州长官司（治所即今茂县前锋乡静州村），长官司土官董氏，其先董整伯，唐开元间投诚授职，宋元明历代承袭。正德八年（1513），静州长官司节贵与子节孝勾结岳希蓬为乱，攻茂城，断水道七日，节孝弟车勺引水以济明军，事平，使车勺袭其职。辖法虎、核桃沟等八寨。

陇木长官司（治所即今茂县光明乡陇木寨），其先杨文贵，于宋时剿罗打鼓有功授职。元因之，洪武时归附，授承直郎，世袭长官。嘉靖间，土司杨翱随总兵何卿征白草生番，著有劳绩，命改何姓。

岳希长官司（治所即今茂县前锋乡水西村），其先坤蒲送，唐时归附授职。明洪武初颁给印信，授其为世袭长官。正德八年（1513），长官坤蒲作乱，伏诛。其弟坤元袭职。天启间（1621—1627）加授宣慰司。

长宁安抚司（治所即今茂县回龙乡），其先蟒答儿，明时随剿黑水三齐生番有功授职，隶松潘。正统元年（1436）改隶叠溪守御千户。为羌族土司中品级最高者。

叠溪长官司（治所即今茂县较场北），明洪武十年（1377）以羌酋归附，世袭长官。永乐（1403—1424）间颁给印信，规定凡三年贡马四匹，是时长官为郁孟贤。

郁即长官司（治所即今茂县较场团结村），明初置授羌人噉氏为世袭长官。万历十八年（1590）噉保起兵反明，次年被诛。其地改隶叠溪。

水草坪巡检土司（治所即今茂县沟口乡），其先蟒答儿，明时随剿黑水三齐生番有功，以长子为正安抚司，次子为副安抚司，住牧水草坪。

竹木坎副巡检土司（治所即今茂县飞虹乡），其先坤儿布明时归附授长官司职。

牟托巡检土司（治所即今茂县南新乡牟托村），其先灿沙，唐时归附授职，明后期曾获宣抚职衔。

实大关副长官司（治所即今茂县石大关乡），其先官之保，自明时归附授职。

大姓土百户（治所即今茂县较场区），同其先郁白吉，唐时归附，授长官司职。

小姓土百户（治所即今茂县较场乡），其先郁从文，明时随征河西诸番有功，授郁即长官司职，颁给印信，管束番众。

松坪土百户（治所即今茂县较场区松坪沟乡），其先韩腾，明末随征河西诸番有功授职。颁给印信号纸，管束番众。

大姓黑水土百户（治所即今茂县较场区西北），其先郁孟贤，明末随征山后诸番有功授职，颁给号纸。

小姓黑水土百户（治所即今茂县较场区北），其先郁从学，明末随征河西诸番有功，授都司职，后加参将职，颁给印信。

上述土司及所属“番民”，实系羌民，其辖地皆在今茂县境内，这些地区，至今仍是羌民聚居区。

北川也是羌族聚居区之一，北周时置北川县，隶属北部郡。隋代隶属汶山郡。唐代更名石泉，属汶州。元代石泉县改属安州，明时归龙安府。明初在北川羌族聚居区艾林（永坪）、坝底二堡设置土司。所借口“白草蛮乱，官军讨平之，以艾林土官任候、坝底土官唐敷抚番无术，黜之。擢李世选为艾林土官，唐裔为坝底土官，子孙世袭”①。

明代还以嘉绒土司统治部分羌民，推行“以番制番”政策，出现了“羌为百姓，藏为土官”的格局。明永乐五年（1410）在今理县设杂谷安抚司，管辖藏民及理县九子十寨和今茂县赤不苏的“旧番”（维城）、“新番”（雅都）、“后番”（曲谷）等各部羌民。“杂谷安抚司，其先吐蕃维州刺史悉怛谋裔也。唐文宗太和五年（831）请以维州内附，西川节度使李德裕闻于朝，宰相牛僧孺谓中国不可失信夷狄，命还之。吐蕃遂戮怛谋，据维州如故。后德裕入相，白其冤，赠怛谋为右卫将军，官其子孙。大中时复内附，节度使杜悰纳之，世授职为土官，前明授安抚司土同知。”②

统治汶川羌族地区大部分羌民的是瓦寺土司。明宣德元年（1426）入京贡物献经，得到皇上召见，赏赐颇丰。后奉旨“驰驿回藏，永绥南荒”。明英宗正统六年（1441），“茂、威、汶等处生番跳梁，屡征不服，州县戒严。朝令琼布思六本统兵出发，相机进剿。琼布思六本以年老多病，恐负委任，奏请以其弟雍中罗洛思，统头目四十三，土兵三千一百五十余代其行。月余抵汶，分道进剿，历时半年，番乱乃平。而威、汶人民有不愿其骤去者，雍中遂亦暂留。省宪奏功，奉诏留驻汶川县之涂禹山，控制西沟北路羌夷，以板桥、碉头、克约、六荡、大坪、小坪等处山林，令其开耕住牧，其余不足安插之土兵，查自涂禹山而下，白土坎、河坪、高乐、低纳等寨地方，汶民无力开耕者，俱饬部番垦荒报粮。钦颁宣慰使司银印一方，敕书诰命各一，使世袭土职”。③

---

① 道光《石泉县志·土司》。

② 同治《理番厅志》卷四，《边防·土制》。

③ 祝世德：《世代忠贞之瓦寺土司》。

万历年间（1573—1619），因草坡羌叛乱，瓦寺第十二代土司南告舍躬“督兵进剿”，平定后，将草坡十寨划归其管辖。

寒水巡检土司（治所在今汶川县绵虒乡苏村寨），前代世袭巡检，洪武七年（1374）钦授高小金世袭寒水巡检司土官巡检。

妥善处理与土司的关系，保羌区一方平安，流官责任重大。这正如万历年间兵备副使薛会所言：“余观古今沿革制而知，司边境者，责至重也。夫州县守令，父母之任也；卫所将领干城之寄也；学校师儒，教化之源也。三者之切于民均也。威茂之地，九石一土矣，父母以厚其生者难；四塞皆蛮矣，干城以捍其患者难；旧风未殄矣，教化以易其俗者难。图易于难，各有司存，兢兢勉勉，尽其心力，以图之犹恐弗给，若有一毫苟且行私于其间，则难者愈难，而民焉赖哉。国家爵我禄我，民众仰我奉我，将奚为者。语曰：官无大小，称职为良。贤者当自励也。”①

明代羌区的一些流官在限制土司专横、维护羌民利益、发展羌区经济贸易方面有所作为。如明宣宗时，陈敏任茂州知州，“茂州古荒服，姜戎素号难治”，陈敏“以茂地广而荒，劝民开垦，引泉为池，以资灌溉，一时野无旷土，麦穗五歧，宣宗制满庭芳词赐之。其他迁学校，葺城堡，以及山川道路，津梁、祠宇之属，罔不殚精研虑，整饬无遗”。② 黑虎寨羌人“剽掠近境，为官军所获。敏从其俗，与誓而遣之，按察使陈泰无故杖死羌人，陈敏弹劾，“泰下狱论罪”③。后因遭丧去官，岳希、陇木、静州诸长官司羌民180人奏请留任：“（茂）州僻处边徼，在万山中，与松、叠诸番邻近，岁被其患，自敏莅州，抚驭有方，民得安业。今以忧去职，军民失所依，乞矜念远方，还此良牧”，“帝立报可”。④ 至正统中，九载期满，羌民依然挽留。后升任成都同知、布政司参议，仍知茂州事，“以监司秩涖州，前此未有也”。陈敏任茂州近30年“威信大行，番民胥悦”，⑤解任后夫妻卒于茂，州人为之合葬于南明门外，立碑纪念。又如明嘉靖初何卿协守松潘，嘉靖五年（1526）擢副总兵，黑虎五羌围长安诸堡，阻截南路，何卿破之，黑虎等寨齐心纳款。嘉靖十二年（1533）土官节贵纠合陇木十二寨远连青片羌、白草羌数千人攻坝底堡，总兵何卿率精甲八百击走，先后与诸羌刻木为约，划分区域，保持相对安宁。在镇24年，积极防备，有利治安，羌民

① 道光《茂州志》卷三，《政绩》。

② 道光《茂州志》卷一，《陵墓》。

③⑤ 《明史·陈敏传》。

④ 嘉庆《四川通志》卷九〇，《边防》。

戴如慈母。离职后，羌民立祠以资纪念。再如，景泰（1450—1456）年间，罗绮以刑部左侍郎提督松潘兵备。“布德宣威，赏罚必信”，当时土官王永、高茂林、董敏之间互相仇杀，守将不能制止。王永“习性凶犷”，杀高茂林男女500余口、董敏之子伯浩20余人。又纠合番蛮，攻劫地方。罗绮领兵直抵桑坪，将其诛杀，并追缴土官印信，边境肃清，羌人感戴。与此同时，兴贤育才，文教蔚起。与羌民“接杯酒欢，番人畏慕，终绮任不敢叛”①，其“在镇七年，威名甚震”②。

再如，万历十四年（1586），叠溪羌番杨柳邀集南路窑沟大小粟谷、西路思答牛尾巴诸羌直犯金瓶堡，大索赏赐，指挥丰承业等击破之，诸羌复合麻答諓蟬寨再寇金瓶，都御史徐元太督兵征剿，白泥等寨归降，仍命诸羌愿降者，当捕其酋长来献，如白泥等寨例，乃各献其酋长阁卜利儿等数十人，生埋之道旁，曰：复反者有如此冢。又，羌初发难刻石为誓，其石一在庙子沟，一在牛尾巴，命力士椎碎，投于河，诸羌亦曰，所反复不如将军令者，下场与这块石头一样。从此以后，这些羌寨的羌民再无反叛明廷之举。③

但明代也有许多地方官吏贪婪暴虐，从而激变羌民。如宣德二年（1427），明王朝调松潘卫兵往征交趾，千户钱宏等为免此行，诡言番寇至，当追捕，竟然领兵“突入麦匝诸族，逼取牛马”，④ 引起藏、羌等族的莫大愤怨，纷纷反抗。“杀指挥陈杰等，陷松潘、叠溪，围威、茂诸州”，时间长达半年之久。茂州城外，“番垒相望”；城内“老幼不及二千”，岌岌可危。⑤指挥吴玉、韩整、高隆又相继败绩，“西鄙骚然。诏遣鸿胪丞何敏，指挥吴玮往招之”，又命都督陈怀领兵二万镇慑。与此同时，为缓和羌、藏民众的情绪，将钱宏斩首。⑥ “遂复叠溪，降二十余寨，招抚复业者一万二千二百余户，归所掠军民二千二百余人，事遂定”⑦。

明末，明王朝逐渐衰落，对羌区土司的控制也受到削弱，“崇祯末，土司乘乱占据各寨，羌民构讼，频年不安”⑧。

---

① 嘉庆《四川通志》卷九〇，《边防》。
② 《明史·罗绮传》。
③ 道光《茂州志》卷三，《武功》。
④⑤ 《明史》卷三一一，《四川土司一》。
⑥ 《明宣德实录》卷三七。
⑦ 《明史·陈怀传》。
⑧ 道光《茂州志》卷三，《边防》。

二、明代羌区土司制度的基本内容

（一）土司承袭法

由于土司与中央王朝是臣属关系，为了便于利用土司控制民族地区，中央王朝赋予土司世代承袭统治民族地区的权力，允许土司“世官其地，世有其土，土民世耕其地，世为其民”①。中央认可土司职位的承袭制是明代土司制度的核心，这既能在民族地区大量任用世袭的少数民族首领，又能将人事任免权统一收归到中央。为了使土司权力在移交过程中平稳过渡，避免争乱，明王朝在承认土司传统承袭习惯合法性的同时，加强了中央的干预作用，从而比元代在这方面的法律规定更加严密。

1．“赴阙受职”

明初，凡原任土司亡故，其承袭人需赴朝廷请袭，法律规定：“袭替必奉朝命，虽在万里外，皆赴阙受职。”② 承职后，“司礼三月，回任管事。”③ 由于土司赴京，道路险远，诸多不便，天顺（1457—1464）以后，明王朝对此要求逐渐放松，土司承袭不一定要赴京受职，“准就彼冠带，到任管事”，但就地承袭，需认真办理许多手续，“土官告袭，所司作速勘明具呈，抚按复实批允，布政司即为代奏，该部题选……抚按仍设告袭文簿，将土舍告袭，蕃司代填日期登记明白，年终报部备考”。④地方、中央政府层层把关，严格审核，并备案收存。

2．承袭人范围

明王朝放弃汉法立嫡长子的继承原则，遵从少数民族继承习惯，法律规定，“承袭必奉朝命，其子弟、族属、妻女、若婿及甥之袭替，胥从其俗”,⑤“土官无子，许弟袭”，“土官无子弟，而婿为夷信服者，令婿袭，或许其妻袭。”⑥凡与土司有家族血缘、婚姻关系者，皆可继承其位，从而出现了父死子继，兄终弟及，叔侄相立，族属袭替，翁婿相承，妻妾继袭，女媳继职，子死母袭等多种形式，尽管继承者形形色色，范围较广，但讲究先嫡后庶、先亲后疏的顺序，且注重继承者的能力。例如，正

① 《明史》卷八〇，《食货志四》。

② 《明史》卷三一〇，《土司》。

③④⑥ 《明会典》卷一二一，《兵部·土夷袭替》。

⑤ 《明史》卷七二，《职官》。

德八年（1513）静州土司节贵父子与岳希土司坤卜父子聚集羌番围攻茂城，兵败被杀，静州土司职务，由节贵族弟车均袭职，岳希土司职务由坤卜之弟坤元袭职。如果出现违法承袭行为，明代法律规定：凡“土官亲族不该承袭之人，争袭劫夺仇杀者，俱问发极边烟瘴地面充军”①。

3. 承袭办法

为了防止在土司承袭中弄虚作假，必须履行一些法定手续：

（1）具图本结状

洪武二十六年（1393），颁布法令：“湖广、四川、云南、广西土官承袭，务要验封司委官体勘，别无争袭之人，明白取具宗支图本并官吏人等结状，呈部具奏，照例承袭，移付选部付选，司勋贴黄，考功付写行止。类行到任，关给札付颁给诰敕。”②一是要土司的“宗支图本”，证明继承者与前任土司有血亲关系，二是要当地官吏核查担保，经朝廷审核批准为土司权力的法定继承人。

（2）预定承袭人

土司在世时，可预立承袭人，册报朝廷备案。“正统元年奏准，土官在任，应具应袭子侄姓名，开报合干上司。候亡故，照名起送承袭。六年奏准，预取应袭儿男姓名，造册四本，都、布、按三司各存一本，一本年终类送吏部备查。以后，每三年一次造缴。嘉靖九年题准，土官衙造册，将见在子孙尽数开报。某人年若干岁，系其氏生，应该承袭；某人年若干岁，某氏生，系以次土舍；未生子者，候有子造报，愿报弟侄若女者，听布政司依期缴吏、兵二部查照。”土司亡故后，预立承袭人虽有法定继承权，但还要看是否成年。法律规定：“土官应袭子孙，年五岁以上者，勘定立案，年十五以上许令袭。如年未及，暂令协同流官管事。”③ 嘉靖七年（1528）对法定承袭者，提出了更高的要求，法律规定：“土官病故，应袭子孙勘查无误，开始只能以土官男孙名色就彼袭替，权管地方，俟著有功劳，然后授之冠带……授署职……授本职。”④先虚授官名，等到建功立业后，才授职权。

（3）承袭禁例

其一，争界者不能承袭。嘉靖十四年（1535）议准：“云南、四川两省土官，各照旧管地方，如有不遵断案，互相仇杀及借兵助恶，残害军民，并经断未久辄复奏扰

① 万历《大明律集解附例》卷二，《吏律·官员袭荫》。
② 《明会典》卷六，《吏部·土官承袭》。
③④《明会典》卷一二一，《兵部·土夷袭替》。

变乱者，土官子孙不许承袭。所争村寨，平毁入官。”① 土司之间互相仇杀，不遵守中央号令，贻害地方者，剥夺其土司承袭权。其二，越境愈类婚姻者不能承袭。嘉靖三十三年（1554）题准：“土官土舍嫁娶，止许本境本类，不许越省，并与外夷交结往来，遗害地方，每季兵备道取具重甘结状。如再故违，听抚按官从实具奏，兵部查究，量情轻重，或削夺官阶，或革职闲住，子孙永不许承袭。”②土司利用婚姻，与外夷结盟、积蓄实力，称霸一方者，剥夺其土司承袭权。

由此可见，明王朝既不希望土司在继承职位上产生内耗，引起一方骚乱，也不愿意对土司承袭失去控制，所以一方面认可土司袭替“胥从其俗”，另一方面则将土司袭替纳入法定程序进行规范，强调土司袭替必须经中央王朝的承认。如果土司有违背中央王朝的意志者，中央有权干预，甚至剥夺其袭替权。

（二）土司的奖惩

明代对土司“恩威兼济”，赏罚并用。在赏赐方面，凡有政绩，立军功，或在纳米、进献方面有突出贡献者，分别予以升迁，升迁办法主要是按土官官序依秩提升，其次是授流官官衔，再次是加授散阶、勋级虚衔，以示褒奖，其待遇几乎与流官相同，民族差别被掩饰和弱化。在罚罪方面，一是要贯彻“不可尽绳以法”的原则。土司犯罪，不必完全依循汉法惩治，法律规定：“云贵军职及文职五品以上官及各处大小土官，犯该笞杖罪名不必奏提，有俸者照俸罚俸，无俸者罚米。其徒流以上情重者，仍旧奏提。”③ 大小土官犯笞杖罪，不必奏提，仅罚俸或罚米；犯徒流以上罪，处罚权归中央，以示慎重，防止地方官随意加重处罚，激化民族矛盾。二是要贯彻“轻者可轻，重者难宥”的原则，将反叛的土司，取消世袭，绳之以法，该典刑的典刑，该革职降职的革职降职，该迁徙的安置于别卫，有的甚至杀一儆百。但对于犯轻罪而又有悔改之意的土司，则网开一面，予以宽宥，或准其用本民族的习惯法来处理，以罚代刑，即以金、马、牛、粟等赎罪。由此可见，明代对有罪土司的处罚比起元代“土官有罪，罚而不废”的简单方式更加灵活、丰富和注重实效，标志着惩治有罪的土司法律水平的提高。

---

①② 《明会典》卷一二一，《兵部·土夷袭替》。

③ 《明会典》卷一六〇，《刑部二》。

（三）土司的义务

明承元制，土司“其所以图报于国家者，惟贡、惟赋、惟兵”①，即土司对中央王朝履行朝贡、纳赋、出土兵三项义务，中央王朝将此视为土司是否臣服的主要标志，因此对其义务的法律规定更为具体详备。

1. 朝贡

明代“贡物有典”，即对贡品、贡期和入贡的人数均有专门的规定。（1）贡品为“方物”，因地而异，朝廷对其品种、数量有固定的要求，如羌区的叠溪长官司三年贡马四匹，岳希长官司三年贡马三匹，静州长官司、陇木长官司三年贡马二匹②，此外，还要交纳药材、核桃、油竹笋等土特产。不符合规定要停赏问罪。（2）贡期一般为三年一入贡，法律规定，“湖广、广西、四川、云南、贵州腹里土官，遇三年朝觐，差人进贡一次。俱本布政司给文起送，限本年十二月终到京，庆贺限圣节以前，谢恩无常期”，③“到京过期，减半给赏”。④ 如果不待朝觐之年擅自起贡者，其贡品礼部不予进收。明朝将元代贡期一年或三年，确定为三年一入贡，要求统一，不得以路途远近等任何借口违反。另外，各土司入贡，必须征得所在布政司同意，取文印后方可进京，无文印或文印不实，即属违例。（3）土司纳贡后，朝廷要予以回赐。为节省赏物，减少接待中的开销，明朝严格限制入贡人数，嘉靖七年（1582）议准：“湖广土官袭授宣慰、宣抚、安抚职事者，差人庆贺，每司不许过三人。其三年朝觐，每司只许二人，大约各司共不过百人，起送到京者不过二十人，余俱存留本布政司听赏。”⑤违例，视其情节轻重，分别予以半赏、停赏或问罪的处罚。

2. 纳赋

土司编户之民交纳一定数量的赋税，以示受所在地方政权的节制，其赋额比内地汉族地区低。对新归附的少数民族地区，赋税“听其输纳”，无须规定赋额。凡遇灾荒歉收，或因军功受奖，朝廷随时折纳蠲免，以示惠顾和恩宠。

3. 出土兵

明朝法制允许土司拥有土兵，以备“以蛮攻蛮”之用，“其后辗转假借，凡议大

---

① 张萱：《西园闻见录》卷七九，《土官》。
② 《天下郡国利病书·四川》。
③ 《明会典》卷一〇八，《礼部·土官》。
④ 《明会典》卷一一三，《礼部·给赐·土官》。
⑤ 《明会典》卷一〇八，《礼部·朝贡通例》。

征者，无不借狼兵土兵，远为调遣”①，明代卫所制逐渐瓦解，凡大规模征战，土兵都成为王朝调遣的一支重要军事力量，出兵配合王朝征战则是土司义不容辞的义务。如羌区牟托土巡检碑文载：“明天启九年，世祖折木奉剿蔺贼，初御龙泉驿，次战成都草堂寺，损土舍二员，土兵二千……奏加宣抚职衔……旋奉剿白马、脚都、别拓、牛罗，征功在卷……岩头、脊鱼、戊戌三寨被黑虎生番入寇，派往征剿，败贼四阵，怵息归巢。”土兵受朝廷征调，四处征战，屡立战功。

（四）对土司的监督

据史书记载：“四川土司诸境，多有去蜀远……明太祖略定边方，首平蜀夏，置四川布政司，使招谕诸蛮，次第归附……不过岁输贡赋，以示羁縻。然夷性犷悍，嗜利好杀，争相竞尚，焚烧掠夺，习以为恒。去省寥远，莫能控制，附近边民，咸被其毒。皆由规模草创，未尝设立文武为之钤辖，听其自相雄长，虽受天子爵号，实自王其地。以故终明之世，常烦伐，唯建昌、松、茂等处设立卫所……稍安戢云。”② 明王朝采取积极措施监督土司，其方法一是建立严密的军事防御体系，另一是建立完整的流官政权，即“设州以统羌民，设卫以统军伍”，军事威慑与行政管理互相配合，以维系羌区的安定。就军事防御体系而言，明初设平羌将军都督府，置平羌将军御史大夫一员，都督总兵官一员，率军镇守威、茂。正统年间（1436—1449），设都御史一员经略地方。成化年间（1465—1487），设兵部侍郎一员，提督松潘、威、茂，后改设都御史一员，巡抚军务。设布政司参议一员管粮储，住茂州，代管松潘；按察司副使一员，管兵备，住松潘，代管威、茂。弘治年间（1488—1505），裁去参议，专设整饬威、茂等处地方兵备，兼综理粮储，设按察司副使一员，协守参将一员住茂州。协赞游击将军一员，住叠溪，“遇贼剿杀”，专负镇压之责。③ 与此同时，明王朝还在羌区建置了大量的关、堡、墩台，派兵把守，以防不测。④ 这无疑是从军事方面对土司有遏制作用。就行政机构而言，设置了茂州、威州、汶州等州县流官政权，大量流官以管理羌区地方行政事务、储积军粮为己任，土司处于从属地位，有协助流官维护辖地治安的职责，总之，明代对羌区土司的监督做到了外在强制与内在权力渗透

---

① 毛奇龄：《蛮司合志》序。

② 《明史》卷三一〇，《四川土司》。

③ （民国三十三年）《汶川县县志》。

④ 道光《茂州志》卷二，《关隘》。

的巧妙配合，土司的权力受到了压缩和控制，这为其后的改土归流创造了有利的条件。

（五）土司的教化

明太祖朱元璋认为："朕惟武功以定天下，文教以化远人，此古先哲王威德并施，遐迩咸服者也。"① 故在以"武力"平定少数民族地区后，重视对土司的教化，其举措有：其一，优待土司子弟入学国子监。少数民族子弟可以得到入国子监读书的特殊照顾。入学有特恩（多由皇帝指派）、岁贡（每州三年贡二人）、选贡（岁贡之外，学行兼优者，可不拘常例选入国学）等三种方式，为少数民族地区培养顶尖人才。其二，在土司地区，设立儒学。洪武二十八年（1395），"诏诸土司皆立儒学"②，仿照汉族地区府州县学校的体例办学。土司"选其子孙弟侄之俊秀者以教之"③，用封建纲常礼教武装其头脑。其三，强制土司应袭子弟入学。为了使土司能逐渐符合明王朝的官吏规范，更好地为王朝统治效力，弘治十六年（1503）对土司应袭子弟做出了不入学不准承袭的强制性规定："以后土官应袭子弟，悉令入学，渐染风化，以格顽冥。如不入学者，不准承袭。"④ 其四，奖励土人子弟入学。府州"学校有土人子弟在学者，宜分别处置，以示奖励"⑤。其五，土司地区开科举取士。永乐八年（1410）茂州人沈连请设学，知州刘坚即指挥徐凯宅改建。茂州"建学立师自此始"，当时"羌民难之，坚集众羌，谕以朝廷成俗之意，于是遣子弟就学读书"，⑥ 隆庆年间（1567—1572）知州张化美在茂州又建社学二所，"择子弟员贫而好学者给以馆谷，俾司训课"⑦。嘉庆年间（1522—1566）威州也增设学校，威州守崔哲"以进士调官来威州重建文庙，兴学校，相与遣兄弟子员，岁增二十余人，番亦闻风归化。大小姓亦遣子弟入学，与诸生相率唯谨，揖逊从事俎豆，彬彬然有齐鲁之风"⑧。地方官在羌区办学，对土司广施教化，促进了羌族地区文化教育事业的发展，对该地区政治的稳定、经济的发展，也有积极的推动作用。

---

① 《明太祖实录》卷三六。
② 《明史》卷三，《太祖本纪》。
③ 《明太祖实录》卷二三九。
④ 《明史》卷三一〇，《湖广土司》。
⑤ 毛奇龄：《蛮司合志》卷二。
⑥ 道光《茂州志》卷三，《政绩》。
⑦ 道光《茂州志》卷二，《学校》。
⑧ 同治《理番厅志》卷五，《艺文》。

三、改土归流

土司政权是封建王朝立足未稳与少数民族地区势力妥协的产物，让其“自成体系”、“各自为政”，但封建王朝最终目的是实现政治的一体化，因此一有机会就在一些地区开始渐进式的改土归流。具体运作方式为：第一，凡土司叛逆，中央王朝擒诛后，改设流官；第二，因土司绝嗣，无人承袭，改设流官；第三，土司相互争斗或内部纷争，无法调解，改设流官；第四，土司主动请求，或当地民众要求废除土司，改设流官。羌族地区土司“改土归流”在明代已初步推行，如，正德二年（1507）“茂州所辖卜南村、曲山军羌寨乞为白人，愿纳粮差。其俗以白为善，以黑为恶。礼部覆，番人向化，宜令入贡给赏”。万历二年（1574）于浓、窄溪、得胜、渭门等寨羌人“愿纳粮款降附”，知州张化美探知其情，条议具报，招抚归顺，“给以木牌铁刻”，列为编氓，边患遂息。

第三节

清代土司制度在羌区的延续

清朝对羌区的统治思想十分明确：“此等生番，从古不庭，罔知汉法。先当示以兵威，继谕以招抚，使其畏威怀德，倾心向化，各安住牧，以仰体皇上好生之心。”①“考之《春秋》，王者大一统。然荒服遐陬，不必尽入版图，将以正内外之防，非仅讳穷兵惩黩武也。夫五礼教忠，六乐教和，防伪防情，先王于万民且兢兢焉，矧兹戎狄贪而无亲，可弗戒乎？汉唐迄明，置郡、置刺史、置巡道、置令长、置州县，则以官司防之也。建柔远、当狗等城，通化威戎等军，石门蛇浴等镇，保子镇夷等关，则以险阻防之也。至于犬羊无信，欺诈万端，遗事具在其防伪防情实有知虑所不能周者，是在守土之吏，彰信明义，毋贪小利而开边衅，毋轻非类而启戒心，毋弃梗顽而忘化导，达其志，通其欲，务使不识不知，顺帝之则焉。斯真能探源而治，思患豫防者

① 道光《茂州志》卷三，《武功》。

也，岂第除戎器以备不虞，谨关梁以固吾圉云耳。”① 为了威德并施、防教结合，清初，因循明制，对明代的土司制度稍加损益后，将它作为西南少数民族地区的基本制度加以沿用。雍正年间（1723—1735），清政府实行大规模的“改土归流”，土司制度逐渐在一些地区被废除，而以流官代替，少数民族地区行政建置发生了较大变化。

一、清代土司在羌区的设置

清土司设置集中在顺治、康熙、雍正三朝。清初，为尽快平定南方少数民族，减少阻力，清王朝加意招抚土司。顺治五年（1648）十一月发布谕旨：“各处土司，原应世守地方，不得轻听叛逆招诱，自外王化。凡未经归顺，今来投诚者，开具原管地方部落，谁与照旧袭封；有擒执叛逆来献者，仍厚加升赏；已归顺土司官，曾立功绩及未经授职者，该督抚按官通察具奏，论功升授。”② 清军所到之处，前明土司纷纷降附。清廷对羌区投诚的土司一般均仍授原职，收缴明代的印信号纸，改颁清朝的印信号纸（土百户则只颁号纸或委牌），承认土司世袭的权力和地位，让他们仍然依照本民族风俗进行统治。随着清在羌区势力的日益深入，也有新的民族首领归附，清同样授土司职衔，建立土司制度，清在羌区共设土司二十三处，计为土宣慰司一，土安抚司三，土长官司八，土巡检司四，土千户一，土守备一，土百户五。

静州长官司董光舒，康熙五年（1666）投诚，仍授原职，颁给印信号纸，住牧静州，其地东至大河陇木土司界四里，南至水磨沟二十里，西至州属黑桃沟十里，北至州属巴珠沟二十五里。管寨十二，每年认纳麦粮一十九石二升。

陇木长官司何棠之，顺治九年（1652）投诚，康熙二十四年（1685）颁给印信号纸，住牧陇东，其地东至石泉县番界四十里，南至州属曹木二十里，西至静州土司界四十里，北至山后界二十里，原管赤土坡十二寨，已编户入州，现管罗打鼓河东六寨，每年认纳麦粮十三石一斗八升。又，康熙二年（1665）分给管束青片下五族十寨，每年认纳黄豆粮三十六石五斗，黄蜡三十斤，赴茂州营完纳，折充兵米。又，庄地十处。

岳希长官司坤琏，顺治九年（1652）投诚，康熙五年（1666）颁给长官印信，乾隆三十二年（1767）始给号纸，住牧岳希。其地东至大江二里，南至牟托土司界二十

---

① 同治《直隶理番厅志》卷四，《边防志总》。
② 《清世祖实录》卷四一，顺治五年十一月辛未。

五里，西至州属药沟十里，北至州属波西二里。原管波西等寨已编户入州，现管寨五，每年认纳麦粮八石九斗六升三合。

长宁安抚司苏朝栋，顺治九年（1652）投诚，康熙六年（1667）颁给印信号纸，仍袭安抚司职，住牧沙坝。其地东至长宁堡十里，南至水草坪土司界二十里，西至州属龙坪十里，北至实大关三十里。原管章圭等寨已编户入州，现管寨六，每年认纳麦粮十五石七斗零五合。

水草坪巡检土司苏国光，顺治九年（1652）投诚，将副安抚司印信呈缴，康熙六年（1667）颁给巡检土司印信号纸，其地东至大江五里，南至竹木坎土司界十五里，西至州属二溪沟三十里，北至沙坝界十五里。管寨三，每年认纳麦粮五石四斗一升。

竹木坎副巡检土司孙应长，顺治九年（1652）投诚，康熙十九年（1680）改为副巡检土司，颁给号纸，无印信，职列阃外，住牧竹木坎。其地东至擦耳岩十五里，南至长安堡二十里，西至黑虎寨三十里，北至水草坪土司界五里。管寨四，每年认纳麦粮三斗七升。

牟托巡检土司温清近，顺治九年（1652）投诚，康熙六年（1667）颁给印信，二十七年（1688）复给号纸，职列阃外，住牧牟托。其地东至大河界二里，南至州属水磨沟二十里，西至州属叫族三十里，北至岳希土司界二十五里，管寨三，每年认纳麦粮一石二斗四升，赴茂州上纳。

实大关副长官司官士铨，康熙十年（1671）投诚，颁给号纸，无印信，住牧实大关。其地东至州属小牛寨五里，南至穆肃堡十里，西至大河界二里，北至大定堡十里。管寨二。

梭磨副长官司囊索加布，雍正元年（1723）投诚，颁给印信号纸，住牧梭磨，乾隆五十年（1785）土司杨曙不能抚驭番民。杨文秀等呈恳归流，详准编户入州，土司裁去。

大定沙坝土千户苏尚荣，其先苏忠于顺治初投诚，授职，颁给号纸，无印信，住牧大定沙坝。其地东至叠溪营界十里，南至州属高黄寨十里，西至州属巴珠寨十里，北至州属小寨子十里。管寨十，每年认纳麦粮七石五斗。乾隆元年（1736）豁免旧属叠溪营，乾隆五十五年（1790）归州。

大姓土百户郁廷栋，顺治六年（1649）郁孟贤投诚，将唐时印信呈缴。康熙四十二年（1703）郁鸣凤始授土百户职，颁给号纸，无印信，住牧大姓寨。其地东至石泉县小鱼肚界八十里，南至州属踏落寨八十里，西至松坪土司五十里，北至平番营属树底寨五十里。管寨二十。

小姓土百户郁成龙，顺治四年（1647）投诚，将明时印信呈缴，康熙三年（1664）改颁土百户号纸，无印信，住牧小姓寨。其地东至平番营属白草五十里，南至龙安营属番寨界九十里，西至州属小关子五十五里，北至牛尾巴四十五里，管寨十三。

松坪土百户韩朝升，顺治四年（1647）投诚，将明末印信号纸呈缴。康熙四十二年（1703）颁给号纸，无印信，住牧松坪。其地东至大姓白泥寨三十里，南至梭磨土司界五十里，西至松潘中营属七布寨八十里，北至平番营属红土坡九十里。管寨十六。

大姓黑水土百户郁玲，顺治四年（1647）投诚，将明末号纸呈缴。康熙五十四年（1715）颁给土千户委牌，乾隆十九年（1754）改给土百户委牌，无印信，住牧大姓黑水。其地东至小姓梭多寨二十里，南至州属牙猪寨五十里，西至梭磨哭坝寨四十里，北至松坪大和尚寨五十里。管寨六。

小姓黑水土百户郁启相，顺治四年（1647）投诚，将印信呈缴，康熙三年（1664）颁给郁即长官司札付，乾隆五十一年（1786）改颁土百户委牌，无印信，住牧小黑水寨。其地东至大姓黑水昔鱼寨三十里，南至州属二岔河三十里，西至松坪碉孤寨四十里，北至小姓鱼耳寨三十里。以上五土司所属番民于道光六年（1826）归州认纳粮差，其土司仍留土职世袭。①

以上十五家羌区土司，皆在茂州（今茂县）境内。

清康熙二年（1663），对北川青片羌人用兵，平上下五族番蛮，对青片羌人采取石泉土司与茂汶土司分治的办法：番寨近茂州责之陇木土司，近石泉者责之坝底唐氏与艾林李氏二土司，又设抚夷一员，防守坝底，弹压青片番羌。其粮蜡听土官征收解营。康熙二十二年（1683），“以唐、李土司管所之青片等寨，去石泉太远，拨归叠溪营属之大小姓两土司管束。”② 至此，石泉县青片羌人全部划归茂州统辖。

清康熙十九年（1680），在今理县的杂谷安抚司土司桑吉朋投诚，清廷仍授原职，颁发印信。乾隆六年（1741）请领号纸，未纳税银粮马。乾隆十四年（1749）以从征金川功，加宣慰使。乾隆十七年（1752），杂谷土司苍旺擅行攻杀抢掠，不服朝廷调诿，清廷以“逆迹昭著”、图谋不轨为借口，用大军征讨，苍旺被擒伏诛，将其地改

---

① 《茂州志》卷三，《土司》。

② 《石泉县志·土司》。

设五屯，以各寨头人选补为守备，计有甘堡屯、杂谷屯、上孟董屯、下孟董屯和九子寨屯、前四屯为嘉绒藏族聚居区，九子寨屯为羌族聚居区。

清顺治九年（1652）汶川瓦寺土司十五世曲翊伸率先归顺，将其明朝所授印信号纸呈缴，清廷授以安抚司职。康熙九年（1670）瓦寺土司随征西藏有功，加赏宣慰司衔。乾隆二年（1737）加封为指挥使职衔。乾隆十七年（1752）参与征剿杂谷土司苍旺并金川等处土司有功，赏戴花翎，赐姓索。嘉庆元年（1796）参加镇压四川白莲教起义，升宣慰司，换给印信号纸，其辖地东抵保子关，南至三江口交灌县老坝寨，西邻日隆斑灿山界沃日，北至沙牌沟交杂谷，共辖二十八寨，八百余户，“每年地丁认纳汶川县粮银十三两八钱，兼纳理番粮九两八钱，灌县粮银八两”①。

二、清代土司制度的基本内容

（一）土司承袭法

清代土司允许承袭，文职隶属吏部验封司，武职隶兵部武选司。每遇承袭，由督抚具题，将该土官顶辈宗图、亲供、地方官并邻封土司印甘各结，以及原敕印，亲身赴部，由部核明，方准承袭。清王朝认为“土司之乱，起于承袭”，它在明代若干承袭规定的基础上做了进一步的补充，土司的世袭法愈渐完善。清土司承袭法基本内容有：

1. 宗支嫡庶有序

土司承袭需按宗支嫡庶秩序，依次进行。清法律规定：土司亡故，或年老有疾请代，“准以嫡子嫡孙承袭；无嫡子嫡孙，则以庶子庶孙承袭；无子孙，则以弟或其族人承袭；其土官之妻及婿，有为土民所服者，亦准承袭”。② 乾隆三十三年（1768）特做出“嫡庶不得越序”的明确规定：“土官袭替定例，必分嫡庶长次，不得以亲爱过继为词。”③ 对破坏宗支嫡庶次序袭替的土司，要追查、处分。“如宗派冒混，查出参究”。④ “承袭之人，有宗派不清，顶冒、陵夺各弊，查出革职，具结之邻封土官照例议处。”⑤清廷一改明代土司承袭“从其俗”的状况，明确规范承袭顺序，从而大大

① 嘉庆《四川通志》卷九六，《土司》。

② 《大清会典》卷一二，《吏部·凡土官之职》。

③ 《大清会典事例》卷一四五，《吏部·土官承袭》。

④⑤ 《大清会典事例》卷五八九，《兵部·土司袭职》。

减少了土司承袭的争执与混乱。

2. 预制土官

由于“土舍私相传接，支系不明，争夺由起，遂致酿成变乱”。为了杜绝争袭、冒袭，清规定了预定袭嗣办法：“每遇岁终，土官各上其世系、履历，及有无嗣子，开报布政司。三年当入觐。则预上其籍于部。其起送袭替时，有争论奏扰者，按籍立办。”① 先将现任土司世系宗支的基本情况上报地方及中央官府备案，为土司袭替建立详细档案，作为认定日后承袭者资格的法律凭证。但这种方式过于死板，不利于分辨智慧与否，任人唯贤与否。

3. 印信号纸

印信号纸是朝廷颁发给土司的官方凭证，是土司统摄部属的权力象征，朝廷与土司对此都尤为重视。土官承袭，“由部给牒，书其职衔、世系及承袭年月于上，名曰号纸”②。“凡土官之职，皆给予号纸，土府厅州县则加以印”③。关于颁发印信号纸的手续，法律做了详细规定：“每承袭世职之人，给予钤印号纸一张，将功次、宗派及职守事宜填注于后。后遇子孙袭替，本省掌印都司验明起文，并号纸送部查核无异，即与题请袭替，将袭替年月、顶辈填注于后，填满换给。如遇水火、盗贼损失者，于所在官司告给执照，赴部查明补给。如有犯罪革职、故绝等事，都司、布政使司开具所由，将号纸缴部注销。”④ 该条法规对印信号纸的颁发、填写内容与方式、换给、补给、注销等都有专门而详细的要求，新土官袭替时，将原土司的号纸并宗图册结、地方官邻封土司甘结一并呈缴吏部，改给新号纸，不呈缴原号纸者不能承袭任职。土司升职时，换给新委任职位的印信号纸。当土司丢失印信号纸，往往会受到降职的处分。

4. 承袭人年龄

康熙十一年（1672）题准：“土官子弟，年至十五，方准承袭。未满十五岁者，督抚报部，将土官印信事务，令本族土舍护理；俟承袭之人，年满十五，督抚题请承袭。”⑤ “如有子而幼者，或其族或其母能抚孤治事，由督抚拣委，至其子年及十五岁再令承袭。”⑥土司承袭的法定年龄为十五岁，承袭人不及十五岁，由其家族、母护

① 《东华录》顺治卷三二，顺治十六年五月壬午。

②⑥ 《大清会典事例》卷一四五，《吏部·土官承袭》。

③ 《大清会典》卷一二，《吏部·凡土官之职》。

④⑤ 《大清会典事例》卷五八九，《兵部·土司袭职》。

理，十五岁方可袭替。如瓦寺土司十九世桑郎荣宗，乾隆四十三年（1778）嗣，年幼，其母麦氏抚之，乾隆四十四年（1779）奉旨承袭。第二十五世索国光，父死时年仅八岁，以年幼，土司职权由其母索赵士雅行至1949年。

5. 承袭期限

鉴于地方官吏往往乘土司承袭之机，借端勒索，索费不遂，则封其印数年不与，致使番目专恣仇杀。清对土司具体承袭期限做了严格规定："土官病故，该督抚于题报时，即覆明应袭之人，取其宗图、邻封甘结并原领号纸，定限六个月内具题承袭，其未经具题之先，即令承袭人照署印官例署印任事，地方官不得将印信封固，致滋事端。有勒索留难者，将该管上司照违限例议处。"① "文职土官承袭，该督抚限六个月具题，如有逾限不及一月者，罚俸三个月；一个月以上者，罚俸一年；半年以上者，罚俸二年；一年以上者，降一级留任。"② 其后，乾隆七年（1742）对请袭期限做了变通规定："如有事故稽迟，不能请袭者，于半年内咨部存案，日久亦准承袭"。③

6. 袭替禁例

清代法律规定："土官受贿、隐匿凶犯逃人者，革职提问，不准亲子承袭，择本支伯叔兄弟之子继之。若有大罪被戮，即立夷众素所推服者，以继其职。"④ 土司犯罪，要视其犯罪的轻重程度决定如何剥夺其承袭权。土司一般犯罪革职，亲子即丧失承袭权，由其近亲之子袭替；土司大罪被诛，不许土司亲族承袭，另选择族众拥戴折服之人为新土司。

从史料看，清代承袭制度有严密的规定，但实际上受吏治腐败的冲击，并未认真执行，致使许多规定成为一纸空文。

（二）土司的考核与奖惩

清初为了招抚土司，没有对土司进行考核。康熙五十九年（1720）采纳广西巡抚宜思恭言，规定："嗣后大计之期，与流官一体考核优劣，其升赏降革之处，仍照土司定例遵行。"⑤ 土司考核与流官一样，有"三年大计"之例，但在具体考核过程中，对土司有比流官更多的照顾。雍正四年（1726）增"随时荐举"条例："各省所属土

①③ 《大清会典事例》卷五八九，《兵部·土司袭职》。

② 《大清律例便览汇辑》卷六。

④ 《大清会典事例》卷一四五，《吏部·土官承袭》。

⑤ 《清圣祖实录》卷二八七。

司，有奉法称职、裨益地方者，该督抚不必拘三年大计之例，随时荐举。”① 其后发现土司与流官体制不同，“土司皆系世袭之员，必遇贪酷不法等罪始行斥革，另袭例无升迁降调，无庸入于大计考核”②，加之土司考核，“皆由道府申报，或因徇情请托，不遂所请，以致结嫌起衅，生事地方”③。于是于乾隆三年（1738）议准取消土司考核，这无疑是一种失策。

清代土司有“抚夷民”、“完钱粮”、“擒盗贼”、“备征调”等四大职责。清廷对忠于职守的土司，给予嘉奖。奖赏的具体办法为：“经征钱粮，一年内全完者，督抚奖以银牌花红；能严行钤束擒剿盗贼，一应案件于一年内全完者，加一级，完结过半者，督抚嘉奖；军功保列出众者，加衔一等，头等者加一级，二等者纪录二次，三等者纪录一次；凶犯盗首逃匿土官境内，一年内查解五名以上者纪录一次，十名以上者纪录二次，十五名以上者加职一级，三十名以上者加职二级。如不足五名者，准并次年查解之数积算。”④ 但清代土司议叙，有一定限制，土司不论功劳多大，既不能升入流官，也不能入仕中朝，土司最终仍是一个土司，从而断绝了土官进入最高统治层的仕途，不让其权力过分的膨胀。“土官有军功者，各就原品级以次递加。指挥使以下，由百长以次递加，至指挥使而止。宣慰使等三司，各由佥事递加至该司使，副招讨使加招讨使，副长官加长官，其加至长官者，准加安抚使或招讨使，安抚使、招讨使准加宣抚使，递加至宣慰使而止。”⑤ 此外，清王朝为安抚土司，还赏给虚衔、官品顶戴、名号等，以示荣宠。

清代对有罪土司的惩处比起明代有明显加重的趋势。凡“恣意吓诈侵害部民”、“失察夷人聚众行劫侵犯城池”、“隐讳不报野夷掳掠百姓”、“明知故纵熟夷为盗”、“或天获、或循隐、或庇匿夷人勒赎命案抄抢杀伤之恶”之土司，将分别受到“杖责”、“罚责”、“降调”、“参革”、“狱枷”、“治罪”等处理。⑥ 但惩处土司与惩处流官还是有所区别：一是处罚土司相对较轻；二是不轻易剥夺其世袭官职。

---

① 《大清会典事例》卷一四五，《吏部・土官承袭》。
② 《吏部处分则例》卷六，《考绩》。
③ 《吏部处分则例》卷四，《考绩》。
④ 《大清会典》卷一二，《吏部・凡土官之职》。
⑤ 《大清会典》卷四七，《兵部・凡土司》。
⑥ 《钦定大清会典事例》卷五八九，《兵部・土司议处》。

（三）土司的义务

清承明制，土司仍对中央王朝履行交贡、纳赋、供征调的义务。

1. 交贡

清代将明代土司朝贡分离为朝觐与交贡，交贡是中央对民族地区经济剥削的重要手段，它与土司的另一义务——纳赋实质上没有多大的差别。据史料记载："凡土司贡赋，或比年一贡，或三年一贡，各因其土产、谷米、牛马、皮布，皆折以银，而会计于户部。"① 贡物无论品种还是数量都比明代有所增加，并折成银两，就地向流官交纳。以货币取代实物贡品，扩大了货币的流通范围，对市场交易有积极的促进作用。还简化了纳贡的程序和内容，在一定程度上减轻了土司入京进贡的路途开支，又使中央王朝节省了大量的回赐及礼仪费用，得到的是财政方面的纯收入。土司地区与汉族地区对中央履行经济援助方面义务的差距进一步缩小。

2. 纳赋

清代土司地区，不丈量土地，也不编订户籍，交纳赋税一是沿袭明代所定赋额交纳。如乾隆三年（1738）诏谕："土司田地应征粮银，著照原额秋粮银数，按田均输，作为定额，毋庸别立科则。"② 一是由新归附的土司自报认纳赋额，如茂州所属陇木长官司，顺治九年（1652）投诚，颁给印信号纸，"所管番民户口共二百六十七户，每户认纳黄豆三十六石五斗、黄蜡三十六斛，赴营上纳"③。岳希长官司，康熙九年（1670）投诚，颁给印信号纸，"所管番民户口共一百五十户，每年认纳荞麦八石九斗六升三合，赴茂州上纳，支给兵粮"④。土司辖户多寡与赋额轻重之间，并无固定联系，只是一般较流官统治地区的丁粮少，还可享受因征战、天灾或特殊的政治因素而蠲免的优待。

但是，除封建国家征收的赋税外，各级地方官吏的盘剥勒索增加了土司额外的经济负担，有的甚至不堪承受。为此，清廷一再发令禁止各级地方官吏任意科派需索土司之事。如康熙二十五年（1686）议准"督抚提镇等官，如有需索土司以致启衅者"，则"革职从重治罪"。⑤ 雍正五年（1727）告谕云贵、川、广以及楚省，"督抚提镇

① 魏源：《圣武记》卷七，《雍正西南夷改流记》下。

② 《钦定大清会典事例》卷一六五，《户部·土司贡赋》。

③④ 《四川通志》卷九七，《武备志·土司》。

⑤ 《钦定大清会典事例》卷一二九，《吏部》。

等，严切晓谕，不妨至再至三，且需时时留心访察，稍觉其人不宜苗疆之任，即时调换。并严禁兵丁胥役之生事滋扰，务俾政事清明，地方宁谧，安居乐业，共享升平。傥有不尊朕旨，丝毫苛索于土民地方者，著该上司立即参劾，重治其罪”①。但苛索土司之事，屡禁不止，甚至还有因需索不遂而发兵征剿者，给少数民族地区带来了深重的灾难。

3. 兵役

土司管辖地区的少数民族青壮年男子，都有服兵役的义务，成为土兵。这些土兵或隶土司，或属土弁，或归营讯。因土兵“习战斗，谙边情”，平时“保境安民”，重大战事时“征调出征”，是一支很有战斗力的军事力量，颇受清廷重视和利用。如汶川瓦寺土司，康熙五十九年（1720），因西藏发生战事，曾调土兵六百名于拉里、巴塘地方，护送粮饷，又随征郭罗克地，俱有功，加宣慰使衔。乾隆十七年（1752），调土兵平定杂谷土司苍旺叛乱。

（四）对土司的教化

清廷在少数民族地区采用“文教为先”之策，羌区的文化教育在明代的基础上有了较大的发展。

1. 规定土司子弟入学习礼

顺治十五年（1658），“贵州巡抚赵廷臣疏言：‘臣以为教化无不可施之地。请自后应袭土官年十三以上者，令入学习礼，由儒学起送承袭。其族属子弟愿入学读书者，亦许其仕进。’下部议行。”② 顺治十八年（1661）“令滇省土官子弟就近各学，立课教诲。”③ 康熙四十四年（1705），“令贵州各府州县设立义学，土司承袭子弟送学肄业，以俟袭替。其族属子弟并苗民子弟愿入学者，亦令送学。”④这些规定促使土司子弟及少数民族子弟积极入学，使“儒教日兴，而悍俗渐变”⑤。

2. 立义学，建书院

西南诸省少数民族地区多设立义学，以“教孤寒生童，或苗、蛮、黎、瑶子弟秀

① 《湖南通志·诏谕》。
②⑤ 《清史稿》卷二七三，《赵廷臣》。
③④ 《清朝文献通考》卷六九，《直省乡党之学》。

异者”①。雍正八年（1730），“议准四川番夷，湖南永绥、六里等处，并建立义学”②。办学的具体办法是：“先令熟番子弟来学，日与汉童相处，宣讲圣谕广训，俟熟习后，再令诵习诗书。以六年为期，如果教导有成，塾师准为贡生；三年无成，该生发回，别择文行兼优之士。应需经书目用，该督抚照例办给。俟熟番学业有成，令往教诲生番子弟，再俟熟悉通晓之后，准其报名应试。”③将学习内容、期限、学成之后如何任用等都做了规定。如顺治九年（1652）茂州设儒学。康熙二十四年（1685）茂州知州李斯佺在城内治平寺、灵佑宫设义学二所，“以未筹馆谷”，不久停办。嘉庆二十二年（1817）茂州州官王升元于儒学署侧建九峰义学一所，校舍五间，以义仓旱地及河西荒地开垦，每年收租谷作为塾师职金。道光七年（1827），又筹捐钱五百串发铺户生息，设启蒙、兴文、储英、养中等义学四处，每年各馆支钱二十串，“行之年余，州人以义学无实济，情愿设立书院”，遂将五百串基金利息及前河西学田地租统归书院。朝廷还鼓励私立书院，“各省书院之设，辅学校所不及”。④ 茂州有九峰书院，威州有汶川书院、储秀书院、云峰书院。义学、书院的广泛建立，推动了羌区文化教育事业的发展。

3. 设立土府土州土县学，由官府资助读书、应试

如汶川的绵虒学宫，始建于明嘉靖二年（1523），清顺治七年（1650）重建，并不断扩建，学宫有教谕、训导。初入学 8 人，廪生 20 人，增生 20 人。科岁二试，并定有贡生名额，最初，汶川生徒最少；而外州县有来寄籍者，历年如此，后来越来越多。嘉庆元年（1796）知县丁葵籀制定了详细的章程，非土著不得应试为例，以杜冒滥用歧考，维护了优待羌民子弟入学考试的权利。

4. 开科举之门

康熙四十二年（1703），“令湖广各州县熟苗中有通晓之义者，准与汉人一体应试，广西土司之民人子弟及贵州苗民并照此例。”⑤ 不论土司或土民子弟应试，俱一视同仁。对边远应试者，还给予经费资助。雍正十一年（1730），鉴于“茂州羌民久列版图，载粮入册，与齐民无异，应照湖南、贵州之例，准其与汉民一体应试，卷面不必分别汉羌，取额不必加增，一体凭文去取”⑥。

---

① 《清史稿》卷一〇六，《选举一·义学》。

②③ 《清朝文献通考》卷七〇。

④ 《清史稿·选举志一》。

⑤ 《清朝文献通考》卷六九，《学校考·直省乡党之学》。

⑥ 同治《理番厅志》卷四，《边防·土制》。

5. 准许报捐

嘉庆九年（1804）奏准，“湖广之苗瑶，广东之黎峒，广西之土官土目子弟，云南威远之彝人，四川之番民羌民等，向俱准应童试，如愿捐监，准其一体报捐”，①可捐监生。至嘉庆十八年（1813），取消土司捐监的规定，其理由是：“土司既经承袭，即系职官，不得再捐监生。”②

三、清代羌区的改土归流

明末清初，羌人与汉民之间频繁交往与经济文化的互相交流，使羌区的各行各业都有了显著的进步。汶川、茂县、理县等地已由纯粹的军事政治要镇，进而兼为各族物资交流集散的经济中心。然而以封建领主经济为基础的土司制度在运行过程中，也出现了一些弊端：

第一，土司专横暴虐，贪婪纵欲，对羌民横征暴敛，巧取豪夺，加之土司刑法酷重，对土民任意惩处，“其有规避徭役，不遵土司饬遣者，例最严酷，籍没其家，将其人并家属，分卖各部落为奴”③。甚至草菅人命，羌民敢怒而不敢言。这一切束缚了羌民的自由，扼杀了羌民发展生产的积极性，迫使羌民不断抗争，冲击和动摇了土司统治的基础。

第二，土司形成强大的割据势力，他们凭借武力，为非作歹，时而不听从中央王朝的号令，对抗朝廷官兵，对多民族国家的统一构成威胁。

第三，土司之间纷争不休，仇杀不已，严重影响统治秩序的安定及社会生产的正常运行。例如，顺治十四年（1657）杂谷土司桑吉朋、阳日土官巴必太，合兵千余围攻瓦寺土司曲翊寨未下，遂转入内地，劫堡断桥，杀戮汉羌民众，掠去男妇四十余人，监军道佥事程翔凤调防威州守备关天爵、林阿桂等领劲兵六百名夹攻，擒阿朋，桑吉朋、巴必太二人逃走，后桑吉朋交还所掠人口，赎回阿朋。五年后，阿朋与桑吉朋之间又闹内讧。康熙元年（1662）阿朋纠合阿姜济等驱逐桑吉朋于别思蛮，而立其侄，并乘机断绳桥，阻哨道，煽惑水田、星上、曾头三寨叛乱，致使威、保声息不通。清王朝不得不加以干预，命威茂兵备道陈子达、松潘副总兵何德成四路攻剿，遂斩阿朋，安置桑吉朋于维州，并每年给予大量赏赐，以示羁縻。

①② 《清朝续文献通考》卷九六，《学校考·太学》。

③ 李心衡：《金川锁记》卷二，《夷例》。

以上事实说明，随着社会历史的发展，土司制度已经日益衰落和腐朽，给民族地区的人民带来巨大的痛苦和灾难。因此，雍正四年（1726）云贵总督鄂尔泰首先奏请“改土归流”：“云贵大患无如苗、蛮。欲安民必制夷，欲制夷必改土归流……改流之法：计擒为上，兵剿次之；令其自首为上，勒献次之。”① 雍正大力支持，委托其全权负责改土归流事宜，并于雍正五年（1727）向兵部颁发了一道全面推行改土归流的谕旨，就改土归流的原因、意义、办法以及注意事项做了说明，“向来云、贵、川、广以及楚省各土司僻在边隅，肆为不法，扰害地方，剽掠行旅，且彼此互相仇杀，争夺不休。而于所辖苗蛮，尤复任意残害，草菅人命，罪恶多端，不可悉数，是以朕命各省督抚，悉心筹划，可否令其改土归流，各遵王化。此朕念边地穷民皆吾赤子，欲令永除困苦，咸乐安全。并非以烟瘴荒陋之区尚有土地、人民之利，因之开拓疆域，增益版图而为此举也。今幸承平已久，国家声教远敷，而任事大臣又能宣布朕意，剿抚并施，所在土司俱已望风归向，并未重烦兵力而愿为内属者，数省皆然。自此，土司所属之夷民，即我内地之编氓；土司所辖之头目，即我内地之黎献，民胞物与，一视同仁，所当加意抚绥安缉，使人人得所，共登衽席，而后可副朕怀也……倘有不遵朕旨，丝毫苛索于土民地方者，著该上司立即参劾，重治其罪。即系平时保举之人，亦不可为之容隐。果能据实纠参，朕必宥其失察之愆，嘉其公忠之谊。该督抚、提镇等，可共体朕心，各尽怀保边民之道。”② 所谓“改土归流”，即废除世袭的土司制，而代之以封建王朝的州县流官直接统治。“改土归流”的实施，是以军事力量为后盾，以政令感召为主要手段，由逐渐压缩土司的势力范围，到最终以流官取而代之进行过渡。例如，早在“康熙二年（1663）松潘副总兵何德成平定青片上下五族番民，畏威投顺，愿隶版图，每年认粮输蜡，近茂州者责茂州陇木土司管束，近石泉者责之唐、李二土司管束，二十二年，以李唐土司所管之青片等寨去石泉太远，拨归叠溪营属之大小姓两土司管束。又设抚夷一员弹压坝底，其粮蜡听土官征收解运。四十二年（1703）土司唐德俊袭职数月，番民以番冤莫伸，事讼于邑令朱载震，详情黜之，并黜永平土官。于是石泉有抚夷无土官，番民大小讼归县办理”③。羌区的改土归流虽然早在明代后期开始推行，但大规模的实施还是在清乾隆十七年（1752）废除杂谷土司之后进行的。归流后土司辖区改为里，并划归州县流官管理，并屯戍兵，编户籍，

---

① 《清史稿》卷二八八，《鄂尔泰传》。

② 《世宗皇帝实录》卷六四。

③ 道光《龙安府志》卷五，《土司》。

立保甲，加强对这些地区的控制。

原杂谷土司东至郎吉司，南至金川，西至卓克基，北至龙州，幅员仅五百里，明宣德时向外扩张，始据有郎吉司以东日驻、穹山、党者等七寨，界接蒲溪沟，不久复取达司蛮长官司地为己有。康熙十九年（1680）良儿吉时吞并九子、龙窝、孟董、水田、孟沟等寨，绵亘一千里，地广民众，号大酋长，对清构成威胁。苍旺时更加嚣张，欲兼并梭磨、卓克基两土司，引起纷争，且抗法不遵，潜蓄逆谋。清出兵进剿，苍旺战败被杀，乾隆十八年（1753）其地改土归流：南部设杂谷屯、乾堡屯、上孟董屯、下孟董屯、九子屯等五寨，归理番直隶厅管辖，推行土屯制。北部十八寨则改为里，成为编户，由州官管理。土屯制是一种“寓兵于农”的制度，屯民平时务农，战时为兵。屯内的土地名义为国所有，禁止买卖，由守备分与屯民耕种。屯兵必须向屯守备交纳正粮，屯兵的份地收入代替国家发给的饷银。屯守备名义上不管民事，但他们利用特权，役使屯民，其残酷黑暗有如土司，他们不仅滥用民词，插手婚姻、田土、命盗案件，动辄抄家、丢河，为所欲为，而且竟然私委屯官，企图雄霸一方。同治四年（1865），孟董屯守备穆租索朗聚众启衅，清廷于这一年平息，定《善后章程》二十条，其中规定：

凡遇屯官缺出，由文官会同营官，秉公酌定后，文员由道咨司，转申营官，详由该管本镇转申，以符旧制。如遇应袭之人，年未及岁，须先委人代办，亦须会详请委，不得由文武官擅发委牌，以杜流弊，而免争论，永定为例。

五屯额设其余丁中，如有故绝，应以屯民人丁之多者过继接顶，不得滥招汉人上门，顶吃门户。以前穆逆所招汉人门户，全行饬令各屯清查驱逐，以清门户。

嗣后凡遇五屯公事，地方文武和衷共济，会商会禀，不得任听书吏，各立崖岸，争权舞弊，以清弊源。

屯弁不得滥用民词，一概不准滥行擅受，如有违，斥革究办。其婚姻、田土、命盗正案，均归地方官办理。永为定例。

以后凡遇调遣屯兵，须汉官统带，五屯守备只准各带备屯之兵，不得仍前统带五屯，以致树党营私。

屯中俗尚敦厚，自穆逆擅权后，悉改旧制，另立首事及大二五爷名目，除将本犯执法严办外，应将该管屯官，治以应得之罪。

屯中每有因细故抄家、丢河等事，实系恶习，尤属大干法纪。嗣后如有口角争斗等事，应凭人论理，倘不能了息，再行控官申理，不准抄家、丢河，违者尽法处治。

屯中自守备起，设官百员，原以分管屯务，凡稽查弹压是其专责，尤应层次钤束，以期各有责成。嗣后如有千百成群，私行议话，或不遵文武官员调遣，定将该屯守备、千、把外委严行惩治。

屯中额征麦粮六百五十三石三斗四升九合四勺五抄，向因书役以斗面为词，从中舞弊，继续增长，屯民着实苦累，前已改征折色，在于屯饷内坐扣，于屯民有益，应得照章办理，以示体恤。其折价之多寡，应按市价之低昂，由该管屯备，并禀商该厅文武官酌定数目，先行会衔出示晓谕，俾众咸知。

汉民不准住居屯地，今有无业游民或藉称贸易，或顶吃门户，盘踞屯地，唆弄是非，甚至乘间劫掠，种种弊端，不可枚举。嗣后责成该管屯官严行驱逐，永远不准汉民寄居。倘经查出或被告发，定将该管屯官照窝匪徒例治罪。

五屯凡遇公事及控告案件，必须由地方文武层次转禀，如地方官不理，方准层次禀控，不得遽行越诉，以符定例。

《善后章程》一是强调屯官由地方政府任命，五屯公事由地方官会商会禀。二是屯地不许汉民寄居，以免窝藏罪犯。三是屯官不得滥用司法权，妄断人罪，要求国家对屯地实施司法管辖。民刑正案，归地方官办理。禁止运用野蛮习惯刑罚手段治罪，允许羌民上诉。

乾隆二十六年（1761）石柱土司实行改土归流，改为直隶石柱同知。其应袭世职，照苗疆例，改授土通判，不许干预民事。

康熙六年（1667），长宁土司原管章圭等寨编户入州。康熙二十四年（1759），“巴棨等寨逆番阻道劫营，抗抚拒敌，巡抚韩士齐统汉土官兵相机调度，剿抚并用，斩杀逆番数千余级”①，先后招抚陇木土司原管赤土坡十二寨编户入州，输赋纳粮。康熙四十二年（1703），“巡抚贝阿诺、提督岳升龙招抚黑虎七族、三齐各寨、黑水下寨等阅其疆界，稽其户口，以杜侵冒，诸羌悦服，献图列册，认纳麦粮”②，三齐三十六寨列为三里，摆脱土司统治，归隶茂州。乾隆三十二年（1767），岳希土司原管波西寨编户入州。乾隆五十一年（1786），茂州营属桃花等十八寨，编入汉户为新民里。五十三年（1788），大定土千户属连环等寨，请照新民之例一体纳粮应差，编入汉户，为广民里。乾隆三十二年（1767），岳希土司原管波西寨编户入州，康熙六年（1667）长宁土司原管章圭等寨编户入州。这些土司辖区大为缩小，不断局部改土归流，由清廷地方政府指派的保正、牌头管理。改土归流，使“数百年不归王化之生番，今一

①② 道光《茂州志》卷三，《武功》。

旦愿纳粮差为我编氓，数百年不获清宁之官道，自此不烦送哨，边患永消……虽所纳之粮为数无几，然借此以羁縻其野蛮之性，知有约束而不敢作祟为害矣”①。

道光六年（1826），大姓寨土百户郁廷栋、小姓寨土百户郁成龙、大黑水寨土百户郁铃、小黑水寨土百户郁启相、松坪寨土百户韩朝升请求准许将五百户所管五十八寨土地人民拨归附近之茂州管辖，编入汉甲。其新编户口、考试等悉与汉民一体办理；而所纳课粮，因距州太远，请改为折色，赴州完纳。清廷人全部答应了这些请求，设置亲民、安民、康民、齐民四里，但仍留土职世袭，以示优恤。② 茂州由原辖十七里扩大为二十六里。

乾隆至道光一百多年间，羌区的“改土归流”大体完成，仅存管辖茂羌的汶川瓦寺土司，其余或已全部改流，或名存实亡，如静州、陇木、岳希、牟托等土司，统治区域大为缩小，势力急剧削弱，一般成为仅管辖三五个村寨的特殊地主。

改土归流是一种政治制度的变革。它具有中央强制性，又符合社会历史发展的要求。羌区改土归流意义重大。其一，基本消除了原土司的割据状态，加强了中央政府对民族地区的控制，保障了社会安定。从此以后，由清政府任命的流官代替了原土司对这些地区的统治权力。土司任意欺压羌民、作威作福的特权被取消；无休止挑动争斗，破坏社会安定的能力被剥夺。有的被革职，有的被取消承袭权，在政治上遭到严重打击。新设立的保甲归州县统一管理，为羌区社会的安定提供了组织上和制度上的保障。其二，调整了生产关系，有利经济繁荣。改土归流调动了广大羌民的生产积极性，使他们像汉人一样，租种土地，交纳赋税，促进社会面貌的改变。其三，促进了羌区文化教育事业的发展。改土归流改变了羌区闭塞落后状态，有利于与发达地区经济文化交流，从而提高了自身的文化教育水平。

第四节

晚清土司法制在羌区的遗存

清中叶开始，封建王朝在羌区推行“里甲制”，把羌区划为若干里，作为行政基

① 道光《茂州志》卷三，《武功》。
② 道光《茂州志》卷三，《土司》。

层单位，里下设甲，里有里正，甲有甲长。里直接隶属于清王朝的地方州县政权。里甲制规定所辖百姓：“出则注明所往，入则稽其所来”，“无事递相稽查，有事互相救应”以达到控制、镇压羌民的目的。兹引茂县沟口乡水磨坪村保甲碑为例：

永垂万古

盖闻朝廷者，施法之地；乡党者，奉法之臣。即我佛像寺东岳山水，通沟相连，□十寨□□数有家，其间老幼尊卑，谁非奉法之人也？聊虽然上人无言，我辈不□安□，上人有数也。民不敢不遵□□□总督部堂戴。

布政使司与按察使司兴。三宪颁行条数章程垂碑勒石于后，永远奉行，是以为序。

计明条规于左：

一、保正甲长自重。得人回来，保甲多系地保兼管，多无能之辈承充，□□□□□□□，以兹优有保甲之名，而无保甲之实，命饬地方官札渝，各地甲长保正□□□□□，择其明白端庄，为一方所敬服者，准充甲长保正之数，□效并止□□□□□□□□绅衿者多不肯明地方之事，且每视□□为贼，无不贼贼捉贼，从有□□□□□□□□□甲长者在此，甲之长与同比长□胥何异，顾名思义，甚□□□□□□□□□□□粮□报地方官按见，当□以□貌办，有成效者从优奖励，该检□粮□□□□□□□□为众人□□□□□□□□□□□用□有□扰□□事，地方官即照□□□□□□□□□□。

一、保甲伊□宜先□□□册簿□□□来，以备查核，十户宜制十家牌以资□□□□□□□牌，以便即□来□□工资□□抵债，□□□均由地方捐给，丝毫不□□□□□□。

一、教民之道，莫有于圣谕广训十六条，除地方官教职，认其□□□耆中，自相推举，每逢朔□□□□□□□□□懈者，地方官给匾优奖，其民□易犯规条，亦时讲解，偏僻□□□□□□□□□□□。

一、前奉总督都堂戴，劝设乡学，除地方官劝捐设立外，该保甲中如有倡议□□□□□□□□□□子弟皆得就读，该正长务作绥为经理以期行之，永远为要。游□□□□□□□□□□旌奖，□前奉刊刻圣训六谕，敬衍养蒙诗及劝孝歌，皆有益于身心，该保甲户内各有□□□□□□□□□□□□□蒙以养正之功，并令其背诵纯熟，讲解透彻，其有造于各□□□□□□□□□□□□明显，即妇女□亦解领略，父母夫男皆可令其通解其视诵□□□□□□□□□□□□纪切要之言，大有裨益也，保正甲长等均直□意。

一、例载，凡钦奉教民敕谕，该督抚督率□员缮写刊刻□□，悬挂于申明亭，并将旧有一切条例□□□□□□□□等，因不律注明县□□，皆□申明□里民有不孝不弟犯盗犯奸□□□□□□□□□迹，俱书于村□，以示惩戒，而□□羞恶之心，能改过自新则去之。其□□□□□□□□里老在此劝□解□等语，令书成地方官各于城内设立申明亭，□□□□□□□□□谨办理，并于乡场镇所人□□□之处相应地势各设申明亭，□□□□□□□□□□敕谕，敬谨缮写，并将□□条约督行刊刻晓谕，其里民有不孝情节，里□□□番□□书杀乡地人等，借端而索许，即指禀地方官从严惩处，或地方官徇□□□□□□□□□衙门指实控告，以凭查办。

一、编查保甲，无论大小村镇，该保正甲长务须挨户编联，每十户为一牌门，以十牌门为一甲，设甲长一人。十甲为一保，设保正一人。或酌量地方远近，三百五百户设为一保皆可，且附近设村，近之零星呈散户及路旁小店、庵观寺院僧道尼姑一体编联，□□□□□镇之来编完，即用草册开明户口，送县镇注循环册，并规条十家牌门牌□□□□□环循册，岁终将牌中迁过搬来各户注明呈换环册，三年另换册牌，以归简易。凡绅衿兵丁店铺俱一体编查。

一、牌甲中有平日犯窃及习过□色邪□，并一切作奸犯科、不安本分之徒，各牌甲或不屑与之同牌，或不屑与之为伍，不知编联保甲正为此辈而设，倘不编联，使岁遇□彼□□自牌外，肆无忌惮，又安用此保甲为也？地方官为官该为牌众等作主，务即一体编入□□□，准一户遣□，或另编一牌，作为畸零户附于册，亦可此人户正长牌众等，凡有□□□时刻留心稽查真伪，有犯随时明禀严办，如果畏法知悔，改归正业，一年之内不犯，即□以旬等之口归入正牌，该正长□宜诱掖奖功，以劝其归正之心。或有抗不入牌者，□定非□□□□，禀明地方官惩处，令其入牌。长即将恶迹罪名书于板榜，牌众□敬劝，其仅止不听教诲，及偶尔言语相犯等事，以□犯盗犯奸一应邪恶之人，该正长即分别合同其族正人兄，并牌众将其事迹书过板榜，以示惩戒。如能改过自新，即去之其户口、田地等项事许，该保正甲长等立约两□□□解纷，但不许挟嫌诬蔑，籍端把持武断，地方官查出重究。其申明亭从册□□□□□□之三面墙壁悬挂板榜，□□□敞排刻木签遮拦，律载凡拆毁申明亭房屋及亭中板榜者，杖一百，流三千里，仍各令修立。

一、本官因公携带环册顺道查账，先期不知某日某时到处等□□附近□保甲正长齐集听点，不到者惩处，不准另委位□，查处以首经据，本官及从人□□□□□□均原自备，丝毫不得累及牌众。

一、川东川北一带百姓喜团练而畏保甲，不知团练系有事之秋，所宜现有□□□□□□之名，殊觉不□，况保甲与团练无异，本□□□得从前编查保甲书役人等，有需□□，是以百姓不□保甲之名，今一切费用，地方官捐让办理一切门牌等费，永远□，百姓不必过虑。倘嗣后再有需□门牌等费，许抄粮本两同，革除章程赴各处门牌□□无不严行惩办也。

道光七年丁亥之夏中完之吉日立

章口平　春航　蒋□□　□文斗

羌族地区的地方官以“缉盗安民”为职责，他们将汉族地区较为成熟的保甲制度推广到羌族地区。羌区保甲制度的基本要求为：选择明白端庄、为一方敬服者为保正甲长，统领乡民；推行十家牌法，将各家情形逐一查实登记，并在此基础上造循环册，由地方官掌管，随时核查，使乡民安居乐业，不敢隐奸藏恶、为非作歹；兴办申明亭，宣讲圣谕，普及国法，广施教化，移风易俗，调解纠纷，禁省词讼，将不孝不悌、犯盗犯奸行为书写板榜，以示惩戒。保甲制度完善了羌区社会基层组织的机制，强化了羌区社会基层组织的自我管理功能，促进了国家法律在羌区全面深入的渗透，保甲成为了羌区禁奸止邪的一道屏障、倡行礼义教化的重要阵地。再引汶川县威州铁邑村告示碑为例：

永垂万古

太子少保头品顶戴四川总督部堂管巡抚事丁

特用四川直隶理番厅即補民府加三级纪录十次傅为新保关照厅胡

四川维州协镇都督府大人万为通化讯司厅向

示禁事：照得本部堂悉闻川省店纤一事，最为民害，每逢委员过境经县□□□□□□□要员即在沿途各场开店口索夫拉纤，□□店纤，每员坐轿，索纤夫六名八名十名不等，甚至□□□□□□□也，□地方官索一纤票，即到□□□索纤夫，似此骚扰，彼开店之家利益无几何，借此徭役□□大□□□□□□□□□□□□□□尤为未闻，店家无人口，应大□□向各店拉人，以至老小逃避，杂大□□此等□□□堪□□□□□□□□□。

前启部堂吴严饬禁止，迄今此风未息，除再饬各府厅州县，毋得□□□□□□□□□□□□□□□□□□□喻，为此□□各属城乡场市店铺人等如悉，嗣后无论大小委员及一切官执□□□□□□□□□□□□□□，倘有大班内差向各店拉纤，许尔等立即扭交该场保正团总，就近解赴地方官惩究。倘□□□□□□□地方官查清，□□一纤，查出同干□处，各宜遵照并许该保店人刊立碑石，以垂永远禁□□□□□。自古以来，普天之下，莫非王土；率土之滨，莫非王臣。朝廷设于官长，官长设立于乡保府州，各县各府各州乡村里甲各有界址，修桥铺路各至各界，纳粮当差各有定例章程，我里估种报粮，二十九差半一名，每年完纳扯票，□修理□□□□界牌口哨楼修炮□竹木材料立架把巴盖床，上架短水，匠人工价，番民整修自土阳每墩，番民背送泥水，匠人番民支□背工泥□□，汉民运遂送到，不管桥索长夫以及外派仍旧，番民支应役□外，汉民相□□定章程，并无紊乱。至乾隆卅二年为□金川，不去夫差，兵差过境，催修路道，汉番互控，县主案下蒙批，本城立约汉番甚括关为定，□□洞子顺路一带地方，此本下村采樵割草之山，牧放牛羊畜地。互控到府，府主蒙□□例，番民只有修路界，无有河坝山坳地界，番民座住山顶，□□□十数余之远，何得霸占河坝汉民之地？不准下村汉民牧放牛羊并开垦，不准番民侵占估霸，倘有侵占，汉民存有布政纸约印约为凭。汉民上至流水墩，下至阳解墩，汉民□□木□，不准开垦。永垂万古。呈开三村公山打樵坪包三把四方火地，务□撒里水塘刀□大坪□□□村石增□布马，此乃三村公山，先年各庙上有租谷多年，无人理说，今议只准伊子孙耕种，不准当买，私上□关伊□□□□，存有把凭约据，该约保票，□究凭官。永存千古，右论通知。

保正郭正洪　上村等尚

乡约□□□　村约杨其云

光绪四年三月二十八日实贴铁尔里晓谕告示

保甲制度建立后，也给羌民带来了新的困惑，地方官为此立法，在维护羌民切身利益的同时，要求羌民对国家切实履行义务。其具体内容为：一是禁止各级大小官员在羌区各乡各场索夫拉纤，损害开店人家的利益；二是责令羌区各里甲应履行纳粮、修桥补路、修理哨楼等义务；三是告诫山上羌民与河坝汉民，各有地界，应安分守己，互不侵扰，既不准汉民上山放牧、开垦，也不许羌民侵占汉民土地；四是重申村寨公山，羌人子孙只能耕种，不能当买。

清政府在羌区推行里甲制的同时，借机推行民族同化政策，他们在组编里甲时，将一部分靠近汉族居住的羌民强迫划入汉民里，即所谓“纳粮编里”即成为汉民，强行改变他们的民族身份。如茂州所辖二十六里，二百余甲，其中本来只有两个“汉民里”，然而把羌族为主的陇东、蓬族、陇木、静州、岳希、新民、广民、七里都划为

“汉民里”。清朝末年，政府将一些地方的里甲制改为“团甲制”，即县以下辖若干团，团设团总、团首，再下是甲，一甲为十户。原来的土司和地方实力派人物摇身一变成为团总或团首，羌区实际权力掌握在他们手里，清政府只不过是借助他们来维持其统治。

此外，在一小部分羌族聚居区还依旧保留着土司头人制度。这些土司、头人仍是这里的统治者，继续用“土规土律”制约羌民，激起了羌民的反抗。如光绪年间，原岳希土司管辖的黑虎沟、二根米、巴地五堡、苏家坪等寨已经归州，但耕牍百吉，蔼紫关、英嘴河太等三个自然村（“阴山三村”）仍归岳希土司管辖，三村羌民每年要向土司上粮十四石四斗五升一合，除此之外，土司还任意向羌民派粮、派款、派差，加重对羌民的剥削。坤土司还在黑虎沟大河坝集中全乡木匠，制成囚笼八架，枷号十面，酷刑美人桩一个，声言凡有不听从命令者就要处以酷刑。在这种淫威之下，不少羌民深受其害。光绪二十七年（1901），三寨羌民公推杨天耀、白清顺、吴太来等十二人为“首人”，带着列举了土司二十三条罪恶的状纸，向茂州州衙控告，要求脱土归州。就是在这种情况下，州官仍然袒护土司，训斥上告羌民：“尔等系属部民，竟敢累控官长，匪即控处，亦有干名犯义之咎，仰及自及三思，毋得得寸进尺，自取讼则终凶之咎。”并威胁说：“倘有不肖奸民，听人也刁唆，希图缠讼敛钱，纠众抗理，惟尔等首人是咎。”但是，羌民不畏强暴，一再续状申告，并齐集成都，向省总督衙门表达意愿。这场通过法庭的斗争坚持四年之久，到光绪三十年（1904），清朝统治者慑于群众的威力，为了缓和矛盾、平息民情，同时也企图借此削弱残余土司的势力，终于将坤土司“摘去顶戴，由州察看”，让其“既不管理词讼，又不经收夷粮，除尽一切干累”，“黑虎三寨土民杨天耀等一百七十余户，暂归该州兼管，每年应上差粮，由州经收”。① 辛亥革命后，坤土司依仗汶川瓦寺土司的势力，恢复了对黑虎三寨统治，变本加厉役使羌民。民国三年（1914）羌民又派代表再次到茂州、成都告状，不久得到复文，最终脱离土司控制，归县管辖。

1919 年左右，理县九子屯的羌民在王竹山的领导下展开反抗土守备的斗争。当时九子屯的土守备拥有大量的田产和封建特权。他设有衙门、刑杖，任意敲诈勒索，押禁无辜百姓。守备规定各寨羌民每年每人都必须在租税以外给他上一定酒肉的“见面礼”。同时，他对把全屯所应向官府交纳的税款，全部转加到辖区内羌民头上。于是

① 茂州黑虎沟羌民控告岳希土司的状纸及四川藩台道台、茂州正堂批示抄本，现藏四川省民族研究所。

大流星寨羌民王竹山率众起义，屯守备仓促派兵镇压，将王竹山以“聚众要挟，煽惑人心”的罪名拘押收监，这就更加激怒了羌民。起义者把屯守备署团团围困，要求放人和减轻苛派。在声势浩大的群众斗争冲击下，土守备被迫释放了王竹山，取消了“见面礼”，并答应承担部分税款，才平息了这次斗争。

彝族法制史

YIZU FAZHISHI

第一章

彝族法制的形成、发展和渊源

第一节

彝族文明的兴起和法制的开端

彝族是一个历史悠久的古老民族，彝族文明是中华古代文明的重要角色之一。彝族源自古羌人，古羌在史籍中又称为“氐羌”，它是中华大地上最古老的民族群体之一，也是藏缅语支诸族共同的源头。古羌人最早在甘青之交的黄河上游以及湟水、赐支河一带繁衍生息，后来向四方迁徙与周围的土著居民融合，逐渐形成了新的族群。古羌向东迁徙的一支进入中原而融合在华夏族中，留在西部的“发羌”后来发展为吐蕃，形成了今天的藏族；而向南部迁移的古羌人中的一支，就是彝族的祖先。南下的古羌人支系史称“越嶲羌”。他们顺水道迁徙，从寒冷和贫瘠的西北高原移居到相对温暖和富饶的“南方”——即今天的祖国西南地区。彝族自古即有将亡魂送归祖地的习俗，而引路送魂的路线大多自南向北，越过金沙江前往水头，这正是逆水而上向北回溯远祖的住地。有史可考，在公元四、五世纪以前，邛都和滇池地区的居民已经具有了相当高度的文化，这些后来所谓的“越嶲夷”、“建宁夷”正是越嶲羌的后裔，也就是彝族的先民。《史记·西南夷列传》记载了西汉时期居住于蜀汉徼外彝族先民的分布情况：“靡莫之属以什数，滇最大；自滇以北君长以什数，邛都最大；……自冉駹以东北君长以什数，白马最大，皆氐类也，此皆巴蜀西南外蛮夷也。”彝族先民的部落虽然分散而繁多，却都同属于氐羌系统；与此同时，文化的传承关系也证明了古代的氐羌族群是彝族支诸族和彝族的源头。《后汉书·西羌传》中描述了古羌人的多种殊俗，其中，“以父名母姓为种号”的命名制、“父殁则妻后母，兄亡则纳釐嫂”的“转房”婚制、“言语多好譬类”的语言习惯以及“死则焚其尸”的丧葬习俗等等，均与后来彝族的风俗极其相似，这并非历史的偶然，而应当是彝族与“氐羌”古老族群存在着渊源关系的文化佐证。①

彝族文明起源于遥远的“哎哺”（原始）时代。漫长的母系氏族社会奠定了彝族文明的先基。随后，父权制的兴起及原始社会的解体完成了彝族向文明时代的飞越。

① 方国瑜著：《彝族史稿》，四川民族出版社1984年版，第15页。

在历史的长河中，彝族先民们相互交往、共同生活，在生产、繁衍和战争中，通过经验的积累和理性的思考，逐步产生出一系列的习惯法规则，形成了彝族法制的开端。彝族先民的原始时期，人与人之间的关系既非如野兽一般毫无秩序、相互残杀，也并非可以不依靠法度的约束而天然地融洽和谐。相反，人们只有在结合紧密的社会组织之中、在部落首领的统帅和各种规则的制约之下，才有可能在恶劣的自然环境和频繁的部落战争中求得生存与发展。在这样的群体生活中逐渐萌发与完善的礼仪与法度，也是一个族群从野蛮走向文明的标志之一。彝族文明发端于遥远的母系社会时期，彝族习惯法也发轫于此，浩繁的彝经记载着彝族先民在母权制时期的社会生活史，女首领带领大家在“混混沌沌、食物匮乏”的年代摸索出原始耕种的方法、开创出彝族医药学的先河，使人们脱离了仅仅依靠渔猎采集为生的蒙昧状态，在生产性的农畜活动中逐渐形成了稳固的社会关系和有组织的社会群体。远古流传的彝族神话和传说，充斥着“女智男愚”的思想和内容。母权制时期的女性是社会生活的主角与核心，她们肩负着氏族繁衍的重任，同时又掌握着丰富的知识与智慧，从而统领着族人。彝经《女权的根源》① 细致地描绘了母系社会“一切母为大”的政治生活史：

很古的时候，男女在世上，分也无法分，夫妇也难分。在那个时代，子却不知父，子只知道母。一切母为大，母要高一筹，所有的事务，全由女掌管。女的又当君，女的又当臣。制造弓和箭，利剑擒野兽，兽肉女来分，女分肉均匀，她就是君长，人人都心服，一切听她话，她说了就行。

在“哎哺”时代，人们在部落群体中的地位、角色、权利和义务无疑是习惯法最早的内容之一，部落的女首领领导和组织人们进行渔猎、生产与战争，负责食物与其他用品的分配，协调与决断人们之间的纠纷。人们在劳动中分工合作，分配上实行平均主义，政治上则在母权的主导之下实行原始民主，这构成了母权制时期简单和谐的社会生活图景。

除了与生活、生产资料的分配相关的秩序建构之外，与氏族血缘伦理和婚姻有关的规则，也是早期习惯法最重要的内容之一。彝族先民的氏族部落时期，人们的当务之急，一是通过劳动获得食物，二是自身繁殖促进人口的增长。维护这两种生产中人们社会关系的稳固与合理，禁止并惩罚不利于它们或者破坏它们的行为，这是人们在长期的经验生活中不断摸索和思考的问题。文明产生前的蒙昧时代，彝族的祖先也曾

① 贵州省毕节民委编、彝文翻译组译：《物始纪略》第一集，四川民族出版社 1990 年版，第 36—37 页。

经历过人类原初的婚姻状况，后来，随着原始农业与畜牧业的出现，劳动产生了自然分工，人们按照年龄大小分别组合在一起从事不同性质和强度的劳动，不同年龄的男女之间由于悬殊的生理条件和迥异的社会分工，逐渐产生出代际间排斥性行为的伦理观念及相应的习惯法规范；再后来，同辈间的血缘氏族内婚也由于严重的血统缺陷而逐渐为人们所察觉和禁止。这些古老规则的成型不仅反映在有关“兄妹通婚”的彝族民间故事中，直至今天，严禁血缘群体“家支”内部成员开亲，也仍是习惯法的重要内容之一。而群婚乃至对偶婚制被更为稳定的婚姻形态取代，则是彝族的婚姻习俗进一步发展而逐渐步入文明的标志。著名的历史叙事长诗《勒俄特依》讲道：青年石尔俄特怀着“生来不见父”的困惑，历经千辛万苦寻找父亲；最后，他受到兹尼施色姑娘“娶妻配成偶，生子可见父”的启示并与之结为伴侣，从此结束了“知母不知父”的状况，揭开了父系家族连名谱系的开端。这个故事不仅反映了婚姻制度变革的历史，也暗示着母系社会整个社会形态的变迁。

彝族先民由母系氏族社会向父系氏族社会过渡的漫长时期，也是襁褓中的彝族文明和彝族法制逐渐走向成熟的时代。社会的变迁离不开生产力的发展。“哎哺”末期，农业和畜牧业的生产效率迅速提高，彝文典籍中的传说记载，头人哺额克集长期的采集经验，发现了更多易于耕种的植物，教给人们耕牧的技术，还发明了犁头和耙子等劳动工具方便人们生产。约在公元前5—6世纪，金属加工业的产生，青铜制品在彝族地区的出现和广泛运用，更是彝族向文明飞跃的重要条件和标志。随着劳动技术和劳动工具的发展，人们的生产效率普遍提高，剩余产品随之出现，贫富和等级的分化以及私有的观念也逐步形成。男性在农牧和渔猎活动中越来越明显地发挥出体能上的优势，于是他们在政治上逐渐取代了妇女的地位，成为氏族部落乃至社会的主导者，劳动的产品不再由妇女平均分配给部族的每个成员，而是通过父子代代相传，保全父系家庭的私利。然而，母权制向父权制的过渡也并非是一蹴而就的。彝经与神话传说中，著名的英雄支格阿龙就出生于母系社会的末期，他不仅与妖魔鬼怪斗争，同时也作为父系势力的新力量的象征，与“聪明的女人们”反复展开一次次富有戏剧性的较量。父权的势力和意识形态与母权的斗争是漫长而曲折的，尽管前者最终占据了主导的地位，而母权制的残余也仍然被保留下来，彝族传统中“母舅为大”的观念，就是典型的例子。

随着社会形态的剧烈变革与发展，彝族习惯法也逐渐完善而成型。父权制的出现、等级的分化促使社会组织的结构日益健全，与政治社会相关的法度日趋完善。母权制时期原始民主的社会群体，逐渐为父系的血缘氏族部落所取代，每个部落不仅有总的首领，还根据分工的不同设有若干大小头人，有的司职祭祀，有的领导军事，有的调解纠纷……这就是彝族历史上"兹"（君）、"莫"（臣）、"毕"（师）、"格"（匠）、"卓"（工）的职业等级分化的先基。单个的氏族部落为了生产、防御和扩张的需要，又时常通过战争或者联盟的手段，集结成更大规模的社会组织——部落联盟，传说中英雄支格阿龙就是通过联姻和武力征服，统一了"龙"、"蛇"、"鹰"、"白马"等部落，在滇池地区建立了部落联盟国家，并成为其首领。彝族历史上相同性质的政治组织还有古莽国、昆明国、古蜀国、古卢、罗部以及古巴国等等①。频繁的部落战争所导致的奴役以及人与人之间的贫富分化促使了等级观念及其制度的产生，战俘和欠债者沦为父系家族的奴隶，显贵们仓储粮食、酿制酒类、锦衣华服，贫困者则在经济和人身上均依附于他人。同时，私有制和贫富差异也促使社会关系迅速地多样化、复杂化，民事、刑事乃至程序方面的各种习惯法规则随之不断产生。在"天下为公"的母权制时期从来不曾困扰人们的问题，比如私产的占有、租赁、交易、分配和继承等等，这时却不得不为人们思考和总结，以租赁关系为例，"荞租"、"畜租"和"戈甲租"均产生于阶级分化的父权制初期②。人们对财产的渴望还导致了欺诈、盗窃甚至图财害命等等不良行为更多地涌现出来，禁止和处罚这些行为的规则自然而然地应需而生。而由于婚姻、财产、人身等等各类纠纷的不断增多，职业性的"司法官"和"法律人"——"莫"阶层逐渐应需而形成，处理案件的过程也日趋复杂化、程序化。宗教对习惯法的影响也不再仅限于一些禁忌，当人们在复杂的纠纷面前不知所措时，便自然地求助于洞察一切的神灵，彝族习惯法中丰富多样的神示证据制度及神明裁判制度也因此不断地创生和完善。

从遥远的"哎哺"时代直至阶级社会初期，是彝族先民脱离蒙昧、原始而向文明过渡的漫长时代，伴随着标志彝族文明的畜牧农耕、金属工具和文字历法的产生，习惯法也逐渐由稀少、任意和零散的规则发展为相对复杂、稳定和完备的规范体系。彝族的法制伴随着彝族文明的兴起而发端。反过来，它又为维护民族团结和社会秩序的稳定、推动彝族文明的进一步发展，发挥了不可替代的作用。

---

① 中国彝族通史编委会：《中国彝族通史纲要》，云南人民出版社 1993 年版，第 17—25 页。

② 《西南彝志》卷二四，转引自《中国彝族通史纲要》，云南人民出版社 1993 年版，第 14 页。

第二节

彝族法制的发展轨迹

彝族的法制从发端至今，至少已有两千多年的历史。在漫长的时间中它不但没有消亡，反而日益完善。彝族法制在历史上的构成状况是复杂的，从彝族先民的原始时代法制产生伊始，直至唐代南诏国的灭亡，彝族的法制是大致统一的。而唐宋以后，广袤的彝区因受外界影响的程度不同，社会经济的发展表现出明显的不平衡状况，各个地区法制的构成也因此呈现出差别。受中原统治者的政治领属最紧密、经济文化影响最深的地区，陆续由封建领主经济向封建地主经济转化，明清“改土归流”过后，这些地区的生产力水平和法律生活的状况，已与汉族地区接近甚至基本相同。而在相对封闭的大小凉山，彝族在历史上积淀的习惯法不仅被较为完整地保留下来，而且随着经济社会的变迁，发展完善而达到了它的鼎盛时代。由于彝族法制的主体部分——彝族习惯法口耳相传而鲜文字记载的特性，今天我们已经难以探求到它们在历史上发展变迁的细貌，而只能透过彝族地区整体的政治、经济和社会状况，勾勒出彝族法制的历史发展轨迹。

一、“鬼主”宗法制的鼎盛时代

彝族法制萌芽于母系氏族社会的原始时代，而初步成型于私有制产生的父系氏族社会末期。此后，彝族先民在“哎哺”（原始）时期原始民主的政治形态被父系家长的个人权威所取代。他们的出现破坏了氏族内部“君、臣、师、匠、工”平等的职业分工，父系家长集“兹”（君）、“莫”（臣）、“毕”（师）即政治领袖、宗教祭师和军事首领的社会角色为一体，群体中的其他成员必须服从他的权威，而征战中俘虏的人口，则以一种家庭奴隶的形式归属于各个血缘群体，从事从生产到生活的各项劳动。这些血缘群体通过嫡长子继承制保持其领袖的宗主地位，其他儿子则成为各地的小宗。这种以宗主治下的血缘群体和家庭奴隶制为特征的政治形式，就是彝族历史上的所谓“鬼主”制度。“鬼主”一词出自于汉文史籍，《新唐书·南蛮传》描述道：

"夷人尚鬼，谓主祭者为鬼主。每岁，户出一牛或一羊，就其家祭之，送鬼迎鬼又有兵，因以复仇云。……大部落有大鬼主，百家则置小鬼主。""鬼主"宗法制早在"六祖分支"① 时期就已出现，彝人的祖先笃慕②在洪水退却之后，即举行仪式祭祖分支。他的六个儿子分别率领六支人群向今天云、贵、川的不同方向发展，他们的后代在找到适于居住的地方之后，又定居下来开垦经营。经过数代人的繁衍，再次祭祀分支。人们在举行分支仪式之后，"以孟"（长房）留在原居之地承袭祖先的"灵筒"守业发展，而次房和庶出或留在原地沦为庶民、或率领部分族人寻找新的居地开垦经营，就这样，彝人的支系越分越多，地域的分布也越来越广。"鬼主"治下的宗法制度是关于某个血缘范围内人们相互间权利义务关系的制度③。在这种制度下，尽管各个血缘群体各据一方、互相仇杀，但由于极强的血统和宗族观念，各部之间的相互兼并始终没有冲破血缘的限制而发展为大规模的政治统一运动。从六祖分支到爨氏统治④，是彝族的鬼主制最为普遍和兴盛的时代，爨氏大姓尽管在名义上是凌驾于各部之上的"大鬼主"，但在其统治之下，仍然是部落林立、各自为政的局面。爨氏之后，由于彝族地区政治领属关系和与外界的经济文化交流等历史条件的复杂变化，"鬼主"宗法制度在一些地区趋于瓦解。然而，这种古老政治形式的影响力是不能忽视的。在后来漫长的历史中，彝族尽管及于中央王朝的行政区划或者土司制度的治理之下，但不少地区内部的社会结构和秩序构造，仍然以三位一体的"鬼主"和宗法血缘群体为基础，凉山彝族地区一直延续至今的"家支"制度，便留下了许多鬼主宗法制的残余。

二、南诏国的法制

唐朝初期，洱海地区分布着六个较大的部落，史称"六诏"。后来，唐王朝为遏制吐蕃政权的威胁，扶植蒙舍诏的彝族首领皮罗阁统一六诏，于开元二十六年（738）建立了南诏国。南诏建立以后，经过五代人约一个世纪左右的时间，基本统一了云南，彝族各部之间尽管存在着差异与对立，但在不断的整合中，也基本趋同而承认了

---

① 在云南、贵州和四川的彝族民间广泛流传着洪水泛滥和六祖分支的故事，这是今天西南地区的彝族人民共同追认的历史事件。

② "笃慕"即汉文献中所称的仲牟由，凉山彝族也称之为居木武吾。

③ 中国彝族通史编委会：《中国彝族通史纲要》，云南民族出版社1993年版，第70页。

④ 爨氏，为东晋始统治南中400年的"大姓"地方割据势力，其控制区域为多民族聚居区，但以彝族为主，故历史上又曾称彝族为"爨人"。

南诏国的统领。南诏统治者既继承彝族的固有法，又受到唐王朝政治文明的深刻影响，建立起一套独特而完整的法律制度，尽管它们随着南诏政权的灭亡而分崩离析，但仍然在彝族法制的历史上留下了无法忘却的一笔。南诏王室世系为蒙氏家族，实行父子连名制①，王位由蒙氏世代相传，最高统治者称为“诏”，掌管最高的行政权和军事指挥权。“诏”称诸臣为“昶”，上朝议事和出行均有一套繁复而具有象征性的礼仪制度。协助南诏王处理全国政治、军事大事的是“清平官”和“大军将”，前者为国内的最高行政官员，每日和南诏王参议境内大事，相当于唐朝的宰相。清平官通常有6—7人，1人为“内算官”，职能如唐制之中书令，掌管机密，权威最重，大多文书均可代国王判押处置，另有2人为副内算官，起辅助作用，其余几人则为“外算官”，统领士、户、仓、库、兵、刑“六曹”，仿唐朝六部，依次司职吏政、户籍、财政、外交、军事和司法。南诏后期又将“六曹”改为“九爽”，除名称变动外，主要增设分管礼仪、工程建设和商业贸易的“慈爽”、“厥爽”和“禾爽”。南诏的“大军将”为最高武职职衔，他们虽以军事任务为主，但也经常参与南诏王的议事活动或者掌管地方行政，这表明南诏文武职的权限区分并不十分明显。中央之外，南诏在其统治疆域内设置了十睑、六节度、二都督等地方行政机构，其中“十睑”完全分布在南诏国的腹心洱海周围地区，由南诏王室直接管辖，因而其行政建置也最为完善。相比之下较为偏远的地区则设节度和都督，每个区划均有一名最高军事长官，然而他们又并非单纯的军事机构，而是在行使军事职能时同时行使地方行政权。南诏的军事制度以“王”为最高军事统帅，王之下设大军将、军将、将，军队的编制有乡兵、常备军和部落兵几种。其中作为主要军事力量的“乡兵”，归于南诏最基层的行政单位——村邑的管辖之下，村邑成员平时为民，战时为兵，百户设“总佐”，千户设“理人官”，万户则设专职的军事首领都督，这实际上是一种集基层行政和军事征派为一体的民兵制度。在长期的征战中，南诏形成了涉及征召、训练、征战、奖罚等各个环节的较为完备的军事法律制度。这些法制的形成显然与唐朝的军事法制有着密切的关系。除此以外，南诏国的土地、刑事、民事和诉讼方面的法律也多少受到唐制的影响，例如，南诏的“授田”制仿自内地的均田制；而刑罚种类中死刑、肉刑、徒边、徒刑、杖刑的分类则与唐律的刑种划分明显相似。

① 彝族的父子连名制，指男子命名时必须取父名的后一两个音节与子名连缀，以从谱系上确保父系血统的连贯性。

三、唐宋以后彝族法制的发展与分野

南诏时期，在今天楚雄以东、滇中地区、曲靖地区、红河州、文山州、昭通地区以及四川凉山、贵州西部等地的彝族部落，虽然在形式上纳入了南诏的版图，但在实际上却保留着鬼主制下的社会结构。唐代以来，彝族在政治、经济乃至文化方面已经发生了较为明显的分野。宋代以后，这种不均衡性日益明显，广袤的彝族地区社会和法制的发展状况纷繁复杂。按照它们不同的历史轨迹，大致可以分为以下两种情况：

第一，过渡到封建领主制乃至封建地主制的广大地区。南诏政权的瓦解标志着“整个彝族统一的奴隶社会从此打开了一个大的缺口”①，奴隶制度从此没落。宋代，白族先民段氏在原南诏统治区域建立起大理国政权，他们有效地改革旧制，通过对“三十七部”② 的分封，在大部分彝族地区建立起封建领主制度。封建领主制以领地、人身依附和劳役剥削为主要特征，受封的彝族酋长从此成为“世官世禄，管土管民”的领主，他们有固定的统治区域和固定的属民，向上则负责纳贡和负责征募本领地内的劳役和兵役。受封的彝族领主常常不断扩大自己的领地，并在领地之内进一步实行分封，构成了一种金字塔式的“封建”结构。封建领主制的建立，一定程度上破坏了彝族社会以血缘群体为标志的鬼主制度，深刻地改变了这些地区社会和法制的状况。领主制下的法律不仅包括中央王朝所制定的规范，还包括领主（即元代以后的“土司”、“土目”）为统治之需颁布的“土规”、“土律”。彝族习惯法在它们的影响下，逐渐衍生出大量新的规范以适应变更的社会状况的需要，最典型的如与农奴和领主的权利义务关系相关的规范。它们包括农奴因“庄田”的领种而产生的纳粮、当兵、当差的义务；农奴转让耕地需要履行的义务和程序；不按期交纳租税应受的惩罚；领主或土司对辖区内各种案件管辖和审判的权力等等。在封建领主制下，彝族的社会结构在血缘、政治领属和地缘三大因素的作用中变得更为复杂，调整这些地区社会关系的各种法律和习惯法，在形式和内容上均有了长足的进步和发展。

宋代直至新中国成立初期，今天云南红河州红河南岸、楚雄州武定县、昆明禄劝县以及滇东北、黔西北保留土司制度的彝族地区，长期停滞于封建领主经济的制度形

① 易谋远著：《彝族史要》（下），社会科学文献出版社 1999 年版，第 573 页。

② “三十七部”，是指除极少数是由与彝族同源的哈尼族组成的之外，其余绝大多数都是由滇中、滇南、滇北、滇东北以及黔西、黔西南和川南彝族所组成的“部”。

态之下。除此以外，云南大部分彝族地区在明代中叶至清代的“改土归流”政策之下，逐渐完成了由领主制向地主制的过渡，这不仅是因为中央统治者的制度强制，也是这些地区多年来在军屯、民屯、商屯以及卫所制度的影响下，文化交流与生产力发展的必然结果。社会形态的变化必然导致法制的剧烈变革，“改流”之后的封建领主以及富裕的汉族土地所有者成为彝族地区的地主阶级，他们采用租佃、雇佣的形式获取收入，广大劳动者对他们的人身依附也进一步减弱。由于生产力的发展和汉族封建生产方式的影响，至于近代，这些彝族地区已很少使用家奴劳动，在内部的血统等级上也没有了“黑彝”和“白彝”的区别，最主要的生产、社会和法律关系由地主、富农和佃农、雇工组成，此外，土地的集中、工商业的发展和个体私有经济的繁荣则导致了买卖、租赁、典当、抵押、借贷等民事法律从未有过的繁荣和发展，而有关宗族、婚姻、家庭和继承的习惯法，也随着文化和习俗的变迁而不断得以修改和补充。

第二，凉山地区：奴隶制的延续与习惯法的全盛。今天川南的大凉山和云南以宁蒗为中心，包括华坪、永胜等毗连地带的“小凉山”①，是在历史上相对封闭而保留彝族传统习惯法最为完整的地区，这里的法制发展自唐宋时起就与其他地区走上了不同的道路。凉山彝族皆源于“六祖”中的“古侯”和“曲涅”二部，他们在迁徙至凉山后，实行以血缘群体“家支”为单位的宗法奴隶制，作为最高统治者的“兹莫”等级管辖包括“诺合”及其以下等级在内的各个阶层，兹莫的地位世袭，且长子为君、幼子为臣。自宋代起，中央王朝将部分兹莫或诺合册封为“土司”。这些享有封号的土司虽然有了“官府”的性质，但他们对内部的管理基本上还是按照血缘家支的关系，进行各种义务摊派，所属的各等级也大多具有各自的家支组织并依附于其中。从元代开始，中央王朝在凉山及其周边地区亦普遍建立起土司制度，此后，鬼主制时期的各种称号如“鬼主”、“都大鬼主”、“百蛮都鬼主”等等便逐渐消失。但是，称号的消失并非意味着凉山彝族传统社会结构的瓦解，土官在接受封号的同时，对内亦少改变以血缘宗族为单位的基本社会构造，他们的封号和地位世袭，经济上既役使奴隶耕种自己的领地直接获取收入，又通过贡赋及少量的劳役剥削从属的“官百姓”或黑彝阶层。明代中叶直至清代，中央王朝“改土归流”的政策导致了凉山地区土司势力的衰弱，但土司的失势并未使中央有效地控制凉山，相反，改流的失败助长了彝族固有的贵族势力“诺合”阶层的日益崛起。林立的“诺合”家支逐渐控制了凉山大

① 地理上并无“小凉山”这个地名，这是居住在那里的彝族居民习惯性的称呼。

部分的地区，“曲诺”、“阿加”和“呷西”三个等级居于其统治之下，奴隶制的人身依附依然延续。在这种社会结构下，血缘群体“家支”构成了最基本的社会单位，它们之上并无约束，相互之间不相隶属，各自为政而具有独立的政治、经济、军事和社会功能。“家支”格局下的凉山腹心地带，既没有中央王朝的立法，也没有土官的法律法令，习惯法几乎成为调整这个地区法律生活的全部规则。这些规则历经几千年的沉淀，演化蜕变而渐成体系，从中既可以看见古老的宗教禁忌和婚丧习俗，也可以看见明清以来才逐渐形成的土地交易和商业贸易规则。凉山彝族地区在历史上素来具有相对较强的独立性，“改流”政策亦未能使之与内地同俗，特殊的历史文化背景促使了彝族习惯法的传承和发展，使之终于达到体系最为完备、内容最为丰富的鼎盛时期。

第三节

彝族法制的渊源

彝族法制在历史上的构成状况是复杂的，各种效力来源和效力层级的法律规范，共同形成了彝族历史上多元的法律格局。中央王朝的法律和针对西南彝族地区的特别立法是彝族法制中最高级别的法律层次。在地方势力或土司制度下，王侯和土官利用手中的权力在所辖地区制定并推行的法律居于其次。而彝族人民在长期共同生活中逐渐形成的习惯法规范，尽管效力层级最低，但却是彝族社会最重要的法律形式，也是彝族法制首要的内容。来源各异的法律规则，在不同历史时期程度不同地规范和影响着彝族地区的法律生活，王朝的立法与法令、地方政权的法律与习惯法之间，总是存在着相互影响、相互渗透、相互补充的复杂关系，它们共同构成了彝族法制的渊源。

一、中央王朝的立法

中央的法律制度对彝族法制的影响主要通过设立政治机构、制定特别法律或颁布临时法令得以实现。在政治机构的设立方面，中央王朝或建置总管少数民族事务的特殊部门，或在少数民族地区建立地方政权机构。早在西汉，中央就已在彝族地区设立犍为、益州、牂牁、越嶲四郡，但同时，他们又任用“蛮夷君长”如滇王、夜郎王、哀牢王等土著王侯对这些地区施行间接统治。蜀汉“任用渠帅”的政治纲领之后，唐王朝延续着羁縻统治的策略，彝族建立的南诏政权与中央设立的羁縻州县并存。时至元、明、清，中央在彝族地区全面推行土司制度，从上至下均设立相应的机构、任用彝族固有的政治首领进行统治。通过地方政权机构的设立，中央王朝得以在法律上确立了最高权威，王朝的法律、法令和政策也以此为后盾得到颁行和实施。中央通过建立地方政权治理彝族民众，这样的方式对于彝族法制的影响是首要的。相比之下，以直接立法的方式干预彝族人民的法律生活，这样的做法在历史上并不常见。只有到了清代，才大量涌现出针对“苗疆”① 的各种法律和法令，直接对彝族地区的某些权利义务关系做出调整。清代对苗疆的立法，除了与地方政权和土官制度相关的规定以外，在内容上主要还有以下几个方面：

（一）与司法相关的规定

在司法管辖权问题上，清朝本着法制统一的原则，规定严重危害统治秩序和社会秩序的“大狱讼”，必须依照清律进行处断，而普通的刑事民事案件，仍照彝族旧有习惯法进行处理，“不必齐之以官法”。另外，清朝立法根据西南少数民族地区的具体情况，对涉及“苗民”的案件，在刑罚尺度、执行方式、审理期限、审理地点和审判程序等等方面，均有迥异于内地的变通规定。如康熙时期律法规定，“苗民”犯军流徙罪都在本地审理完结，不需按内地的程序审理；又如雍正五年（1727）定例，“苗民”犯军流徙罪，先依清律定罪，然后折为鞭枷。这是对原有刑罚明显的减轻。

（二）对彝汉关系的规定

《大清律例》为防止彝族民众与内地民众往来引起纠纷和动乱，禁止“民人”无故擅入彝地或者彝人无故擅入“民地”，还禁止彝汉民众互相买卖借贷、诓骗财物，引惹边衅或潜入“苗寨”教诱为乱。在《律例》的规定以外，清政府还时常根据时势，以“补充条例”、“章程”、“禁约”等法律形式，适时调整彝汉之间的关系。

---

① 这里指广义的“苗疆”，历史上的封建王朝并未细致区分西南地区的少数民族，清朝常将居住在川、滇、黔、两广地区的苗、彝、布依、侗、瑶、水、壮等二十多个民族都统称为“苗蛮”或“苗夷”。

（三）禁止性的行为规范

如禁止血族复仇、禁止出边劫杀抢掠、禁止买卖人口、禁止私制兵器或执刀枪行走等等。这些禁止性的条例或章程，主要仍是依靠土官施行。如《大清令典事例·兵部》卷五八九①就规定，土苗夷倮有犯命盗抄抢掳掠争讼等案、夷人有抢掠杀伤之案，土司对此倘有失职，必依情节轻重受到处罚。

中央王朝通过立法在彝族地区牢固确立了其主权地位的权威性，同时也明确了国家法制与习惯法的地位、权限与相互关系。尽管在彝族民众法律生活的许多领域，王朝的立法既没有也不愿深入其中进行细致的调整，但在漫长的历史过程中，国家制定法对彝族习惯法的干预、渗透与涵化作用是非常明显的，它是彝族法制不可忽略的渊源之一。

二、地方性的立法：南诏政权与土官的法律制度

南诏是公元8世纪前叶以云南为中心形成的一个割据状态的少数民族国家，它以彝族为主体，也包括白族、纳西等其他民族在内。南诏从建立之初直至灭亡，均处于复杂的历史条件和内外矛盾之中。其国内具有多民族、多部落且等级森严的社会结构，对外则需处理与唐王朝及周边国家和部族的复杂关系。南诏国的法律正是在调整内外矛盾的过程中产生和完善的，尽管这些法律制度随着南诏政权的瓦解而丧失了效力，但它仍以丰富独特的内容、相对完整的体系，在彝族法制的发展史上留下了重要的地位。南诏法律制度的渊源主要有三种，其一为南诏国与唐王朝及周边国家、部族的盟约。这些盟约的内容涉及约定双方的关系、各自的地位、政治上的权利义务以及战争问题等等。最著名的如唐贞元十年（794）南诏王异牟寻与唐朝使团订立的“点苍山会盟”。这个盟约重新确立了唐与南诏的修好关系。其二，唐律是南诏制定法律最主要的渊源。南诏建国后尽管与唐朝时和时叛，但它始终积极学习唐王朝的统治经验，法制上深受唐朝礼法制度的影响，唐律的诸多内容仅稍加演化，便为南诏所用。较典型的例子如南诏中央的行政机构“六曹”，就是模仿唐朝的六部所设。其三，蒙舍诏及其他部族、部落的固有法，是南诏法律制度的重要渊源。蒙舍诏（南诏）于公元7世纪初建立，它经过多年的发展和长期的战争，逐渐统一了洱海地区的其他部

① 参阅张冠梓：《论法的成长——来自中国南方山地法律民族志的诠释》，社会科学文献出版社2000年版，第334页。

落，建立了以蒙舍贵族为主体的南诏国政权。蒙舍统治者必然地将自己部落的法律上升为国家意志，南诏关于军事和礼仪制度的不少立法，就有许多内容直接来源于蒙舍诏的习惯法。但另一方面，作为一个多民族、多部落的国家，蒙舍的法律不可能单一地适用于整个南诏，其他部落的法律与习惯在许多情况下，尤其是婚姻、交易、礼俗等等方面，仍然决定和影响着南诏法制的形成。

南诏以外，彝族在历史上并未形成其他的统一政权。这样，彝族法制中地方性的法律主要是土司和土官制定的“土规”、“土律”。这些规则大多是土司在其管辖范围内颁布的不成文法令。它们既受到彝族固有法的影响，又受到中央王朝立法的干预。彝族土司在其领地内设有衙门、监狱等暴力机关，自己掌握最高审判权，又有师爷、大小头人辅助案件的审理，土司的刑罚主要有处死、肉刑、坐监狱、服役和罚款几种，这些法令均依靠土司的武装力量得以强制实现。土规、土律最首要的内容关涉到等级与人身关系，等级身份决定着主体在法律上的权利与义务。以凉山沙马土司统治的地区为例，土司不仅管辖着“官百姓”“格节”、直接为土司服役的娃子“尔补”，“格节”之下还有“节伙”、“夹纳”、“呷西”三个等级的娃子，各个等级的人身自由程度和权利义务均不相同，如不各守本分、各司其职，就会遭到主子或土司的惩罚。政治和管理机构的设置上，土司常任用亲房充当“头人”，头人根据权力和责任之别又有大、中、小之分，以盐源左所地区为例，土司将大头人称为“总管”，总揽一切，权力较大；中头人数目不定、采取轮班制，负责家内事务以及纠纷调解等职能；小头人共有 80 余个，直接对上级负责。管理村中事务的称“管人”，在土司衙门中负责监狱及刑罚之事的称“修柏”，均为三年一换。在经济上，土司是其辖区全部土地名誉上的所有者，除了役使娃子直接在领地耕种收获粮食以外，更多的土地则用于出租。租种土司土地的“百姓”，赋税花样繁多，按照土规需有“门户粮”、“秋粮”、“冬粮”、“贡仓银”等十几种，相比之下，“佃客”的负担则更重①。除此而外，土司的法令还涉及特权和礼仪方面，其规定如男性路遇土司，需退至路旁，低头站立；女性路遇土司，需下跪磕头；百姓有事去见土司，需下跪并磕头三拜等等②。

---

① 四川省编辑组：《四川彝族历史调查数据、档案数据选编》，四川省社会科学院出版社 1987 年版，第 53—54 页。

② 杨甫旺著：《彝族纳楼土司世家》，云南人民出版社 1999 年版，第 33 页。

三、习惯法——彝族法制最重要的渊源

习惯法在彝语中称为“节威”，它的推行至少已有两千多年的历史。在彝族群众的法律生活中，“节威”至今仍有较大的影响。美国法学家霍姆斯曾说过，“法律的生命不在逻辑，在于经验”，彝族习惯法正是经验活动中的产物。数千年来，彝族先民在一个相对独立的区域中共同生产生活，诸多的条件和因素共同作用着习惯法的发端与发展。如同孟德斯鸠指出的那样，地理位置、生态环境、气候、土壤决定着一个民族精神的气质与内心的感情，而物质条件的影响之外，政治、经济、宗教、风俗等来自于社会历史领域的因素，则更为直接的决定着习惯法的文化背景及其面貌。习惯法的成长过程，正是彝族族群“通过追溯它本身生存的进程而获得的集体经验”①。“节威”并没有看得见的立法者，在彝族先民的远古时期，它零散、芜杂而混同于禁忌与习俗之中，到了晚期，“节威”逐渐成熟，形成了形式上相对独立、内容上具体详备的规范体系。这个过程离不开头人与“司法官”——“德古”和“苏易”们在审判活动中理性的探索，更离不开普通的彝族民众在经验积累中对规则的不断创造与完善。彝族习惯法是在历史发展和社会变迁中“自生自发”形成的法律，即“原生”的法律，② 它的效力层级尽管在形式上低于中央王朝的法律法令以及土司、土官们的立法，但在实际上，它早已内化于人们的心中，通过长辈的道德箴言以及一些人们喜闻乐见的形式世代口耳相传。彝族社会中，血缘群体“家支”的执法功能赋予了习惯法强制的效力，但在更多时候，人们对它的遵守仅仅通过道德或宗教的内心信念、家族及社会舆论的监督，就得以良好地实现了。历史上，彝族地区的法律生活就主要是依靠习惯法得以调整。新中国成立以后，封建王朝的立法和土司时代的土规土律已经不复存在，而民间的习惯法却依然展现着顽强的生命力，四川凉山彝族地区一些地处边远、经济相对落后的城镇和乡村，绝大多数的民事案件甚至部分轻微的刑事案件都是彝族民间运用“节威”来解决的。彝族习惯法在特定的历史文化背景中，运行的效果是其他法律形式所无法比拟的，它的内容细致广泛地深入到人们生活的方方面面，而它的价值观和强制力则内化于人们的心中。在“常态”下，“节威”指引人们的行为并且预测其后果，而在“异态”下，“节威”则被用以平息纠纷、恢复受损的社会

---

① 〔英〕欧内斯特·巴克著：《英国政治思想》，商务印书馆1987年版，第113页。

② 〔加拿大〕帕特里克·格伦著：《世界法律传统》，北京大学出版社2009年版，第65页。

关系。在多元的政治格局中，历史上的彝族法制也以多元的形式存在着，在这些效力和来源不同的规则体系中，习惯法居于核心的地位，它无疑是彝族法制最重要的渊源。

第四节

家支制度和土司制度

一、家支制度

“家支”为彝语“此威”的习惯称谓，意为“同祖的弟兄”，它是彝族社会最为重要的社会组织。家支虽由原始时期的氏族演化而成，但它并不完全等同于人类学中的氏族、胞族等概念，它是彝族社会所特有的、以父子连名谱系为纽带而构成的家族联合体。所谓父子连名谱系是指男子命名时必以父名的后一两个音节与子名连缀，如“吉尼阿木—阿木何叶—何叶木嘎——木嘎阿史……”，依此类推。随着父系家族的不断繁衍，家支谱系往往可长达几十代；而谱系可以回溯至同一父系祖先、具有一个共同的家支名又互不通婚的血缘集团，便称为一“家”（彝语称“措加”或“措西”），一家之下再分“支”（彝语称“措吉”），支下分房，房下有户，这个网状的血缘群体便被统称为“家支”。但是，家支组织亦并非随着人口的繁衍而无限扩大，随着支系数量的增加和各支系枝叶的繁茂，有的“支”便通过“作帛”仪式从“家”的主干上断裂下来，重新成为一家，这时，新家支与原来的家支便可以互相开亲（通婚）了。彝族社会尤以“诺合”（黑彝贵族）阶层的家支组织较成体系，诺合同家支者相邻而居，形成一个集地域和血缘为一体的社会组织，而诺合之下的“节伙”（白彝）阶层虽亦有家支，但因为对诺合的人身依附，同家支者不能聚族而居，家支的结构和功能便相对分散和薄弱。历史上，在没有形成支配整个社会之统一政治权力的凉山彝区，家支之上并无约束，家支之间亦不能相互统辖。这样，家支已不仅仅是形构社会的细胞，而俨然是一个个高度自治的“独立王国”。家支在彝族社会中具有极为重要的地位和功能。它对内维护统治秩序及社会秩序、保护家支成员的安全、处理各项事务、扶危救困、教育成员；对外则以家支的名誉实现征服、御敌或者联姻、结盟。家支作为一种集经济、政治、军事、教育以及社会救助等等功能为一体的社会组织，实际上已经起到了政权组织的作用。

正因为家支在彝族社会中特殊的地位和功能，彝人对它是极度依赖的，一个人从生至死均离不开家支的庇护。受到侵害时，家支会同心协力为当事者主持公道；婚丧嫁娶、灾祸农忙时，家支会倾其财力人力相助；出门在外只要找到自己的家支，哪怕身无分文也不会衣食无着。彝人的个体人格依附于家支的整体人格而存在着，人们在幼年时期便熟背家支谱系甚至分布情况，以期在危难时证明自己的身份、获得家支的帮助。在彝人们看来，“开除家支”是比死刑更为严厉的处罚。它意味着一个人已被家庭和社会所遗弃，在险恶的自然环境以及敌人的掳掠、残杀中，被遗弃者在物质与精神上均找不到任何归依，最终将难以生存。正如彝谚所云：“猴靠树林活，人赖家支存。”而另一方面，家支又是习惯法的执行者。人们在家支中的权利义务构成了彝人法律生活最主要的内容，彝族习惯法明显地呈现出“家支主义”的特征，违反规则特别是损害家支利益的行为，首先面临的便是家支的严惩。“想家支想得流泪，怕家支怕得发抖。”这句彝谚生动而准确地反映了家支对于彝人的双重意义。

家支组织具有一定数量的公有财产，如山林、牧场和火葬场等等，其内部任何成员均可利用，无须偿付代价。但家支并无常设的管理机构，而是依靠临时性的民主议事会和家支头人处理各项事务。家支议事会非定期召开，也无固定的地点。根据其形式和内容，主要可分为五种形式：

（1）核心人物论事的商议会“吉兹吉热”；

（2）集中解决某项议题的讨论会“吉尔吉特”；

（3）为加强内部团结而召开的团结会议“支沙母沙蒙格”；

（4）为联合其他家支共同抵御外侮而召开的联盟会议“诅尼蒙格”；

（5）为解决家支重大事项而召开的家支大会“乌尼蒙格”。

其中，声势最为浩大的“乌尼蒙格”为家支内部的“全民议会”，举凡生活中的重大事务，如征战言和、家支成员开除家籍、家支中有人被杀或被拐走等等，均需在“乌尼蒙格”中由大家共同讨论解决。家支会议实行民主和“少数服从多数”的原则，召开大会时，家支内部所有成员甚至属民和奴隶均可参加并发言，只要言之有理，便可能得到大多数人的拥护而形成决策。在彝族社会，经过家支会议形成的决策普遍得到严格的执行，即使有少数人反对，亦因畏惧家支的权势和舆论的谴责，鲜有违背之行为。除议事会外，家支的政治头人“苏易”和“德古”亦在家支权力运作和事务的处理中起到非常重要的作用。“苏易”指本家支中辈分高、有威望、有号召力的领导者，而“德古”则指知识渊博、熟悉习惯法、善于调和解决各种纠纷和社会矛盾的人。习惯上人们将二者均当家支头人看待，许多“苏易”和“德古”也是两职并兼，但在社会地位上人们更推崇“德古”，因为他是超越家支甚至超越等级、最具智慧和正义心的人物。家支头人没有任何凌驾于普通成员之上的特权，也无固定的俸禄。他们受拥戴而产生，失信用而废止，并不世袭。在处理内部事务时，家支头人运用自己的社交和领导能力，均衡各种利益，调和家内矛盾，维护家支团结，主导各项事务的决策；而处理外部事务时他们则领导和代表家支，或指挥战斗，或参与议和。在没有形成统一政权的凉山彝族社会，“苏易”和“德古”以及家支组织既是政治活动的中心，也是习惯法赖以实现的权威。

二、土司制度

土司制度是中央王朝统治彝族地区最为重要的政治和法律制度之一。它主要的宗旨是以各少数民族内部的政治状况为基础，由中央王朝承认其首领的历史地位并委以职称，以借助他们来实现对地方的控制。土司制度的雏形由来已久，《明史·土司列传》记载，早在夏、商、周三代就已存在中央王朝治理南方诸族的特殊政策，而土司制度直接的渊源则是自秦汉延续至唐宋的“羁縻统治”政策，其基本意图在于加强内地和边疆政治、经济、文化各方面的联系，在不改变少数民族地区原有政治实体内部结构的前提下，加强中原的影响力和控制力，以巩固大一统的局面。土司制度从元朝一直延续到清末，经历了形成、发展、完善而后又甄于解体的命运。土司制度的施行在一定程度上改变了彝族地区的社会政治结构，也深刻地影响着历史上彝族法制的面貌。

（一）土司制度的形成、发展与衰落

东汉前期，西南彝区已纳入了中原王朝的直接管辖之下，见于汉文典籍记载的彝族受封首领便有滇王、夜郎王、哀牢王、邛谷王等等。这些“蛮夷君长”对上接受中央王朝的官爵恩宠并交纳贡赋，对下则以本民族固有的政治方式治理民众。13 世纪 60 年代元王朝统一中国之后，在历代羁縻统治政策的基础之上建立起了较为完整的土司制度。在官职建制上，元朝在行省与路之间设宣慰司，“掌军民之务，分道以总郡县”，宣慰司之下，再分设诸多文武官职，它们在习惯上皆被称为“土司”。土司一经

授职，朝廷便授予印章、官带、诰敕等信物作为朝廷命官的凭证。此外，元王朝对土司的承袭、外迁、惩罚及朝贡义务等也均做出了相应的规定。元代土司制度顺应了西南彝区的社会经济及政治状况，通过一种宽松和形式上的控制，较为顺利地将彝区纳入了中央集权的轨道，同时也促进了彝族地区的社会稳定与经济发展。明朝沿用元代的土司制度并在其基础上进一步发展完备。除建立文武区分的官职外，明朝对土司的授职、考核、品级、贡纳、征发均有详备的规定。然而，明代既是土司制度在建制方面所达到的顶峰，也是土司制度由盛而衰的分水岭。随着卫所制度的建立和屯田制的巩固，彝族地区的经济发展和民族融合均得到加速，明朝政府根据彝区不同的社会状况实行土流参治或土下设流，打破了土官独治的局面，开辟了中央直接控制彝区的道路。永乐年间以后，明王朝更开始施行废除土官、改派或加强流官统治的“改土归流”政策，直接撼动了土司制度的根基。然而，由于改土归流的经济与社会基础并未完全形成，这项政策遭到了土酋的激烈反抗，改土归流仅仅局限于个别州县的小范围内，一些地区甚至出现了改流复土的反复现象，土司制度并未走到尽头。

清代的土司制度是清王朝占领南方民族地区后，在“因明制”的基础上建立起来的。清初统治者在消灭农民军和南明政权的过程中，认识到土司问题对稳定全局的重要性，着力加以招抚。顺治十六年（1659）清军平定云南后，便把“抚土司”作为一项重要的善后措施，试图按照前代对待彝族土司的策略加以约束。但随着康熙的去世与1723年的雍正改元，清王朝对待土司的政策开始有了显著的变化，由原来的鼓励归附授职转变为大力推行改土归流，当时的西南彝区，土司与中央王朝之间的矛盾日趋尖锐，土司之间亦时常爆发战争，统治者既切盼对边地的直接控制，又苦于土司的“扰犯三边，荼毒百姓”，大规模的改土归流便成为必然的选择，这导致了土司制度整体上的衰亡。改流之后，彝族地区的土司政权大多瓦解，基本实现了社会政治形态的转变。但在四川凉山地区，由于与社会经济状况的抵触，对土官的改流政策最终以妥协和失败而告终，在这里，土司政权的瓦解并没有使清政府更好地控制凉山，相反，林立的“诺合”（黑彝）家支逐渐活跃且脱离于中央王朝的统治之外，控制了这个地区近90%的范围。

（二）土司制度的内容

历代王朝土司制度，包括官职设置、任命、承袭、考核、奖惩、朝贡、纳赋与征发等等各个方面的内容。统治者一方面对“土酋”们假以爵禄、宠之名号加以约束，使之按旧俗统治；另一方面，则赋予其一定的政治、经济和军事义务，借助他们对民族地区实行间接统治。

土司官职及机构的设置在各个朝代略有出入，其建置与各王朝的需要有关。元朝在行省与路府之间设宣慰司掌握军政大权。它是行省控制地方的中间环节，在彝族地区设立的宣慰司如云南的“诸路宣慰司都元帅府”、“乌撒乌蒙宣慰司”，贵州水西的“亦溪不薛宣慰司”和四川凉山的“罗罗斯宣慰司”等等。宣慰司之下文职有土府、土州、土县，武职则有宣抚司、安抚司、招讨司和长官司，各种职衔长副有别的土官皆各有品级，但并无俸禄。元代的官职设置已相对完备，明清两代在此基础上略有发展变化，但没有根本性的变革。与土司的任命、承袭和奖惩有关的一系列制度，是中央王朝对土官进行规制，以确保土司治理地区的政治稳定和政治效率的措施。土官一经授职，朝廷便赐予印章、冠带和诰敕作为朝廷命官的凭证。在彝族地区，中央册封的土司通常是血统高贵、势力强大的氏族，如凉山的利利、沙马、阿都、阿卓、沈子等几大土司，均属此种情况。土司的承袭方式历代均采用世袭，承袭范围较广，“其子弟、族属、妻女、若婿及甥之袭替，胥从其俗”①。不同的是，元明两代对继承次序的规定不甚严格，而清代则严格规定“嫡庶不得越序”，以防止争袭。承袭手续方面，中央需派遣官员查核、作保，并验校被袭替者的“宗支图本”，明朝政府甚至专门制定“土官册报应袭法”，以预先规定承袭人的方式确保袭替秩序。明代对土司的考核以3年为一考、6年再考、9年赴京候黜徙。土官本衙门验实土司、土吏的事迹之后，上报布政司和按察使司考核，土官将根据平常、称职和不称职三种考核结果受到留用、加赏或降级。元、明两代土司的升迁，除按土司品级以次升授外，对于少数民族中的政治精英，亦可授予流官的职衔。此制度到清代而发生变化，清代的土官最高只能循土司品级升迁至指挥使、宣慰使，换言之，无论其功劳和能力有多么卓越，终身也只能是一个土司而已。

对土司的惩处，历代虽在具体规定上略有不同，但大致的策略却基本相同：其一，土司有罪，虽需惩罚，却不轻易废除其世袭爵位，而采用“罚而不废”的方法维持土司地区的稳定；其二，惩治土司犯罪常适用专门的法律或从“俗法”，这与惩治流官的“常律”不尽相同；其三，对土司的惩处在严厉中又有宽宥，只要不是杀害官军、侵占省地的“叛逆重罪”，均可通过宽宥或赎罪的方法受到减轻处罚。贡、赋、兵是土司制度中涉及土司义务的重要内容，土司对中央王朝除了尽忠之外，还需交纳

① 《明史》卷七二，中华书局1974年版，第1752页。

赋役、听从调遣。朝贡是土司效忠中央、表示臣服的象征性标志，极受统治者的重视，历代对土司入贡的时间、人数、物品和程序均有严格的规定。入贡合于规定的土司，特别是恭顺者，中央王朝不惜以价值数倍于贡品的回赐加以笼络；相反，入贡后期、贡物不及数或人员违例者将受到“半赏”、“停赏”甚至问罪的惩罚。除进贡外，土司尚需交纳额定赋税，但征额一般较内地为低，定了税额之后，也常有减免之例，以体现中央对土司地区特别的体恤。例如明洪武时，管辖面积较大的贵州水西宣慰司“每岁定输赋三万石”，永乐时普安土司“地阔民稠，输粮三千余石”，即便整个贵州地区，也“赋不敌江南小郡焉”①。中央允许土司合法地拥有自己的武装力量，而同时，各地土兵也有听从中央王朝征发调遣的义务。元朝在“以蛮攻蛮”的策略之下，曾建立起庞大的土兵武装队伍，其中“爨兵”就是在彝族地区征发的彝族土兵，对土司的“驱调”之法，到明代最为完备。土兵的作用可分为“保境”、“轮戍”和“征伐”三种。在征调时常采用“自备粮饷”之法，执行任务时则且耕且戍，以解决庞大的土兵队伍的给养。

中央王朝对土司的治理，除了上述制度化的引导和约束而外，还辅以特殊的限制政策和文教政策。清王朝对土司的防范尤其严格，中央划清土司统治的疆域，不准土司及其民众擅自离境，在其境内则延续明朝设立军事卫所的方式，驻扎重兵以事震慑。同时，明、清两代的统治者亦在土司地区实行土流参治、土下设流的人事制度，通过流官的参与牵制土官权力。土流参治的彝族地区如明代云南省楚雄府及其所属的二州五县；而土下设流则主要行之于彝族集居区，除一般由彝族部酋任正副职外，在其属下则设流官吏目、经历、知事等等职位②。除此以外，统治中央为削弱土司势力，还常常采用分袭、省并的方法，在不易遭到反抗的情况下，缩减单个土司的统治范围和实力。中央针对土司尽管有如此多的限制措施，但历代统治者却又均将文教作为控制土司的上策，他们在土司地区开科举之门，广设“义学”、“社学”，提倡甚至强制土司子弟入学习礼，否则不得袭替。明清统治者对土司“文教为先”的政策对中原文化的传播起到了良好的效果，清檀萃的《滇海虞衡志·志蛮》载，黑罗罗（黑彝）土司“富者多聘汉儒为师，习文艺，补博士弟子”，不少彝族土司自觉学习中原文化并具有了较高的水平，这对民族之间的文化交流以及中央王朝意识形态的渗入，均有积极的作用。

---

① ［清］田雯：《黔书》卷一，转引自吴永章《中国土司制度渊源与发展史》，四川民族出版社1988年版，第188页。

② 胡庆钧著：《明清彝族社会史论丛》，上海人民出版社1981年版，第131页。

第二章

彝族刑事法律制度

在不成文的彝族习惯法体系中，所谓“刑事法律”的外延与现代法律体制下的刑法并不完全相同，每个民族都有自己独特的法律生活。由于文化的差异，每个民族对于法律的理解也是不尽相同的。尽管如此，为了考查的方便，我们依然可以将彝族法制中涉及犯罪行为及刑事制裁的法律规范笼统地概括为“刑事习惯法”。彝族的刑事习惯法维护基于血缘和人身占有及隶属关系而确立的等级阶级秩序，但同时，它也广泛地承担着维护社会秩序、惩罚犯罪行为的功效，任何违反刑事习惯法的行为，都将受到严厉的制裁。在研究彝族刑事习惯法时，有的学者仅将其视为奴隶主阶级对奴隶阶级的片面制裁，基于这一论断，彝族刑事习惯法是不公平和横暴的法律，它仅是统治阶级借以实现等级特权的暴力工具。这一论断固然有其合理之处，我们无法否认彝族习惯法中的等级因素和消极的一面，但我们更应当看到，人们通过上千年的经验总结所形成的习惯法规范，其首要的目的更在于协调各种社会关系、指导人们的行为、稳定社会秩序、促使社会安定和发展。彝族习惯法存在于民间，它首先得到民众的认同而成为大众良知意识的一部分，人们将其作为指导自己行为的准则，以群体的力量去防止对规范的违反。群体正义的形成使彝族刑事习惯法同时体现出公正、合理的一面，它是彝族法制中极为重要的组成部分。

第一节

主要犯罪及其惩罚

一、侵犯人身权利的犯罪

（一）杀人罪

杀人罪，又称人命案，彝语称“撮确”，意为“拆人”。在彝族奴隶制社会中，杀人是剥夺他人生命、严重侵犯人身权利的一种重大的犯罪行为，是彝族刑事习惯法中的非常重要的部分。“尔比”按肇事者与伤亡者的关系距离把致人死亡的事件按性质分三类：“杀氏族家族，偿命乃畅通路；杀亲戚朋友，赔命金是常规；杀冤家仇敌，规矩遵无下例。”即是指杀害家支的成员必须偿命，伤害姻亲和朋友必须给予赔偿，至于伤害冤家仇敌，同时需要视情况而定，该赔偿的要赔偿，不该赔偿的则不必赔偿。另外，人命案视死者身份和杀人动机、死者死因等因素，又具有不同的分类，以下分别加以论述：

1. 故意杀人罪

彝族刑事习惯法中的“故意杀人”是指一方有预谋地剥夺他人生命的行为。故意杀人罪因犯罪情节、性质较严重，按彝族习惯法，一般都作为“黑案”（阿诺）来处理。根据被害人的身份及与杀人者的关系距离，可分为杀名人案、家支人命案、姻亲人命案和其他人命案。

（1）杀名人案

在彝区，“兹莫”、“毕摩”、“德古”等人，是彝族的知名人物。“兹莫”是彝族社会中的最高统治者。他们是彝族传统社会五等级中最高的一个等级。自元代以来，中央王朝敕封兹莫为土司，将他们作为在彝区的代理人。兹莫在无自卫能力时，被人无故谋杀或被人谋财害命，即为黑案。这种案子被“尔比”称为“田地埂边无疼痛而被锄刹，獐麂没有服毒而惨叫”。杀人者除赔偿习惯法中规定的人命金外，还须赔偿雄鹰一对，以及黄金、白银、绸缎等。

“毕摩”在彝区不仅是主持宗教祭祀等活动的祭司，而且是沟通人神的使者，掌管着人们的生死大事，同时，毕摩又是创造文字、撰写收藏彝文经典，通晓彝族历史的知识分子，其职业身份通常世袭，在彝族社会中具有较高的社会地位和特殊的声望。在传统社会中，毕摩作为彝族神职人员不仅受到尊重，而且受到特殊的保护，杀害毕摩是天理所不容的。杀害毕摩者要受到重罚，按毕摩不同的血缘等级，需分等论价，凶手要向受害方的家支、受害者的舅父、祖父、外祖父分别赔付命金，并向受害方的家支和舅父各杀一头牛赔罪，调解费用也由凶手支付。毕摩在做法事超度祖灵或在教学徒念经时被人杀害更要加重处罚，除赔偿人命金外，还要赔偿神雕一对，并需给毕摩灵魂归天做法事，支付其中的各项开支。

“德古”是指具有大智大慧、阅历丰富、办事公正、熟知习惯法并主动为人们排忧解难的智者。他们不仅是彝族社会中的头人，也充当着“司法官”、调解者的多重角色。德古是彝族传统社会最高精神价值的象征。他们威望极高，深受人们的信赖。故意杀害德古是非常严重的犯罪，其处罚情况视情况而定：一是德古在正常调解纠纷时被杀，为黑案，除赔偿人命金外，还要赔偿布谷鸟一对以及白银绸缎等，在案件的处理过程中，还需在案前杀一头“议事牛”，结案时再杀一头“闭口牛”。二是德古办案中不公，徇私枉法，偏袒一方被人杀害，此案只能按花案处理，其赔偿的人命金和其他方面，较之黑案要少得多。三是德古在调解纠纷中，挑拨离间、诈骗钱财、刁难弱者，因此被人杀死，定为白案，凶手赔偿的人命金和其他财物则更少，凶手所负担的这些费用，彝语形象地称为“烧开水给对方喝”。

（2）家支内人命案

它是指由于家族内部相互之间的矛盾，杀死本家支成员的人命案。家支人命案彝语称之为“维却”，“维”即同一家支成员的意思，“却”是致死人命的意思。为了维护氏族的团结，彝族习惯法严禁家族内部互相残杀，凡同一血缘系统，即使相隔几十代，都被视为同一家支，不论是故意伤害同一家支成员致死，或失手误伤致死，都被视为犯下了不可饶恕的罪行。因此，刑事习惯法对家支人命案较之其他杀人案其规定是极其严密的，在执行上丝毫没有变通的余地，必须按照既定的犯罪处理规定去严格执行。凡八代以内发生刀枪凶杀致死事件，凶手必须抵命。而其他杀人案由于受到一定的时间和空间的限制，可以通过家支群体势力的作用或经济手段寻求宽松的处理结果。即使是最严重的杀人犯，只要有权势和金钱作后盾就可以为其铺垫出一条生路。家支人命案则打破了权势与金钱的作用，超越了时间和空间的限制，杀人者必须偿命。正如彝谚所说："地下杀过同宗者，上天祖灵都不收。"因此，家支成员由于相互轻视，在争吵或发生其他纠纷时，无视他人生命安全，故意杀害家支成员的行为属于"黑案"。对于家支人命案依照习惯法的规定须限时（一般限定7至30天内）抵命，亲朋好友往往用很委婉的言词去激发他抵命的勇气，敢于主动抵命者会得到"敢作敢当"的评价。他可以自己选择服毒、自缢等死法，家里也可按照正常死亡一样置备寿衣。犯罪者死后立即火葬，不再举行隆重的丧集活动。若他不敢自杀抵命的话，家支成员则一直勒令其自杀，并随时看守他，给他提供烈性毒药、吊绳等自杀药物和工具，直到自杀为止。犯罪者以命相抵后，不会牵连到犯罪家属，后代也不会受到歧视，仍按家支成员同等对待，被害者的家属也不能来伤害或报仇。

如果凶手拒绝偿命而苟活逃跑，其所在家支则负责缉命处决。对于凶手无法捕获归案，家支头人有权召集全体家支成员，按照宗教仪式开除其家支，并将所遗娃子、土地、房子、牛羊等所有财产全部没收，交与被害者家属和其他家支成员。有的黑彝内部凶杀案件，凶手多不愿抵命，宁愿被开除家支了事。如1943年，越西瓦吉木乡黑彝勿雷木呷打死八代以内的族人勿雷德尼不愿抵命，他被开除家支并被没收一切财产，除以一份作为命价低给死者家属以外，其余被家门分占，他本人全家被清身除户赶出勿雷家境界。① 如果被害者理上有亏，或死者有遗嘱要求不予追究，经过德古调解可改赔命价的，也可以命价的方式结案。如凶手是独子，其父母年事已高无生育能力，本人未婚或无子，自己又不敢抵命，个别的可以通过家支议事会免予死刑，用赔偿人命金替代。命金的标准各家支各有具体的规定，无统一的标准；赔偿人命金的款项大体上相同，但对于故意杀害家支人命案赔偿的命金，除凶手的直系亲属外，其他家支成员不得承担赔偿责任。白彝家支内的故意杀人案，其处理方式与黑彝相同。此外，打死本家支的人，父子可以互相替代抵命，但夫妇则不可以相互替代。上述情况表明，习惯法对家支内部人命案的处罚是相当严厉的，这些规定是彝区防止家族内部相互残杀，加强氏族内部团结求得生存发展的一项重要条件，这对于维护家族群体内部的社会秩序起到了一定的作用。

（3）杀姻亲人命案

姻亲人命案，彝语称为"俄确桑确"，意为拆抄姻亲。彝族自古以来实行父系血缘家支外婚制，联姻双方互称"俄桑"。"俄"指的是女方家，"桑"指的是男方家。在彝人看来，作为一个人，以雅待姻亲，以礼待朋友，才能取媳到俄家，嫁女到桑

---

① 杨怀英主编：《凉山彝族奴隶社会法律制度研究》，四川民族出版社1994年版，第63页。

家。有了强大的姻亲作后盾，物质和精神上都可以相互尊重和帮助，才能与强大的敌人对抗。因此，在彝族奴隶社会中，刑事习惯法规定了一整套姻亲人命案的处理法规。姻亲人命案法规与家支人命案法规往往是相提并论的。姻亲人命案是指姻亲成员由于相互轻视，在争吵和发生纠纷或因其他事由引起矛盾时，一方无视他人生命安全，故意杀害姻亲成员的行为，属“黑案”。姻亲人命案却不像家支人命案那样严格，它可以通过权势或金钱的作用寻求较为宽松的处理结果。如果这类案件发生在血缘关系较近的姻亲成员之间，行凶者愿意抵命的话，此案便就此了结，不再另作任何处理。姻亲人命案的赔偿标准一般来说有这样几项：死者的命金，给死者舅家的赔偿，给死者姨表兄弟的赔偿，另附加款项若干。由于存在等级和地区的差异，赔偿的金额可能有所不同，但命金的赔偿款项基本上是一致的。揭开彝族习惯法的面纱，不管从何角度去看，其着眼点和维护的目标都会落在一个“亲”字上，同等级家支所形成的蛛网式的联姻集团，在很大程度上壮大了单个家支的势力，破坏姻亲家支之间的关系是不明智的举动，因而对这种行为的惩处也仅次于对家支内部犯罪的惩处，是相当严厉的。

2. 过失杀人罪

过失杀人罪，是指家支成员或姻亲成员以及其他成员之间平常无冤无仇也没有预谋，无意中失手，如枪支走火、醉酒后过失杀人、战场上误杀、劳动中不慎滚石檑木致死人命而剥夺他人生命的行为。过失杀人罪较之故意杀人罪而言犯罪情节较轻，按彝族刑事习惯法，一般视为“花案”（阿则），也有少部分按“黑案”来处理。

过失杀人罪其处理方法有两种：一是自觉抵命，自定死期，死期一般不超过一个月。如被害人生前有遗言说明双方是最好的朋友，并嘱托家支成员对其行为给予宽大处理或不得追究的话，通过家支议事会可以适当放宽条件，但生前有这层关系的人往往是坚决果断、毫不犹豫地跟随被杀的朋友死去的，而无需人们去执行习惯法。如1947年，雷波麻里地方的奴隶主里区打一因举枪射击，误杀了家门别丢。家支议决，要抵命，打一吃鸦片自杀三次均未死（按彝族习惯法，自杀三次不死，可以加倍赔偿命价）。最后赔了一千二百两银子了事。①

过失杀人最主要的解决方法是赔偿命金。如果自己不愿抵命，在多数情况下家支成员也不逼迫他自杀抵命，可以赔偿命金赎罪，不过这种行为时常为人们轻视。至于

---

① 张显光：《凉山彝族奴隶社会习惯法初探》，载《贵州民族研究》1984 年第 3 期，第 140 页。

命金赔多少，各地各家支各等级都有所不同。命金按死者所属不同等级和视凶手所负责任大小来决定赔款数额，受害者的直系亲属和舅父、外祖父、祖父依次获得赔偿费的不同份额。一般说来，居住在腹心地区诺合等级过失杀死家支成员的命金较之居住在周边彝族地区要重些，曲诺等级过失杀死家支成员的命金和其他赔偿同样如此，只不过各等级赔偿的金额或款项各有不同罢了。另外，如果是由于黑彝的过失导致曲诺死亡，同样按上述两种方法处理；但是娃子杀死主子，即使是误杀，亦须抵命。此外，在山林中互不见面的情况下射箭打枪致死人命，或醉酒失手，又或事出有因查无实据等等情况也按花案处理。比如有人在山坡上劳动，坡上的石头突然滚落，打死了坡下的人，虽然没有真凭实据证明是这个人滚了石头，但这坡上只有他一人，他也无法证实自己没有滚过石头，便要负轻微责任。其理由是："天上没有鹰，地上就不会有鹰屎；弓箭指着竹林，却射中了林中的锦鸡；你在出事地点，不找你找谁？即使你没有滚过石头，也应视为你的鬼魂推动了石头，即使风吹石，或山中野兽踩翻了石头，也得由你赔人命。"对于这种情况，经查实后，往往只出一百斤酒、杀一头牛招待死者亲属，再赔一匹马便算了结。此外，小孩滚石玩耍过失致人死亡的，由父母负责赔命金，命金按"阿则"赔给。

3. 死给人命案

"死给"，彝语称为"死纸比"，直译为"互相死给"。死给是一种对象明确的自杀，它是指因争吵、打架以及受侮辱后，以服毒、自缢、投河、跳崖等等方式自杀，并要求对方对自己的死负责。"死给"是产生于彝族地区特殊历史文化的特殊法律现象，它很难用国家法律意义上的刑事案件或民事案件来界定。"死给"行为通常只被现行的国家法律体系看成是自杀案而已，但在彝族社会，多因某种纠纷而引发的死给事件却具有很严重的性质，通常会诱发更严重的冲突与纠纷，甚至常被认为具有和杀人案件相似或接近的属性。① 如1949年发生在美姑县觉洛乡的案件，阿支家（黑彝）的女儿嫁给吴奇家，后来因故吊死在吴奇家，这种情况通常是因为婚姻家庭纠纷的缘故导致女方含怨死给男方。女方所在的阿支家为了报复，打死了吴奇家的一个男子，吴奇家于是又起兵攻打阿支家，在经过觉洛乡时，与曾因"娃子（奴隶）"而发生纠纷的乌坡家发生械斗（吴奇家娃子跑到乌坡家，乌坡家未归还），当时吴奇家死了7个人，伤者数人。此后，两家多次打冤家，一直打到1955年民主改革前夕。旷日持

① 周星：《死给、死给案与凉山社会》，潘乃谷编《田野工作与文化自赏》（下），群言出版社1998年版，第701页。

久的打冤家给两家带来了不少的损害，双方死伤多人，因此两家都希望和平了结此事，政府也开始进行干预。政府鉴于当时的形势，派三合村的金曲达吉德古（家支头人，民主上层人士）、且哈村的恩扎伟哈德古（家支头人，民主上层人士，后在乐山革命委员会任职）和恩扎伟基德古调解此案。德古们通过协商决定以计算双方的死亡人数，同等级的相互抵消，多出者则赔偿相应的银子的调解原则。经查，吴奇家多死3人，2人为黑彝，1人为白彝。根据死者不同的身份地位，分别做了处理和赔偿，最终使此案得以了结。① 从此案可看出死给案大致的逻辑以及处理不当所造成的严重后果。

死给案在彝族历史上的发生几率颇高，种类及关系较复杂，涉及的习惯法条文也很多，死给的地点、方式、被死给者的行为与死给行为的因果关系，均决定着案件的性质（黑、花、白）和赔偿的额度。归纳起来，习惯法规范对死给案的分类有如下一些标准：

（1）死给的地点：可分为被死给者家中、家附近、其他地点三种，离被死给者的居住地越近，其法律责任就越大；

（2）死给的方式：有跳崖死、投水死、服毒死和吊死四种，根据死给方式的不同，赔偿的具体项目就不尽相同；

（3）因果关系：被死给者是否曾侮辱、打骂死给者，被死给者行为的性质等等因素均决定着案件的性质及后果，被死给者先前的行为越恶劣，则导致死给者死给的诱因越大，前者所承担的责任就越大，反之，则较小；

（4）死给者与被死给者的社会关系：包括两者的辈分关系、性别关系、亲属关系（是否本家支，是否姻亲）和等级关系几种，根据关系距离的远近，死给的性质、赔偿责任者和赔偿项目均不同。习惯法在这方面的规定非常细致，如公婆与儿媳纠纷而导致公婆死给，若儿媳妇离异另嫁，命金由新夫家负责赔偿，如不离异或离异后不再嫁，则不赔偿命金；儿媳与公婆纠纷而儿媳死给公婆，公婆负责向死者娘家赔偿命金；妻子与丈夫不和而妻子死给丈夫，丈夫负责向死者娘家赔命金，并打酒宰牲赔礼；丈夫与妻子冲突而丈夫死给妻子，如有子女、妻子不另嫁，则不赔命金，如另嫁他人，命金由新夫家负责赔偿。

---

① 陈金全、巴且日伙主编：《凉山彝族习惯法田野调查报告》，人民出版社2008年版，第215—217页。

（二）伤害罪

伤害罪在彝族刑事习惯法中是指侵犯他人身体健康，造成他人损害的行为。致使他人伤残，无论是有意或无意，肇事者均须向受害者赔款致歉。习惯法对案件的规定相当全面，如“尔比”所概括：“脚断偿骏马；眼瞎以金饰；手断偿人帮；耳破治伤残；牙断治刀补；拆髻偿响亮；鼻烂以银饰；舌断无先例。”彝族地区的伤害案大多因“吉嘎”即斗殴而产生，“吉嘎”包括除冤家械斗外的一切斗殴行为，伤害案属于较严重的犯罪行为，如果致人伤残，将受到严厉的制裁。刑事习惯法对伤害罪的规定首先包括以下原则：

第一，对伤害罪的处罚存在等级制，但较之杀人罪来说规定较为宽松。同等级的伤害案是指兹莫、诺合、曲诺三个等级及个别阿加等级内部之间的伤害，一般不包括呷西等级之间的伤害；习惯法对兹莫和阿加两个等级内部的伤害也只是笼统的提到并无明确的规定。可以说，同等级伤害案在很大程度上是针对诺合和曲诺两个等级而言，这两个等级内部的伤害法规相通，只要加害者和受害者等级相同，就可适用刑事习惯法的相关规定。

第二，对不同等级的伤害，涉及犯上和犯下的问题。一般来说犯上处罚严厉，犯下处罚宽松。除等级因素外，曲诺以上等级的伤害案还受到诸如家支和个人的社会地位、势力强弱、加害者与受害者的关系距离等因素的影响。

第三，对毕摩和德古的伤害案具有特殊的规定。对于伤害毕摩案，习惯法规定：毕摩是人神之间的使者，不管哪个等级的毕摩被伤害或哪个等级的人伤害毕摩，都应同样看待，赔偿金应高于普通人。对德古的伤害赔偿金与毕摩相同，无论哪个等级伤害德古或哪个等级的德古被伤害，其伤害赔偿金都相同，都明显高于其他人。

刑事习惯法对伤害罪的细致规定基本依照伤害的部位分类，具体内容包括对眼、耳、鼻、口（唇、齿、舌）的伤害以及对四肢的伤害，还包括对胸、背等部位的伤害以及抓扯头发的伤害，具体的规则如下：

1. 对五官的伤害及其处罚

在彝区，人们通常所指的面部五官即眼、耳、鼻、口（包括舌、齿、唇）。伤害一个人的面部五官被视为严重的犯罪，人们一方面需用牺牲（宰牛杀羊等）为受害者驱邪、修复补救，另一方面对犯罪者的处罚也相当严厉。伤害五官的赔罪款项目具体繁杂，也显得很周到。制定赔偿标准的依据是：牙齿是专门啃嚼肉食的，被打缺了就制把刀子予以补助；鼻是容貌的关键器官，被损害了就要以贵重的白银赔礼；眼是重要的信息器官，损坏了就得以最贵重的黄金赔礼；耳是能获取更广泛的知识的器官，赔礼更需要全面。舌头被看作是人发表思想的巨大武器，又认为在唇和齿二层的包围之内，一般不易被伤害，万一被伤害，那就列为史无前例的奇特事件。在这五官中，彝人非常看中耳朵和鼻子，认为耳鼻乃人的尊严所系，被别人咬掉或割去耳鼻，是一种奇耻大辱，在斗殴中如果伤了对方的耳朵或鼻子，重者要以耳还耳，以鼻还鼻，轻者也要打酒赔礼，并为伤害者送鬼，如不照此办，势必引起重大纠纷。在彝人的观念中，一个人的面部五官若非先天受损，而是后天受到伤害，实为一大忌讳，无论哪一器官受损就是一个完整的人遭受破坏，受害者被视为“有缺陷”，不仅受歧视，而且还被禁止参与宗教活动和主持任何仪式，当其死后，更由于伤残拖累而无法回归祖先之地，与祖宗共同生活。可见，对五官的伤害所损害的客体并不止于一个人的健康权，它还损害了人们正常的社会交往、社会活动乃至在宗教世界中的灵魂的归属，因此它的性质是相当严重的，习惯法对此做出了极为重要的规定。

（1）伤害耳朵及其处罚

彝族将“毁容”称为“付厘勒厘”，“付”即“角”，“勒”原意为“耳”，现引申为面容；“厘”即“损”、“折断”，因此，“付厘勒厘”就是“损角损耳”的意思。从中可看出，彝族将耳视为角，这与崇拜动物角的宗教情结具有密切联系。动物的角有一个由弱至强的生长过程，它是生命的象征，也是防御和攻击敌人的有力武器。角既是生命的一部分，又是保护生命的器官，一旦遭到损坏，对生命就会构成威胁。对动物来说，没有角就不是一个完整的动物，彝人们由此将人的耳等同于动物的角，并认为如果耳朵受损，就不是一个完整的人。对此，彝谚做了形象的比喻：“耳朵缺了魂魄离身”，“大雁的翅膀被鼠咬，不能与雁群飞翔；猴儿有伤疤，不能与猴群爬岩；缺耳的人，其灵魂不能到祖灵那里生活”，“人世间的人耳朵缺了块，死后就跟随不了祖先上阴间”……由此可见耳朵缺损对彝人而言的严酷性。在现实中，如是受害者是毕摩，他就不能主持重大宗教法事；若是百姓，则严禁担任毕摩的助手和主持任何仪式，人们总是将相互斗殴中被他人将耳朵咬缺，或被锐器把他人整个耳朵割掉看成是邪恶附身、留下一种污秽，很不吉利，必须举行一定的宗教仪式驱邪，其魂才能还原，否则将给人带来严重的灾难。整个耳朵被割掉还须按照等级地位的不同来进行祭祀：如“兹”的耳朵被割，要用鸿雁的翅膀来祭；毕摩的耳朵被割，要用鹰的翅膀来祭；一般百姓的耳朵被割，要用白鸡的翅膀来祭。在伤害五官案件中，罚金最重的也是伤耳案，所赔白银高达90锭。

伤耳案的具体赔偿金额还根据耳朵受损部位的不同而不同，习惯法对此规定非常细致。伤害上耳轮为“黑案”，除罚金银外，肇事者还得出一头白牛给受害者专门用以驱邪；若伤了耳朵中部，为“花案”，除罚金银外，规定肇事者出一头白绵羊为受害者驱邪；伤下耳垂为“白案”，同样除罚金银外，用一只白公鸡为受害者驱邪；若导致整只耳朵缺损，则将上耳轮、中耳轮、下耳垂三项赔款数相加，除上述赔款外，还得附加赔偿一匹坐骑。值得一提的是，由于文化变迁中一些偶然的因素，以喜德县为中心的圣乍土语区①对伤害耳朵案的规定恰恰与上述相反，那就是伤害耳垂为重，中耳轮次之，上耳轮为轻。此外，由于人们耳（角）崇拜的因素，与伤耳有关的习惯法还表现在“重外耳轻内耳”，即对耳朵外形受损的处罚远远重于失去听觉的耳聋，导致耳聋仅仅是作为轻案来处理，这是彝族习惯法显示其独有文化属性的典型例子。

（2）伤眼及其处罚

彝族刑事习惯法规定，伤害眼睛需以最贵重的黄金赔礼。一只眼致瞎的，首先赔给受害者 1 两金子，另外还需赔付各种附加款项。以 1927 年冬发生在美姑县的案子为例：巴普镇基韦村金曲各补和阿卓牛牛均为黑彝，两人属表兄弟关系。一次两人在一起喝酒时，因醉酒而发生争执，随后双方便打了起来。在打架中，无意间阿卓牛牛将金曲各补的眼睛打瞎一只，案发后，金曲各补便提出：我的眼睛被打瞎一只，按理应赔我的眼睛，但如果阿卓牛牛愿将其妹妹嫁给我，就不再提出赔偿要求。阿卓牛牛家拒绝了金曲各补所提出的条件，并请德古来调解。德古通过对双方的劝解，最终达成调解协议：按彝族习惯法“伤眼填金”的原则，阿卓牛牛家赔偿黄金一两作为伤眼的补偿，另需赔偿丝绸一匹、赔偿受害者主妇一匹马，上述三项赔偿折算白银总计为 80 锭。最后，阿卓家赔偿 80 锭白银给金曲家结案。②

对于致使他人双目失明者，需赔给受害者 3 两金子。除赔偿黄金外，还有其他各种复杂的赔款项目，例如，因考虑到双目失明的受害者行动不便并且丧失了劳动和生活自理能力，从此将与孤独寂寞为伴，因此，要赔给他一个“引路人”（可以是一个家奴，也可以是相当于家奴价钱的银子），一定数额的“放牧耕种金”及“孤独寂寞金”。

---

① 全国彝语有六大方言、二十五种土语，四川地区的彝语属北部方言，它又分四个土语区：即以喜德县为中心的圣乍土语区；以美姑县为中心的义诺土语区；以布拖县为中心的所地土语区和以甘洛田坝为中心的田坝土语区。

② 陈金全、巴且日伙主编：《凉山彝族习惯法田野调查报告》，人民出版社 2008 年版，第 306—307 页。

（3）伤鼻及其处罚

彝族在描述一个人的相貌时，最先选择的对象就是鼻，其次才是眼。在形状上，鼻和耳又都是面部凸出的器官。彝语“鼻”与“耳”的词根相同，均为“勒”，由此可见人们对鼻子的看重。因此，除伤害耳朵外，刑事习惯法对伤害鼻子的处罚也较重。彝谚说，“伤他人鼻头（鼻尖）赔9两黄金，伤鼻腰（鼻梁）赔7两黄金，伤鼻根赔5两黄金”，同时还须赔付白公牛、黑猪、黄猪各一头，白公鸡、黄母鸡各一只作为受害者驱邪、修复和补救之用。除此以外，伤鼻的其他赔偿完全与伤害耳朵上半部分的赔偿相同，如峨边有位叫格曲巫哈的诺合与同等级的兹哈嘎朵争吵打架，格曲巫哈的鼻子被兹哈嘎朵咬掉，而后者的耳朵却被前者咬掉，为此他俩怨恨很深，双方均扬言要报复。后来请德古苏依出面调解，鼻伤按69锭白银赔偿，耳朵按40锭白银赔偿，相互抵消后，兹哈嘎朵拿20锭白银给格曲巫哈，案子终于得到和平解决。

（4）伤牙及其处罚

彝人认为，牙齿是专门啃嚼肉食的。在双方斗殴中，伤牙一般分两种情况：一是部分门牙被打掉，这种情况需赔给受害者一个银菜板、一把银菜刀、一匹骏马、一匹丝绸；二是若上下门牙全部被打掉（一般是根据门牙被打掉的颗数计算，凡打掉四颗门牙就不能咬东西），则不仅要赔给与饮食有关的金菜刀、金菜板，同时还必须赔偿一个专为其照顾饮食的人，另外还需加赔一匹骏马、一匹丝绸，并宰牲打酒向受害者及其家属赔罪。

2．对四肢的伤害及其处罚

四肢即指人的双手和双脚，在彝人看来，手是用来干活谋生的，伤残了就得送一个人供养他；脚是支撑人走路的，被伤残了，就赔偿骏马供他骑。因此，在双方的斗殴中，同等级的伤一只手，赔一个呷西；伤两只手，则赔偿更为重一些；打断他人的手或将手致残，因而失去了谋生和生活的能力，就需要有人护理，伤人者须为伤残者配一个助手，其金额按当地命金一半赔偿。另还需赔一匹马和一匹丝绸，并且要宰牲备酒招待受害者表示赔礼。如在斗殴中一只脚或双脚致残的，使被伤者行走发生困难，伤人者须赔偿受伤者一匹马，作为代步；需赔偿一个牵马人及1两金子，并且要宰牲备酒招待受害者表示赔礼。20世纪初，恩扎诺合下属的一些曲诺去掠夺居住在雷波马哈洛的曲诺吉说尔打家，吉说家支对此行为极为愤慨，进行报复时错掠了阿卓诺合下属的曲合尔古家支，返回途中被阿卓加甲得知，他非常生气并怒气冲冲跑去阻拦，吉说尔打举枪打断了他的腿，随后逃到云南。几年后，尔打被加甲之子截住，不得不按规矩赔偿。经过反复调解，共赔偿22锭白银，一匹骏马，并多次买酒杀牲招待，才得到和平解决。

3. 对抓扯头发（天菩萨）行为的处罚

“天菩萨”是指彝族男子的蓄发与头顶，彝语称“字尔”或“字木”。这是彝族的一种古老的传统装束。男孩在四五岁时，头顶留一块方形的头发，成年后将其绾成一个发髻，蓄在头顶，叫作“窝次”，意为“头上的印记”，汉称“天菩萨”。平时用青布或蓝布缠头，在右额上方用布扎一个锥形结，叫作“主帖”，意为雄鸡的冠子，汉称“英雄结”。彝族男子的“天菩萨”具有浓厚的宗教意味。它是神鹰栖落的眼睛，是男子灵魂的藏身之地。为此，人们视为天神的代表，它能主宰吉凶祸福，是神圣不可侵犯和亵渎的，任何人都不能抓扯、触摸。侵犯“天菩萨”和“英雄结”的行为是对男性尊严的严重挑衅，因此，刑事习惯法将此作为严重的精神伤害加以规定。

无论是“窝次”还是“主帖”，在双方的斗殴中，都是他人特别是低等级者不能随意抓扯和触摸的，抓“天菩萨”必须作出赔偿。等级低下的人抓了黑彝的“天菩萨”有断臂、处死的危险；白彝抓了黑彝的“天菩萨”要赔9条牛或砍掉右手。20世纪30年代，美姑甘尔普铁地区有位叫阿指赤哈古体的诺合，为一片森林与曲诺等级的勒格尔惹莫曲打体相互争吵，在厮打的过程中其发髻被打体抓扯，后来按习惯法砍掉了打体左手一节手指。除此之外，黑彝抓扯了同等级者的“天菩萨”，极易引起械斗；奴隶抓扯黑彝主子或白彝主子的“天菩萨”要处死不论；呷西抓了白彝的“天菩萨”除宰牛赔礼外，还需赔一定数量的银元；白彝所属娃子触摸了白彝的“天菩萨”需赔礼银五两，猪羊各一只，酒一罐。但反之，黑彝把白彝的“天菩萨”扯光也不追究；同样，白彝扯了呷西的天菩萨也不能追究，可见习惯法对这种冒犯尊严行为的惩处，具有鲜明的等级色彩。此外，两性之间若妇女抓摸了男子的“天菩萨”，将致使该男子终身不吉，事后“天菩萨”须剃尽，否则死后不能鬼归祖界；妻子抓了丈夫的“天菩萨”也要请人调解，宰杀一只猪或羊来吃，算是妻子向丈夫赔礼。

（三）侵犯妇女儿童人身、健康权利的犯罪

1. 强奸妇女罪

彝族习惯法注重妇女权益的保护，强奸妇女的行为将受到相应的惩处。无论现代法律体系还是彝族刑事习惯法，违背彝族妇女意志强行发生性关系都是强奸罪的基本

含义。不同的是，彝族习惯法中的“妇女”是指已成年的妇女，即已“换童裙”的妇女①，凡已经“换童裙”的女性谓之成年女性。在彝族社会中，姑娘成人后即可自由逛街、赶集、观看赛马等出入社交场所；还可以交男友、找情人，即便有个别发生性行为，只要不违反等级和血亲的限制，一般不受习惯法的处罚（主要指“所地”方言地区）；若姑娘怀孕，男子则需赔礼或与之结婚即可。尚未“换童裙”的女性谓之幼女，即未成年女性，这种成年与否的划分标准，是区分强奸妇女罪与奸淫幼女罪的主要标志。

对强奸妇女罪的处罚，习惯法首先确定了等级特权，即强奸行为存在“顺”与“逆”的区分，原则上高等级男子强奸低等级妇女可以不受处罚，反之，低等级的男子强奸高等级的妇女则要重罚。其次，习惯法对男子强奸同等级妇女的犯罪行为作了明确的规定。对于这类案件，一般来说不处以重罚，因为彝族男女对贞操的观念较淡薄，一般不追究妻子婚前有无与异性交往的历史。因此，习惯法规定，黑彝男子强奸黑彝妇女（非系同家支），如受害者对肇事者的野蛮行为不满而告发的，应赔款赔礼；受害者不主动告发的，则不追究责任。如1928年，美姑县哈姑以达的黑彝妇女阿支磨布歇在清早外出放猪时机，被黑彝吉俄尔诺加以引诱强行发生关系，以致女方怀孕生子。事情发生后，由著名头人恩扎赫达裁决，视为有妇之夫强奸女方，应给女方家族赔礼。按照“从头赔到脚”的规矩，共赔了金子25两，另有高山、矮山、二半山地各一块，马一匹，另外还要打酒宰牲款待。因带有惩处性质，由吉俄尔诺自己款待，家门不给予任何支持。② 此外，如黑彝男子强奸黑彝妇女致使受害者自杀的，则要赔命金，命价视受害者自杀的方式而定。再次，习惯法还规定，强奸孕妇而导致其流产，除备一百斤酒、杀一头牛赔人命外，还须赔一匹马给受害者，此称“补史木玛”，另还要出二十两银子给调解人和监护人。强奸已婚妇女，须打牛请酒向其丈夫家族赔礼，并且给妇女从头到脚披红挂彩，称“西迭俄次，祝马使柯勿”，一般是一匹马、一套绸缎服装。轮奸妇女致死或导致受害者自杀的，参与轮奸者均要赔命价。

2. 奸淫幼女罪

奸淫幼女彝语称“赫坡”，是指与幼女发生性关系的行为。“幼女”如前所述，是指尚未“换童裙”的女性，只有与尚未“换童裙”的女性发生性行为，才构成奸淫幼女罪。彝族社会中，未举行成人礼的女子受到很好的保护，未成年而有性行为

① 彝族女孩的成年礼，大多在15—17岁之间进行。

② 胡庆钧：《凉山彝族奴隶制社会形态》，中国社会科学出版社1985年版，第334页。

（无论主动或被动）的女性终身被视为不洁，严禁参加各类红白喜事。更为严重的是，在她去世时停尸架与正常死亡者有别，这在彝族人看来是尊严所遭受的最大打击和伤害，日后，儿女子孙为其举行超度送灵时，也须由毕摩单独举行一场“消痕法事”，她的灵魂才能回归祖界，被祖先接纳。因此，习惯法禁止任何人调戏、猥亵未成年女子，更不准与之发生性行为，触犯者会遭到所有人的鄙视和厌恶，并受到应有的严惩，他将终身不能参加各种祭祖仪式活动，也就是不再被视为家庭成员。正如彝谚告诫道：“好色莫奸幼”，“贪色莫奸污幼女，奸污幼女无脸见人，子孙后代无人问”。

刑事习惯法对奸淫幼女犯罪的严惩分几个方面：其一对人身的惩罚，即责令犯罪者自杀或将其开除家支，被开除家支者永远得不到家族的承认。其二赔罪及经济赔偿，罪犯需向受害幼女赔礼，如果该幼女因奸淫而羞愧自杀，则按“黑案”处理，并向其亲属赔偿人命金。此外，奸淫幼女者另需承受其他赔偿项目：①杀一头牛，以酒赔罪；②赔偿被奸幼女日后出嫁时的身价钱；③被奸淫的幼女成年后，若能找到婆家，那么出嫁前要为她举行“去污”仪式，需七只山羊、七头猪、七只鸡，所需一切费用皆由奸淫者负担；若该幼女从此以后终身不嫁，那么奸淫者必须负担被奸淫者后半生的衣食住行全部费用。其三对犯罪者精神和道义上的处罚，如果他因各种因素而不被处死或开除家支，那么他将终身接受社会的鄙夷和歧视性的待遇：①在逢年过节时，要将奸幼者赶出家门，令其露宿岩洞，并在山上叫喊：“我犯了神仙不容的罪过，请祖灵来收拾我吧！”②在一切社交场所，人们不得与奸幼者同饮一樽酒；③彝人认为奸幼者子孙不昌盛，这往往会导致他的妻子提出离婚，却不用赔偿丈夫婚娶时的任何开支；④有奸污幼女之劣行的人，死后只能穿白色寿衣入殓，以净化他卑污的灵魂，并且，其尸体不许停室内而只能停在临时用菅草搭建的棚屋中，表示不配受亲友儿孙悼念；⑤奸淫幼女者死后，其尸体不准进入公用的火葬场，需在人迹罕见的荒山僻野进行火葬，人们视火化时升起的青烟为不洁物，往往会像躲避瘟疫般逃避，生怕被其污染。由上可见，习惯法对奸淫幼女者的惩罚是相当严厉的，这种严厉并非仅在于法律的强制性措施，而是通过宗教、舆论等综合性的措施使犯罪者具有被社会唾弃和遗忘的感觉。这对一个人来说，也许比肉体的痛苦更令人害怕、更具威慑力。也正因为如此，彝族地区很少听到奸淫幼女事件的发生，这样的社会环境是非常有利于保护未成年女子身心健康和成长的。

3. 拐妻罪

拐妻在彝语中称为“席扯”，特指将他人的妻子带走并据为“己有”的行为。这是彝族社会中一种较为特殊的犯罪。“拐妻”绝不等同于拐卖妇女，后者通常指行为人违背妇女意愿，利用欺骗等手段将妇女拐卖他人，并达到牟利的目的。而彝族刑事习惯法中的“拐妻”不见得是行为人单方面的选择，也不一定采用欺骗的手段，更非将妇女出卖给他人——它并不具有牟利的目的。拐他人之妻仅是为了自己占有，甚至在许多情况下，是女方自愿跟随“拐妻”者离开原来的夫家。但不论案件的过程如何，只要具有拐妻的结果，行为人均被视为犯有拐妻罪，并承担相应的法律责任。另外，被拐的妇女虽在法律上没有具体的责任，但却要承受很大的精神压力，她通常会受到社会舆论无情的谴责。另外需要说明的是，拐妻罪中的“妻”与现行国家法的界定不同。彝族习惯法将已婚者或订婚者都视为男子之“妻”，订婚在彝族习惯法中属于具有法律效力的行为，受到习惯法的保护。

拐妻在彝族刑事习惯法中属非常严重的犯罪。它触犯了彝族传统社会秩序与伦理的根基，人们甚至将它看得“比命案还要大”。如果拐走本家支成员的妻子，与杀死本家支的人同罪。调解这类案件非常艰难，必须先杀“开口牛”，德古才愿意调解。拐妻若跨家支，则极易诱发冤家械斗。彝人常说：“我弱我妻被人拐，我弱我儿被人杀”，“子被杀一条命，妻被拐九条命”。在这种观念的支配下，彝族历史上由拐妻引起的纠纷和战争连绵不断。需要指出的是，刑事习惯法对拐妻犯罪的调整还受到等级因素的影响，拐妻一般指同等级内发生的行为，这种行为若跨越等级则不能称为拐妻。① 另外，妻子被拐者和拐妻者的亲疏关系也影响到案件的性质，二者血缘关系越近，受处罚的程度越重，习惯法规的适用也就越无变通的余地；反之，二者血缘关系越远，处罚就相应轻些，法规的适用也相对灵活。拐妻案基本上都属于性质严重的“黑案”。刑事习惯法按行为人与受害者的血缘关系和亲疏关系，将拐妻案分为四类：

（1）拐同家支妻

彝谚道：“同家支妻再美也不能娶其为妻，同家支女再漂亮也决不能去调戏。”拐妻和乱伦是足以招致死刑的重罪，无论谁发现本家支成员有拐同家支妻的兆头，都会立即去制止。如果行为人不听劝告继续为之，家支头人将依据习惯法向他发出最后通牒。这时，如果行为人慑于习惯法和舆论的威力，愿迅速与被拐妇女解除关系，并且按照“拐妻退妻”的原则把被拐者退给原配丈夫，并保证不再重犯，则可从轻处罚。

---

① 是指将他人的妻子拐骗成为自己的妻子的这种行为发生在高低等级之间，音译为“吉给”、“吉策”，意为“交绝”、“交降”。下一等级犯上叫“吉给”，上一等级犯下叫“吉策”。这种行为发生在同宗族男女之间，音译为“吉优”，意为“交错”。

他只需向家支成员设宴认罪，再给被拐者的兄弟设宴道歉，最后送一匹好马给原配丈夫，案件即了结。但如果拐妻案件发生后，行为人执迷不悟，无视他人尊严，执意要娶他人的妻子为偶，受害者可按照习惯法，组织近亲属及一切可动员的力量，采取强硬手段将其捉拿归案，由家支处以高额赔款或处死。在这种情况下，拐妻者需要赔偿女方原夫婚娶时所花费钱财的一倍甚至数倍，这就是所谓的“杀人只赔一条命，拐妻要赔九条命”。刑事习惯法认为，杀人许多情况下只是一时的冲动，而拐骗别人妻子却是经过长时间的反复思量谋划的结果。

拐妻行为虽属严重违反习惯法，但也并非毫无变通。有一种特殊情况是，如果行为人家庭富裕，愿出高昂的代价来赎罪完婚，在征得妻子被拐者同意的情况下，他的行为可能转化为合法有效。当然，要完成这种“合法化”并非易事，彝人较为注重尊严和脸面，人们普遍认为“妻被拐者一生无光彩”，妻子被拐者名誉的损失是很难用金钱补偿的，尽管按照习惯法规定，拐家支妻的经济补偿在原聘金的基础上翻一倍，再加一条人命的赔偿额即可，但实际上人们都不愿意以这种“价格”将妻子让出，而往往是漫天要价，行为人也只能满足。

（2）拐姨表兄弟妻

彝族血亲关系中，最为看重姨表亲。因此，拐姨表兄弟妻的案件主要有两种：一是拐妻者与受害者的母亲是亲姊妹或相隔三代左右，首先拐妻者必须退妻，退妻后，按拐家支妻退妻处理条款来赔偿道歉。若坚持不退妻，受害者可以采取暗杀手段报复，若受害者愿意以经济补偿的形式来了结，则参照拐同家支妻赔偿办法，在原女子聘金的基础上翻一倍后，再按本地区一个家支人命的标准来赔偿。二是拐三代以外的姨表兄弟妻，原则上习惯法的规定与前者没有区别，但在具体处理过程中则通常可以灵活变通。

（3）拐姻亲妻

拐姻亲妻通常分两种情况来处理。如果行为人与受害者是近亲的姑舅表兄弟，则属于乱伦行为，应迫使行为人自杀或采取暗杀的手段解决。如因客观原因放弃死刑，则按原聘金翻一倍、另再加杀姻亲人命金的价格来赔偿；如行为人与拐来的妻子远走他乡，其家支为表示清白，需通过毕摩杀鸡打狗诅咒宣布开除行为人族籍，否则行为人的罪过将转嫁在家属及家支的头上。如果行为人与受害者不是直接的姑舅表兄弟关系，而是间接或血亲关系较远，其处理方法与上述有别。此种情况下行为人所在家支的头人需一方面严厉制止其行为，另一方面需迅速出面向受害者家支道歉，并尽量说服行为人赶快退妻。如愿意退妻，则按习惯法给受害者列祖列宗赔礼道歉，按受害者的家谱，有多少代就杀多少牲口。然后给受害者重金补偿；如行为人不愿退妻，经双方协商，受害者及其家支又愿意通过经济补偿的形式来解决，则先按聘金翻倍赔偿后，再按一个姻亲人命案的标准来赔偿。其后，行为人还需杀牲道歉并以重酒劝慰对方的亲朋好友。如拐妻者不愿退妻，受害者也拒绝通过其他途径来解决，这样的后果是非常严重的，往往会转化为两个家支之间的战争。

（4）拐其他人妻

它是指拐无亲缘或稳固社会关系者的妻子。拐他人妻一般不列入伦理败坏的范畴，但为了避免冲突，家支头人都会站出来批评行为人，讲清拐妻的后果。如行为人听从劝告，立即退妻，并按规矩赔礼赔罪赔偿损失，此事有可能得到和平解决。在此类案件中，纠纷双方的家支势力往往会对案件结果具有很强的影响力。如行为人不听劝解，执意不退妻，而受害者也愿以经济赔偿的方法来解决，则先按聘金翻倍赔偿后，另外给10锭至20锭白银，杀若干牛羊，买若干酒招待受害者及其家支吃喝，即可结案。如拐妻者不愿退妻，受害者也不接受其他任何条件，则多数情况下只有付诸武力解决。

总之，从上面的叙述中不难看出，与拐妻有关的刑事法律制度首先是以维护家支内部以及家支和姻亲之间的法律秩序和伦理秩序为前提的。先以拐同家支妻的法规为核心，然后由近及远延伸出拐表兄弟妻、拐姻亲妻及拐他人妻的法规，其性质也由重渐轻，这也是体现在整个彝族刑事习惯法中的特点。但另一方面，无论是拐同家支妻、拐姨表兄弟妻、拐姻亲妻还是拐他人妻，都会遭到来自家支内外几乎所有人的制止和谴责，而同时，行为人也总是得到一个表态并做出再次选择的机会。他的不同选择将意味着殊异很大的制裁结果。

4. 拐卖妇女罪

拐卖妇女是违反彝族刑事习惯法的严重犯罪。拐卖妇女罪是指行为人违背妇女的意志，用欺骗手段将妇女拐卖给他人，以达到牟利目的的犯罪。这与前述的拐妻罪具有本质上的区别。拐卖妇女的方式分为两种，一是公开出卖，即将妇女从某地拐骗到另一地，并在人口交易市场公开议价出卖（如历史上的凉山彝区，拐卖妇女者通常从美姑普雄地区将妇女拐骗到地坝沟、吉时八嘎等地公开出卖）；二是秘密出卖，即暗中寻找买主私下议价出卖被拐骗妇女（这种方式在历史上的凉山“田坝”地区较盛行）。被拐骗出卖的妇女一旦被买即丧失自由，从而处于被他人奴役的地位。

彝族刑事习惯法对拐卖妇女罪的处罚较严。其主要手段有死刑、罚金赔礼和诅咒等等。其中“诅咒”是在习惯法的授权下，对犯罪者的一种特殊报复手段。如家支成员中有妇女被拐卖或者某人的妻子被拐卖，全家支就会聚集起来，杀死鸡、狗、羊等动物集体诅咒。如果在已知拐卖人是谁的情况下，可将各家杀死的鸡、狗、羊挂在三角架上或树杈上，头指向拐卖者家，表示鸡、狗、羊死了去找仇人要命。其后，家支将请来毕摩念咒。大致内容如下：“天菩萨、地菩萨有眼，哪个拐走人，就叫他像狗一样死；像山羊一样死，像马一样死，像鸡一样死；哪个拐走人，哪个就不得好死，被枪打死，肚疼痛死，害传染病死，得麻风病死，横死，暴死，淹死，掉崖摔死……”即使在不知拐卖人是谁的情况下，仍然可以用这种方法对拐卖妇女者实施报复。在笃信“黑巫术”的彝族地区，这种诅咒方式是非常有效果的报复手段，任何被诅咒者一旦得知，必会心惊胆战。同时，受害者家支在诅咒之后，通常也会就此罢休。如凉山甘洛玉田乡曾发生的一个案例：纽戈的女儿一果惹被涅堵家男子拐卖，纽戈家无力追赶，也无力出兵，于是召开蒙格会议让家族人各自带鸡狗来诅咒，这场纠纷便算了结。

根据拐卖妇女者和被拐妇女的关系，该案件可分为几种情况：首先，拐骗本家支妇女或者本家支成员妻女的行为，性质极其恶劣，犯罪者应被处死。其次，将友好家支的妇女拐卖，应退还被拐卖的妇女，并向其家支或其夫家支赔礼道歉。如不退还被拐卖的妇女，则应向受害者家支或其夫家支加倍赔偿各种费用，否则可能诱发冤家械斗。其三，将本家支成员所占有的女娃子拐卖，发现后，应将卖出的娃子赎回并退归原主，另还需罚赔银两、向原主打酒赔礼。若不能将娃子赎回，则应以相应的金钱代赔，并向原主打酒赔礼。另外，在不知拐卖人是谁的情况下，习惯法亦允许被拐娃子的主子采取诅咒的方式进行报复。如1921年布拖县衣某区木得阿普村曲诺毕摩吉尔乌兹的汉人丫头被人捆走卖掉，吉尔乌兹旋即发出邀请，召开“委吐蒙格”（即毕摩大会），布拖范围内的毕摩一百余人皆应邀参加，由声望较高的大毕摩主持。除当场举行法事诅咒怀疑对象外，并将被捆丫头的名字、时间、地点写在专备的咒人书上，给到会的每个毕摩分送。以后，与会的毕摩无论到哪家举行宗教仪式，都要手捧咒人书诅咒，直到被怀疑对象据说已被咒死为止。①

① 胡庆钧：《凉山彝族奴隶制社会形态》，中国社会科学出版社1985年版，第270页。

二、侵犯财产权利的犯罪

（一）抢劫罪

彝族刑事习惯法中的抢劫罪与国家刑事法律中的抢劫罪定义基本相同，是指以非法占有为目的，当场使用暴力或胁迫手段强行劫取他人财物的行为。不同的是，彝族传统习惯法所界定的抢劫行为具有对象的限制，它视抢劫外族、冤家为荣，而抢劫此范围以外其他人的财产，才构成犯罪，并受到习惯法的处罚。同理，娃子也可抢劫冤家或异族的财物，只是在抢之前须向主子说明，并征得主子的同意。百姓或奴隶若自己去抢，抢来的东西全归自己；如果主子同去，抢来的东西平分。但如冤家欠黑彝主子的债，黑彝主子便指使自己的娃子去抢，并用酒肉招待、鼓励娃子，抢回来的东西，先将债除去，剩下的再与娃子平分。上述抢劫行为受到习惯法的认可，不在抢劫罪之列；而其他未被认可的抢劫行为，则将受到习惯法的惩处。具体来看，抢劫罪可分以下几种情况：

第一，抢劫本家支、姻亲家支、友好家支或者其他非冤家家支的财物，必须将原物退回并赔礼致歉，若不妥善解决，则可能诱发冤家械斗。如1942年，莫洛家木古支人（曲诺）把一群牛羊赶到果基家的地界上去吃草，果基查依以莫洛家不该把牛羊赶到他的地界上去为由，抢去羊40只，牛40头，并且还打死了放牧的莫洛阿给。莫洛家知悉后十分震怒，立即召开家支会议，人人都赞成去打果基查依。械斗整整打了一天，最后由果基家的阿仇、海比两位德古出面调停，并判决果基查依赔60锭银子的命价，并把抢去的牛羊全部还给莫洛家，此案才告终结。①

第二，抢劫黑彝妇女并将受害者打成重伤后抢得财物的，除退还所掠钱物外，还需做出以下赔付：A. 按所掠钱物的1倍罚赔；B. 向受害者本人及兄弟姊妹、堂兄弟姊妹做出各项赔偿折合白银约18锭；C. 向受害者本人及其家族宰杀牲畜赔罪。抢劫者用暴力将妇女打成轻伤后掠走财物的，除退还原物外，还应给受害者及其兄弟姊妹，堂兄弟姊妹各项赔偿折合白银约8锭。

第三，抢劫白彝妇女财物并将其打成重伤后掠夺财物的，除退还赃物外，还应给

① 四川省编写组：《四川省凉山彝族社会调查资料选辑》，四川省社会科学出版社1987年版，第333页。

受害者本人及其兄弟姊妹、堂兄弟姊妹各项赔偿折合白银约9锭；如抢劫者把白彝妇女打成轻伤后掠走财物的，除退还赃物外，还应给受害者本人及其兄弟姊妹、堂兄弟姊妹各项赔偿折合白银约5锭。

（二）盗窃罪

财产是人们的生存之本，惩治盗窃行为的规范是彝族刑事习惯法中非常细致和重要的部分。在传统彝族社会中，人们普遍对盗窃行为深恶痛绝，正如彝谚所说："贪财莫要偷，偷者最可耻。"不仅是习惯法对盗窃行为的惩治，人们还时常通过"黑巫术"诅咒活动报复偷窃者，经师在仪式中念道："屋下仰视物，屋上俯视财，欲偷欲骗者，砍上打狗咒，砍下打鸡咒。"打鸡打狗是严重的黑巫术，彝谚说"一只鸡头能主九股烟"，意为打一只鸡可以祸及九个人，这对盗窃者也是一种严厉的震慑。需要说明的是，尽管人们厌恶偷窃行为，但也不能一概而论，和抢劫罪一样，习惯法对某些盗窃行为也加以肯定：偷窃冤家、异族、相距遥远素不相识者的财产，基本上属于一种正当的行为，会被看作增加财富而赢得家支的赞扬。反之，偷窃主子、偷窃娃子、偷窃家门和邻居的行为则触犯了刑律，是要受到习惯法的惩处，具体情况如下：

1. 不同等级之间的盗窃

为了保障统治者的财产不受侵犯，习惯法规定，被隶属等级偷盗黑彝的财产，或者娃子偷盗主子的财产，主子可以施以各种处罚，直至处死。如曲诺偷自己主子的贵重东西，如金银、枪支、马匹等，主子可将其降为呷西或处死。曲诺偷窃非本主子的东西，除赔偿原物外，还要赔礼。如娃子偷非本主子的东西，应赔偿或由主子代赔，主子不代赔，则转为失主的娃子。娃子偷自己主子的枪支或其他财产，除退还原物或赔偿原价外，重者处死，轻者出卖或施以其他酷刑。如六七十年前，尔恩尔提有一户阿加，因庄稼不好，无法生活，便偷主子家一只羊子换一斗粮食吃。发现后，尔提将此阿加用绳子勒死。

黑彝偷窃所辖各等级的东西，会因偷窃而严重损害其名声，如彝谚所说"尔苦全恩该"，即欺骗、偷盗自己娃子的财产是在自毁名誉。此种案件只能由黑彝所在的家支出面过问加以制裁，除勒令其退还赃物、向受害者宰杀牲畜赔礼外，严重者处死，如系惯犯则开除家支。如果黑彝所在的家族不出面，则被偷者无权追究。另外，如果黑彝偷窃别人所辖曲诺的东西，受害者有权向自己的黑彝主子提出交涉，其主子一般将会出面与偷窃者交涉，若后者承认有偷窃行为，则应退还原物并索取赔偿。

曲诺、阿加、呷西相互之间的盗窃行为依习惯法处理如下：曲诺偷了阿加、呷西的东西，要退还原物并请酒赔礼，私人赔不起则由家族代赔；如家族不能代赔由主子代赔的，则曲诺本人的等级下降。如美姑县巴普地区的曲诺借勿尔土偷了布兹家阿加的披毡、首饰等物，自己赔不起，主子呷多代他赔了三四十锭银子，借勿尔土便下降为呷多的娃子。① 至于阿加、呷西偷了曲诺的东西或相互偷盗，其处理办法亦同。

2. 家支内的盗窃

处理家支内盗窃案的基本原则是“由内向外，从轻到重”，即血缘越亲，处理越轻；血缘越疏，处理越重。这与人命、伤害等刑事案件恰恰相反。其原因是家支内部越亲的人，财产的连带关系越多，偷窃行为所显示的恶性就越小。但从整体上看，习惯法对盗窃罪的惩罚依然相当严厉，行为人应向失主做出的赔偿相当于盗窃财物价值的数倍，另还需打酒杀牲向失主及其兄弟赔礼；如偷公羊一只赔十只，偷母羊一只赔十二只，偷猪按两年猪三窝、三年猪百只赔偿，盗马偷一赔二，偷猫赔金子九两。其中偷鸡最为可耻，发现后众人唾弃，应羞愤自杀。偷衣服如未卖出，其赔偿原则是，不以被窃物品的贵贱量赔，应以偷窃是否容易量赔，易者多赔，不易者少赔。案发并加以处理后，应以赔款额的十分之一作为给调解人的报酬。除了经济上的惩罚以外，家支长老和头人的训诫也必不可少，另外，对于屡教不改的惯窃则应开除家支籍或处死。如1950年，越西县瓦吉木乡曲伙曲比拉脚的妻子多次盗窃家门的荞子，其行为被发现后，家门给以鸦片，要她吞服自杀，她不愿意死，结果被开除家支，亲生子女与她宰鸡杀鸭狗断绝关系②。

3. 邻里间的盗窃

彝族社会中的“邻里”一般指同一村寨居住的人，主要强调地缘上的亲邻关系。彝谚道“邻居便是家支，同路便是朋友”，可见彝族除重视血亲关系外，也相当重视邻里关系，甚至普遍认为“远亲不如近邻”。因此，习惯法将盗窃邻居和盗窃主人行为看作一样严重，甚至前者比后者更加严重。偷主人的财物或许还是有能力、有胆魄的表现，而明智者绝不会偷窃邻居的财物，破坏和谐融洽的邻里关系。因此，偷窃邻里的行为通常被看作是人格品性极其低下者所为。习惯法禁止偷窃邻里，触犯者除退还所窃赃外，还要罚赔白银。对于那些偷盗次数较少且生活困难的人，能够得到宽恕

① 杨怀英主编：《凉山彝族奴隶社会法律制度研究》，四川民族出版社1994年版，第72页。

② 四川省编写组：《四川省凉山彝族社会调查资料选辑》，四川省社会科学出版社1987年版，第83页。

和原谅。对经常打骂、劝告仍屡教不改的人，偷盗者的主子可以斩去其手指、脚趾或脚后跟，若是有预谋的盗窃邻居财物且盗窃后逃跑的，盗窃者的主人有权抓回处死。

盗窃案在彝族刑事习惯法中尚有一个特殊之处，那就是针对某些具体的被盗物品，做出了细致的特别规定。一般而言，法律规范应当具备一定的抽象性，以便于更为广泛地容纳并适用于现实中的各种情况，但在彝族传统社会特殊的历史文化背景中，这种“抽象性”恰恰会导致适用上的不便，看似过于具体的规则却正好能适应惩罚犯罪行为的需要。彝族刑事习惯法对偷畜禽行为的规定即属于这种“具体化”的规则。其原因主要有二：其一，彝族传统极重畜牧，它与人们的生活息息相关，牲畜和家禽的数量决定着人们财富的多寡与生活的质量。因此，盗窃畜禽的行为是严重的，它被认为是在摧毁人们生存的根基。其二，畜禽是彝族传统社会中的盗窃行为所主要针对的对象，这类案件占了彝族偷窃案的大部分。由于这些原因，刑事习惯法对于盗畜禽案做出了详细的规定。具体内容如下所述：

（1）盗羊案

“纠纷十二类，偷羊规矩有三种”，习惯法对盗羊案依据行窃的方式分“黑”、“花”、“白”三等来定罪，也就是尔比所说的“撬洞钻屋黑；拔篱拆笆花；放牧跟随白”。盗羊案分等处罚的规则如下：

①黑案：打洞入室盗羊为黑案，是最严重的行为。在气候寒冷的彝族地区，夜晚牲畜一般关在屋内与人同居，入室盗羊既是对财产的侵犯，又是对人的安全与尊严的侵犯。此种方法盗羊，大多需按“偷公公十一，偷母母十二”的倍数来罚赔，并置酒肉招待失主；如偷羊不是直接被发现，还须赔偿失主支付给举报人的“报口金”；如偷羊案是若干年才得到侦破，除上述赔偿外，还须按母羊的繁殖数推算赔偿，即1只母羊1年成2只，2年成3只，3年成5只，4年成8只，5年成13只。满5年时，当年羊毛可值1只羊，因此多加1只，5年后羊毛不再折算。6年21只，7年34只，以此推算，累计起来羊的繁殖数过多，赔偿的数额也过于巨大，盗窃者承受不了，则可通过赔礼道歉，买酒杀牛招待失主后，用1匹马来顶替赔偿。

②花案：夏天牲畜迁往高山草原，夜晚用竹篱笆圈住看管，小偷在野外偷走别人的羊，或偷走夏夜在高山地上围起来的羊，属花案。花案在大多数地区实行偷1赔2的规则，盗羊者再买酒杀牲招待失主即可。如案件几年才侦破，所偷的羊是母羊，发现时发展了几只就退还几只，另再额外赔2只。被偷的羊无论公母，已被当即杀食的，均按1赔2处理。“报口金”与黑案的支付情况相同。如大约在20世纪40年代

初，居住在盐源干沟的曲和格布莫惹家的一只阉羊和一只母羊，从羊圈里被曲和果基落莫惹和果基挖莫偷去。后来，格布家悄悄给三锭“报口银”，通过后者的举报，案子才得以侦破。侦破后，盗羊者按“偷公公十一，偷母母十二”的规则赔偿了 23 只羊，并加赔 3 锭“报口银”，招待失主一顿后案子才了结①。

③白案：在放牧时，羊子走错了群误入他人羊群，得利者隐瞒不还的，属白案。发现后，不管破获年限长短，均按赔本处理，并招待失主一顿，再以一年剪三次羊毛计算，加赔羊毛三斤，案子便了结。如拾得羊只的牧羊者做过招领广告，无人前来认领才将羊处理，无论喂养或杀食以后被发现，也只赔一只羊，不再招待失主。如大约在上世纪 40 年代，居住在冕宁彝海附近的果基尼坡家的一对羊，在山头牧场上寻草，走失混入曲和沙马尼布家的羊群里。事隔三年后，有天尼坡在山上放羊，意外听出他走失的母羊的叫声，跑去一看，果然是他的羊，当时已发展为 7 只，于是将 7 只羊一并归还给尼坡后，作为白案，没有任何附加条件即得以解决。②

（2）盗马案

盗马包括盗马骡驴，也是习惯法特别处罚的对象。在半个世纪以前，彝区的交通运输基本上都依靠马来完成，马自然在彝族生活中成为不可缺少的一部分。人们习惯上将马分为“驮”、“骑”两类，用作“骑”者常指骏马，骏马之外都归为“驮”。彝人眼中，骏马是富贵的象征，相传远古时期，偷骏马案需按照“马上九副鞍，鞍上加九人，人上加九两金”的额度赔偿，是否属实无从考证，但至少可以说明彝族先民对偷骏马案的重视程度。在现实中，习惯法对于盗普通马案，依照 1 赔 2 来处理，另加 4 两道歉银、杀牛羊买酒招待失主，有“报口金”则如数赔偿。如果偷的是专供骑乘、比赛用的骏马、跑马，则要赔偿能购买一个奴隶的身价银。

（3）盗牛案

牛的价值不菲，盗牛也是大案，盗牛的赔偿与盗马的赔偿基本相同，即偷 1 赔 2，有“报口金”的如数赔偿。另外，如盗窃母牛的，在一年内查出窃贼，窃贼须赔失主 2 头牛，三年后破案，赔 5 头牛。如耕牛被盗，除赔牛外，还须赔偿耕牛的误工费，每天以 5 钱白银计算，时间从丢失牛的那天算起，直到寻找到盗窃者这天为止。如果时间太长，应赔的误工已超过了牛本身价值几十倍的，可通过双方协商适当少赔；此外，盗窃者同样须买酒杀牲赔礼。

---

①② 马尔子、史小勇：《旧凉山彝族偷盗案及案例》，载《凉山彝族研究》1998 年年刊，第 54 页。

（4）盗猪案

盗猪不分猪的公母，其赔偿额根据作案地点、破案的时间跨度以及猪的大小来定的。如在野外偷猪杀食，应赔偿1头比原来大的猪，然后买酒杀羊招待失主；在圈内偷猪先赔偿1头猪后再赔偿1匹马。相隔几年才得到侦破的，如是母猪即按“周年三代猪，三年长一百”的赔偿，其繁殖数是惊人的；如偷过年的猪，在偷猪案中属“黑案”，其赔偿项目除过年猪本身价值外，其余款项极为繁多。例如：①因过年时没有猪敬祖先，应赔偿供奉祖先的损失；②因主妇没有了猪肠洗，失去了过年的欢乐，应赔偿主妇洗猪肠的损失；③因小孩在过年时得不到背猪脚杆玩的欢乐，应赔偿背猪脚野餐的损失等等，共计白银至少5锭以上。

（5）盗猫案

在彝人看来，猫是珍贵的财产，是远古为主人取回神明物的半家畜半主人的财产，是不可偷窃的。在彝族社会中，偷猫始终被视为黑案，正如尔比所说“偷猫九两金”。因为猫是特别温顺的动物，它不仅日夜为主人看家护粮而更重要的是有了猫，家内挂的祖先灵牌才不被老鼠咬。由于猫的特殊意义，习惯法对盗猫者的处罚是相当重的，按老规需要赔偿九两黄金。但正因为这个处罚太重，一般人都无力支付，因此曾出现过一个惨案。大致情况是偷猫者因被失主发现，要求赔偿，一时又羞又怕，遂上吊自杀。而失主由于惧怕赔偿“死给”人命，也上吊自杀。因此，尽管习惯法的老规如上述规定，但人们通常认为因为一只猫，引起巨大的纠纷不值得，所以大多数人在丢失猫后，都隐忍不发。后来，不切实际的老规又演化为偷猫赔1头牛、1匹马，并招待失主即可。如居住在美姑吉哈洛的阿体特衣，背一口袋粮食路经一户姓马海的宅旁，看到一只猫坐在路旁，便将猫悄悄偷回家。不久后被马海家发现，于是杀一头牛招待马海家，赔偿一匹马，一件衣料布给马海家遂告结案①。

（6）盗鸡案

彝族传统认为，养鸡再多也不算富，鸡是不值钱的小物品。因此，盗鸡是最耻辱的事，如彝谚说：“一代偷鸡，十代臭名扬。”盗鸡者是劣等中最劣等的人，子子孙孙都抬不起头来做人，如果是妇女，就会嫁不出去或被丈夫休掉，甚至连祖先神灵都不接纳盗鸡者的亡灵。对盗鸡的惩罚已不在于经济补偿，而主要在于偷窃者的名誉，如尔比所说：“摸鸡示公众。”这种名誉惩罚所产生的效果是很严厉的。这使得盗鸡虽是

---

① 马尔子、史小勇：《旧凉山彝族偷盗案及案例》，载《凉山彝族研究》1998年年刊，第55页。

小事，却又是很难解决的案子，“妇女不讨针的赔偿，邻居不讨鸡的赔偿”，“德古”或者一般调解人都不愿接手这种棘手的案子，甚至连失主都不想刨根问底地追查窃贼，稍有不慎，就会使被指控为盗鸡的人自认为彻底失去尊严而自杀死给。曾经发生过这样一件事：一个年轻妇女被失主怀疑为盗鸡者，这个妇女便穿戴好衣服首饰，带上一根准备上吊的麻绳来到失主家，她要求失主拿出赃证，否则就要自杀死给失主，后者慌忙请人调解。调解人认为，失主拿不出赃证来，应该杀一头牛招待这个妇女的亲友，为她恢复名誉。失主立即照办，此案才算了结。不仅是证据不足不能轻易指控，即便偷鸡者真的被发现，如果他因羞辱而上吊自杀死给，失主又必须赔偿他的命金，这个损失就比一只鸡的钱多多了。所以当失主发现偷鸡者时，大多只是谩骂几句，并不真正追究。有的甚至因为害怕盗鸡者自杀死给，反买酒肉敬给盗鸡者吃喝。当然，这样做也常常是将嘲讽的意味寓于其中。

上述盗畜禽案具有共同的特征。彝族刑事习惯法处罚此类犯罪，以经济补偿和经济惩罚为主，名誉上的处罚为辅。盗禽畜案的案例包含着彝族传统社会丰富的民俗事象以及文化观念。另外，就规范上的特点而言，这类案件中的赔偿数额一般是标准化、严格量化的，不像人命案和拐妻案等其他案件那样有较大的伸缩余地。同时，盗禽畜案的处罚也极少受等级因素的影响，无论谁盗谁，其赔偿金额都趋于相同，这是由于此类行为较少涉及案件双方血缘及身份关系的缘故。

除上述以外，彝族社会中还有一种特殊的盗窃犯罪，即“偷人”。这里的偷人是指掳人来作奴隶或做交易。由于彝族奴隶社会实行家庭奴隶占有制，因此，掳掠奴隶在各地都不同程度地存在。习惯法规定奴隶主占有奴隶的权利是不可侵犯的，奴隶是主人的头等大财产标志，任何人不得抢夺他人的奴隶，抢夺者必须归还。另外，掳人还是对被掳的家支、姻亲最严重的挑衅，其后果比杀人案都严重。因而，偷人者在掳人之前必须对所掳对象做周密地调查，看他是否在彝区拥有家支和姻亲集团，如果偷掳了有家支和姻亲势力的人，一旦发现，多数情况要付诸武力解决。偷掳者发现掳错人后，应当及时退还，并反复向其家支说明是误会所致，并主动杀牛抬酒招待受害者家属、家支。如取得受害者家支的谅解，那么可按杀人命金中的黑案赔偿。但如果所偷掳的人是无家支的呷西或阿加，被发现后仅需向其主子按“偷人赔双”的法规处理，结案时再杀牲备酒招待其主子即可。另外，偷本家支的娃子外卖，如赎不回来，要赔以相应的金钱。如赎回，除退给失主外，应加赔银子一锭，并招待失主酒肉。如居住在美姑的诺合吴奇军都大使，青年时代过分贪财，同家支侄子的两个呷西被他偷去卖掉，钱也被他用完。后来被家支成员发现，吴奇家支大小头人集中起来商议，决定将其处以死刑。大使听到后，他诚恳地给家支头人认罪，并请家支亲友们不要处死他，往后他一定改邪归正。大家看到他确有悔过的决心，同意暂不处以死刑，让他退还被偷的两个呷西，赔偿两锭银，买了很多酒招待全体家支成员①。

三、其他常见的刑事犯罪

习惯法作为彝族社会管理体制的一部分，作为彝人皆须遵守的家规支约，它涉及彝族社会政治、生活等各个方面，在维护彝族社会秩序和社会安定等方面发挥着独特的作用。彝族刑事习惯法调整的社会关系非常广泛，除前述犯罪外，还有许多犯罪均受到彝族刑事习惯法的惩处，我们无法一一列举这些犯罪及其惩罚，仅将一些在彝人的现实生活中较为常见的犯罪，略述于下：

（一）纵火罪、失火罪和投毒罪

刑事习惯法规定，故意纵火烧房者，受害人的房屋、牲畜以及由此而受到的一切损失，均有纵火者折价赔偿。故意纵火但情节轻微、损失不大者，则赔偿损失，宰牛献酒赔罪。情节较严重、损失较大的，除赔偿和宰牛献酒外，还要砍手。情节严重、手段特别恶劣、损失极大的，对凶手处以死刑。同时，凶手的家属和族人还需宰牛献酒向受害者及其族人谢罪。但纵火焚烧冤家的房屋，不追究任何责任。非故意纵火引起火灾的，即为失火罪，责任方应向受害者赔偿经济损失，并宰杀牲畜赔礼道歉。人为失火而引起森林火灾，视受灾面积大小，责任者应赔偿林木所有人树木款或将自己的林地划归对方。投毒致人畜中毒乃至死亡的，如仅牲畜死亡，则应砍手、赔偿损失并献酒道歉。导致人死亡的，凶手须抵命，其族人还需宰牲献酒向受害人家属及其族人谢罪。

（二）乱砍滥伐罪

根据贵州彝区的调查，习惯法对乱砍滥伐视为犯罪行为，并做出了明确的规定：纵火烧毁山林或滥砍破坏山林的，轻的赔偿损失，并造林偿还，献酒道歉；情节严

① 马尔子、史小勇：《旧凉山彝族偷盗案及案例》，载《凉山彝族研究》1998 年年刊，第 55 页。

重，毁林面积大，损失严重的，加处砍手或挖眼。毁坏宗族公有林木或神树的，除对全族赔偿、献酒道歉外，还要处以包种包扩新林、砍手等处罚。祭祀神树费由毁林者承担，最严重的可将毁神树人杀死祭神树。

云南彝族的山林管理习惯法内容同样非常丰富。如武定大洗衣村彝族习惯法规定：任何人在公有山林盗砍一棵树，则被罚一头牛，全村人同食这头牛的肉，村寨每家每户轮流当“山头”（即护林人），守护公有林、家族占有林。对神树，包括龙树、护寨树、山神树、风水树等等禁止任何人砍伐。对违反公有山林管理的人，习惯法规定要给予经济惩罚。道光年间，景东彝区习惯法规定：凡村界内，无论公山、私山均不得擅自砍伐，违者照乡规罚银。习惯法还列出三禁：一禁纵火焚山，犯者罚银 33 两；二禁砍伐树木，采枝者罚银 3 两 3 钱，伐木身者罚银 3 两 3 钱；三禁毁树种地，违者罚银 33 两；若有在公山砍柞把者，每把罚银 33 两①。这些规定，正如《彝汉教育经典》上说：“山上长的树，菁中成的林，亦不可滥伐。有树才有水，无树水源枯。”表明了彝人对生态系统的平衡及相互间的关系的认识和对林木的保护意识。

凉山彝族地区林地的所有情况较为复杂。简言之，部分深山老林属无主的林地，其余则由各家支公有，林地边缘地带有人户者，其附近的林地多为私有。至于矮山地区的林地，基本也为各户私有，另外还有几户合伙占有种植林地的形式。对于私有林地，其他家支成员不得前往砍伐，违反者若被发现，就会引起纠纷，甚至打冤家。如 1954 年昭觉县五里区日哈乡拉莫村的马达耶家有一大片森林，从祖辈开始每年都要进行一次封山育林的仪式，并规定在此期间不准伐木烧炭，只有通过马达耶本人同意后，才可以买或要一些木材，但不能轻易地砍伐，不准入林打猎。一天，同乡瓦吉洛村的吉各古格等几兄弟在未经马达耶同意的情况下，伐木烧炭。此事被马达耶发现后，阻止了他们的行为，并没收了他们所烘好的炭，同时将参加伐木烧炭的五人抓了起来。吉各古格等人知道事情的严重性后，即让家人买酒、杀牛向马达耶赔罪。此后又买来一只鸡、一只狗，请来毕摩重新进行一次封山育林的仪式，并表示再也不到此地伐木烘炭、打猎。对于该片森林，马达耶有较深的感情，为保护生态环境，马达耶从自己做起，他认为打猎对生态环境是有害的，连他自己也 3 年才打一次猎。在马达耶的严管之下，这片森林长势很好。吉各古格赔罪后，经过教育，最后将人放了。此外习惯法还规定，本家支共有的林地，家支成员可以无偿地砍伐林木使用，而不同家支间则不得越境砍伐林木使用。即便是共有林，也需根据各个家支的内部规定有限制

---

① 《景东彝族自治县志》，四川辞书出版社 1994 年版，第 542 页。

地使用，一般原则是不得随便烧山开地、不得违反禁忌砍伐、不得过量砍伐、进入林区砍伐要有季节，违反者必须当众打酒赔礼或打鸡盟誓，保证永不再犯。

（三）虐待罪

彝族传统社会是一个“泛道德”的社会，道德规范与习惯法规范存在着交叉领域，以家支血亲为凝聚、以尊君敬长为核心的伦理价值观受到习惯法甚至刑事习惯法强有力的保护。不敬尊长、虐待长辈的行为属于严重违礼，习惯法对此的惩处相当严厉，甚至包括活埋、剜膝、挑脚筋等死刑和酷刑。习惯法规定，子女虐待父母的，家族有权出面干涉；对辱骂父母或殴打父母未伤者，村中长辈或家门应当令其当众赔罪，保证下次不再犯，并杀猪、买酒宴请家门和同村父老；如屡教不改者，兄弟姊妹或家族长辈有权对其施刑，甚至开除家支；若将父母打残废，同村长辈或家门可将其烧死，即使犯法者系独子，他的父母也出面求情的，家支头人一般仍坚持严格按法规执行，只有个别人由于特殊原因才可能得到家门的宽恕免于处死。儿子打死父母，必须抵命，反之父母无故打死儿子，如家门或同村人起来反对，也有令其自杀的。儿媳虐待公婆的，夫家兄弟姊妹和女方娘家父母、兄弟有责任对其进行教育，如仍不悔改，丈夫有权提出离婚。晚辈殴打同族长辈，除当众赔礼外，须请同族长辈吃酒；如打死长辈，则必须处死。此外，贵州彝族习惯法还规定，不孝顺父母、不尊敬老人的，情节较轻则由寨老监督改过，不孝者向父母、老人下跪，向父母及在场人敬酒悔过。虐待老人致死的，应该活埋和焚烧，只有母舅能担保。

（四）诬陷罪

当盗窃等案件发生后，失主往往会积极地寻找作案者，并采用悬赏收买知情者的方法求得线索，俗称“放报口”。一经查实，便会要求作案者负担相应责任。但如果受害者找错了人，便形成诬陷，彝语称之为“处郁”，如经查实，该案非被诬陷者所为，诬陷者就得给被诬陷者赔偿名誉损失。具体赔偿有：①赔偿“苦粗木坞”，即赔给被诬陷者一匹马，折银十五两；②赔偿“苦尔木玛”，即为恢复名誉赔的一匹马，折银十五两；③做“粗吉”，即杀猪宰羊、请酒招待被诬陷者的亲友，让亲友知道被诬陷者是清白无辜的人。但这仅限于诬陷者承认自己构成诬陷行为，并愿意为被诬陷者恢复名誉时的处理方法。如果诬陷者不承认自己是在诬陷无辜，又不听被诬陷者的陈述，则后者可借助神明裁判的方式寻求公道。

第二节

刑罚

犯罪与刑罚是构成刑法的两个有机组成部分，罪与刑的关系贯穿刑法始终。在对具体规则的描述中，我们已经对彝族刑事习惯法中的刑罚有了较全面的了解，以下是对这些刑罚手段做出的总结性概括。彝族习惯法保留最为完好的凉山彝族地区，在历史上曾经有过半独立的状态，国家的权力不能对它进行有效的控制，而凉山地区又未形成完整的政权组织。因此，刑罚的裁决者和执行者都并非是中央王朝或者地方割据政权的司法机关，它主要依靠家支和“德古”的权威而产生强制的力量。当然，刑事习惯法强制力量的产生并不仅仅来自家支和德古，一种社会整体所共同形成的价值观念、心理和舆论氛围更为深刻地支撑着习惯法的实施。祖上留下的规矩代代相传，社区的全体成员共同遵守，习惯法是在传统力量、首领威信、社会舆论和家支权力的共同作用下得以实现的法律体系。在彝区，违反刑事习惯法的犯罪行为是危害血缘贵族集团统治利益的行为，但同时也是损害家支利益及个人利益的行为，刑罚并非仅为某种单一的利益所专属，其主要目的是为了惩罚犯罪行为、维护彝族地区正常的社会秩序和整体的和谐。同时，刑罚的目的除惩罚以外，更重要的还是教育，绝大多数案件除采用经济上的赔偿外，更需道歉赔礼，可见刑罚并非以剥夺人的生命、伤残人的肢体为目的，而是在惩戒犯罪者、恢复受损社会关系的同时，教育犯罪者认识到自己的错误，不致再犯。彝族刑事习惯法内容丰富，涉及面广，刑罚体系上也很完整，下面加以分别论述。

一、开除家支

又称开除族籍，仅限于本家支内部使用。在彝族地区，一个家支成员如果从他的家支被驱逐出来，就等于被判了“社会关系的死刑”。这是一种生不如死、比死还难受的刑罚，也是彝族刑事习惯法中最严厉的制裁手段。它主要用于特别重大的犯罪，如杀害本家支成员等等。死刑与开除家支本同属于极刑。人们之所以认为后者更甚于前者，是因为在彝族社会中，以命相抵者不累及其家属，其财产还归属妻子儿女，他的妻子儿女也还是家支中的成员；而男子一旦被“开除家支”，即剥夺家支成员的资格，这不但意味着其本人与家支完全脱离关系、在死后不能进入家支谱系，还将株连其家属。其家庭不仅要被没收全部财产，同时还会被举家驱逐到家支控制区域以外的地方去居住，从此他们将成为“不可接触的人”，没有任何人愿意与之往来，但他们却随时可能受到别人无所顾忌的欺压甚至残杀；既然连生命都没有保障，更遑论等级地位、社会交往、婚姻的缔结了。开除家支的惩罚更甚于“流放”。多数人在犯罪之后，如果面临死刑和开除家支的选择，都会毫不犹豫地选择前者，以免家庭受到拖累。

二、死刑

死刑分迫其自杀和由他人执行两种。迫其自杀又称自我用刑，它是彝族刑事习惯法中主要的行刑方式。犯下命案的罪犯一旦被判处死刑，其亲友就为他举行“死别宴会”，杀猪宰羊，把酒相送。若罪犯认为自己罪有应得，就会表现出无所畏惧的样子，在酒足饭饱后自杀而死。自我用刑的期限为 7 天至 30 天，但不得超过一个月，特殊情况下可以延长至一年。自我用刑的方式可由自己选择，具体有吊死、服毒、剖腹、跳崖、投河等等。由他人执行死刑的具体方式有勒死、打死、捆石沉水、火烧、滚岩、刀杀、枪杀、剐死、钉门神等。根据习惯法的规定，执行死刑，本家支的人不能动手行刑，一般由外家支人员或奴隶行刑。

三、伤残刑

伤残刑主要有吊打致残、斩脚后跟、斩右手、斩手指、挖眼、咬耳、咬鼻、穿鼻、针刺眼珠、灌辣椒面、割耳、断脚筋等。伤残刑一般用于血族复仇或不听主子话、反抗主子及逃跑的奴隶。诺合即使犯了死罪也禁止使用伤残刑，一般是令其自杀，这类刑罚在实践中极少使用。

四、监禁

监禁离不开监狱和刑具。由于彝族社会没有统一的政权和机构，自然也就没有统一的法庭和监狱。彝族历史上仅在少数土司衙门设有监狱，此外，一些诺合家支也设有监狱。不过这些监狱不像汉区那样集中设置于官府之内，规模巨大到可以容纳成百上千人犯。彝区的监狱是原始、随意和不集中的，它分散设置于各个诺合的家院。如有的奴隶主用家中装粮食的大木柜（长约 2 米，宽约 1 米，高约 1.5 米）关押一些犯罪特别是逃亡的奴隶，20 世纪 30 年代以来，甘洛地区个别富裕奴隶主（如勿雷铁哈、勿雷阿兹什达）也曾在自己庄园内修建专用牢房，但在习惯法中，监禁刑并不是一种常见的刑罚，监禁只是比较偶然的辅助刑罚措施。监禁刑所使用的刑具主要有木靴、木枷、手铐、脖子上拴的“猪屎链子”等等。如“木靴”即在长约 2 米，宽约半米的厚木板中凿 2 个孔，使用时将受刑者的双脚放入孔中再用木闩钉牢。受刑者除了犯有罪行外，大凡新抓来、买来的奴隶，都经常穿“木靴”。

五、赔罪

这是彝族刑事习惯法最常用的刑罚手段。它不仅指经济的赔偿，还包括精神上的赔偿，即犯罪人对受害者及其家属的赔礼致歉。赔罪的经济赔偿部分可分为赔命价和普通赔偿两种：

（一）赔命价

它是指杀人者按照被害者的身份支付给死者家属一定数额的金钱或实物作为补偿，而被害者家属则放弃报仇、从此和平共处。在彝人看来，把加害方处死，受害方并无实际利益，它并不能使受害方的损失得到精神上和物质上的补偿，而让加害方公开赔礼道歉并出命金，这样受害方不仅能捞回面子，而且还可以得到赔偿金的实际好处，只有当命金到手后，心理方得平衡，纠纷才算真正解决。但是，赔命价并非对死刑的否定，而只是对复仇的否定。因此，它并不排斥死刑。它的适用与否和当事人身份的高低、犯罪情节的轻重有很大关系。在彝族奴隶社会，杀人是偿命还是赔命价、命价的高低均和当事人的身份密切相关。遇命案首先需看等级的高低，高等级杀死低等级可以不偿命，只需赔偿相应的命金即可，甚至于高等级的人杀死隶属于自己的娃子，不赔任何命金，而为习惯法所认可。但低等级的杀死高等级的人，根据一个黑彝抵四个白彝的原则，除杀人者须抵命外，还应另赔三个娃子的命价。杀死黑彝，无论有无直接主奴关系，凶手必须抵命。其次看与当事人关系的亲疏，杀本家支的人或杀死两代以内的姑表亲或姨表亲，凶手要抵命。若如无主奴关系，也非家族内部或姑表、姨表亲，一般只需赔命价即可。此外，命金的所有权并不完全属于被害人家属。往往由死者家属、近亲属和调解者共同分享，只不过死者家属要多得一点。

（二）其他赔偿

赔偿在彝族习惯法发展的初期仅属于赔礼或罚款的性质，后来，它在很多情况下代替了同态复仇，逐渐演化为能够解决任何纠纷类型的“万能”刑罚手段。彝族习惯法的赔偿条款十分详细周到，它充分考虑到受害者及其家属所需要的一切补偿，这些赔偿项目十分具有想象力，也具有相当的合理性。如习惯法规定，杀死本家支内的人，赔偿款项就有答应调解金、调解金、人命金、悲伤流泪金、除凶金、禳解鬼祟金、背骨灰金、驮骨灰金、包骨灰金、超度送终金、子女抚养金、女儿陪嫁金、配偶金、舅父金、祖父金、外祖父金、夫人金、立誓金、见面金、和解金等数十项；若是姻亲间的杀人案，则还有兄弟姐妹金、姨表兄弟姐妹金等。可见，习惯法对赔偿的规定是以受害者为中心，分内外两层血亲关系进行赔偿，内层为家族关系，外层为姻亲关系，以达到“每个角落的人都满足”的效果。另外，赔偿款项还力求补偿受害者从身体、误工到精神、名誉的各个方面，例如伤害致瞎的赔偿中包括有“寂寞金”、“引路人一个”、“放牧农耕金”这样的项目；而强奸妇女者则要赔偿受害者，使其披红挂彩，骑着花哨的骏马威风地回去。正因为赔罪惩罚方式的细致周到，它在彝族习惯法的演化史中呈现出越来越重要的趋势，远古时期的诸多死刑、伤害罪中的同态复仇逐渐被赔罪的刑罚方式所取代，而旷日持久的冤家械斗最终还是要依靠赔罪刑来解决。赔罪刑以其合理性而得到了人们经验和理智的选择，这种“柔中带刚”的刑罚无论从正义、公平、效率和人道哪一个方面来看，都是比较合理的；而从刑罚的效果审视，它也是惩罚、补偿、修复、教育各种功能兼具。赔罪刑是彝族刑事习惯法精神原则的集中体现，这些历史悠久的法律规范长久地维系着彝族地区的社会秩序，祖宗之法不可违、纠纷的调处结果子孙万代不翻案，人们恪守着这些准则，共同维系着彝族法律文化社区的千年和谐。

YIZU MINSHI FALÜ ZHIDU

第三章

彝族民事法律制度

第一节

民事主体与客体

一、民事主体

在现代民法理论中，民事主体是指参加民事法律关系，享受权利和承担义务的具有民事主体资格的人。彝族民事习惯法没有明确的民事主体概念，但在任何社会中，只要有民事活动的存在，就必然有民事主体。从这个角度，我们可以借助民事主体的概念对习惯法进行分析。但不同的是，彝族社会中民事主体的地位并不相同，在血缘等级结构下，有的等级具有完整的民事权利能力，而有的则因仅有半独立的人格甚至完全没有人格，从而不具备完整的民事权利能力。具体而言，彝族奴隶社会将全体成员划分为五个等级：兹莫、诺合、曲诺、阿加、呷西。依据身份等级的不同，民事习惯法赋予其不同的民事权利能力。居于统治地位的兹莫、诺合是完全的民事权利主体；曲诺具有大部分的民事权利能力，也具有民事权利主体的地位；而阿加、呷西主要以“娃子”的身份存在，仅具有极少的、甚至完全不具有民事权利能力，基本上没有民事主体的资格。另外，习惯法中的民事主体除归属于一定血缘等级的个体之外，家支社会组织也是彝族地区从事民事活动的主体之一。

（一）兹莫

兹莫是彝族历史上的最高统治者。元代以后，这个等级中的大多数被封建中央王朝册封为土司。土司是以世袭制为核心的地方政权机构。在其形成实际控制的区域内，土司具有最高权力，在民事法律上当然地具有权利主体的资格，享有完全的财产权利和人身权利，是彝族社会中独立存在的特殊民事主体。土司在经济上的特殊地位源于其在政治上的特权，这使其民事权利具有鲜明的政治色彩，但这并不妨碍从民事法律的角度考察土司。由于封建王朝的册封，土司在名誉上掌有其统治地区的一切土地、物产、河流等自然资源，他们可否认其统治区域内其他等级或家支的财产权利，宣布它们为自己所有。如四川凉山腹心地带的利利兹莫统治区的谚语所言："地上的树，是利利家的树；地上的水，是利利家的水；地上的人，是利利家的人"。在土司统治地区，即便是诺合贵族阶层，也必须从土司处分得土地耕种，并承担一定的贡赋和劳役。而反过来，土司除授予诺合家支土地及其他自然资源外，不需承担经济上的任何义务，只享受特权即可。再以凉山地区利利兹莫为例，其统治下的利穆甲谷地区流传着这样的民谣："海烈家、莫色家给土司家推磨，阿侯家给他家酿酒，苏甲家给他家制毡衣，恩札家给他家放牛放羊，甘家毕莫给他家作帛送鬼，舍坡家被喊来住在他家周围，普陀马家七兄弟给他家剪羊毛，阿尔马家给他家撑矮屋的柱，阿则家负责调解纠纷，乌抛家每年贡十条牛、十套弓箭，海烈家贡马十二匹，阿卓土司家贡马七匹，摩些土司贡马十匹，阿都土司家贡马十四匹。"① 民谣中的家支皆属黑彝诺合阶层，由此可见利利土司势力的强大。除黑彝外，土司还对其辖区内直接统治的"官百姓"（即"格节"阶层，地位约相当于黑彝统治地区的曲诺）享有各种特殊的民事权利，土司对官百姓的盘剥如《滇系》卷八《艺文》所记载："临安土司，掌寨地方，……视放债盘剥，占夺财产之事，藐若故常。"② 另外，尽管明清以后彝族地区的社会经济形态已存在多元化的特点，即有的地区已进入封建领主制度，有的地区主要为封建地主经济，而有的地区还停留在奴隶制阶段，但这些差异并不影响各地彝族土司所享有的法律地位和民事权利。

（二）诺合（黑彝）

诺合是彝族社会中的贵族。在土司统治区，诺合的法律地位仅次于土司，而在其他地区，诺合的法律地位则是至高无上的。诺合的贵族地位世袭，其诸多特权受到习惯法的保护。在诺合阶层看来，"没有主子的人，在世界上是没有的"，黑彝占有曲诺、阿加和呷西的人身，并有对他们世代相传地加以主宰的权利，这正如彝族谚语所说，"豹子天生吃羊子，老鹰天生吃小鸡"③。明清中央王朝在四川彝区的"改土归流"政策失败后，约占总人口 70% 的黑彝实际控制了凉山近 90% 的广大地区。他们作为这里的最高统治者，不仅享有政治方面的特权，而且拥有相应的经济地位和民事

① 云南省民族事务委员会编：《彝族文化大观》，云南民族出版社 1999 年版，第 99 页。

② 杨浦旺：《红河彝族纳楼土司述略》，载《彝族文化》1991 年年刊，第 130 页。

③ 胡庆钧：《凉山彝族奴隶制社会形态》，附录一《凉山彝族习惯法》，中国社会科学出版社 1985 年版，第 471 页。

权利。黑彝具有完整的人格权，即自由支配人身的权利以及对财产完整的所有权和继承权。他们是彝族社会中的“自由民”，是完全独立的民事权利主体。除了通常民事主体所应享有的民事权利以外，习惯法还赋予黑彝诸多的民事法律特权，以下是具体的描述：

1．贡赋权

依据习惯法的规定，黑彝基于人身占有和隶属关系，享有向曲诺、阿加征收贡赋的权利。有的学者把它称为“隶属性负担”，有的学者则将它称为摊派权。① 黑彝奴隶主对摊派权的行使非常重视，但习惯法不仅确认和保障黑彝等级的权利，同时，为维护社区整体的经济和谐，它也具有相应的规定限制贡赋的额度，使其不至过于苛刻。比如，黑彝奴隶主将隶属于他的曲诺、阿加按照家庭的经济情况划分财富等级，并以财富等级为标准征收贡赋，等级越高的应交纳的贡赋越多，反之则越少。

根据习惯法规定，曲诺、阿加对黑彝主子承担的隶属性负担，大致有如下各项。当然这中间因地区的不同，而有某些区别②：

（1）送过年猪头半个，曲诺、阿加对自己的主子及保头都要送。但是在雷波一带，因黑彝住地较远，本地住的黑彝人少势孤，所以娃子多不送过年猪头，甘洛下土司之远地曲诺也多不送过年猪头。有些地方如甘洛，除送猪头外，还要送少量的酒。这类贡赋是体现对主子人身隶属关系的一项重要标志，其象征性意义大于经济上的意义。

（2）主子家结婚时，属下的曲诺、阿加需送猪一头、酒一坛、荞粑四个。甘洛上下土司地区需送一斗米或酒若干斤，另外有些地方也送银子或者米饭。

（3）主子家嫁女时，曲诺、阿加送酒一坛，有的地方则送猪或羊。

（4）主子家“作帛”③ 时，曲诺、阿加要送酒一坛、猪一头、鸡一只。或送银、猪、米饭（甘洛）、粮食（普雄）等。

（5）黑彝家支和外家支打冤家时，其属下的曲诺、阿加也要分摊赔命价的银子，具体数额要看命价的多少，并无定额。

（6）主子家死了人，为举行丧葬仪式，曲诺、阿加要送牛、酒、枪弹或银子；甚至主子的亲家死人，曲诺、阿加也要送礼及摊派银子，这种情况下一般是送酒。

---

① 周自强：《凉山彝族奴隶制研究》，人民出版社 1983 年版，第 218 页；杨怀英主编：《凉山彝族奴隶社会法律制度研究》，四川民族出版社 1994 年版，第 107 页。

② 四川省编写组：《四川省凉山彝族社会历史调查》（综合报告），四川省社会科学院出版社 1985 年版，第 63 页。

③ 彝族祭祖仪式。

以上各种负担，尤其是分摊命价，都要按照前述财富级别来分配。这些负担是曲诺、阿加两个等级都同样要承担的，而呷西等级因为一无所有，一般不承担这些贡赋。另外，在如甘洛下土司等地区，曲诺成家不到三年则不需“送礼”和服役，而且曲诺主要以家支为单位承担贡赋义务，阿加有的则以自然村寨为单位向主子“送礼”。

2. 劳役权

劳役权是指黑彝主子基于人身占有和隶属关系，享有役使曲诺、阿加和呷西劳动的权利；相应的，呷西、阿加和曲诺等级则负有为其服无偿劳役的义务。根据对凉山昭觉、布拖、美姑、普雄、雷波、甘洛六县十多个乡的调查资料，黑彝特别是富有的黑彝主子，从生产到生活的一切劳动基本上都由呷西、阿加和曲诺完成。彝族习惯法规定，曲诺、阿加和呷西要无偿地为黑彝主子服三种劳役，即生产劳役、家务劳役和杂役，其中曲诺主要承担生产劳役，曲诺承担的劳役较轻，具有象征性质，向主子缴纳一定数量的代役钱或者盐巴，甚至可免除劳役；阿加承担的生产劳役要比曲诺重得多，并需承担固定的杂役；呷西住在主子家里，其人身被主子完全占有，他们既是家务奴隶，又是生产奴隶，既要从事家务劳动，又要从事生产劳动，一生都要为主子服各种劳役。

3. 绝业收占权

绝业收占权是黑彝主子为了增加其财富，基于人身占有或隶属关系，对所属的绝嗣曲诺、阿加的遗产所享有的无偿占有的权利。彝语将收占绝业的行为称为“格节则”，其含义是“吃绝业”。① 吃绝嗣财产的范围主要是土地、房屋、奴隶和债权等等。依据习惯法的规定：曲诺、阿加无子即是绝嗣，其遗产为绝业，由黑彝主子无条件地占有，曲诺、阿加的亲族或亲兄弟也不能过问。在个别地方也存在由其兄弟继承死者财产的事件，但兄弟也要继承此户曲诺对黑彝主子的隶属性负担。

（三）曲诺

曲诺约占凉山彝族地区总人口数的50%。“曲诺”一词在彝语中含有摆脱了奴隶地位的“清白人”的意思，但又有依附主子的意思。总而言之，曲诺虽均具有自己的家支，但他们在人格上并未完全独立，是有一定人身隶属关系的生产者。从民事法律的角度来看，曲诺具有一定的人身权利，是较独立的个体生产者，同时他们还拥有一

① 杨怀英主编：《凉山彝族奴隶社会法律制度研究》，四川民族出版社1994年版，第108页。

定的财产权。但由于曲诺处于被统治阶级中，与呷西、阿加一样被黑彝主子所占有，受到种种限制，不能成为完全独立的自由民。有的学者认为曲诺的法律地位相当于罗马法上的半自由民。① 曲诺一般不能自由迁徙，尤其不能迁到主子的冤家地区。在主子的同意下，曲诺可以在主子统辖区迁徙，还可以外出会亲、做生意。黑彝一般不能任意买卖所占有的曲诺，从而迫使其等级地位下降，否则要受到曲诺家族的抵制和反对，但可通过冤家械斗把敌对家支的曲诺俘虏，降为呷西或者出卖。黑彝主子在取得曲诺同意的情况下，可将其按一定价格抵债，赔命价、作赌注、转让，而其等级地位并不因此下降。如：阿路勿沙的父亲是阿侯拉铁子的曲诺，因穷困潦倒，就把他转让给阿侯则去三兄弟。② 由于曲诺和黑彝主子是一种等级隶属关系，并非是黑彝主子完全占有的私有财产。因此，主子在转让曲诺时要取得曲诺或家支的同意，原主子不能因他们被转让没收其财产，新主子也不能因他们被转让而改变其曲诺身份，并要以户为单位进行转让，不能拆散家庭成员。

曲诺还享有一定的财产权。曲诺的财产包括占有少量的土地、工具、牲畜、粮食、银子和房屋等，其中主要是土地，有少部分曲诺还占有少量的呷西或阿加奴隶。因曲诺有一定的人身权利，是独立的生产劳动者，所以他们享有一定的财产权。曲诺不受主子干涉和限制，可以自由买土地，还可以出租、出典土地。但同时曲诺被黑彝奴隶主所占有，他们享有的人身权利是不完整的，进而他们的财产权也受到一定的限制，故其不是财产的完全所有者，曲诺不能将自己的土地全部出卖，没有儿子的曲诺不能出卖土地。曲诺要出卖土地，须征得主子的同意，而且主子享有优先购买权；若主子不买，而曲诺将土地卖给别人，则须给主子交纳“克地辄”，即取得主子同意的开口钱。

（四）阿加和呷西

阿加的全称是“阿图阿加”，意思是“主子的门前门后居住的娃子”。阿加的人格权极为有限，主子（包括黑彝和曲诺）对婚配阿加之子女的人身享有抽走的权利，既可以抽走部分，也可以全部抽走。被抽走的女子既可被直接使用为呷西，也可用作为主子的男呷西婚配，也可作主子女儿的陪嫁丫头；被抽走的男子既可作为主子的呷

---

① 杨怀英主编：《凉山彝族奴隶社会法律制度研究》，四川民族出版社1994年版，第109页。

② 四川省编写组：《四川省凉山彝族社会调查资料选辑》，四川省社会科学院出版社1985年版，第46页。

西，也可能被出卖。阿加没有迁徙的自由，必须世代居住于主子的周围，也不能随意外出，未经允许不可外出经商、探亲。阿加可以家庭的形式被主子转让、出卖，但需取得其本人的同意。由于人格权的欠缺，阿加的财产权利也很有限，一般仅对牲畜、工具等动产享有占有、使用和处分的权利，甚至大量出卖牲口都要取得主子的同意，并且还不能侵犯主子的优先购买权。对于最重要的财产——土地，阿加有四种占有方式：一是由主子分给“耕食地”，在上面种收粮食维持生计；二是租佃主子的土地耕种。由这两种方式取得的土地，阿加仅有占有和使用的权利，基本无处分权，不得买卖、典当和转租。相比之下，阿加对于通过自己买入或开荒所取得的土地，则具有相对广泛的支配权利，既可占有、使用，也可买卖、典当和出租。即便如此，阿加对这两类土地的所有权也不是完整的，由于其人身在部分程度上都是主子的财产，因而其土地最终的归属权仍然属于主子，只有在没有侵犯主子的特权、获得主子允许的前提下，阿加才可能发挥出自己的民事权利能力。这正如彝谚所云：“阿加的财产主人管，黑彝的财产家门管”，“娃子的财产是主子的外库”。

呷西全称“呷西呷洛”，意为在主子锅前锅后转的人。构成这一等级的基本上是：①掠来的、转卖的汉人或冤家家支成员；②主子抽来做呷西的阿加子女；③由曲诺或其他等级下降者。呷西等级的人口约占凉山地区彝族总人口数的8%，他们居于社会的最底层，是常年住在主子家中、为主子承担各种性质之劳役的家奴。呷西几乎没有任何人格权，他们在习惯法上等同于主子的财产，没有任何人身自由，既可以被土司和黑彝占有，也可为曲诺甚至阿加占有；主子有权买卖、打骂和杀死呷西。呷西几乎没有任何财产权利和民事权利能力，仅仅在有些时候，主子为安顿呷西，允许彝根呷西积点“私房”，甚至允许他们租种和购买小块土地。在彝族地区的边沿地带，土司和黑彝往往会给予呷西积“私房”较多的自由，但呷西对这些财产也仅有占有权，主子依照习惯法可以“强借”的方式侵吞其财产，若呷西被转卖或杀死，其财产亦归主子所有。另外，呷西在处分这些财产时必须得到主子同意，非经允许不得动用。由此可见，呷西对其少量财产的权利完全不能称为“所有权”，如彝谚所说，“奴隶钱，菜籽花”（不能长久之意），呷西在民事活动中更多的时候是被买卖和转让的对象，是以“客体”的形象出现，而不是以主体的地位参与民事活动。

（五）家支组织

家支是彝族社会中的特殊民事主体，诺合、曲诺、阿加乃至部分呷西都有自己的家支。家支以血缘关系为基础，它由远古的氏族组织演化而来，在彝族先民的原始时代，森林、牧场、土地、河流等自然资源均为氏族组织所公有。随着财产私有制的发展，耕地、山林等财产在家支内已多为个体家庭所有，但家支组织出于需要仍保留了部分财产家支公有的权利，这些地方可任由家支成员狩猎、放牧和砍伐，无需偿付代价，但任何人也不可将其圈为己有。除上述公用地外，各诺合、曲诺家支及其奴隶还有共同和公开使用的火葬场与送灵牌的地点，它们也为家支组织所公有。如四川省越西县瓦吉木乡，诺合阿侯家支吉赫支的公有火葬场设在尔诺尔科地方，举行火葬时，主子使用火葬场的上段，阿加和呷西分别在下段与最下段。但有的阿加家支也有自己的火葬场，如克齐与布尔两家的火葬场分别在俄楚觉与齐格勒加地方。另外，安放灵牌的地点也为家支所公有，人们一般将灵牌送至高山岩坎的箐洞，诺合家支都有固定的祖灵箐洞，曲诺家支基本上也有固定的送灵地点，这些地方均不容任何家支和个人侵犯。

（六）“客户”

“客户”是从汉区进入彝区长久居住的汉人。他们大多从事农业和手工业，也有的专事经商。客户之所以能相对独立于彝族社区，又不被劫掠为呷西，均是由于他们向当地有势力的黑彝或曲诺投了保。在保头的保护下，他们得以维持自己的人格权和财产权，成为彝族地区又一特殊的民事主体。

二、民事客体

民事客体，即民事法律关系的客体，又称标的，是民事主体之间据以建立民事法律关系的对象性事物，是民事活动的目标，现代民法体系中的民事客体包括物、行为、智力成果和人身利益等内容。在民改前的彝族地区，民事习惯法中没有“民事客体”这样的概念，但在客观上，彝族人民在日常生活中进行的民事活动却必然以某个目标为指向，在不同的民事法律活动中，民事客体也各不相同，归纳起来，彝族地区的民事客体主要有物、奴隶和行为几种。

（一）物

物是指除自然人身体之外，能够满足人们需要且能够被支配的物质实体和自然力，它是民事法律关系中最主要、最普遍的客体。在民改前的彝族地区，所有权是最重要、最基本的民事法律关系，其所指向的民事客体是物。彝区的民事法律活动所指向的物亦可以分为不动产和动产两种加以讨论。其中不动产主要包括土地和房屋。土地是彝族社会赖以存在的经济基础，人们均将土地视为最稳固和最重要的财富来源。民事习惯法对于保护土地权益、规范土地流转的规定非常细致，后面将对此单独讨论，在此不再赘述。房屋也是彝族社会的一项重要财产。明清以后云南、贵州生产力较发达的彝族地区，房屋交易多仿效汉区交易的程序，通常以转移房契的方式转移房屋所有权，有时也请中人作为房屋交易的中介，同时也起到证人的作用。不同的是凉山彝族地区，由于人们多居住在高山或二半山，且村寨分散、房舍简陋，故房屋极少作为“不动产”整体加以转让、出卖，倒是人们习惯于拆散房屋，将建筑房舍的瓦板、木料背至市场作为不动产出售。因此，习惯法也很少关于房产问题的专门规定。

彝族地区的动产主要有牲畜、日常用具、生产工具、银子、粮食和衣物等等，而从清末至民改以前这段时期，在外部环境的影响下，彝区经济畸形发展，鸦片和枪支竟一度成为彝区对内、对外贸易中交易额最大的商品。在彝区的动产中，牲畜无疑是最重要的一种。彝族在历史上曾是一个“逐水草而居”的游牧民族，在进入以农耕为主的定居时代后，畜牧仍然是最重要的辅助生产方式。在彝族社会中，牲畜在人们心中是财富的象征，牲畜的多少也是划分财富级别的重要标准。有的彝族地区将各等级内的财富级别划分为“耶莫”、“耶都”和“耶沙”三等，除根据土地和银子的数量外，占有牛羊的数目也是重要的“参数”。

（二）奴隶

不论在东方还是西方的奴隶制社会中，从法律上看，奴隶都不可能具有完整的民事权利能力，其法律地位非常低下。从某种意义上讲，他们与其说是民事活动中的主体，毋宁说是客体。大多数情况下，奴隶不是以其自身的人格权为基础开展民事活动，而是与牛马、器物相同，作为奴隶主的私有财产；他们既是奴隶主所有权的客体，也是交易活动中的客体。在民主改革前的凉山彝族奴隶社会中，奴隶主要指阿加和呷西，从对凉山六县十乡的调查资料来看，占总户数 7. 24% 的黑彝占有全部呷西的 43. 53% ，平均每户占有 2. 14 人；占有全部阿加的 79. 7% ，平均每户约占有 4. 5 户；占有全部曲诺，平均每户约占 8. 6 户。占总户数的 56. 36% 的曲诺，占有全部呷西的 40. 67% ，平均每户占有 0. 27 人；占有阿加总户数的 18. 7% ，平均每户占有 0. 14 户。

占总户数37.4%的彝根阿加，占有呷西总数的15.8%，平均每户约占0.17人；占有阿加总数的1.4%①。由此可见，黑彝是占有奴隶最多的等级，曲诺次之，彝根阿加虽为他人的奴隶，但自己也可蓄奴。占有奴隶的多少，标志着各家支、各户经济实力的强弱，奴隶是其私产的重要组成部分，是所有权指向的对象。

与此同时，奴隶可由主子买卖。买卖奴隶从何时开始的已无法确考，但在西汉时，已确有买卖、掳掠汉人和其他民族为奴的情况②。在彝族地区买卖奴隶开始频繁，尤其鸦片种植传入彝族地区后，买卖奴隶颇为盛行，出现了一批从事买卖奴隶的专职人员，在彝语中称为“撮欺撮乌”，即“捆人卖人”和“捆人吃人”的意思。例如40岁的吉克古达，从18岁开始从事买卖奴隶，整整从事了20年之久。③ 在四川凉山甘洛县已经形成有名的买卖奴隶市场，每年的阴历1—4月是买卖奴隶最频繁的季节。彝族地区买卖奴隶的情况，也从另一个侧面说明了奴隶娃子没有独立的人身权利和财产权利，其法律地位可比畜产，既可被占有、役使，也可在主子吃“绝业”时作为财产一并吃进，还可被用作买卖和交易的对象。

（三）行为

行为指能够满足民事权利主体某种利益的活动。现代民法理论认为，债权关系的客体是“给付”，给付包括行为和标的物两种。在民改前的彝族社会，因生产力低下，商品经济极不发达，导致债权关系发生的原因不多，唯借贷关系可以说是彝族地区普遍存在的一种债权关系，而其他的债权关系则基本上不存在。

① 四川省编写组：《四川省凉山彝族社会历史调查》（综合报告），四川省社会科学院出版社1985年版，第32页。

② 方国瑜著：《彝族史稿》，四川民族出版社1983年版，第73页。

③ 四川省编写组：《四川省凉山彝族社会调查资料选辑》，四川省社会科学院出版社1987年版，第230页。

第二节

债权

一、彝族地区的债及其成因

债是调整财产流转关系的法律制度。在现代民法理论中，债指向的客体主要是人们的交易行为。历史上彝族社会的商品经济极不发达，在习惯法存留最为完整的凉山彝区，甚至尚未形成本民族内部的市场；人们的交易行为多出于追求物品使用价值的目的，物物交换常见，交易方式直接、简单。因此，在彝族地区，引起债发生的原因并不多见。例外的是，在彝族人民的经济生活中，早已有了因借贷所生之债，它在习惯法中占有重要的位置。人们借贷的原因主要是因贫困不能维持生活，或办婚丧大事和打冤家赔命价的需要。借贷的对象是极其广泛的，包括粮食、银子和牲畜等等。借粮食当然是为了度过眼前的饥馑。粮食当中除土豆价格低廉不作为借贷对象外，荞子、燕麦等都是借贷的对象。借银子主要是为了买粮食、买农具、办婚丧大事以及打冤家赔命价的需要。借牲畜则主要是为治病驱鬼、办婚丧大事的祭祀、招待宾客之需。彝族奴隶社会的情况与其他一些古代社会的情形相似——人们之间因借贷所生之债多为高利贷。另外，高利贷还时常成为高等级借助经济优势和等级地位剥削低等级的一种方式。但值得注意的是，隶属性负担并不是与债有关的习惯法规范的全部，一种社会规范之所以长期存在，必然是满足了人们某方面的需求，达到了各个群体之间相对的利益平衡。彝族社会中的借贷法律关系，在许多情况下也体现出公平自愿的民事交易性质，借贷所得时常满足着人们的一时之需。

二、借贷的种类

彝族地区的借贷可分为两种。其一为“杂布达”，这是基于等级隶属关系而产生的一种强制性借贷，通常为高利贷，其性质介于经济剥削和民事交易之间；另一种则为普通性质的借贷，彝语称“耳策底”。“杂布达”是彝语“粮食滚利”的意思。它是诺合凭借等级向其所属的曲诺和阿加强行施放的一种高利贷。根据彝族的说法，杂布达最初是当诺合为女儿准备嫁妆之时，或是为了积累私钱而向比较富裕的曲诺施行的一种勒索，后来逐渐演变成为一种经常性的、强制性的高利贷，而且施放的对象也扩展到了阿加，其利息之高，甚为惊人，彝族人用“八斗九年三十石”来形容。早在以畜牧经济为主的时期，有的地区奴隶主阶级就有以禽兽作本钱强行放债的规矩。其办法有两种：一种为“乌婆达”，意为分喂猪，以两个月左右大的小猪放给承喂户，每年收回两头半大的猪。另一种为“娃婆达”，意为分喂鸡，以一只小母鸡放给承喂户，每年收回两只大鸡。如不交利，则按复利索交，无力偿还时拉人作抵。杂布达施放的具体办法和利息利率的高低，在彝族不同的地方有不同的标准。有些地区，在黑彝的女儿订婚时，就施放给比较富裕的曲诺、阿加以二斗粮食，而女儿的夫家也同时施放给曲诺和阿加一锭银子。发放的年限不确定，完全以黑彝的需要为准，不需要时不许偿还；而主子需要时则必须偿还。一般情况下诺合要等到本利达到10—20石粮食才全部索回。而在有的地方，在诺合的女儿出生时，就以几斤肉或是几斤粮食的形式施放给所属的曲诺和阿加，等到女儿出嫁之时，主子就可以根据其需要，任意勒索几十倍乃至数百倍的财物。有的地方，诺合的儿子成婚时也要给曲诺和阿加施放高利贷，当儿子成婚后，和父母分居，此时曲诺、阿加开始给主子服劳役，主子就施放给他们粮食四斗，十年后折合成一锭银子；自第十一年起，主子每年来取利银一两。而如果曲诺主子夫妇中一人死亡，便要以一锭银子加上一石粮食，退还给主子，此时借贷才算了结。

彝族地区的高利贷给贫苦人民带来了灾难性的后果。“借了主子债，如遭毒蛇咬”，这个谚语是人们对高利贷的生动描述。此外，由于等级关系的存在，还常有黑彝奴隶主以“借”为名，强行霸占所属的曲诺、阿加财物的情况。黑彝主子家中的人生病或宗教活动所需的牲畜，多数是从所属的曲诺和阿加处强“借”去的，事后主子往往不还，或只还少许。如四川甘洛县阿尔乡，曲诺伐火拉马日的主子家有人病了两次，“苏尼”（巫师）说要打牛驱鬼，于是主子先后“借”走他的两头牛，后来只还了他一头。此外，黑彝主子家在婚丧或是来客时，往往还要“借”走所属曲诺、阿加的牛羊。这种有借口的“借”有时候便是有借而无还的。至于对阿加和呷西所积私财，黑彝主子也可以种种理由，任意夺取。如谚语所说：“多‘借’节伙的东西，就能发财。”这个“借”字成了黑彝奴隶主对所属曲诺、阿加和呷西财产掠夺的另一种表达。

彝族地区另一种普通的借贷称“耳策底”，可以发生在同一等级内部，也可发生在各个等级之间。这种借贷相对公平自愿，它通常仅在借贷者需要借贷时发生。“耳策底”主要的情况是富有的黑彝或曲诺等级向较低的等级或贫困者放债，如在放债盛行的四川美姑县巴普地区，所有诺奴隶主毫无例外的都向其所属的奴隶各等级放债，其中有的每年放出的粮食50—60石，银子20—30锭。又如借贷现象较多的布拖县则洛乡，145户曲诺和阿加中，有70户，即将近一半的人户是经常靠借债过活的。黑彝奴隶主以放粮食债的居多，这是由于不少曲诺和阿加在每年青黄不接时，往往因缺粮而告贷。又如布施则洛乡，72户曲诺中，有33户借贷，其中就有31户是因为缺粮而借粮食债的。

三、借贷法律关系

（一）彝区的借贷情况及借贷的对象

借贷之债主要发生在黑彝与所属的曲诺、阿加、呷西之间，其次发生在富有的曲诺和贫穷的曲诺、阿加及呷西之间。也就是说，黑彝与富有的曲诺是主要的放债者，而贫穷的曲诺、阿加与呷西是主要的借贷者。黑彝的女儿也得借放债来积私房钱。等级隶属关系影响着放债与还债。根据彝族习惯法的规定，黑彝主子一般不放债给自己的娃子，主要指阿加和呷西，因为当他们无力偿还债务时，债主必然受到损失。阿加欠曲诺的债，如果无力偿还，得到主子同意后，可以将自己的购买的土地作抵押。阿加已经是黑彝或曲诺的奴隶，阿加和呷西的等级地位相同，都是奴隶。因此，阿加如果欠主子的债无力偿还，主子没有必要将他们降为呷西；如果主子需要，随时都可以将阿加的子女抽为呷西，不必以阿加欠债为条件。当他们的阿加欠别人的债无力偿还时，他们愿意代为交纳，以免自己的阿加奴隶成为别人的奴隶。

借贷的对象主要是粮食。同等级或上下等级间均可以互相借粮；其次是牲口；再次是银子。债务关系牵涉的范围是广泛的。以昭觉县滥坝乡为例，在该乡的25户“土目”中，民改前家家都放过债。土目所放的债以粮食较多，银子较少，放债最多的土目要算尔恩都列和尔恩斯各，都列放出银子有30锭，粮食达四五十石；斯各放出的粮食在100石左右。在全乡整个曲诺等级500余户中，放粮食及银子的只有20余户，而借粮食的却有400余户，借银子的也有300余户。在全乡约180户阿加中，放粮食债的没有，放银子债的有5户，借粮食和银子的约有120户。① 在全乡约100户的“朔”（阿加、呷西）中，放出粮食的有10户，借出银子的有9户，他们借出的数量甚微，而借入粮食和银子的占大多数。此外，牲畜借贷的事情几乎家家都有过，而常借出牲畜的在各类户中有200余户。

借贷依习惯法由债权人和债务人直接面议，不通过中间人，也不需要订立文书契约。借少数粮食或银子不需要抵押。借粮数额较多者，必须用土地、娃子或是大牲畜（牛、马）作抵押。土地抵押后，仍由原业主经营。娃子抵押后，仍由原主子使唤。彝区借贷关系的主要对象及相关情况大致如下：

1. 借粮

在青黄不接时借粮，债主按50%收利。借粮数额较大者，须用土地、奴隶或大牲畜（牛马）作抵押，债户逾期不还，债主有权将抵押的实物作抵债处理。无隶属关系的白彝借黑彝的粮食，要用土地或子女作抵押，债户到期不能还本利，债主将抵押的土地或子女作抵债处理。阿加奴隶借主子的粮食，主子可让利。

2. 借银子

借银子分计息和不计息两种。计息的方法是借一锭银子一年后还一锭二两银子，一年后仍无法还的，按利滚利的原则计息。不计息的，借多少还多少。一锭银子（以312.5克计）的年利一般为62.5克，逾期计算复利；举债做生意或购买土地的，利息较高，每锭白银年利93.75克，债主和债户合伙做生意的不计利息，盈利部分平均分配；若亏本，债户还本亦不计利息。债户借用于办丧事或驱鬼治病，不足一年不计利息，一年后每312.5克白银按年利62.5克计收。债户系隶属于黑彝主子的曲诺或阿加，因家庭困难无力偿还的，可备酒款待债主，请求免利，债主视其实际困难可酌情让利。

3. 借牲畜

民间借牲畜只能作招待客人、驱鬼治病或作嫁娶之用，不能借去自己养；借牲畜一般是借什么还什么，如果主人家愿意，也可以折成钱来还。若债主用于驱鬼治病的，则折价偿还，不生利；债户借来用于超度送灵的，借牲口以牲口还，不生利；借仔猪，以仔猪还仔猪，不计利。用于招待客人，在一年后偿还的，牲畜若系雌性，除

① 四川省编写组：《四川省凉山彝族社会历史调查》（综合报告），四川省社会科学院出版社1985年版，第36页。

还本外，还另给一崽子；若系雄性则只还本。此外，彝族社会中人们普遍还把婚丧嫁娶中赶的礼也算作一种债务，你若在这些场合中收受了别的礼物，遇到别人有类似的事情时应当如数奉还。当然，若不奉还，别人也不会上门讨要。

（二）借贷的利息标准

根据习惯法规定，借贷利息一般按年利计算，很少按月利计算。不按时付息可以复利计算。银子的利息是按对头满一年来计算（即满 12 个月），如不满一年即还本的，只付一半的利息。粮食利息也在新粮食收获时付，即在满一年之后偿付，未满一年的，也只付一半利息。如约定一、二月借的一石粮食到火把节时（六月）还，应给三斗利息；若未到火把节还，则只给一斗五升的利息。债户和债主合伙做生意的，借贷不生利，盈利部分对半开；若亏本，则债户向债主还清借款的本金即可，亦不计利。若债户借银用于办丧事或延请“毕摩”驱鬼治病的，不足一年不生利，一年后每锭白银按年利 0.2 锭计。黑彝一般不放债给阿加。因阿加无力偿还时，债主必然要受损失。阿加如欠曲诺的债无力偿还，得到主子同意后，可将自己购置的土地作抵。（借钱粮）债户系属黑彝主子或是白彝主子的阿加娃子，则可还本不收利。

借贷利率在彝区各地不尽相同。依照习惯法，以银利按年利 20%、银利按 50%复利计算的居多。粮利通常按年利 50%，银利按年利 20%计算，即借粮一石还一石五斗，借银一锭（约十两）换一锭二两，周年为期，逾期不还按复利计算。也有借银子以粮食作利息的情况，其利息计算是 50%，即借一锭银子年利五斗。粮食借贷的利息较高而银较低，这是由于银子较多且不能投入生产的缘故。此外，各地借牲畜的利息，不论山羊、绵羊或者牛马，年利均为同种小牲畜一只，借绵羊时还需另给三次羊毛利。利息的计算，也是周年为期，逾期按复利计算。

黑彝向曲诺及少数富有阿加强放“杂布达”时，一般是强放粮食二斗，年利 50%，复利计算。当本利达到相当大的数目时，一次还清利息，本钱继续生息。银利利息计算的标准是银子年利 20%。但如短期借银子做生意，应按月利五钱计息，即年利达 60%，粮食年利 50%。青黄不接时借粮，秋后归还，按一年计息。借银子时讲明以粮食折算，年利 30% ~50%。一切借贷过期均按复利计算。例如昭觉城南乡借粮债的利息计算是：二斗本，一斗利，以周年为期。借银子一般仍以粮食作利息，其利息的计算是：一锭银子（约十两）每年利息一般为粮食一石或八斗，最高达一石二斗。但也有少数仍以银子作利息的，其利息计算是：借一锭银子，年付利二三两，最高的达六两，一年以后按复利计算。四川甘洛县阿尔乡一带，利息是借一石粮食，次年还一石五斗，借二石还三石，借三石还五石；银子利息按50%算，即借一锭银子，年付利五两或六斗粮食。由于借粮食多在青黄不接的时候，而春借秋还也按全年计利；有的还以小斗放出，大斗收进，这样，实际的利率往往就高过50%。

四、对欠债的处理

彝族民事习惯法对欠债的处理，明显受到等级隶属关系的影响。依照习惯法，根据债的双方当事人不同的等级地位，债务人无力偿还债务时将采取以下不同的处理办法：

第一，曲诺欠黑彝主子的债无力偿还，如有土地、呷西（娃子）做抵押，以土地或呷西抵债；若没有土地和呷西作抵，则本人将沦为阿加或是子女沦为呷西。势力大的黑彝和少数富裕的曲诺往往靠高利贷剥削来兼并土地和掠夺奴隶。如美姑巴普乡有名的黑彝奴隶主布兹久石就是靠放高利贷起家的。曲诺和阿加往往因为负债而丧失土地，不少曲诺也沦为呷西。债户系属黑彝主子自己的曲诺、阿加或呷西，所借银两数额较大，因家庭贫困，无力偿还的，债户可备酒肉招待债主，请求债主免利。债主视其实际困难可以免利，甚至连本带利全免。

第二，曲诺欠别的黑彝债务无力偿还，如由自己的黑彝主子担保，可转投债权人为主子，由其主子代为偿还；若主子不能代还，则曲诺本人降为债主之阿加或其子女沦为债主之呷西，其所种土地也退还原主，由新主子分给土地耕种。但这种情况很少，一般曲诺借债积欠至十七八锭银子，才抵押一人去作呷西。在这种情况下，曲诺的主子除了代为偿还而外，是不能干涉的。否则，债权人可以将曲诺本人或其子女拉去作呷西，并有权把他们卖掉。曲诺借主子（非隶属关系的）的粮食，用土地或子女作抵押。债户到期不能还本利，债主可将抵押的土地或子女作抵债处理。若抵押的系为儿子，则降为呷西；若系女儿，债户可用出嫁聘金偿还债主。

第三，黑彝一般不放债给自己的阿加。阿加欠别人的债无力偿还，应由主子代为偿还，否则应将欠债的阿加抵给债主；阿加借了其他黑彝的债还不起，由其主子负责偿还。如主子也还不起，则阿加转而隶属于债主。

第四，黑彝相互间的债无力偿还，可将隶属于自己的曲诺和阿加作抵；但新主子应当宰牲款待被抵债而来的曲诺或阿加。因为在黑彝看来，曲诺、阿加和土地一样都是他们的私人财产，所以当黑彝和黑彝之间的债务无力偿还时，可以用自己的土地或曲诺、阿加抵偿。

第五，曲诺、阿加之间的借贷，债务人无力偿还，可打酒招待债权人以求减免利息，但本金不能少。当曲诺借曲诺、或曲诺借阿加的债还不起时，打酒请债主吃后，便可作罢，阿加借曲诺或阿加相互间的债亦同。它体现了彝族社会中不重私利、互帮互助的价值取向。如曲诺或阿加的呷西借黑彝的债还不起，应由其所属主子代还；主子还不起，则该呷西转给该黑彝债主所有。

第六，如有发生赖债的情况，债主可打鸡来咒，同等级的债权人可杀鸡狗诅咒，咒对方像鸡一样死。但黑彝赖曲诺债的情况虽然很多，曲诺仍然不能杀鸡狗诅咒黑彝，因为彝族等级社会中，娃子是不能咒主子的，只能杀鸡吃血酒表明没有诬赖，如此而已。因此，黑彝赖了曲诺和阿加的债，曲诺、阿加常常没有办法讨回。

第七，借债未还，如债主抢债务人东西作抵，经调解后，抢物退还，债不还。如彝谚说："欠债偷抢不还。"

第三节

土地法律关系及其制度

彝族地区的社会生产基本上以犁耕农业为主，畜牧为辅。历史上，彝区的生产力不发达、社会分工未充分展开，没有大量用于交换的剩余产品的出现。在这样的历史条件下，土地不仅是人们赖以生存最关键的资料，也是人们日常生活中最重要的财富，不仅黑彝阶层费尽心思扩充自己的土地，以至于不惜发动冤家械斗，曲诺和阿加也以不同的方式尽量扩大地产。土地权利居于整个社会财产权的核心地位，习惯法对与土地有关的各种法律关系的调整非常细致详备，这些规范在彝族民事法律制度中具有十分重要的地位。相比民事习惯法针对其他财产的规定，调整土地关系的习惯法显然更为系统化和规范化，并且，与土地的所有、占有及租佃相关的制度，受到彝族社会中等级身份关系的影响和限制。这也是我们单独讨论土地法律关系及其制度的原因。

一、彝区土地所有权的状况

彝族地区各等级取得土地的方式有所不同。就土司而言，取得土地所有权的方式主要是中央王朝的分封和赏赐，土官不同于流官，他们没有俸禄，其经济来源的根源即在于其辖区内的土地。黑彝取得土地的方式最初通过先占，凉山地区普遍流行着黑彝祖先古侯、曲涅从云南迁入的传说：据说，黑彝家支在未进入前，凉山是没人居住的荒山老林，各家支率曲诺等进入后，分别占有了各地区的土地。各户黑彝分别由所率的曲诺进行开垦，占为己有，而曲诺也可利用空闲开荒据为己有。如美姑巴普地区传说：黑彝阿竹家最先率曲诺占据本地区的荒山老林，并由曲诺进行开荒生产。① 后来，随着人口的增加和土地的紧缺，除以牲畜家禽交换土地之外，黑彝还强占其他家支的土地，如上述阿竹家进入巴普地区后，阿陆家也逐渐迁入本区。由于家支力量的减弱，阿竹家住区被排挤缩小，而阿陆家中以吴奇家家支为最大、力量最强，除用牲畜家禽（例如鸡羊等）向其他黑彝家支交换土地外，他们还强占了阿竹、井曲家的土地。其他多个家支也有类似情况，他们通常以战争的方式赶走对方，强占其土地、房屋等不动产。人类社会早期多有这样的特征，即土地的流转通常以战争而不是以交换作为主要的方式。在历史发展的过程中，黑彝攻占土地的对象亦不止于敌方黑彝家支，在与土司的争斗中，他们又抢占被逐土司的土地；另外，处于彝区边缘地带的黑彝家支也向其他民族发动战争、抢夺土地，西昌及丽江地区就曾出现过彝族内部以至和其他民族不断争夺土地的复杂情况。

黑彝也从自己的属民或娃子处获得土地。这里的“获得”与对敌方家支赤裸裸的战争掠夺不同，它通常需要符合习惯法的规定。其主要情况有以下几种：①吃属民或娃子的绝业；②作为对犯罪、犯错者的惩罚没收其土地，如没收逃亡娃子的土地；③没收属民、娃子的土地充抵债务。曲诺、阿加和呷西土地的来源与黑彝有所不同，曲诺在随主子进入凉山后，除为主子开荒生产外，并可利用空闲开垦荒地占为己有。若符合习惯法规定的购买条件，曲诺还可用自己的积蓄购买土地，在不绝嗣的情况下，这些土地均可作为祖业传给子孙。总体而言，曲诺对土地的所有权权限较为完整。阿加的情况大致同于曲诺，也是通过垦荒或购买。呷西通常没有土地，极少数经主子允

① 四川省编辑组：《四川省凉山彝族社会历史调查》（综合报告），四川省社会科学院出版社1985年版，第96页。

许可用积蓄购买少量的土地，也可在空闲中开垦少量的地边荒地。这些土地称为“私房地”，呷西对它的处分权极其有限。

在描述彝族地区的土地状况时，我们通常采用“占有”一词而非“所有”。“占有”仅表示一种持有的状况，而“所有”则表示持有者享有各种专属权利。但在实际上，彝族地区的土地占有者中，真正享有土地所有权的仅是少数。其一，根据经营方式的不同，被占有的土地大致可分为所有地、耕食地、租种地和耕作地几种性质。毋庸赘述，“所有”表示占有者对土地完整的处分和收益权利。土司、黑彝的全部土地以及曲诺的部分土地均属此种性质。彝族地区不同等级拥有土地的比例在各个地方并不相同，但总的来看，黑彝等级以较少的人口拥有了较多的土地。曲诺人口众多，其土地所有量也较大；阿加相对拥有土地较少，呷西拥有的土地几乎可少至忽略不计。以四川布拖县则洛乡为例，该乡黑彝人口占总户数的11%，拥有土地量占土地总量的35.7%；曲诺占44%，拥有土地量占总量的41.6%；阿加占总户数的45%，仅拥有土地总量的5.9%。① 其二，“耕食地”是指基于人身隶属关系，由主子给予所属曲诺或阿加耕种的土地，耕食地用于满足他们的基本生活所需。耕食地的所有权归属于主子，占有者仅能自己耕种收益，不可出租、出卖、典当。而主子则可随意处置这些土地，他既可以允许曲诺、阿加世代耕种，也可以随时将其收回，另作他用。其三，租种地是承租者通过租佃关系占有的土地。在彝族地区，奴隶主阶层租入土地的极少，即便是曲诺奴隶主，也不愿租入土地耕种；在劳动者阶层中，黑彝不租入土地，而曲诺则是主要的土地承租者，他们租入土地的户数通常达到其总户数的40%和50%以上，租种土地数也分别达到其占有地的75%和62%以上；在奴隶阶层中，阿加租入土地的比例很高，其租种地通常是所有地的数倍之多。承租者通常仅能在土地上耕种和收益，并应负担相应的租金和杂役，未经允许，不得转租。其四，耕作地即“娃子耕作地”的简称。它是彝族地区奴隶主的土地最重要的利用方式，通常由娃子耕种，一切收益均归主子所有。在凉山腹心地区与某些边缘地区，奴隶主的全部土地中，用作娃子耕作地的在数量上要远远超过用作出租地者。以甘洛县阿尔乡6户曲诺奴隶主的土地经营情况为例：其全部土地中用作娃子耕作地的占总数的86.08%，用作出租地的占6.45%，黑彝主子授予的耕食地占总数的7.47%。奴隶主十分重视娃子耕作地的经营。如甘洛县曲诺奴隶主沙呷木来举达所言：有钱应先买土地，没有土地就没有

① 四川省编辑组：《四川省凉山彝族社会历史调查》（综合报告），四川省社会科学院出版社1985年版，第84—86页。

一切，有田无人耕可以将其出租，但能役使娃子耕种总比出租土地收入多些——因为全部收入都是自己的。①

二、土地买卖制度

（一）地价及其变动

凉山地区的土地一般分为上、中、下三等。在鸦片普遍种植并外卖后，白银大量流入彝区，刺激了土地买卖的日趋繁荣与地价的显著提高。有关统计资料表明，20世纪30年代到20世纪50年代，彝区中心区地价变动幅度大于边缘地区。中心区的普雄县、美姑县旱地上涨10倍或者10倍以上，而巴普的下等地甚至都上涨了20—30倍；边缘地区如上下土司区地价一般上涨2—5倍，上田坝上涨5—9倍。而以旱地、水田作比较，则一般旱地地价上涨幅度大于水田。普遍种植鸦片对地价的影响是显而易见的：首先，种植鸦片成风，使得土地成为紧俏的商品，而且由于鸦片的价值高同时提高了土地的价值，这两者相结合导致地价的直线上涨；其次，大量的土地种植鸦片，自然影响了粮食的产量，粮食的价格就要提高，同时由于外卖鸦片使得汉区白银大量流入，提高了粮食的价格，粮食价格的飞涨当然会直接刺激地价的上涨。在腹心地区的美姑县九口乡，1920年未种植鸦片前，上、中、下三等地每斗种的价格分别为银子10两、5两和3两，到1941年盛产鸦片时，每斗种分别上涨到银子180两、100两和60两，平均每等地约涨了20倍。

（二）土地买卖的手续

除了昭觉县滥坝乡土目地区基本上没有土地买卖之外，无论在中心区或边缘区，一般买卖土地都有一定手续。在凉山除了甘洛上下土司地区因受汉族影响而用汉人契约之外，中心边缘地区一般只请中人作证，彝语称“呷拉甘”，而没有文约。在普雄和雷波，中人被称为“呷拉黑”，意为“在中间说”。一般而言，黑彝、曲诺和阿加都可充当中间人。在甘洛县阿尔乡31个买卖土地的事件中，黑彝任中人者1件，曲诺20件，阿加4件，呷西1件，5件没有中人。这可以说明充任中人以曲诺为主。在

① 胡庆钧：《凉山彝族奴隶制社会形态》，中国社会科学出版社1985年版，第255页。

各等级中有亲属关系的，通常不要中人，这体现了亲近的关系在土地买卖中所自然产生的信用。作为中人具有一定的条件。他必须熟悉当地的习惯法，并且要能说会道、处事公正。

出卖土地时，卖者需先请中人介绍买主，并代为议价。买卖成交后，买者要杀猪、备酒招待卖主、中人和邻居。如果卖主是曲诺、阿加，还要请其主子参加。被请的人都可以履行中人的部分职责，即如若日后发生争执，席中之人皆可见证。中人死，其子也可代父继续充当中人。在普雄地区，招待中人的标准要看地价多少：地价在30锭以上的，要杀猪、吃酒；地价在10锭左右，要杀鸡、吃酒；再少则只请吃酒。同样的，在甘洛上下土司地区和腴田地区，由于汉彝杂居，受汉族影响较深，所以在土地买卖过程中，立有文契。上下土司地区的文契如下：

自请凭中说合卖地

火则名下山地一段，坐骆（落）荣盘山；下齐王姓为界，上齐卢姓为界，右齐大路为界，左齐×足为界；×林树林，一×在内，四至×明，无有危别人寸土。买价铜钱三拾四文整。其钱一手拨出交清，×无少欠分文。其地凭×火则父子耕种管×，不×言。恐口无凭，立约为据。

呷　纳
出约人　打亚亚+
五　谷　呷　呷
牛百户+
丰　收　百户呷
凭中人　呵母+同在
呵铁长+
光绪十八年冬月初九日立
代字人　衣　足+
肖文春字

【按】：+表示画押。①

① 四川省编辑组：《四川省凉山彝族社会历史调查》（综合报告），四川省社会科学院出版社1985年版，第115页。

在土地成交后，人们一般还要送中人酬金。酬金在彝语中称为“呷拉莫哲”。酬金一般由买方付给，数量各地稍有不同，一般大致是地价的5%～10%；甘洛阿尔乡的酬金也由买卖双方共担。在有的地区，买卖土地又以宗教的咒鸡发誓手段保证其长久的效力。人们普遍认为，违反契约者将会遭受厄运的惩罚。一般情况下，曲诺和阿加向黑彝买地必请中人，以防止黑彝占势狡赖。如巴普乡曲诺曲比哈坡，30年前买了黑彝吴奇瓦节一块土地，在鸦片烟进入后，吴奇瓦节认为哈坡获利较多，即借口没有谢中，向哈坡勒索了300两银子。其他地区同类的现象普遍存在，因而曲诺向黑彝买地后第三年，还要向黑彝交纳一定数量的银子作再次的赎买。这种性质的银子在昭觉称为“杜擦得”，意为“火又燃烧起来”，指主子又借故盘剥了。

三、土地典当制度

凉山地区普遍存在着土地典当关系。典当的原因与土地买卖的原因大致相同，主要是生病、缺粮；对曲诺、阿加来说还有赎身、还债等。典当与买卖最大的不同，便是典当可以保留土地的所有权。如谚语所言：“当地千年在，卖地不回头。”出典者不会失去土地，在适当的时候，土地又可以“失而复得”。这既解决了人们的一时之需，又满足了人们不愿失去土地的愿望。典当关系虽然普遍存在，但典当土地的数量在各等级间并不均衡。以凉山腹心地区的普雄瓦吉木乡为例：当出典当土地者为十九户，黑彝两户，曲诺5户，阿加12户，共当出水田22.53斗，旱地3.5斗；瓦曲曲乡51户（其中黑彝两户，曲诺10户，阿加39户），只有1户黑彝当出旱地3斗，5户阿加当出水田1斗，旱地8斗；在布托县，发现8户典入土地，其中1户为曲诺向土司典入，3户曲诺向黑彝典入，4户阿加向曲诺典入。

曲诺、阿加典当土地不像买卖土地一样受严格限制。典当不必经主子同意，也不需要中间人，由当出典人双方接洽即可。需请中间人时，也只向中间人请酒，不付酬金，没有中间人而事后发生纠纷者，以打鸡盟誓解决。但也有例外的，如在普雄瓦吉木乡，曲诺、阿加当出土地必须是缺粮、生病才能得到主子允许，而且主子还有优先权。主子不要，先当给家支近亲，最后才可以当给别家支的人。曲诺、阿加当地，还要请主子吃酒，典期已到，还要预先告知主子，这体现出腹心地区主子对属民及娃子较强的控制力。在普雄瓦曲曲乡，曲诺、阿加当土地还要给中人酬金，典金达50至60锭银子者，付酬金一锭，典金少也要付3至5两银子，同时，还要将典金数目告知主子、家支和家人。

四、土地租佃制度

（一）土地租佃概况

在彝族奴隶社会中，作为统治阶级的黑彝、土司、土目是彝族社会的大土地所有者，每一户一般都占有较多的土地，而他们又视土地耕作为下贱的劳动，因此，对于占有的土地如何加以利用就成为他们面临的棘手的问题。奴隶主阶级不能采取全部自营直接役使娃子耕作的方法，而是必须把部分土地出租，不少地区一般都有半数左右的人户卷入到土地的租佃关系之中。主子对属民或娃子总有一定的人身占有关系，但他们无法让所有的属民或娃子都在自己的土地上直接劳动（即在娃子耕作地上）。其原因大概有：首先是土地距离住所太远，无法有效地监督娃子的劳动；其次是土地的质量不佳，自营的利润不高，而娃子劳动力和肥料都不足，出租一段时间，在承租户加工施肥土壤改良后再收回自营。如普雄县瓦曲曲乡力觉村黑彝奴隶主阿候达耶，在1941年由于娃子的劳动力不足，肥料也缺乏，就把娃子耕作地中的四斗地租给阿候为古的曲诺吉瓦拉达的父亲吉瓦曲给家，1943年阿候达耶把土地收回仍然用娃子耕种。再者是由于迁居或冤家械斗的原因，不便役使娃子耕作而将土地出租，如阿候家联合果基，在械斗中打败勿雷家，而独自取得普雄河谷地区的水田阿候家顾虑果基家的来袭，暂时不迁去，而是将水田租给搬去的娃子。① 最后是因为娃子在自营地上不好好劳动，故意拖延出工时间或破坏工具，抛撒收获的粮食，而主子大量役使娃子劳动，耗费巨大而且要承担灾害风险，所以他们宁愿出租土地。

从四川彝区四个县五个乡的调查资料分析，昭觉县滥坝乡的租佃现象最具典型性。对比滥坝乡与其他地区的情况，就彝族社会租佃制度，我们可以归纳出以下几个特点：

第一，彝区租佃法律关系的存在并不代表其整体社会形态已步入封建社会。无论在中心或边缘地区，彝区的黑彝或奴隶主土地出租户的户数都没有超过总户数的20%，出租田地数量也没有超过各地占有田地总数的32%；再就租入户看，各地区没有超过总户数的60%，租入田地在各地区一般没有超过耕作田地总数的50%。这说

---

① 四川省编写组：《四川省凉山彝族社会调查资料选辑》，四川省社会科学院出版社1985年版，第29页。

明彝区的租佃法律关系并不同于同期广大汉族地区地主出租田地的普遍性，出租田地只是田地所有者谋取财富的手段，并未改变社会性质。

第二，彝区发生租佃关系的户数与总户数的比例、租种地与田地总量的比例在广大彝族地区具有明显的相似性；只有在滥坝乡十七户土目统治地区，由于曲诺、阿加等级不占有土地，全系以领种形式向土目租种，因而租佃关系在该乡占有统治地位。

第三，就彝族社会不同的等级看，黑彝等级一般是出租田地的比例大于其他等级的比例，其次是曲诺，再者为阿加；而租入土地比例最大的是阿加，其次是曲诺，最后为黑彝。但也不是所有的黑彝都出租土地，在普雄县瓦吉木乡，相反有九户黑彝租入田地，原因是缺少田地，其中既向黑彝租地也向曲诺租地。在普雄县瓦曲曲乡九户黑彝中只有一户租入田地，两乡黑彝每户租入田地数量很小，因而租地收入在经济生活中不会发生大的作用。①

（二）地租形态

随着19世纪中叶以来四川凉山彝族地区人口的增加与冤家械斗的日趋激烈，出现大量彝族人口西迁的现象。西边河谷较宽，气候和土质较好，宜于发展农业，不仅出租地比例增大，地租剥削率也相应增加。在各乡土地租佃经营中，租地户一般以主要农作物缴纳地租，一般情况下，在山区以交荞子、包谷为主，少数平坝地区则交纳稻谷。关于地租的名称，各个地区有所差异，如昭觉县城南乡称地租为“租子”，又称“蒙簿”，或称“则威”，“则”是粮食之意，全意是“租粮”。在习惯法中，租地户向出租户交纳地租有两种形式：一是分租制，二是定租制。

分租制在彝语中叫“古苏”或“杂古别”，就田地的优劣，以常年实际产量按一定比例交纳。这种交租形式一般多用于租佃双方住地较近的水田、旱地，出租户便于亲自监督收租。分租在多数地区一般以对分收获物为主，如出租户担负种子，交租二分之一。租地户担负种子，交租三分之一。定租制在彝语中叫“姆不果”，在上土司的高山地带，定租无押金叫“姆不果”，有押金的叫“耶得”。定租交纳的数额不因收成丰歉而有增减，必须按照原定数额交纳。这种制度多行于租佃双方住地过远的水田、旱地，或土目地区曲诺、阿加领种的土地，又或经主子允许开垦的荒地。高山轮歇地多系定租，以种子量为交租量的标准。定租在坡地、水田一般是租地户担负种

---

① 四川省编辑组：《四川省凉山彝族社会历史调查》（综合报告），四川省社会科学院出版社1985年版，第126页。

子，租额大概由1/7、1/4到2/3。开垦荒地有的当年栽种后交租，有的在第三年后交租，租额一般是1/5到1/10。在腹心地区黑彝统治的各乡中，城南乡采行分租制者多，也有租佃双方住地较远才采用定租的，仅占极小比例。则洛乡定租多行于次等地，巴普乡定租较多。瓦吉木乡旱地分租多，水田定租多，土目统治地滥坝乡定租占全乡总耕地面积9/10，分租只占1/10。另在边缘地区黑彝统治各乡中，上田坝分租多，拉里沟乡定租多；上下土司地区斯补乡定租多，宜地乡分租多。

在实际生活中，如租地户经过加工经营使产量有所提高，无论分租定租出租户总是可以得到些好处。根据巴普乡阿加胡顺汉所谈："主子出租土地时是分租还是定租，要看租地户耕种能力。他估计租地户可以不断增产时，常用分租。如果他估计租地户能力不强，增产地数量不会很多，就常用定租。定租后如果歉收，可以拉租地户的牲畜作抵，所以他绝不会吃亏的。"① 出租户在增产的情况下可以改分租为定租或者提高定租比率，所以采用定租或分租，租地户没有太多选择的余地。

（三）租佃手续

彝族地区租佃土地经营需依照习惯法规定的程序。在凉山腹心地区黑彝统治下的各乡，向黑彝租地一般在租地时无中间人说合，无文字上的契约，也无一定租期，黑彝可以随时收回，租种之后不得转租他人。租地手续订妥后，由租地户向主人送一只鸡或一坛酒。曲诺、阿加等级间租地也请吃酒，但并非必须。在凉山的边缘地区，向黑彝租地的一般程序与腹心区域相同。彝族习惯法中分租制、定租制的划分，据说在彝族内部古已有之；至于押金与租佃契约则很可能是受汉区的影响。另外，当彝族土地所有者出租给汉人田地时，差不多都立有书面契约，并需交押金。以雷波叭哈狮子乡的汉文契约为例：

立字佃水田文约人蔡衣子，今来凭证佃到杨嘿磨子名下佃出乌角岩水田一股，比日二家当议定每年上租合银子拾两，不得短少分厘，又安押租文银拾两整，其田随佃耕主人，不得另佃加租，如赎取田银退还，二家不异说，今恐无凭，领约一纸为据。

见证人　　马代林

蔡德全

领佃合同　　蔡德贤笔

① 四川省编辑组：《四川省凉山彝族社会历史调查》（综合报告），四川省社会科学院出版社1985年版，第134页。

民国二十三年正月初四佃约人蔡衣子＋。①

发生在彝族内部的租佃，有押金时才有契约。大抵好的田地，不论分租、定租都有押金，而质量不好的则没有。彝族内部一般说来有押金的较少，而有押金者不能夺佃另租，一般情况下押金较多则租额较低，如要减押，则需加租。押金的作用主要是为了防止租地者外迁，在租地户欠租时不从押金中扣除，而是转为债务。

进入20世纪以后，彝族地区在鸦片种植的影响下，一方面，土地的租率不断上升，另一方面，由于农业生产水平提高，人口增加，导致田地的需求上升、地价上涨，地租自然便要增加，因而加租、加押、夺佃、争佃之事不鲜于史。如下面这个例子：

下土司岭仁安（岭邦正之父）在宣统二年（1910年）与佃户汉人朱延清定了一个减押加租的契约，内称：原来交押金银三百三十两正，年纳租米八斗，“维因争佃人多，小人欺蒙，另行招佃，彼此争竞，凭众理议，退去银二百三十两，留一百作押佃，按年加纳租谷共三十六石，外脚租一石，……倘有拖欠，佃银扣除……”

这个例子说明当时有争佃的情况，结果来了个加租，押金虽然减少了，但地租加了十余倍。②

（四）地租的支付及其他负担

各乡土地承租户在因自己粮食不够，无法交出粮食时，在出租户允许下可将粮食按现价折算成猪、鸡等牲畜交租；若因出租户需银使用，他们也以应收粮食之数量折合银两收取。在彝区盛产鸦片时，出租户也允许以鸦片作租。另在出租户需要盐巴的地区，事先议定以粮食折合盐巴交租。当然，如果租地户与出租户之间存在一定的人身依附或者占有关系，除了正常的地租外，租地户还要有额外的负担。以四川美姑县巴普阿加曲比布列家为例，向自己的主子租地，主子结婚时，必须加送“母则窝”一个，意为因租地而加送的猪；向非主子租地，则在主子结婚时除“母则窝”外，还需加送“母则直”，即因租种田地而送一坛酒或四个荞粑。上述实物地租是彝区地租的主要存在形式，除此以外，并未普遍存在劳役地租的形式。虽然曲诺、瓦加在领种田

---

① 四川省编辑组：《四川省凉山彝族社会历史调查》（综合报告），四川省社会科学院出版社1985年版，第136页。

② 四川省编写组：《四川省凉山彝族社会调查资料选辑》，四川省社会科学院出版社1987年版，第379页。

地或领种耕食地的同时，一般要为主子担负劳役，但这是由于人身隶属关系的结果，并非是单纯由于租佃关系造成的。据说以前，黑彝为了防止曲诺逃走，就给他们部分耕食地经营，规定每户每年交粮一斗，领种后因为主子地多的缘故，在农忙时帮工两三天，因此所要交纳的地租就很少，似乎有劳役地租的影子。但有的曲诺不领耕食地，主子仍然可以叫其去帮工。可见劳役的产生，不以租佃为转移，而是以人身隶属关系为根本。但是，有些具有特殊身份的曲诺是可以不交地租而以劳役地租替代的。如则洛乡赤黑且门的祖父是木匠，他会作各种木器，租入十亩地不交地租，但土地所有者叫他做什么活，他都要去做。

曲诺间发生租佃关系，租谷都由佃主自己或派人来背，收租时佃户也不必酒肉招待。但向黑彝租地的，如系定租，主人住地又较远，则由租地户把粮食存储，待主子派人来取。有因土地主人住地太远，则需要由租地户亲自送去。如果住地较近，又是采用分租制，则由主人亲自监督收租，但承租户一般要招待酒肉。黑彝主子派管事来收租，除招待外还需另送一斗粮食。另外，在土司地区，凡领种土地的曲诺，先请“指地人”向土目说妥，到指地时领种带一只羊或一坛酒送主子，并送指地人一两银子或一张羊皮作为“划地钱”。土目家有专门的收租人，收租时要请吃酒肉。如系土目或妻子亲来收租，则须加意招待，稍有怠慢，可能引起夺佃。如招待得好，有的在所收租额中分出粮食一二斗，赏赐租地户作酒钱。在收清粮食后，一般由租地户背送主子家中。

租地户如果因收成不好或者其他原因欠租，依等级不同有各种处理办法：曲诺如果交不上欠黑彝的租，欠租照收债办法处理，年利率为50%；如经久不能偿还，子女被拉去当呷西，等级下降。曲诺的阿加欠黑彝地租，若本人还不起的，由曲诺代为交纳，否则黑彝拉曲诺的子女当呷西。黑彝、土司、土目的阿加欠主子的租，可以免交；曲诺欠租无力付清的，主人可以夺佃另租他人。如巴普曲诺乌鲁育哈欠黑彝吴奇家租子十五斗，拖延了三年还不起，他的两个女儿一个做主子的陪嫁丫头，一个在出嫁时被主子吃“身价银”，他的一个儿子也配给了阿加的女儿。又如曲诺达兹尔楚欠租交不上，就把女儿以呷西的身份作抵，后又被陪嫁出去。此事为达兹家所知，于是家支共同出银子将她赎了回来。① 而黑彝租地如果欠租，可将自己占有的娃子交出租户作抵。曲诺、阿加出租土地时，如果承租户欠租，可请自己的主子代收，在承租户

① 四川省编辑组：《四川省凉山彝族社会历史调查》（综合报告），四川省社会科学院出版社1985年版，第136页。

无力交付时，黑彝可拉其子女作呷西。如果承租户的主子不允许，则他要为自己的娃子代交欠租，才能避免其被拉作呷西的命运。

相对于各个奴隶主依靠节伙耕作地取得剥削收入，出租田地的出租者所获得的收益不是特别突出。各地都有相当数量的奴隶主不出租田地，也有相当数量的曲诺、阿加、呷西不租种田地。在不少地区，完全不出租田地的奴隶主甚至多于出租田地的奴隶主，也就是说，租佃关系只发生在部分奴隶主和部分隶属民之间。而基于人身占有关系和人身隶属关系，黑彝对曲诺、阿加和呷西所进行的剥削则更具有基础性质，而不像同时期汉区地主对农民的剥削主要是通过租佃田地。

YIZU HUNYIN JIATING FALÜ ZHIDU

第四章

彝族婚姻家庭法律制度

婚姻家庭法律是每个国家、每一民族法律制度的重要组成部分，不同历史时期、不同民族都有与自身社会体制发展相适应的婚姻家庭法律制度。它体现着这一民族的婚姻观念、文化内涵，凝聚着种族承袭、演变的历史。研究彝族婚姻家庭法律史，既要考虑它对封建制法律的吸纳，又要考虑它的奴隶制习惯法。在西南彝区，除了大、小凉山保存着完整的奴隶制习惯法，其余地区的彝族婚姻习惯法已经逐渐地与中原的封建法律体系相融合。研究彝族婚姻家庭法律应以奴隶制习惯法为主导，它代表着彝族文化的特殊性，也是彝族法制的典型体现。而婚姻家庭习惯法中具有封建性的一面是在它与民族融合的过程中，受制于中原封建帝国的间接或直接管辖而体现出的普遍性，在此不作详细的讨论。

第一节 婚姻的成立与禁忌

古代婚姻的成立必须符合法律上、礼制上的规定，才能被人认可。彝族习惯法对婚姻成立规定了一系列的必备条件和禁止性条件。这些条件对不同阶层的人或同一阶层不同等级的人的要求是不同的，下面针对普遍适用的条件（特殊情况附带说明）来阐述。

一、结婚的必备条件

彝族男女结为夫妻需经过一系列繁杂的程序。这些程序包括成人礼的举行、父母之命、媒妁之言和最后的结婚仪式。

（一）成年礼的举行与父母之命、媒妁之言

彝族同其他民族一样，达到一定年龄的青年男女要举行成年礼。成年礼举行之后才标志着男女两性生理及心理上成熟，才允许举行婚礼。彝族一般对婚龄的要求是女子在13至25岁之间的单数年龄上，其中17岁最好、最吉。男子则在20岁左右结婚。①《玛木特依》："妈妈的女儿哟，长到十六七岁时……爸爸妈妈啊，神态反常了，想把女儿嫁出去。"女子举行成年礼一般是在15、17岁时，如果未举行成年礼而结婚的女子是不能与丈夫同居的。实际上，对女性来说成年礼是实际意义上的婚龄限制。凉山举行成年礼时，要做名为"沙拉格"的换裙仪式，举行成年礼的女子，原家支不再视为本家族成员。近代从沙马石已家婚姻调查中发现，在已婚的10个子女中，早婚多育的也有10个，阿嘎家最早的在15岁、最晚的在21岁（因退过婚），阿果家最早的在16岁、最晚的在20岁②。说明这样的习惯婚龄，在彝族各居住地皆遵循并且保留至今。彝族成年礼与婚龄的规定与中原经历了几千年封建社会末期的清代极其相似，说明处在同一历史时期同一王朝制度下的各民族即使社会生产力发展不平衡，但对婚姻成立的生理认识是趋同的。同时，也说明彝族婚姻习惯法中的开明与进步。

"父母之命、媒妁之言"是汉族地区封建社会法律与伦理所推崇并强化实施的婚姻成立之要件，彝族习惯法中的规定也非常类似。当然作为呷西、阿加身份的奴隶们不可能享有这样的待遇，而其他等级的彝族却遵循着这一规则。彝族男女在订婚之前有着自由交往的权利，这也是少数民族婚姻中的共通性。"罗罗青年男女无论在森林中，或山边田野，皆可言情谈爱。只要不违反婚姻禁例，特别是姑舅表兄妹因有优先婚姻的权利，又因亲戚往来密切的关系，彼此自由恋爱。"③ 但这种自由恋爱非父母（母舅）同意，是不可能结合的。彝族说"养女是母亲的事，嫁女是父亲的事"；"姑娘再美丽，身价不自论"。父亲不仅决定女儿的订婚对象，还决定其聘金（身价钱）的多少，这里的聘嫁婚带有典型买卖婚的特征。有时女儿的聘金就是兄弟的婚资。在民歌《妈妈的女儿》中这样唱道："伯叔兄弟们，心肠这样狠，只要吃女儿的身价，不顾女儿死与活。"《我的幺表妹》里描述了一对相亲相爱而不能结合的姑舅表兄妹的遭遇。"金子照花了舅父的眼，银子迷住了舅母的心！""舅父爱金子，宁愿抽出骨中

---

① 杨怀英主编：《凉山彝族奴隶社会法律制度研究》，四川人民出版社1994年版，第193页。
② 《云南彝族研究》第2辑，第474页。
③ 林耀华：《凉山夷家》，商务印书馆1947年版，第55页。

髓；舅母爱银子，宁愿去掉心头肉。舅父舅母得钱财，换来表妹终生苦!”对金钱的重视超过了对姑舅表优先婚习惯法的遵循，我们可以看出随着私有制的发展，婚姻观念的变化。

彝族婚姻成立重要的中介角色是媒人（彝语称“夫呷”）。媒人的作用与汉族民间并无显著差别。同样是男方请媒人并带上少量的财礼去女家提亲，在基本上达成共识后，可举行订婚仪式。彝族地区在订婚仪式中有杀猪观胆或吃“公母饭”的风俗，这一程序主要是通过观察猪或绵羊的胆、脾、胰来占卜婚姻吉凶，只有通过占卜之后，才议定聘金。彝谚说：“买猫不给钱，猫就活不长；买牛不给钱，牛腰没有劲；娶妻不给钱，儿孙不兴旺。”聘金不仅是对女方家庭的补偿，还是男方家庭体面的标志。聘金议定后有专门的交付仪式，聘金也可能几次交付完毕。聘金一经交付，婚约即成立，在这一过程中媒人始终参与。订婚之后，男女双方身份发生变化，他们应遵循习惯法所规定的法律义务，此后男女双方皆不得另聘、他嫁或毁约。彝谚：“灵牌可玩笑，婚事不作戏。”否则要赔偿对方。而赔偿规定与清代的法律规定及习惯有其相似处，但更为人性。清律规定：“女家毁约者，主婚人笞五十，女归本夫；再许他人者杖七十，又成婚者杖八十……男家悔而再聘者，罪亦如之，仍令娶前女。”如果知情（已订婚）而娶者，与罪同，财力入官；不知者，不坐，追还财礼，女归前夫。前夫不愿者，陪追财礼给还，其女仍给后夫。① 刑事处罚与民事赔偿同时进行，其民事赔偿部分与彝族习惯相同，彝族习惯法注重的是聘礼退回的数额，而不对当事人进行强行婚配。1922 年，凉山雷波的曲诺姑娘沙马曲纽由父母做主与瓦母着切订婚，聘金为两锭银子。沙马曲纽不同意，想毁约，经协商最后女方退还男方十二锭银子，才解除了婚约②。总之，彝族的“父母之命、媒妁之言”与汉族地区封建社会的礼法制度没有本质区别，只是对订婚或结婚后毁婚的处罚方式不同而已。另外，彝区较尊重既成事实，更注重对感情变异事实的认同，而汉区的封建礼法较注重承诺。

（二）婚姻成立的必经程序

封建社会，在以汉民族为主的中原广大区域内，婚姻成立程序为：“纳采”、“问名”、“纳吉”、“纳征”、“请期”、“亲迎”。彝族虽然没有这些固定的说法，但程序却没少过，如“纳采”，即男欲与女家订婚，必先使媒氏通其言，女氏许之，乃使人纳

---

① 参阅［清］沈之奇撰著：《大清律辑注》（上），法律出版社 2000 年版，第 248—249 页。

② 胡庆钧：《凉山彝族奴隶制社会形态》，中国社会科学出版社 1985 年版，第 329 页。

其采择之礼。① 这就是提亲，彝族密岔语为："克莫呗"。"问名"、"纳吉"即互通姓氏、生庚，由此推算占卜，确定男女是否相配。彝族则通过杀猪观胆等形式来占卜，其本质皆一样。"纳征"是订婚礼仪中的最后程序，也就是《曲礼》所说的"非受币不交亲"和《坊记》中的"无币不相见"。"币"不仅具有实用效益，更重要的是成为订婚仪式中的象征物品。彝族订婚中的聘金认定，即："俄冉哲"的认定就是这一程序。

彝族订婚有时很早，或子女仅几岁，或刚出世不久。聘金的交付，向人们宣布婚约的成立，聘金的多少视等级与经济条件和自身条件而定。一个黑彝女子的聘金可达一两千白银，曲诺女子的聘金几十到几百两不等。一部分可用牲畜、衣物、布匹折算，近代甚至有拿枪支、鸦片来折算。姑舅表婚相对来说，聘金较少。订婚有一定的仪式，订婚仪式需择吉日举行，分为献酒和吃"公母饭"。彝族的订婚仪式较汉族繁杂，其中穿插的宗教仪式占有重要的地位，该民族对订婚的重视，与封建社会订婚理念不相上下，彝族的家支械斗的原因之一就是因毁婚造成的。

亲迎是汉族民间举行婚礼的重要仪式，彝族的婚礼有着相同的内容与程序。结婚日的选择同样进行占卜，并向女方告知，待女家同意后举行。婚礼中最具特色的是新娘减食与凄婉嫁歌。新娘减食的天数以单数为准，一般是三、七、九天，有的达十五天。这种习俗的产生、保持与他们审美观和民族性格有关。再如迎亲中的哭嫁就充分表现出他们的坦率与质朴，女性对父母家的眷念、对未来生活的彷徨、担忧尽情地流露出来。哭嫁歌有《妈妈的女儿》、《阿嫫妞妞》、《留住》、《拜辞爸娘歌》、《青棚夜哭歌》、《马上歌》、《咒媒歌》等。其中《妈妈的女儿》所唱的一些歌词对婚姻的揭露大胆而又深刻："妈妈的女儿哟，从前兄妹同生又同长，今天才明白：原来哥是家内人，妹是家外人；从前兄妹同穿又同吃，今天才明白：哥哥好比存留钱，妹妹像是零花钱。""女儿心酸酸，女儿泪刷刷，女儿多可怜！""但愿天下的人中，不要再有女儿了，嫁女多伤心呀！妻儿想在婆家死，又怕死后哥哥陪进命；女儿想在娘家死，又怕父母钱财赔进去；女儿想在荒野死，又怕虎狼撕扯女儿尸——女儿怎么办？"这是女性对自己在婚姻关系中地位及其价值的真实而又深刻的认识。这样的认识与封建社会末期清代有同样的见识，所以，婚姻意识的觉醒超前于社会制度的现象是客观存在的。

不同地区的彝族婚礼，其内容有所不同，繁简各异。云南地区较凉山地区简单，

① 参阅《礼记正义·昏义》。

特别与汉民族杂居地就更为汉化。彝族婚礼相对于清代汉族婚礼来说，更注意对新娘与家人的尊重，表现出对女性入夫家前的反抗、挣扎、娇弱以及男性娶妻的艰难、波折。彝族习惯法承认其女性在入夫家前的尽情倾诉及女性家庭夺婚仪式，以及女不落夫家的习俗。如果仅仅认为是母系民族的遗风远远是不够的，在彝族婚姻习惯法中我们看到，在采用封建手段强制压迫女性的同时表现出对女性的尊重，哪怕有些仅仅是形式而已，也足以说明彝族女性与同时代汉族女性相比，其在婚姻家庭中的地位高于汉族女性，这一点在其后的家支家庭一节里将清楚地看到。

彝族对婚姻的认可，要经过以上两个方面的条件，即必备的条件和必经程序（订婚与婚礼）。这是习惯法所承认确立并强化实施，谁也不会违背这一习惯规范。但这只是存在于具有人身自由（或相对自由）的家支成员里，而对那些没有人身自由的奴隶，婚姻习惯法在此无任何意义。

二、婚姻禁忌

彝族有着深厚的文化积淀，他们不仅有自己的文字语言，还有自己的毕摩（宗教）文化。无论在其婚姻习俗，或宗教观念里皆或多或少地对婚姻的缔结与家庭的繁衍有着一些限制性的规定。而这些禁忌体现着该民族的婚姻家庭道德理念与价值标准，也表现出该民族对人类自身生理发育和繁衍的认识以及对人与自然辩证和谐的认识。

（一）血亲禁忌

血亲，即缔结婚姻关系的双方当事人有血缘关系或姻亲关系。彝族习惯法对此有明确的规定，而这一规定同清代律例不谋而合。例如家支内婚与清律例的同姓为婚的禁令，除姑舅婚以外的其他亲戚不得为婚与清律例的亲属为婚禁令。另外，彝族习惯法规定，辈分不同的人不能结婚，姊妹二人不能嫁与辈分不同的人，但远亲及转房不受此限。

同姓不婚的制度在中原始创于周代。同姓不婚出于三方面的考虑：一是生理原因。“男女同姓，其生不蕃。”① 彝族有“三代人找一户开亲，子孙如猴子”的说法。

---

① ［唐］孔颖达等撰：《春秋左传正义》，北京大学出版社1999年版，第411页。

家支内或非家支内有血缘关系的近亲结婚直接影响子孙的健康和兴旺，这对于希望本民族兴旺发达的彝族来说，至关重要。二是伦理原因。家族家支内婚，会乱名分，难以保持良好的道德风尚，虽然彝族一直流行转婚制，那是由于经济条件所决定的，并不是光彩之事。彝族道德理念，一直对“贞”较为看重，发生奸淫，不仅会引起人命、家庭之间矛盾，甚至家支大规模械斗。彝族理念中的乱伦包含戏猥，不仅姨表兄弟姐妹不许调情，而且别的男性在自己面前与姨表姐妹调情皆视为对本族尊严的侮辱，可以以本族名义对犯戒者加以制裁。① 如普雄的阿侯家的阿侯欧觉黑达与同家支的姨妹阿侯玛玛发生性关系，男方被勒死，女方被迫吞食鸦片自尽。同样，1938 年，猫猫乡黑彝惹勒堵委和族妹通奸，其家族逼女子吞食鸦片自杀，男子被杀。②彝族习惯法对家支内婚的处惩并不比封建法律更仁慈，他们的血亲贞洁观更为强烈。

禁止血亲通婚的另一个原因是宗法势力。扩大家系，增强家支间的联盟，对一个家支的生存、发展、增强实力至关重要，如婚姻的缔结往往成为家支之间军事联盟的纽带，也是社会关系壮大的表现。但若在同一家支内通婚，就无法起到壮大家支力量的作用。

彝族的血亲禁婚，不仅包括自然血亲，还包括养父母与养子女、继父母与继子女、同父异母和同母异父的兄弟姐妹之间，这就是彝族谚语所说的“五谷罄尽，不用麻籽酿酒；牛羊死尽，不用猫肉待客；亲戚绝尽，也不许兄妹成亲”。

（二）生理限制

男女缔结婚姻，彝族习惯法对其当事人双方生理条件有着严格的规定。麻风病、癫痫病、狐臭以及精神病、肝炎、肺病等慢性病的男女或有这种病家史的人不得与正常人结婚，但他们可以互相通婚。对患有严重疾病的人禁婚是符合婚姻习惯法的，是较为进步的表现。但习惯法又给这些患病者留有相互解决婚姻问题的空间，是否是仁慈的表现呢？同时对患者家庭几代人都不能与正常人结婚，让其自相繁衍，这又过于苛刻与无知了。因此习惯法的规定只是一种原始的认识，表现出对医学认识的肤浅。清律对病残订婚的规定较为合理，第一，不得瞒婚，即订婚前不得隐瞒病情、病史。第二，遵循自愿原则，如果当事人订婚前，已知相对方病情，并订婚，不得毁婚。如果不知道而订婚，可以毁婚。清律涉及生理禁忌更广泛，老弱病残皆有，从这一点来

①② 苏克明等著：《凉山彝族道德研究》，四川大学出版社 1997 年版，第 152、149 页。

看，赋予了老弱病残合法的情感空间。

彝族习惯法对结婚后没有生育的夫妻生前死后也有一些禁忌，没有儿子的夫妇不得祭祀祖灵，不得参加婚丧嫁娶活动，没有儿子，其家灵不得进入族灵，死后不能保留其族籍，当然不能获得族灵身份、享受族灵待遇，也就不被后代供奉、崇敬。值得注意的是这种规定在滇黔彝区有些变化，可以采用入赘、义亲养亲等家系延续的补救方法。如《赊窦榷濮》记载："且保（人名）传三代，祖估家兴盛……可叹嗣不传，无男唯有女，一旦绝后嗣，祖业再兴旺，也将付东流……承嗣行招赘，罗婺来入赘，福禄紧相连。罗婺承嗣后，祖业更兴旺。"又如《西南彝志》记载："诺宗诺耿（人名）呢，过于俄格（地名），无子嗣传业，求嗣古苦格（人名），抱养为父子，诺宗诺耿家，山上建城池，世为食禄官。"说明滇黔彝区的封建性更为明显。从这一点来看，已经与中原封建婚姻文化相融合。

生理禁忌中还包括生育禁忌，如生育禁忌中包含着人们对生育的崇拜与美好企盼；妇女孕期忌正视畸形动植物；禁止参加丧葬活动；尽量避免参加婚庆活动；妇女分娩对地点的选择的禁止性规定等。

（三）民族与等级禁忌

民族、等级禁忌在彝族婚姻家庭习惯法中有着充分、完善的规定。首先，他们提倡民族内婚，并且用强制性的手段维系着民族内婚。对于违犯规定的人进行严厉的惩罚。如著名彝族学者岭光电先生的伯父岭维瀚，在1927年娶了汉人刘裕峰之女为妻，夫妻被族人勒死。这是发生在生活较富裕彝族上层人家，而那些被主子配婚的阿加和呷西也一般不与异族结婚。正宗血统的彝根娃子与异族配婚将处于本等级中最低层次。处于社会最底层的阿加和呷西，也被区分为"彝根"和"非彝根"，他们独自互为婚姻，这样，被掳去的"非彝根"娃子就会因找不到同等级的人而终身孤独。

其次，等级禁忌。是指彝族等级观极强，他们的婚姻实行等级内婚。这种等级内婚体现出奴隶社会的等级制度，但不可忽视的是奴隶社会等级制度的松动。如果说等级制以男性血缘为出发点的话，那么，我们发现黑彝中分三个层次，即"硬骨头"黑彝、"软骨头"黑彝和混有娃子血缘的"黄骨头"黑彝，在其他等级里也同样出现类似状况。这是以男性血缘为纽带的家支体系。它承认高等级男性与低等级女性的婚姻结合，虽然有些受到处罚，男方被开除出家支，丧失贵族身份，其后代的阶层或等级发生变化等，但也没有被剥夺其生命权。所以，禁止等级外婚的习惯法是以保护男性婚配为条件的，例如 1942 年，美姑县黑彝布兹摸黑之女与一曲诺青年相爱，在马边被布兹家的冤家恩扎家发现，恩扎家将男方枪杀，女方送回布兹家后被迫吊死。又如 1920 年，布拖县的黑彝古额乌莫日尔去世后，其妻因没有在古额家找到合适男性，无法转婚，守寡三年，就与家奴通奸被夫家发现，夫家与娘家家支召开大会，重申习惯法规定，将两位通奸者绑在一棵大核桃树上，执行绞刑，并将尸首抬放在相隔 1000 米的两个水沟边火化。等级禁止的只是女性嫁给低等级男性，这是同罪异罚在习惯法里的表现，这与古罗马，古印度相关法典的规定不约而合。而这种习俗在封建社会并未结束，正如马克思所说："在过去的各个历史时代，我们几乎到处都可以看到社会完全分为各个不同的等级，看到由各种社会地位构成的多级阶梯。"①

等级内婚的松动还表现在它受经济状况的支配，如果贫穷的曲诺无力与本等级结亲，就可能与低等级的阿加和呷西联姻，而经济状况较好的阿加和呷西也会因联姻提高后代的等级地位。

习惯法对等级内婚和民族内婚的限定主要强化实施于地位高、经济条件较好的等级里，对于那些奴隶娃子，主子有权打破这一禁令。为何彝族如此看重高等级女性的婚嫁与性，仅仅用家支理念是无法完全诠释的。这里有一重要的现象不可忽视，彝族女性之夫去世后，可以转房（虽然视为不光彩的事），可以招赘丈夫，有权管理处理自己家庭财产，有些彝族上层寡妇还有参政权。等级制背后隐藏着政治权益、经济利益，这就是为何随着商品经济的发展，贵族等级的消亡，身份等级制的消失的原因所在，这是人类社会发展的必然趋势。习惯法保存得最完善的凉山彝族在对待婚姻关系中的经济利益，也从没有忽视过。

（四）其他禁忌

彝族在其婚姻家庭的观念里，还有一些禁忌性的规定，带有强烈的祖灵崇拜和鬼神文化，也带有一定的宗法理念。在男女双方定亲时，人们首先要占卜，除了观胆辨吉凶之外，还要占算生辰八字、黄道吉日。他们同样相信属相搭配关系。他们认为：兔猪羊相随，牛蛇鸡相伴，狗马虎相和，猴龙鼠相和。最忌虎与鸡、羊者相配，讳其"虎来吃鸡羊"。同时他们还按男女双方命官所处方位占算。但对犯忌者，他们采用较为温和的手法，就是用毕摩作法驱邪即可。

---

① 《马克思恩格斯选集》（第一卷），人民出版社 1972 年版，第 215 页。

另外，已订婚的女子不能参加娘家举行的带宗教性的活动。结婚后忌与公公、大伯及丈夫叔伯、堂兄弟相见，彝语称为“吉宿”。如果不慎接近或失礼，有专门的礼仪仪式来解除。产妇生产期，禁止外人上门，哺乳期的妇女不能将婴儿吃剩的奶水倒掉，忌“时尾”① 之日生子。云南彝族家中生小孩时，丈夫不能亲临服侍，全家男子要离开屋子，产妇出门必须选择吉日，并洗脸、扫地，不然会把脏东西带到屋外。妇女不得在叔伯翁兄面前放屁，否则将以自杀来洗羞耻。

彝族《历算书》规定：“时首”之日不宜娶妻、嫁女，忌在猪日、猴日和月末日办婚事，婚事忌杀牛，有“牛角生事端”的说法。“送新娘出嫁，初一不宜向东，初二不宜向东南，初三不宜向南方。出嫁的新娘，蛇日不宜回娘家。新婚的新娘忌与孕妇面对面路过。云南新娘未进屋前，妊妇不得进入，不然，会冲击了喜气。严禁新媳妇在公婆尚健在时坐到夫家的火塘上方，否则媳妇被休，娘家还需退还聘金，并加倍赔偿礼金，其父、兄、弟、叔等须打酒给亲家赔礼。”② 凉山彝族男女结婚不等于同居，同居前必须经过一阵拼斗，妻子可不住男方家，当男方征服了女方后，方才回家，有些拼斗要经过几个月的努力才能如愿。不经过拼斗而同居被视为可耻，所生子女受人歧视。所以彝族忌干涉夫妻同居前的拼斗，忌洗去抢亲时被抹在脸上的烟垢。在婚礼中忌损坏婚礼中的用具，包括酒具、餐具等。忌有儿女后有外遇，否则认为子女会死、病。云南密岔彝族在结婚时门上挂镜子，回避对妇女生育不利的白虎星，新娘进门前要向后扔鸡蛋、扔陶罐，表示丢掉身后不干净的东西。新娘入男家前不许脚落地等都表示他们对新生活幸福、平安、富裕的祈望。

所以婚姻家庭禁忌中体现出的文化内涵如此丰富而深刻，有些甚至流传至今，是我们研究婚姻家庭法律制度不能忽视的。

---

① 星宿名称。

② 马林英著：《彝族妇女文化》，四川民族出版社1995年版，第123页。

第二节

婚姻类型及其形态

彝族的婚姻形态以一夫一妻制为主，“一夫多妻”为辅。一夫一妻制的婚姻形态在不同的历史阶段表现形式是不同的。奴隶制下的一夫一妻制以公开的多偶制为特征，从殷商的奴隶主随葬中发现大量的蓄妾就是充分的证明。奴隶制社会强调的是等级地位，不同等级的人其配偶（女性）的数量不同，礼法认可多妻现象。《礼记·曲礼》说：“天子有后，有夫人，有世妇，有嫔，有妻，有妾。”“公侯有夫人，有世妇，有妻，有妾。”封建社会同样遵循这一原则。汉律公开规定实行一夫一妻制的同时，又规定纳妾的合法性，除了确立皇帝后宫三千，拥有三宫六院的合法性以外，其他贵族官僚大量储妾已是常事。西汉文帝时丞相张苍就有“妻妾以百数”。① 《白虎通·嫁娶》记载：“天子诸侯，一娶九女……大夫功成受封，得备八妾……卿大夫一妻妾……”虽然唐以后历代法律皆禁有妻更娶妻，但从未禁纳妾，甚至在民国政府和相关司法解释一再重审：“娶妾并非婚姻，自无所谓重婚。”② 在对《刑法》第二百三十七条的解释中有两个判例说：“娶妾不得谓之婚姻，故有妻复纳妾者，不成重婚之罪。”“重婚罪之成立，必以正式婚姻为前提，若仅为买卖为婚，并未具备结婚方式者，本不发生婚姻效力，自不成立重婚罪。”既然历经几千年的中原大地从未禁止过实质意义上的一夫多妻，那么彝族婚姻形态就更不容怀疑了。

一、彝区主要的婚姻形态

（一）一夫一妻

一夫一妻制是彝族确立婚姻关系、家庭关系的主要形式。凉山彝族家谱始于曲布居木，表明此时开始了稳固的一夫一妻制。恩格斯说：“它的最后胜利乃是文明时代

① 司马迁：《全本史记》第三卷，中国华侨出版社 2011 年版，第 605 页。

② 国民党政府司法院民国二十年院字第六百四十七号解释例。

开始的标志之一。它是建立在丈夫的统治之上的，其明显的目的就是生育确凿无疑的出自一定父亲的子女……”① 一夫一妻制的确立为婚姻礼仪文化的丰富与发展作出了重要贡献。一夫一妻制承认对原配夫人的法律地位。原配夫人的政治地位、经济地位、法律地位皆高于其他配偶，每一家支家庭对原配妻子选定非常慎重。习惯法制定了一系列的规范约束保证原配妻子的地位。同时，为了显示原配妻子的重要性，在订婚、结婚、离婚等相关礼仪仪式和价值标准上都有充分的展示。彝族的一夫一妻制以小家庭为主要单位，儿子结婚独立，与父母分开居住，很少有中原封建大家庭几代“同居一室”的状况。但彝族家支的力量、家支对家庭的影响并不比宗族制封建社会的宗族观弱。

（二）一夫多妻

彝族的一夫多妻较为普遍。产生这种情况的原因不外乎四种情况：一是生育繁衍的需要；二是等级地位的需要；三是经济状况的需要；四是转房习俗所致。

生育繁衍是古代人类结婚的终极目的。在生产力不发达，生存条件、经济条件极其恶劣的彝族集居地，对生育的渴求就更加强烈，由此彝族为了完婚后能生育出传宗接代的男性后代，定了许多禁忌。如果原配妻子不能生育，离婚或重新娶后妻这是理所当然的事。雷波县曲诺蔡扭转，因婚后妻子没有生育，相继娶了 3 个妻子。② 1917 年，普雄的阿侯木呷因无子，连续娶妻 2 个③。由于凉山彝族特殊的社会制度，奴隶成为主子家生产劳动力的一员，如果奴隶配婚后不育或无子，奴隶也可以多妻，这是与封建社会一夫多妻的最大区别。

等级制是彝族婚姻家庭特征之一。处于统治阶级的家庭，多妻多子是其身份地位的象征。黑彝一夫多妻较为普遍。“本世纪 30 年代，普格县黑彝奴隶主任日都拥有 7 个妻子，甘洛县黑彝吉特拉兹有 4 个妻子，曲诺至卡比日卡和自助尔合都有两个妻子。”④ 凉山彝族多妻家庭里，妻子之间以进家门先后各自立门户，互称姐妹，丈夫有的定时轮流走动，有的随意来往，所生子女也以母亲的长幼排辈分，即诸妻平等，不分嫡庶，这与封建社会宗族家庭里妻子儿女的嫡庶之分有着本质的不同，也是封建

① 恩格斯：《家庭、私有制和国家的起源》，人民出版社 1972 年版，第 59 页。

② 四川省编写组：《四川省凉山彝族社会调查资料选辑》，四川省社会科学院出版社 1987 年版，第 287 页。

③ 《凉山彝族自治州普雄县瓦吉木乡社会调查报告》（初稿），第 121 页。

④ 杨怀英主编：《凉山彝族奴隶社会法律制度研究》，四川人民出版社 1994 年版，第 193 页。

法律所不承认的。彝族习惯法的多妻是真正意义上的“一夫多妻”。

此外，经济发展的需要也是多妻产生的原因之一。经济状况的需要表现在两个方面，其一，富裕人家有能力多妻，除了黑彝头人以外，富裕的曲诺头人也多妻；其二，为了本家支的经济利益，寡妇不得外嫁、转房造成多妻。

二、婚姻的类型

所谓婚姻的类型，是指婚姻关系的形成方式。这种形成方式有历史的承继性，也有历史变革的因素。任何国家在不同的历史阶段或同一历史时期不同民族，其婚姻关系形成方式有着各自的特点。彝族婚姻的类型以聘娶婚、转继婚、童婚、指婚与抢婚、入赘与不落夫家为代表。

（一）聘娶婚

聘娶婚是以支付一定数量的聘金、聘礼为成婚条件的一种婚姻形式。聘娶婚所包含婚姻文化内容极其丰富。彝族的聘娶婚主要实行于自由民以上的家庭里，没有人身自由的娃子谈不上聘娶婚，但在清代，受封建土司管辖的地方，主子家的奴隶也采用聘娶方式配婚。

习惯法对聘娶婚从订婚、结婚礼仪仪式到聘金、聘物做了全面的规定。聘娶婚是私有制社会最受人追捧的婚姻形式，它可以展示联姻双方家庭的身份地位、等级、经济实力，也是家支炫耀实力的绝好时机。《西南彝志》记载早期婚姻聘娶形式“六祖又商议，婚姻大事情，……布默互开亲，嗾狗去逐鹿，鹿肉作聘礼，熊肉联姻亲，还要三色马。……婚事议完毕，舅家禀宗祠，甥也告先灵，六姓互通婚。”“建好祖宗祠，起四座青宫，用四对白羊，立婚姻制度”。彝族聘娶婚里带有买卖婚特征，但两者绝对不能画等号，奴隶主以奴隶作为财产一部分，通过买卖形式为其配婚这是例外。聘嫁婚在彝族非常流行，甚至为奴婢配婚，也要收娶聘礼。所以，奴隶作为奴隶主财产一部分，不仅在婚嫁中为主子带来财富，也为主子创造生产资料的同时，再生产劳动力。同时封建法律对其影响不可忽视。

（二）转继婚

转继婚是指同宗族家支不按辈分的转嫁，“其婚姻犹诸夷，兄死妻嫂，尝有‘一妇而递为兄弟四五人之妻者。'"① 这是氏族群婚制的残余，虽然清代法律严禁转继婚，但转继婚习俗屡禁不止，不仅有经济原因，同时也有政治原因，彝族习惯法维护转继婚的实行。彝族转继婚遵从先同辈后不同辈的顺序，在不同辈里，先晚辈后长辈；先同胞兄弟，再以血缘远近顺推；“兄死纳娌嫂，父亡妻后母”。尔比尔吉说：“由于丧病事，翁媳相娶也应该”，转婚由家支头人与该家庭的人商议，所以转房不仅是家庭内部事务，而且是家支大事，处理不当会发生家支械斗。转嫁中既有了红颜嫁白发，也有少年娶老妪。如美姑县巴普乡黑彝井曲支铁的妻子，年已 36 岁，其丈夫死后转房给 18 岁的丈夫兄弟。有的奴隶主强迫自己的娃子同年龄悬殊极大的娃子转房。越西县瓦曲堂乡黑彝阿侯吉兹的阿加娃子木曲纳多，兄死时他才 14 岁，不愿同嫂嫂转房，但因亡兄已有 1 子，主子为了吃绝业，增加奴产子，便将铁链摔在面前相威胁，阿加木曲纳多只得被迫同意转房。又如：昭觉县竹核乡阿加妇女若比阿门，1956 年民主改革前只有 28 岁，其主子强迫她转房给年已 78 岁的公公。彝族社会虽然有“夫死无双，公爹入媳房”的谚语，但彝族转婚中禁止姑舅婚中媳妇（姑姑的女儿）转与公公。这种禁忌是与彝族风俗习惯相关的，彝族视母舅为大，母舅即为父，所以这种情形的转房当然视为乱伦，与彝族的伦理道德相抵触。

同样在四川彝族集居地，受土司管辖地区的彝人则视转房为违法。《光绪元年四月初一日夷妇叭耳吗首状》里有这样叙述：“夷媳博杜乜陡被唐哑巴紊乱伦理，兄占弟媳，后霸夷媳通奸……似此乱伦奸孀，若不首肯做主，不惟目无法纪，且伦风奚存。”② 这是婆婆告侄子霸占（奸占）女媳的诉状。文中视转房为乱伦（儿媳已为侄子生子）言词激烈，伦理道德观念与清律一致。

彝族转房时有一些礼仪上的要求：首先，对辈分有顺序要求；其次，接受转房的男子如果没有结婚，有再娶权。如果已婚，先要向原配妻子及家人赔礼，还要给转房妻的父兄一些银子，彝语称为“你尔牧”即“换脸钱”；再次，所给赔礼钱与换脸钱的多少也有一定的规定，不同等级，不同经济状况，不同的转房对象的辈分有不同的规定。另外，转房后女方的居所也有特别的规定，分为：入赘，男入女家，指男方未娶妻，而女方有财产；“从夫居”，指男方已有妻室财产，女方无财产，女方可随夫居住或由夫往返两妻室居住。无论是习惯法或是礼仪文化，彝族对转房的安排细致而又规范化。

---

① 何耀华：《武定凤氏本证》，云南民族出版社 1986 年版，第 5 页。

② 四川省编写组：《四川彝族历史调查资料、档案资料选编》，四川省社会科学院出版社 1987 年版，第 382 页。

（三）童婚

彝族对婚龄有所规定，人们习惯认为13—25岁之间单数年龄结婚较好，一般来说低于13岁的视为童婚。低于13岁置办酒席订婚较多，而结婚较少。童婚只是彝族婚姻类型的补充，不能作为一种普遍现象来研究。在《四川彝族历史调查资料·档案资料选编》里记载了光绪十三年一个争抢童婚案。唐开洪将年仅12岁的女儿凭媒配给王三皮之子为婚。而李阿呷鸡认为唐开洪之女先许他的侄子，由于他嫂孀穷，王三皮仗富“意欲霸夺童婚”。致使双方争执打架，诉至衙门。该案从土目向土司汇报的禀状里我们发现官方对婚龄没有强行要求，只是认为“兹以交聘礼，蒙混骗档。目届春耕，职不忍二比讼累，只得据实禀乞大老爷台前赏准施行”。从该案还可看出，土目官员的息讼理念。

彝族童婚是由于习惯形成的。《玛木特依》说：“早的好呵早的好，结婚早的好，早结媳妇的，可以早生儿子来接嗣，可以早嫁女到亲家。”实际上直到民主改革时，在对昭觉县城北乡牛博120个已婚妇女的调查中发现，不到16岁结婚的人高达61人。

（四）指婚与抢婚

指婚是彝族婚姻制度中较有特色的一种，这种指婚是主子对所属奴隶的婚姻安排。它不仅是奴隶制的婚姻特色，同时，指婚也流行于封建社会。清代，皇亲贵族的婚姻也是由指婚来完成的，而且成文法及相关定例确立了指婚的法律地位。彝族习惯法里指婚的对象是生活在最底层的娃子，他们的人身依附性决定了其婚姻的形式。他们以物的形式存在于主子的财产中，只是会说话的工具而已。指婚从它产生之日起到民主改革前在彝族集居地都是存在的。指婚分两种情况：一种是主子将自家娃子相配，这种情况主子收不到礼钱；一种是将女奴或娃子指婚，主子是要收取或支付一定礼钱的。

彝族地区的抢婚习俗源于原始时期，先是女子抢男子，后来是男子抢女子。“仲春奔会，略将去女”①，“旧俗男女婚娶多不以礼，必先攘窃以奔”②，抢婚在各民族婚姻形式中流行过，甚至在封建社会的清代，即使法律严厉惩治，也没有完全绝迹。彝族在民主改革前的抢婚针对的对象主要是异族（主要是与彝集居地相邻的汉族）。彝族视家支为生命，无论你的等级如何，只要有家支归附，你的婚姻权受家支的保

---

① ［北齐］魏收撰：《魏书》，中华书局1974年版，第180页。

② 脱脱等撰：《金史》卷七，《世宗中》，吉林人民出版社1995年版，第102页。

护，家支之间经常因为婚姻家庭纠纷发生大规模械斗，所以本民族内不同家支之间的抢婚是与习惯法不合的，会发生大规模的争斗。另还有一种抢婚形式，即“假抢”，其产生有两方面的原因，第一，双方配偶死亡，为驱邪避凶；第二，经济状况不好，通过抢婚形式避去许多繁琐程序，减少开销，这种抢婚形式是经过双方认可同意或默认的，只是图表虚名的抢婚，实际意义的聘娶。云南阿细支彝族曾经盛行劫婚或抢婚的习俗，男女双方相爱后，要通过劫婚形式结婚，即男方及其伙伴以假拟的抢婚形式，先将女子领到男方，再例行求婚形式。

（五）入赘与不落夫家

入赘婚在很多民族都有过。入赘的最早记载见于先秦，人们称其“倒插门”。汉族入赘指男方到女方家结婚并改女姓。入赘婚的产生与保存也是由经济条件决定的。它与中原传统儒家文化“三纲五常”等相悖逆，很多地方志及史料视之为陋俗。历代法律规范有些规定，唐律无明文。宋时令、元明律对入赘婚的成立要件做了一些规定，并对赘婿的权利、义务做了规定，赘婿虽入妇家，但子女均多属婿家。

彝族入赘婚除了具备一般的入赘的共性外还有其特殊性。彝族妇女一旦配偶死亡，她的命运一般来说是转婚。如果转婚条件不具备，要么独居，要么招赘，“妇拥夫赀，不欲他嫁，则招夫谓之上门郎，能专制，所有亲族不得过问。”① 但这样情形很少。《光绪元年四月初一日夷妇叭耳吗首状》里可见寡妇“招马老三赘门”，马未改姓氏。而此种情况在汉区称为“招夫”，男方即随前夫姓。彝族入赘婚的产生大多在初婚时发生，这是少数民族入赘婚的共同特征。在无子有女的家庭里，可以招赘女婿回家，女婿可以获得遗产。有的地方曲诺之婿可以继承绝业，而阿加之婿不能继承财产。在《道光十七年四月二十七日宁远府禀》暮都案中，男女双方皆是黑彝，男方都嚷为靖远营凹一支黑彝，女方双几是宁远黑彝，男方入赘女家后，女方去世，女家将陪嫁奴婢布列嫁卖，引起了男方的抢劫争斗。“法官”认为：“弟所抢奴女，本属双几曾经陪嫁伊弟之人，究非平民可比，亦无奸占图买情事，暮都系都嚷胞兄，应依一家共犯，并未侵损于人，止坐尊长之律，酌量科罪，但仅照越诉拟笞，似属轻纵，暮都请照不应重律杖八十，照例折责发落。”② 而双几将奴婢遣嫁，不应独受财礼，将

① 何耀华：《武定凤氏本证》，云南民族出版社 1986 年版，第 7 页。

② 四川省编写组：《四川彝族历史调查资料、档案资料选编》，四川省社会科学院出版社 1987 年版，第 379 页。

双儿所收财分马、羊各一给都嚷。我们发现入赘婿因女方去世，可以回家，并且还应享受共同生活时的财产，赘婿成为“半子半婿”。彝族入赘婚中，赘婿的地位高于汉族，在“招夫”的情况下，男方也不需改姓，并且享有对女方原配偶的财产权。发生入赘婚的男女双方，大部分地位都较高，处于奴隶主的地位，而汉族入赘婚多为下层民间家庭，士大夫家庭极少有让儿子入赘女方的，并且认为这是家族的奇耻大辱，赘婚的地位也很低，不受人尊重。彝族入赘婚与“招夫”没有区别，而汉族则有较大区别，清代法律对此有明文规定。

不落夫家是彝族婚俗的特点之一，它作为婚姻类型的补充有其特殊性。由于婚后不落夫家长达几年，往往发生一系列的婚姻纠纷。有些地方彝俗，婚礼时新婚夫妻不需见面，新郎也不参加婚礼，礼仪完成，妻子回娘家住三至七年。其间每逢十月年和火把节，妻子被娘家人送回夫家居住三五日，丈夫也偶尔到岳丈家住三五日，待妻子怀孕后，夫妻才能共居一室。这样就会产生很多问题：其一，夫妻无法建立情感，其二，丈夫不敢保证妻子所怀孩子是自己的。这样就会产生夫妻反目离婚，打鸡发誓（这是彝族诅咒中较为严厉的一种方式，它是以自己或家支的生命为赌注进行诅咒，往往会有伤害），甚至发生大规模的家支械斗。

第三节 离 婚

离婚是婚姻终止的形式之一。婚姻的终止是指合法有效的婚姻关系因一定的法律事实的产生而归于消灭。一般来说，它包括两个方面，即配偶一方死亡或离婚。配偶的死又分正常死亡和非正常死亡。非正常死亡带来的不利后果使婚姻终止程序变得复杂而又漫长，直接影响到财产继承的分配方式及顺序。中国古代奉行许可离婚的原则，婚姻的终极目的和社会属性，决定了离婚存在的现实基础。彝族离婚制度是在历史的承接和现实的融合上产生，它既受到诸多社会制度的影响，又保持着它独有的社会属性。

一、离婚的概念及类型

离婚是指配偶在生存期间，由于诸多人为的因素或习惯法所规定的事实出现，导致婚姻关系的解除。“离婚”一词，始见于《世说新语》，封建社会离婚称谓不同。宋代称“休离”，元代称“休弃”、“休妻”，明清统称“休妻”。从称谓来看，其封建社会的离婚制度是为男性服务的，是婚姻关系中男性对女性的休弃，主动权掌握在男性手中。而彝族由于婚姻中的女性有一定的独立性和对家支的依赖性，其离婚的内容与形式就有其自身的特点。彝族称离婚为“府尔”，即夫妻双方脱离关系。由于彝族有些地方流行“坐家”，所以离婚女子，特别是“坐家”的女子离婚，不受歧视。虽然尔比尔吉有“重煮汤不鲜，再嫁不庄重——淑女不嫁二处”的说法，但他们再婚不受任何影响，无论是意识观念、或是物质利益（聘礼聘金的多少）皆如此。如果娘家势力大，她们还会在离婚时求得对女性的补偿。云南昙华山区，夫妻在生子前可以自由离婚，以一节木头破成两半，各拿一半，即是离婚凭证。彝族离婚一般分为和离和休妻两种类型：

（一）和离

和离即协议离婚，夫妻通过口头或书面协议，经过双方家支同意，就可以解除婚姻关系。凉山彝族认为，配偶提出离婚视为羞辱和轻视。习惯法规定如果女方提出离婚，退还2—3倍以上的聘金，并向丈夫及其家支打酒杀牲赔礼，给男方家支1锭左右银子，给婆婆和丈夫相当于1匹马的礼物。反之，男方提出，女方不退还聘礼，赔偿女方本人及其父母姨妹20锭左右的银子，女方取得家中动产，同样需杀牲打酒向女方赔礼。从一定的角度上来看，女方获赔大于男方，女性较为受人尊重。彝族和离的原因是多方面的，既有经济上的原因，也有情感上的原因，还有因女方“坐家”期间怀孕，男方怀疑子女的血缘而引起的。

（二）休妻

正如我们前面所论述那样，彝族休妻是离婚形式中最为严厉的解除婚姻关系的方法，习惯法所认可的休妻有如下几种：

①通奸。如果女方通奸，男方有权休妻，并对通奸女施以处罚，可以致死，但必

须赔偿一定的命钱，按彝俗采用“白案”价命金赔偿。①

②不育或无子。无论奴隶社会或是封建社会，婚姻的目的，即传宗接代视为大事，“无子，为其绝世也”。② 无子不仅是家庭的不幸，也是家支的不幸。而在古代，不育视为女方的责任，所以因为不育或无子，男性可以再娶妻，或休妻，这是习惯法所认可的。

③其他原因。丈夫还可因妻子道德行为如偷盗、懒惰、不事家务等原因休妻，但彝族习惯法不允许休患重病和不治之症的妻子。这比封建社会“七出”之一的患疾休妻要人道得多。

（三）其他

彝族离婚还有两种情况，即逃离和调解离婚。逃离是指配偶一方不满意自己的婚姻采用逃跑到另一家支或另一土司所辖区域寻求庇护，从而使原有婚姻关系解除。如1920年，白彝娜马阿洛不满意家支为其包办婚姻，跑到布拖，寻求阿都土司保护。阿都土司被杀后，娜马阿洛被当作女奴随土司夫人回到喇坝乡。不久土司夫人的家支尔欧家把娜马阿洛许给了一个三道娃子，当这个娃子逃走后，她又改嫁给了白彝特觉子哈。③为了摆脱不幸婚姻，不惜降低等级，这样的情况应是少数，但采用逃离形式来解除婚姻，习惯法默认其结果。究其原因，不仅在于经济利益的驱使，还在于彝俗对女性的尊重。从这个案例中我们看到主人公娜马阿洛的勇敢和自立，同时也发现人们对这种婚姻表示宽容。

调解离婚是彝族婚姻解除的形式之一。一般来说是指当事人双方对离婚达不成协议或对配偶一方的过失违规找不到充分证据，请求德古出来调解，从而达到离婚的目的。如1947年，盐源县元宝区的罗洪阿干嫁给了木里县的倮米尼散。婚后三年，丈夫对妻子不理睬，也不同居，罗洪阿干的弟弟忍无可忍，在未按习惯法的程序办理离婚手续的情况下，就将姐姐嫁给了宁蒗县的补约尺打家。原夫不服去攻打罗洪莫惹家。经德古调解1952年达成协议：罗洪洛莫惹赔偿倮米尼散白银两千两，作为婚姻破裂补助费；④调解离婚是一种相对公正的离婚形式，一些通奸案和感情不和案皆是通过德古调解而达成的。

---

①③④ 刘尧汉主编：《凉山彝族习惯法案例集成》，云南人民出版社1998年版，第174、139、153页。

② 戴德撰：《大戴礼记·本命》，中华书局1985年版，第202页。

二、离婚的原因

人类社会离婚现象受其政治制度、经济条件、文化理念和风俗习惯影响。彝族离婚也不会脱离这几个方面，一般来说以下几个方面的影响是离婚的主要原因。

（一）生理原因

由于彝族婚姻观念中视离婚为不吉，所以不到万不得已，配偶是很难提出离婚的。纵观彝族离婚案，因为生理因素提出离婚的是情理之事，于习惯法相合。生理原因指因不育或患疾病。彝俗鄙视当配偶一方重病或患不治之症时，另一方提出离婚，所以生理原因主要指不育。习惯法保护男方因妻子不孕而提出离婚的要求，又由于习惯法认可如果妻子不育，丈夫可以再娶妻，所以丈夫选择再娶的几率大于离异。

（二）情感原因

彝俗流行“坐家”，双方结婚后，女方可能在娘家待上几年，少则一两年，多则七八年，只是重大节日回夫家小聚，这样情感交流出现障碍，男女双方都可能因这一习俗而作为挡箭牌，拒绝与另一半同居，从而导致离婚。其次，早婚、转房、姑舅婚等习俗也是造成情感不和的原因之一。因情感、性格不合离婚也必须经配偶同意，如果其中一方自杀身亡，往往引起大规模械斗和赔偿，所以情感不和一般是通过调解离婚的。

（三）违反习惯法和道德观念

彝族社会中，男女双方婚后的家庭生活及私人生活均不应违反习惯法或者普遍的道德观念，否则会被强行离异，严重的甚至被处以死刑。但习惯法在实际运行中也是灵活的，如 1947 年，美姑县的别子铁莫去世后，其妻子被家支转房给别子铁莫的亲兄弟别子伟哈（此人有些呆傻），但该遗孀喜欢其夫的堂弟别子纠史子坡，两人同居后与家支发生冲突，躲进碉堡反抗家支。最后在德古的调解下，家支同意让其三人共同生活，别子纠史子坡杀十条黄牛和两条水牛给别子家支和别子铁莫的弟弟赔礼道歉，买酒一百斤，赔偿白银四千两。该案的调解结果似乎与习惯法表面上的规则不符，但却没有违反习惯法的重要原则，因为女方始终在家支内转房，并承担了对呆傻丈夫的抚养，如果硬性拆散相爱男女，既不人道还可能闹出人命。习惯法对于通奸案的处理多遵循“赔偿在先”的原则，如果夫妻一方或双方因为通奸而导致离婚，离婚的过程是伴随着对受害方的赔偿完成的。

三、离婚的效力

离婚的效力是指离婚生效后，男女双方夫妻关系及姻亲关系的消灭，以及由此而产生的在身份、财产、子女归属等方面的一系列变化。

（一）身份方面的变化

①夫妻关系。夫妻离婚生效后，双方因身份关系而产生的权利与义务随之消灭，姻亲关系也消灭，对双方而言，享有再婚的权利，妻子离婚后与夫家的一切关系解除，归于原家支。如果夫妻在离婚时，发生打鸡赌咒的行为，意味着夫妻双方的家支也决断了关系，双方家支过去通婚的夫妇皆会因此而发生离婚。

②父母子女关系。子女与父母的血亲关系，不会因父母的离异而终止。

③与旧夫的姻亲关系。

（二）财产方面的效力

夫妻离婚后，其财产的归属，关系到男女双方对财产的重新分配。早在《礼记·杂记》载：“诸侯出夫人……有司官陈器皿，主人有司亦官受之。”汉律亦有：“弃妇畀所赍”的规定。① 清代对离婚女方所属财产有明确的规定，保证了女方拥有妆奁等财产。按彝俗习惯法，离婚时财产的分割分为两部分：即婚前财产和婚后财产。婚前财产指聘金和嫁妆，如果男方提出离婚，不得索回聘金，嫁妆及家中动产归女方；如果男方有过错，还要补偿一些财产，包括对女方家支和家庭的赔偿。相反，女方提出，必须二至三倍退还聘金，向男方家庭和家支赔礼，折算实物，如果男方是曲诺或阿加，还需向其所管主子赔偿。

婚后财产，原则上归男方所有，除非男方有过失或女方年龄偏大身体较差，自己无法再嫁或维持生计，男方需安排好女方的生活，分给一定的财产，使其能够度日。

---

① 程树德：《九朝律考·汉律考三·律文考》，中华书局1988年版，第67页。

（三）子女归属

彝族遵循子女由男方抚养的原则，所有儿女应归男方，如果有子女尚在襁褓中，需哺乳育，由母亲先带回娘家过了哺乳期后，再由男方抚养，此期间，男方供给一定的补偿费。也有男方不愿抚养，由女方带回娘家或改嫁，也就是说，子女归属无固定的规则。

第四节

家庭与家支

同许多民族一样，彝族的婚姻形态经历了群婚、对偶婚到一夫一妻制的变迁。一夫一妻制的“最后胜利乃是文明时代开始的标志之一。它是建立在丈夫的统治之上的，其明显的目的就是生育确凿无疑地出自一定父亲的子女……”① 彝族的家庭是以夫妻子女为主要成员的小家庭，儿女成婚，另立门户，而家支（彝语又称“措西”）则是以相同的父系血缘亲属相邻而居的亲族，在一个大家支里可以分若干小的支系，小支系的划分有可能是根据等级划分的，也有可能由于婚姻的需要而分离的。与汉族宗族划分条件相同，但彝族家支与封建社会的宗族有着本质的不同。

一、家庭关系习惯法

彝族家庭有着与中原汉族家庭相同相似一面，在接受中央集权和土司管辖的地区，随中原政治体制变化，而变化的彝族家庭与其同时代的制度相联系，另一部分彝族长期接受习惯法的熏陶，习惯法成为他们立身处世的行为规范，习惯法文化积淀如此之深厚，直到20世纪90年代，习惯法还在继续充当其调解纠纷、仲裁事件的作用，习惯法成为我们研究家庭、家支制度的重要内容。

（一）夫妻之间的法律关系

彝族夫妻遵循的是“奴上主、鸡上冠、妻上夫”，“庄稼若荞头，家庭父亲大”

---

① 恩格斯：《家庭：私有制和国家的起源》，人民出版社1972年版，第59页。

的原则，丈夫在家庭中处于主导地位，管理维系着家庭的生存。

1. 夫对妻的权利

习惯法强调丈夫对妻子的管理权、对财产收益权、人身支配权。尔比尔吉认为：“顺从妻就败，顺从奴就亡，用妻计则灭，妻坏成家难，纠纷女做主就败。”一般情况下，家庭纠纷，家支纠纷及相关的主要活动由丈夫做主，参加议事议政。在家庭生活中，丈夫可以差使妻子，妻子对丈夫的反抗与报复的极限是以牺牲生命力为代价。

2. 妻对夫的权利义务

妻子在家庭中首先是生儿育女的工具，对丈夫守贞守节，负有同居义务（有了小孩以后）。妻子在家庭中享有财产继承权，职位继承权。妻子违反习惯法，如果发生通奸、乱伦、偷盗等行为，一般由娘家处罚，妻子及娘家家支拥有维护她们生命权、声誉权的权益。1932 年，木里县的倮米阿牛嫁给罗洪瓦则后与其奴吉乌瓦哈通奸，被丈夫发现后，罗洪家先派人送回阿牛，准备处决男奴，但娘家人要求其对质，经查实，二人供认不讳。女方被其父兄处死，男奴却在双方家支同意的情况下留下。①

3. 夫妻相犯

彝族习俗强调夫妻的和睦。“夫妻和睦胜过金银”（尔比尔吉），“好汉不打妻，好狗不咬猪”。如果在家庭生活中夫妻相犯使对方致伤或死亡，被害方家支有权向对方索赔，甚至通过大规模的械斗达成协议。如 1944 年，马边县的曲比硕阿依与妻子发生口角，用枪将妻子打死。女方家支吉克氏族八百人出兵攻打曲比家，经德古调解，“判决本案为杀本氏族人的‘花案’，以赔偿方式解决”②。

4. 诸妻间的关系

彝族存在多妻现象，妻子之间地位是平等的。一般情况下诸妻分居，各自以自己的子女为生活单位，丈夫可以随处走动。无论分居也好，共居也好，诸妻子享有同样的权利，承担相同的义务。如《明史》对土司家庭的记载云：“土官承袭，或以子孙，或以兄弟，或以妻继夫，或以妾绍嫡”……“缘以宣抚奢效忠既死，嫡妻世统无子，妾世续有子崇周。二妇争印仇杀，屡经抚处，俱给冠带，分地赡养，印信给崇周收掌侯袭，既而崇周死……”

如果诸妻发生争斗，按习惯法赔偿。1921 年，昭觉县的瓦扎日洛喜新厌旧，冷落

---

①② 刘尧汉主编：《凉山彝族习惯法案例集成》，云南人民出版社 1998 年版，第 155、154 页。

了原配妻子，两妻争斗，发生纠纷。经调解，后妻杀了一头猪向原配赔礼，并打酒请客。① 同样，1937 年，甘洛县的李立木惹，二十年未生育，当丈夫另娶一妻并生有儿子后，她上吊自杀。她娘家家支集中几百人向男方寻理，调解不成，发生大规模械斗，造成财产和人员的重大损失。最后，双方经德古调解，除了正常赔偿外，“死者是因无子女受歧视，她的金银首饰和一切财物等，一律判给她的姐妹，她丈夫无继承权”。该案说明，如果丈夫不平等地对诸妻，造成其中一人死亡（自杀），丈夫会被剥夺其对配偶继承权，从一个方面也说明，彝族习惯法看重女性在家庭中的人身权。

（二）父母与子女的法律关系

1. 与父母的关系

当男女双方当事人结为夫妇后，即婚姻成立后，他们与双方的父母的法律关系发生变化。出嫁女与娘家关系几乎断决，如果不发生重大的人命案或有损风化的案子，娘家人是不会干涉女方在夫家的待遇。彝族同所有的民族一样有着浓厚的重男轻女观念。“女儿是代养的畜，儿子才是家存的根”。女儿无论出嫁与否一般来说皆无继承权。女儿出嫁后不再参与娘家的祭祀，不再对父母及相关亲戚尽孝。

女性与夫家父母。即与公婆的关系较为紧密，这种紧密比起汉族来说又要灵活得多。首先，她成为夫家及其家支的一员，在身份法上，享有夫家祭祀和服制的权利，拥有为丈夫家支生儿育女、传宗接代孝敬父母的义务，幺儿夫妇负有与公婆同居生活，为公婆养老送终的义务。

2. 与子女的关系

已婚夫妇必须以生育出后代为终极目标。如果已婚妇女无生育，或者没有儿子，在夫家的族籍也要被剥夺，死后灵牌不能享有与夫同洞、进入夫家宗祠的权利。而对于丈夫来说，只有在没有儿子的情况下，才会有此待遇，才会从族籍中除名。父母对子女享有抚育权和教育权，同时还要求为人父母的师表作用。这正如彝谚所言，“父母不稳重，子孙将浪荡”，“三次如父言就服从父，三次如母言就服从母”。父母对子女的抚养直到儿子另立门户娶妻，女儿出嫁为止；另外，子女在家里的地位是不相同的，儿子拥有继承权，而女儿没有，但在无儿子的情况下，女儿也有可能承继父位，享有管理家庭财产的权利。同样，母亲也享有荫庇和承袭子职的权利。如《清世宗雍

① 刘尧汉主编：《凉山彝族习惯法案例集成》，云南人民出版社 1998 年版，第 190 页。

正实录》记载，雍正六年“二月壬午朔，……兵部议复川陕总督岳钟琪条奏川省苗疆善后事宜：‘建昌土司，惟河东、河西宣慰司、宁番安抚司三处地方最广，而河东半近凉山，半近内地，请仍授安承爵之女安凤英为长官司，约束凉山一带，其附近内地者，俱改隶流官管辖，至河西宁番逼近内地，悉改归流……’”。①

彝俗同样遵循父兄为大的理念，兄长不仅可以替父管理弟妹，还要承接姐妹的聘礼和身价钱，为姐妹（包括姨姐妹）主张正义，维护声誉的权利。

二、家支制度与彝族婚姻家庭习惯法

家支是彝族生存依赖的核心。彝族在婚丧嫁娶及家庭维护中从来都离不开家支的支持，他们为家支的生存发展可以随时献身，同样为家支生产劳动力、壮大家支实力、扩大家支联姻。

（一）家支制度中婚姻家庭的内容

家支习惯法对家支内部成员具有强制力，表现在婚姻家庭上：

第一，禁止家支成员内部通婚，家支外婚是家族保证内部成员后代质量，扩大家支实力的重大决策，并且用强权维护。正如尔比尔吉说：“做好渡绳拉家支，停好渡口引姻亲。”

第二，拥有维护家支外嫁女的声誉权和生命权，外嫁女在其他家支受到欺辱或自杀，娘家全体家支成员一起讨伐寻赔。

第三，享有对嫁入本家族寡妇的转婚权，这种权利必须经过一定的程序按照一定的顺序完成。

第四，家支享有本支族内绝户家庭的财产继承权。但如果在曲伙家支里，有些成员不存在相互继承权，曲诺、呷西、阿加绝户时，有些财产归属于主子。尔比尔吉说：“在生是家支的儿子，死后是家支的财产。”

第五，家支享有对违反婚姻习惯法处罚裁决权。“拐家支妻是流氓，杀家支人是罪人”，家支对违反习惯法的人的处罚可以重至死刑。

第六，家支享有对其成员进行宗族教育权。家支要求每一家庭都要对子女进行

① 《清实录·世宗实录》（一），中华书局1985年版，第1003页。

“茨”教育，即“背家谱，明根骨，数辈分，定亲疏”。家支成为彝族巨大的精神支柱。尔比尔吉说“人类生存靠亲友，彝族生存靠家支”，“家支是彝族生存的根据，百姓是土司生存的根据”。

第七，家支必须对其所属的每一家庭进行扶助，帮助其生存、发展。发生纠纷、械斗，家支有声援的义务和赔偿的义务。尔比尔吉说：“不维护一家，令家支保不住；不维护家支，一片被抢光。”“赔家支礼就杀牛，家支开除就除灵”。这种互助精神是封建宗族制下的宗族组织无法相比的，它包括在灾荒年的互助、孤儿的代养及老弱病残的支助、婚嫁丧事的互助，以及对其他家支赔偿的义捐。

（二）家支制度对婚姻家庭的作用

家支与家庭是相互依存、相互促进的统一体，彝族上层集团非常重视建立与发展家支的实力，强调家支理念对成员的精神控制。彝族婚姻家庭观念中家支观念起到了举足轻重的作用。彝族的家支制度对其婚姻家庭的建立完善起了重要作用，表现在：

第一，家支制度决定着婚姻缔结的范围，维护着婚姻家庭的稳固；

第二，家支制度决定着家庭成员的生活状况，保护着家庭成员的人身权、财产权；

第三，家支制度中的处罚性规定，促使家支成员、家庭成员之间团结、互助、遵规守德，从而规范了人们的行为及相关的各种关系。

第五节

继承制度

彝族的继承习惯法丰富多样，既有财产继承，又有身份地位继承。在身份地位继承中既有强权等级限制，又有对妇女继承的适当考虑（相对于中原封建王朝来说）。他们重视血脉纯正与承嗣，但却不像汉族那样通过宗祧过继儿子来完成。他们宁愿家支或其主子吃绝业，保全家支利益胜过家庭利益。由于重视血缘与承嗣，他们宁愿多娶妻传宗接代；又由于诸妻地位平等，导致职位继承以及相关政治利益和荣誉继承时发生大的纷争。研究彝族继承制度具有重大意义，我们不仅可以看到其生衍发展的精神支柱及文化理念，也可以了解继承习惯法中的合理性与滞后性，从而可以更深层次地认识彝族与诸多民族婚姻家庭理念上的共性与个性。这就是虽然历经上千年社会变化，彝族习惯法犹如磐石，消融的只是冰山一角的原因所在。

一、身份地位继承

“继承法最清楚地说明了法对于生产关系的依附性。”① 彝族习惯法是建立在奴隶制所有制基础上的，封建性极其弱小。在奴隶制社会中的习惯法，其身份地位的确立与保证是其核心，习惯法全方位地规定了彝族各等级的地位与利益。身份地位主要表现在国家社会生活中的身份地位和家庭及家支内的身份地位。前者是通过接受封建王朝及中央政权的封爵封官和财政支持世袭完成的，后者则是通过诸子承嗣完成的。它分为祭祀继承、职位继承、等级继承。

（一）祭祀继承

彝族崇尚祖灵信仰，“默德施之世，虔诚敬祖宗，设宴祭其祖，慕齐齐以下，追荐十一代”②。祖灵信仰构成了毕摩文化的一大中心，祖灵文化也渗透于人们从生到死的各个重要环节上，在习惯法与习俗礼仪中，形成了一整套祖灵信仰的规范与模式。以祖先崇拜为核心的神灵祭祀成为彝人人生常常经历的仪式。祭祀的严肃性与庄重性决定了主持者的权力与地位非同寻常。祭祀分为家庭祭祀与家支祭祀。在小家庭里祭祀由男主人主持，家支祭祀由毕摩或男性中德高望重的人主持。女子举行了成年礼后就不能再参加原家庭的祭祖仪式，逐渐从娘家族籍中失去祭祀资格，直到她嫁入夫家为其生育儿子后，真正拥有夫家族籍。“在祭祀权上，私生子只能祭祀生父及其妻的亡灵，而不能供奉亲生母亲的亡灵。”③ 所以，参与祭祀对彝族来说事关重大，祭祀由儿子来承继。彝族的立嗣是传男不传女，家庭中男性具有同等的继承权。表现在祭祀上，诸儿子都具有相同的对祖灵、神灵的祭祀权。

（二）职位继承

职位继承主要是针对接受中央政权封官的奴隶主（土司）而言的，土司在彝族集

① 《马克思恩格斯选集》第三卷，人民出版社 1977 年版，第 420 页。
② 毕节地区民族事务委员会编：《西南彝志》，贵州民族出版社 1991 年版。
③ 巴莫阿依著：《彝族祖灵信仰研究》，四川人民出版社 1994 年版，第 12 页。

居地形成了一个特殊的阶层——兹（尼威）。他们的地位高于同阶层的黑彝。土司的继承充分表现了彝族继承制度的特点，即女性在继承中地位的特殊性。

在查阅史料时，我们发现从明代开始，女性就拥有对职位的继承权。不仅诸妻可以继承丈夫的职位（前已举例），女儿可以继承父亲的职位，而且母亲也可以继承儿子的职位。明嘉靖四十二年“三月辛卯，以武定府土官知府凤诏死，其母瞿氏袭，瞿氏走，举诏妻凤索林自代，既而悔之，妇姑相争，瞿氏乃收异姓儿继祖入凤氏宗，换其甥婿水西土舍安国亨、建昌土官凤氏兵力，欲废索林，以继祖嗣，不克。索林谋诛继祖，事泄，继祖遂发兵图府，索林复抱印走云南。巡抚曹忭下令收印，令瞿氏暂理府事，待继祖，责其自新。并逮索林之土总管郑立宏系狱”①。云南楚雄也有类似的情形，“政举无子，妻袭又卒，其女奏乞袭知府，帝曰：黄考有成命，令袭同知。”②由于土司官位的特殊性，所以中央政权不能按照中原任职理念来强求对少数民族地区的官职承袭，造成了女性参与官职承袭的无序性，从而发生大规模的争斗。清代，以满族为主的统治集团同样对土司的承袭沿用明代政策。清雍正四年七月丙辰，“四川巡抚法敏题，建昌卫阿都宣抚司慕枝故，无嗣，请以妻禄氏承袭，下部知之”③。清雍正六年“……请仍授安承爵之女安凤英为长官司。约束凉山一带，其附近地区内地者俱改隶流官管辖，……”④封建王朝在管理边远少数民族地区采用女性承职，说明彝族上层女性的政治地位与法律地位较高，上层女性及其家支在当地具有一定的号召力，这也是彝族习惯法所赋予女性在继承法上的权利义务的延伸。但是，女性承职必须有一个前提条件就是无嗣子承职，这也就决定了女性参政的局限性。

职位继承是按照父子血缘关系，子承父业为先决条件的。但由于诸子皆有平等继承权，一般以长子为先，按年龄排序，如果诸子年龄相当又都幼小，由各自母亲代为执印。为了避免争斗，早在明嘉靖年，中央王权就采用法令形式予以规范“四月甲申，……兵部会吏部议上土官袭职条例。请通行各镇巡官，转行各土官衙门，将见在子孙尽数开报。务见其某人年若干岁，系某氏所生，应该承袭某人，年若干岁，系某氏所生，系以次，土舍未生子者，俟有子造报；愿报弟侄若女者，所以后应承袭之人告袭，再行司府核堪无碍，方与奏请；除杂职妇女照旧彼袭替外，其余连人保送赴部

---

① 参阅［清］张廷玉等撰：《明史》卷三一四，《云南土司传》卷二，吉林人民出版社 1995 年版，第 530 页。

② 江应樑著：《明代云南境内的土官与土司》，云南人民出版社 1980 年版，第 53 页。

③④ 《清实录·世宗实录》（一），中华书局 1985 年版，第 703、1003 页。

替袭。其他纳谷敝政，一概禁革。仍请纂入续修《大明会典》著以为令”①。从中我们发现除土司以外的其余官职继承皆有成文法令予以明确，法律确立了妇女拥有从政权，这是中央王权因俗制夷的政策体现，时至20世纪初，这种继承制还实行。1927年，雷波县千万贯正长官司格阿哈去世时，无子，其职位原定由其女阿哈衣足承袭，但因其年幼（时年4岁），便由其妻沙马阿知即杨登良继位。

（三）等级继承

等级继承是由严格的等级制度所决定的，不同等级中的人继承自身所处等级是阶级性的表现，土司、黑彝、白彝、娃子其身份等级很难改变，他们各自继承父辈所处的等级。等级继承有一最大的特点是男、女同享其父辈所处的等级。

如果同阶层不同等级的人产生婚姻关系，其后代有的继承父亲，有的继承母亲。如果一位男性曲诺与女性阿加结婚，其子女一半为曲诺，一半为阿加；反之，则第一个子女为曲诺，其余子女均为阿加。同样，黑彝等级里也有“诺比”、“诺低”、“黄骨头”之分，三者之间通婚的几率较小，所以，其后代在继承上也无大的变化。

二、财产继承

财产继承是继承制度中的核心，现代继承的概念是指被继承人死亡之后，继承人分割其财产的行为。彝族财产继承应分两部分，即儿子成家立业后从家庭中分出部分财产，即析产；另一部分是继承财产，即父辈死之后，从家庭中继承。彝族在财产继承时是债权与债务同时继承。另外，彝族的财产继承不仅是家庭内的继承，还包括家支继承和不同等级的继承，女性可以继承家庭财产，彝俗称为“某曲木登”，未婚女儿可以分得一部分动产和少数奴隶与土地。彝族继承制度既体现了封建宗族制的特点，又体现了奴隶制的特点。

（一）继承标的规定

彝族继承标的范围广泛，有动产和不动产，也有奴婢娃子等特别财产。女儿在家庭中不享有继承权，但并不是绝对的，妻自娘家所带来的财产一般不参与分割。

---

① 《明世宗嘉靖实录》卷一一二。

（二）财产继承的分配及顺序

彝族继承遵循习惯法的继承原则，同时遵循遗嘱为先的原则。“死者留遗嘱，活人应听从”的彝言就是例证。遵循遗嘱是彝人财产继承中的一大要素，这与彝族祖灵崇拜是不可分割的。遗嘱为先甚至可以超越继承习惯法里的吃绝业和等级界限。1920年雷波县的黑彝曲涅支系的阿土苏甘诉史家绝嗣。临死前，他立嘱，赠与自己的呷西木呷五锭白银为其娶妻，但死后，其家产和呷西木呷被近亲占有，木呷向家支德古诉苦，结果德古批评其近亲违反了遗嘱“诺苏架尾”，强制近亲分一块土地给木呷，并与之配婚。同样，昭觉县的黑彝马乌娘嫁到了木坡亭可家，丈夫去世后，绝嗣，马乌娘死时，留下遗嘱，让自己的哥哥吃自己的绝业，后人照办了。说明即使处于奴隶社会的凉山彝族在其继承习惯法上的完善与人性化。

彝族财产继承又是如何分配给他的继承人的呢？

1. 关于配偶的继承问题

原则上，妻子不能继承丈夫的遗产，只有在绝嗣的情况下，妻子有可能继承并决定其财产的分配。贵族妇女的私财，即陪嫁和生前归自己的一小部分财产由其女儿继承。如果发生意外，如妻子受到虐待致死，妻子家支里的姐妹也可能继承。

2. 关于子女的继承

在有儿子的家庭里，儿子是习惯法所规定的第一继承人。如果有多子，诸子平分遗产。如果有些儿子已结婚分家，在财产的分配上要比在家未婚的少分，应特别注意的是按彝俗，由幺儿为其父母送终，幺儿为其办理父母的丧事，给父母超度送灵，为父母灵牌安置于住地，所以幺儿在遗产的分配上可能多于其余儿子。

按彝俗，未婚女儿可以从母亲家继承财产，彝语称“某曲木登”，未婚女儿从某种角度来讲，她是法定继承人，她可以分得一部分动产和少量的奴隶与土地。

另外，在原则上，不动产由儿子继承。动产如饰物、服装、金银、牲畜、用品等由儿子和女儿平分。如果有两个以上的妻子，而且这些妻子又是分居，独立有了子女，那么，这些妻子死后，各自所生子女继承其家中财产。如果其中一妻无子，她死后财产归另一妻子的子女继承。母亲的私房钱、首饰、衣服归女儿，银子归儿子。如果家中丈夫去世留下债务，由配偶和子女偿还，子女幼小，可以由再婚的后夫代为偿还。

3. 吃绝业

彝族所称的“吃绝业”是指在没有儿子继嗣的家庭里，其父亲死后，财产由家支成员或其他人员获得，但这种形式的“吃绝业”又不是绝对的。彝语“吉隔色坡哲，诺隔伍尼哲，兹隔尔尼哲”即是指“娃子的绝业主子得，黑彝的绝业家门得，土司的绝业百姓得”。从这里我们发现，彝俗的“吃绝业”内容较复杂，不同等级里“吃绝业”的方式不同。

黑彝的绝业分配顺序是同胞兄弟——非同胞兄弟——堂兄弟，按血缘由近及远分配。如果没有同胞兄弟，死者的女儿可以分得一部分动产。明代，土司强大的地区，有的土司吃黑彝的绝业，但清末，这种情况几乎没有了。

曲伙继承权同样遵循黑彝的分配顺序和分配方式，但曲伙的绝业只有主子可以得到。如果曲伙所处的家支势力大，对主子的帮助较大，主子也可以不吃他们的绝业。按彝族早期的习惯，只要曲伙七代以内有继承人，主子是不能吃绝业的，主子吃绝业的产生是针对那些家支势力弱的白彝并且遵循以下例外：

其一，习惯法规定，主子只能吃由阿加上升曲伙的绝业。

其二，外来曲伙可以事前与主子商定或交赎金不允许吃绝业。如美姑县九口乡的赎金为：①每生一男孩送主子二十五至三十两银子；②女儿出嫁送三十至五十两银子；③折银，一匹马折银五两，一件新衣可折成银两；④通过劳役等相关隶属性负担来赎回。

其三，在为家支或主子的械斗中死亡的曲诺，主子不能吃绝业。

奴隶主（黑彝或土司）对其奴隶绝业产业的吞食是相当残忍的，他们会不惜一切手段和机会吃绝业。对于阿加、呷西来说继承权是无保障的，他们的人身权和财产权掌握在其主子手里，成为主子继承权的组成部分，所以，他们继承纠纷相对要少。如果阿加、呷西绝嗣，他们主子当然吃绝业，还不需巧立名目。对彝根阿加有时能得到绝业财产，那只是偶然发生而已。主子要想吃曲诺的绝业，会有准备和相关的理由。如果曲诺去世，儿子还小，主子可能吃绝业，名为代为管理，当曲诺儿子长大后可以索要，但一般是通过赎回或隶属劳动换回。另外如果曲诺有几个未分家的兄弟，其中一人去世，他会要求这兄弟几人立即分家析产，这样主子就会得到应分得的那部分。

彝族的习惯法中继承制度内容丰富而又完整，不同地区根据其经济状况和习惯法的强弱来加以调整，其中既有奴隶制习惯法的继承内容，又有封建制继承法，也有两者兼容的成分，我们都不应厚此薄彼，应全面看待。

YIZU SIFA HE CHENGXU FALÜ ZHIDU

第五章

彝族司法和程序法律制度

第一节

彝族古代的司法体制

司法体制总是依附于国家、政权等政治实体而产生和存在，同时，社会结构和政体也决定着司法体系的构造。彝族先民早在远古时代就曾创立过古莽国、昆明国、古蜀国、古卢、罗部等部落联盟性质的国家，后来又曾建立起南诏、罗施鬼国、罗甸国等地方性的政权。元代至明清，土司制度在彝族地区全面施行，当云贵彝区逐渐向封建领主乃至封建地主的社会经济形态过渡时，凉山彝族地区“诺合”（黑彝）统辖下的血缘等级和家支制度却日渐盛行。彝族社会的发展是复杂而不均衡的，在漫长的历史时期中，西南彝区曾经出现过许多大大小小的政权，也出现过多种形态各异的政治、职官与司法制度，它们有的内生于彝族的历史文化之中，有的受到中原政治文化的影响而形成，有的则由中央王朝所建立。包含于这些复杂政治体制中的司法制度，为维护彝族地区的社会秩序发挥了极其重要的作用，尽管严格地说，它们并非如同现代社会中的司法制度一样完备、细致和严密，有的甚至仅是不成文的规范，但它们依然起到了维护彝族地区的司法权威、保障法律正常有效运行的重要作用。因此，我们将彝族历史上与法律运行有关的规范、政治体制和权威均作为广义的“司法制度”而加以论述。

一、“兹莫”统治下的司法体制

在彝族历史上，兹莫作为主要统治者的时期是漫长的，它与土司统治下的彝族社会和后来凉山彝族地区的“黑彝统治时期”有着显著的差别。“兹莫”在彝语中音“uzymop”，它是彝族传统社会固有的首领，其地位不取决于中央政权的封授，它与“土司”一词的指称是不相同的。兹莫早在设置土司之前就已存在，虽然文字记载不足，但川、滇、贵大多数彝族地区都有，“兹莫”是彝族古代部落中最高统治者的传说。汉文典籍如《新唐书·南蛮传》在描述彝区社会生活时也记录道：“夷人尚鬼，谓主祭者为鬼主。每岁，户出一牛或一羊，就其家祭之，送鬼迎鬼又有兵，因以复仇云。……大部落有大鬼主，百家则置小鬼主”，这里所称的“鬼主”即是彝族部落中三位一体的首领“兹莫”。传说彝族始祖居木武吾的子孙武吾格自就是一个“兹莫”，叙事长诗《勒俄特依》中《兹敏的住地》一章，就是叙述他在距今大约两千年的时候率众进入凉山的事迹。古彝文典籍《公史传》则记载了古代凉山彝族地区两个著名的兹莫，一个是古侯系的侯阿土，一个是曲涅系的合尔普。黑彝阿侯家谱系计算得出侯阿土距今44代，约在一千一百年前，相当于晚唐时期，而根据沙马兹莫谱系的计算，合尔普是沙马兹莫始祖阿折的祖父（或说是曾祖父），距今32代，约相当于南宋前期，这与《元史·地理志》所载至元十年（1273）沙麻部归顺元朝的事迹完全相符。中央政权在彝区设立土司始于元朝，由此可见，兹莫的出现远在元朝之前。实际上，中央政权在设置土司时多就固有的最高首领（兹莫）授以官号，所以兹莫往往被视为与土司一体。如嘉庆《四川通志·武备志》所载凉山彝族土司河东长官司就是利利兹莫，而阿都长官司就是阿都兹莫等等。但是，中央在凉山彝区设置土司时授以封号的对象也并不全是彝族的兹莫，《四川通志》中所载的土司名号，其中不少就是授予黑彝家支甚至是白彝家支的。如邛部宣抚司所属的阿合土目即黑彝阿侯家，苏呷土目即黑彝苏呷家，而暖带蜜土千户所属的六革乡总（原土百户）即白彝尔吉家等等。但是，彝族社会中尊为兹莫者并不会必然地被封为土司，如金阳的马海兹莫、冕宁的卓诺兹莫等。

兹莫在其统治地区形成了独特的政治社会结构和司法制度。他们在原则上占有其统治区域内全部的土地和生产资料，对其统治区域内的所有居民享有包括最高司法审判权在内的统治权力。兹莫统治下的管理体制类似于汉区官府的“衙门”，它不仅设有管理各种事务的“官员”，还设置有监狱、武装等暴力机构。远古时代兹莫统治下的司法体制已经无从考证，而晚近时期，兹莫手下与司法有关的主要官吏如下：

（1）“大管家”，彝语称“莫魁”或“莫魁苏易”，总揽包括纠纷裁判在内的一切重大事务；

（2）“巡捕”，专门调解各种纠纷，协助兹莫和莫魁办事，由黑彝、“格节”① 中的“苏易”（头人）担任；

（3）“师爷”，专门处理兹莫与汉人、汉官之间的往来文书，也包括司法、纠纷等事务，常由汉人担任；

（4）“大队长”，统领武装，负责守卫、行刑等事务。

① 汉称“官百姓”，特指兹莫统治地区的白彝阶层。

兹莫统治地区的“莫魁”与彝文典籍和古代传说中兹（君）、莫（臣）、毕（师）的“莫”是同一个字，这指明了“莫魁”这一角色与古代的“莫”阶层的渊源关系。莫魁和巡捕是兹莫“衙门”的主要官员，一般都是黑彝、格节并置。黑彝官员管理有关黑彝家支的事，格节官员管理有关格节家支的事。所有官员都由兹莫指派，数目多少不一，根据情况决定。凉山彝谚说：“黑彝有本事给兹莫当莫魁”，由此可见，黑彝在古代兹莫衙门中充任官员者是不少的。兹莫虽掌领着其辖区内的最高统治权力，但很多事情都必须将黑彝和格节家支动员起来才能处理，在一些重大问题上，兹莫必须找头人商量才能决定，当兹莫的意见遭到大多数人反对时，也会因之缓办或不办。同时，由于兹莫至高无上的权力，其辖区内黑彝或格节家支会议和家支头人的决议、对纠纷的裁决也经常受到他的干预，兹莫有时甚至会直接指定其亲信担任其所辖家支的世袭头人。但在实际上，这些世袭头人的威信仍然无法取代家支中自然产生的德古、苏易等领袖。兹莫统治地区，家支头人与兹莫的司法权相比较，前者一般只能调解家支内部较小的纠纷，而杀人之类的较大事件或跨越家支的大案则必须到兹莫衙门接受裁断或调解。当兹莫统治区过大，一个衙门管理不便时，便分区设立“小衙门”。小衙门内同样设置小总管、小管事、小当家和调解人等等分管各项事务，这正如彝族训世诗《玛木特依》所言“权力分授与各方，分区管理在各地”的状况。

二、土司统治下的司法体制

土司制度是元、明、清三王朝在部分少数民族地区分封各族首领世袭官职，以统治当地人民的一种制度。尤中先生在《中国西南民族史》一书中指出，“土司制度是中国历代封建王朝在多民族发展不平衡的西南少数民族地区采取的一种民族政策”，它最基本的特征是：封建王朝统治阶级在政治上利用各少数中旧有的贵族分子进行统治，经济上让原来的生产方式继续保留而通过当地贵族分子进行纳贡的征收。元朝以前，各封建王朝基本采用“以土官治土民”的办法。元朝在统一全国以后，以宣慰使、宣抚使、安抚使、招讨使、千户、百户等官职封赠各族首领，并在各族聚居的府、州、县设立土官，逐渐形成制度。明王朝多以原官授职，宣慰使、宣抚使、安抚使等官隶属兵部，土知府、土知州、土知县等官隶属吏部，给予符印，均令世袭，并规定了承袭、等级、考核、贡赋、征发等制度。土司除对中央政权负担规定的贡赋和征发外，在辖区内依然保留传统的统治机构，并享有很大的权力。

元明清时期，西南彝族土司地区普遍设置土司衙门，土司衙门既模仿汉区官府的各种功能和机制而建构，也因彝族传统的政治文化特点而各具特性，每个彝族土司治理下的衙门，都因各自的情况和需要而在建制上不尽相同。但总体而言，这些土司衙门均由上至下形成了层层监控的管理机构，有替土司出谋划策、处理重大事务的谋臣，有专门处断土司辖区内各类纠纷的“司法官吏”，有为土司管理贡赋征收的官员，还有为土司平息叛乱、管理治安的武装组织……就衙门官员的来源看，他们有的是土司的亲属，有的直接为中央王朝所挑选和任命，有的因为办事干练或者势力强大而受到土司笼络和指派，也有出钱贿赂土司而得到差使者。当然，土司治理地区的官吏也并不与历史上的汉族地区完全相同，例如土司所指派的大小头目并不受到官制严格的限制，他们在自己管辖的村寨里通常拥有较大的权力，其职权也体现出综合性的特征，既涉及各种事务的决策、经济的管理，同时也是区域内最高的司法权威。记载云南彝族武定凤氏土司事迹的《武定凤氏本末笺证》云：“土官专制，设曲觉三人，分管地方。遮古三人，管理庄田。更资三人，管理喇误，一应调遣，各领步兵从征。扯墨一人，管六班快手。管家十二人，管庄田租谷，皆头目也。”另据《农部琐录》所载，武定凤氏土司辖区内，“分管地方头目曰曲觉，一曰曲角；管理庄田头目曰遮古，管理喇误，头目曰更资。喇误，钱粮之畸零也，管六班快手头目曰扯墨”。武定墓连土司衙门的具体组织机构如下：

（1）马司：彝语称谓，即兵头之意，协助土司处理一切重大事务，遇有军事行动时，由他任军事首领，多为土司最亲信的人充任。

（2）大管家：总管一切财务，如官租、私租、主要收支、私庄田产及重大家务管理。

（3）小管家：负责土司衙门中的生活管理，伙食仓库的管理，收官租时过斗记账等。

（4）书烛：彝称，即“师爷”、“先生”之意，管理往来文件，出写告示等等。

（5）教练：管理24名土司兵。

（6）管看：管理监狱—墨卡、亮卡。

（7）二爷：专门服侍土司，传达土司旨意，土司外出时为侍从。

（8）跟班：为非武装的侍从，在二爷的指挥下伺候土司，或拴捕农民。

（9）总管山：负责管理辖区内的全部山区。

（10）小管山：管部分山场的林木，催收山场租。

（11）值班团头：内四甲四个团的团头轮流到衙门中值班，每人半月，管理一般行政事务和派租派粮等。

（12）值班大楚司：彝称，汉意为“派夫的人”，管理私庄田，分派伙役。另还有“小楚司”负责催夫、监督夫役在庄田劳动，值班办法与团头同。

在土司衙门复杂的官吏设置中，主要人员的任用是有民族界限的，如“马司”一定要由黑彝充任，而其他重要职务也多为黑彝，由汉族担任的很少。凤氏土司的官吏中虽然没有专门司职司法事务者，但却有过半数者都兼具司法职能，如马司、书烛均可辅佐土司审案、负责撰写需要上报中央王朝的司法文书，甚至有时也得到土司的授权独立处理案件；二爷传达土司的旨意，指派团头执行判决、调遣百姓服从裁判；而管看负责管理土司的监狱，跟班、团头具有“警察”的职能，维护社会治安，强制执行土司衙门的判决、命令。土司治下的司法机构在物质上的设置主要是衙门和监狱，前者与汉区相似，是审理诉至土司或者土司辖区内重大案件的“法庭”。而监狱一般分“黑卡”、“亮卡”两种，按照罪犯的犯罪性质关押。监狱的刑具种类很多，如有的大枷有一公尺见方，厚约半市尺，重60多斤，此外还有手铐、脚镣等等。

凉山彝族地区的土司亦设衙门进行统治，凉山彝语称之为“衙莫”，地点多设在土司统治的市镇或者乡村的中心。如越西上土司衙门设在田坝，阿都土司衙门设在布拖，如果土司有几房妻子则通常在第一妻处设大衙门，其余各妻处分设小衙门。凉山彝族土司衙门与司法事务相关的组织机构及职责如下：

（1）莫魁：又称“孝甫”，汉称大头人或总事，从当地主要的被统治等级中选出，受土司委派总揽一切事务，直接秉承土司意图，依据习惯法处理和解决所属各等级中土地、婚姻和人命纠纷，并代表土司办理接待、应酬和其他一切对外事宜。人数主要根据土司设立的衙门的多少而定，一般每个衙门至少应有一名。除掌管上述事务并向土司提出建议外，其他低级员司多由莫魁或卜孝甫提名，交由土司委任。

（2）苏易：汉称头人，由土司统治区域内各家族中产生。一般要得到土司追认，任期无定，土司不能随意加以更换。苏易负责调解家支内部较小的纠纷，而将较大的纠纷如人命案件交由土司衙门解决。在土司统治下，苏易职权已大为缩小，有的家族已不再产生。

（3）百户与俄吉：百户原由封建王朝委任，地位相当于苏易，主要负责调解本村或家族内部纠纷，协助办理派柴、派工及催收欠款等事项。“俄吉”系西番语头人的称号，每个村落或家支设置一两名，由莫魁提名委派。在上、下土司地区，俄吉的主要职责在于管理租地户，纠察盗窃案件，调解境内较小的纠纷。

（4）看房：分内、外两种，内看房也称当家或管家，掌管土司衙门及家内经济收支和呷西管理等事务。经常接近土司，有较大的权力。莫魁办理土司家务事时需找他们商量，有的由莫魁或百户兼任。外看房负责外出给土司收租，并兼管自营地生产。

（5）师爷：处理土司与汉官或汉人交往中的笔墨事件，当然也负责这类纠纷中的司法文书，师爷多由汉族知识分子充当。

（6）莫西：统管武装、武器，负责保护土司及其家产。下设内外跟班，内跟班随侍土司左右保护，外跟班遇土司外出时充当警卫。人数自数十到百人不等，视需要而定。男女均有，男性为多，平时住土司家，年长后可退役回家。

除上述外，凉山彝族土司的衙门也设有监狱，彝语称“阶依”，系监狱的转音，也称班房。越西下土司衙门的“阶依”墙高三米，厚约一米，以石块垒成，可同时关押三十人。罪犯收入“阶依”后，钥匙由专人管理，一旦关入监狱，未满足土司头人的要求，常经年累月不放，弄得犯罪者倾家破产。“阶依”内的刑具有大铁链、穿耳箭、木鞋、脚镣等，并备有蝎子、蜈蚣等毒虫。

土司的司法权力通常受中央王朝的制约很小，故若遇为人苛酷的土司，其统治或判案就会显得较为恣肆和专断。如赵翼所言：“土官之于土民，主仆之分最严，盖自祖宗千百年以来，官常为主，民常为仆……有事控于本官，本官或判不公，负冤者惟私上老土官墓痛哭而已。虽有流官辖土司，不敢上诉也。……凡有征徭，必使头目签派，辄顷刻集事。流官号令，不如头目之传呼也，倮人见头目答语必跪，进食必跪，甚至捧舆水亦跪，头目或有事，但杀一鸡，沥血于酒，使各饮之，则生死惟命矣。”①

第二节

程序法律制度

法律的运行和纠纷的解决是司法的重要功能之一。如前所述，历史上的彝族社会并无统一和严密的司法体系存在，然而，有社会即有纠纷，彝族社区中大量的纠纷依

① ［清］赵翼：《檐曝杂记》卷四，《黔中倮俗》。

然得到了妥善的解决。无论刑事还是民事案件，都必须通过受理、起诉、出示证据、质证、辩论、合议、判决等等程序才有可能查明事实并正确地适用法律，彝族习惯法解决纠纷也无外乎如此。习惯法没有严整的司法体系，因而也不存在诉讼中各个司法机关严格的职能划分。它既没有现代意义的专职法官来审理案件，也没有专门的检察机关负责案件的起诉，但这并不代表彝族民间法律人在处理案件的程序上是随意和混乱的，他们在解决案件时总是按照习惯法中程序的要求有条不紊地进行着。彝族习惯法的程序制度充分体现出彝族社会的宗教、价值观念等文化特色，它所发挥的效果丝毫不逊色于现代社会的程序法律制度。依照案件解决的顺序，彝族程序习惯法的内容可分以下几个方面。

一、审理前的各项程序

彝族程序习惯法与现代法律体系中的程序法律制度差异较大，因此，我们不打算套用“侦查”、“起诉”、“受理”这些概念化的词语来对它加以描述，而是以案件发展的一般过程为线索来展现习惯法对程序的规定。历史上的彝族地区从未有过专门司职案件侦缉的警察机关，因此，调查案件事实、搜集证据等等工作通常需要由当事人或者调解人来完成。当事人、刑事案件的受害者在感到自身力量获取信息困难、无法查清案件事实时，通常会采用习惯法放“报口”的规则来获取相关线索。“报口”彝语称“勒者”，放“报口”是一种通过悬赏获取案件信息的侦查方式，譬如盗窃案中的失主若无法查清窃贼，通常会四处放“报口”，知道内情的人这时就可以秘密地将实情告知失主，但失主应对提供“报口”者的姓名守口如瓶，以免损害其利益。如果“报口”所反映的情报有效，则失主应当付给提供情报者（即“报口”者）相应的“报口金”，但这笔钱通常在纠纷最后解决时，由刑事案件中的犯罪者或者民事案件中的败诉者承担。当事人除通过自己的力量进行侦查外，也可将案件交由专门的纠纷调解者如德古、苏易等人解决，后者往往会凭借丰富的社会阅历和办案经验四处明察暗访，在彝族传统的“熟人社会”中，这种方式通常也很有效。但德古和苏易通常不会将调查的结果外传，而往往是力求做到胸有成竹，以便在案件审理时做出公正的裁断。

彝族社会中没有公诉机关，案件通常由当事人“自诉”。在土司统治地区，当事人可将冤屈或争讼诉至头人处或者直接诉至土司衙门。而在黑彝统治下家支林立的地区，人们则通常将纠纷诉至家支头人或者德古处寻求公道。在现代社会的法律中，

"自诉"是指受害人及其法定代理人、亲属等依法将纠纷向法定机关提起诉讼，要求追究行为人法律责任的一种诉讼制度。在法律的历史中，用自诉的方式解决纠纷非常常见。在人类社会的很长一段时间，一切纠纷都表现出一种"私法化"的特征，在彝族地区也是如此。大量的纠纷尤其是触犯刑事实体法律者，都允许以私人及其家支的身份来追究法律责任，这是与彝区的社会政治结构相适应的。

彝族地区的案件通常不只是涉及纠纷的个体的事，当家支成员有冤屈或者受到伤害时，家支绝不会坐视不管，一些性质严重的大案，涉案主体通常会由个人、一家一户延伸至整个支系甚至整个家支。在其后的案件审理中，往往不是当事人之间，而是当事人的家支之间在通过协商寻求解决。家支"接管"个人间的矛盾有时会有助于纠纷的和平化解，家支的头人、智者们通常会根据习惯法的规定或者伦理道德的要求做出理智的判断，如果他们认为家支成员有错，通常会敦促他依照习惯法抵命、赔礼，做到赏罚分明，并及时化解与对方的矛盾。当案件比较复杂时，家支则会积极地请来德古介入案件，以尽快平息怒气，通过德古的努力使案件顺利解决。反之，在另外一些纠纷中，个人之间的矛盾升级为家支之间的仇恨，这通常会导致冤家械斗的发生，双方只有在械斗中伤亡惨重、筋疲力尽之后，才会请来德古，寻求和解。但自诉也并非彝族地区的纠纷进入审理程序的唯一方式，当纠纷双方矛盾激化、情况危机时，一些富有社会责任感的德古时常会自动介入纠纷，他们首先压制住双方激愤的情绪，再通过斡旋说服双方，力图通过调解而不是械斗来解决问题。

德古在案件审理之前就发挥着重要的作用，他们既然愿意主动出面解决案件、遏止械斗发生，那么在当事人请求他们介入案件、调解纠纷时，德古一般情况下并不存在"不受理"的情况。彝族地区的纠纷调解者调处案件并不以私利为目的，他们的报酬通常很微薄，有的时候甚至没有任何报酬，他们总是本着高度的社会责任感履行自己的职责。另一方面，人们对德古通常也总是非常尊崇，譬如在刑事案件中，当加害者一方家支害怕卷入械斗、请了德古来调解纠纷时，受害者一方家支或许正在群情激奋、摩拳擦掌地准备械斗时，他们通常不会全然不顾德古的面子贸然进攻，一般情况下都会接受德古的劝说，同意与对方通过调解解决。无论是双方共同请来德古，还是单方请来德古，德古受理后并说服对方参与调解，这一角色在案件进入审理前的程序中，都居于关键的地位。

二、审理和调节程序

如前所述，彝族历史上尽管没有严整的司法机构和严密的程序法律制度存在，但纠纷在解决时也并非是随意和擅断的，相反，德古、苏易在处理案件时总是依照彝族习惯法的程序规则，以保障案件在公开、民主和理性的环境中得以公正解决。运用习惯法审理案件，除一些涉及未成年人的案子外，大多是公开调解或审判的。审判当天，当事双方（或多方）家支首先不能碰面（为避免矛盾激化），他们各自围坐在一处，德古及其助手则在这些家支之间奔波往返。他们不仅询问和了解事实，集中证据、分析证据，也起到传话和沟通各方的作用。

习惯法认可并可能被德古采纳的证据包括当事人陈述、证人证言、书证、物证、宣誓证据等几种，除最后一种以外，其他的与现代法律体系下的相关概念并无本质上的不同。宣誓证据与彝族的宗教信仰密切相关，它是指当某人被指控或被怀疑犯有某种罪行时，通过在神明面前宣誓或者赌咒的方式，来证明自己清白无辜。最常见的宣誓仪式称为“杀鸡赌咒”，在毕摩念经引导后，被怀疑的对象将当众打死一只鸡并念咒。咒语的大致内容是，如果自己真的做过某件被指控的事实或者罪行，就会像鸡一样死去。这在彝族地区是一种非常有效的证据种类，在人人笃信原始宗教的彝族社会中，几乎没有人敢于就虚假的事实情况在神明面前宣誓赌咒，如果事实情况与他赌咒的内容不符，那么他将被认为（同时自己也认为）会有灭顶之灾，这种无异于拿生命做赌注的行为，几乎是无人敢尝试的。

德古审理案件的程序是繁复的，他们极少单独解决案件。案件的主持者常常和“谋嘎”、“谋当”、“丘西”等组成松散的“议事会”，共同商议案件的处理。这种民主合议的办案形式不仅可以避免裁判者的误判或偏私，也更容易完成双方当事人和德古之间的信息沟通。譬如“谋嘎”时常兼具类似某方“代理人”的职能，传递该方的主张和态度，但与“代理人”相比，他们还参与合议案件，并且在立场上也更加中立。在案件的审理过程中，为避免纠纷双方冲突械斗，他们在达成协议前始终不能谋面，“议事会”必须在两者之间来回奔波，审理一个案件大致的流程为：在甲方说理并听取甲方的主张——到乙方说理，转告甲方的主张并听取乙方的主张——议事会单独合议——再到甲方……当然，这种程序并非是机械的，根据调解的需要，整个“流程”既可能单项反复也可能周而复始。德古解决案件的方式可以粗略地分为两种：其一为“判决模式”，主要有两种情况，一为当德古作为家支头人处理家支内部事务时，在民主议事会上，他将根据习惯法对违犯规则的个人直接做出判决，没有讨价还价的余地，这时的德古类似于汉族地区的族长按照“家法”处断违规者；二是高等级的德古（兹莫、诺合）调处低等级者之间的纠纷，特别是调处自己的属民之间的纠纷时，常常利用自身地位所形成的权力直接依照习惯法做出判决，而不是在双方之间反复斡旋调解。其二可称为“调解模式”，通常是德古作为第三方居中调处平等的当事人双方的纠纷，在这种模式中德古没有任何可以威压双方的权力，有的仅仅是双方的信赖与尊重，这时，解决案件是否成功的关键并不在于德古是否严格的适用了习惯法规范，而是在于双方是否形成了合意。德古在运用规范与判例时均表现出一种极大的灵活性，即使案情清晰，他们也未必严格按照逻辑的三段论来适用规则。当事人双方的关系、家支势力、对结果的预期、社会舆论等等复杂的“法律外因素”所产生的张力，常常使最终的结果偏离了规范的预设，德古需要对这些因素在头脑中反复博弈寻找到双方心理的平衡点，越接近这个平衡点，他提出的和解建议便越容易为双方所接受。总而言之，德古“说和”一个案子是非常艰苦的，他们必须不厌其烦地调查、说理、辩论，有的时候甚至连续几天不能合眼，稍有不慎，就会使纠纷脱离“法庭”而跃上战场。历史上一些极为重大和复杂的案件，曾经断断续续的调解了长达十多年甚至几十年；也有的案件竟需请来数十位知名德古共同努力，才得以和平解决。

三、结案程序

运用彝族习惯法解决案件的效果是惊人的，“翻案”的现象在彝族地区极为罕见。这不仅得益于德古神圣的权威，也与习惯法具有宗教意味的结案仪式也是密不可分的。习惯法审案的结案仪式称“若”，它是解决纠纷的最后一个程序，是相对理亏或者犯罪的一方用杀牲畜、赔酒的方式来表达歉意的一种仪式。“若”仪式的公开举行，标志着案件调解的成功。“若”一词在彝语中有几层意思：一是指事物从高处取下来；二是指神灵附身，比如民间专以巫术驱鬼除病的苏尼要有神灵附身才能驱鬼，彝族人称为“哈撒若”；三是指置酒买肉、杀牛宰羊设宴款待尊贵的客人；四是指如上所述习惯法中的结案程序。探讨“若”的四种含义有助于我们了解它最原初的价值指向，这四种意思看似不甚关联，但前三种含义实际上却隐约暗示出习惯法“若”仪式的种种内涵，它标志着事情的最终解决，具有强烈的宗教意味，同时也是通过杀牲置酒的方式向对方表达愧意并为其恢复名誉。彝族法谚说道“错了就该罚酒，错了就该罚肉”，法谚中的罚酒、罚肉实际上就是指举行“若”仪式，人们将过错与“若”仪式视为因果，“若”仪式使用的普遍性由此可见一斑。在解决具体案件时，结案不举行“若”仪式的绝对是少数，通常仅有以下几种情况：A. 多数抵命案因加害者抵命而所有责任消失；B. 通过神明裁判解决的案件适用特殊程序，可不举行“若”仪式；C. 纠纷双方为同一家支、姻亲、邻里或者好友，受害方顾全大局，为减轻对方的负担，主动免除“若”。除这几种情况以外，其他的案件，无论是民事纠纷、婚姻家庭纠纷还是刑事纠纷，均无一例外地举行“若”仪式。

“若”仪式的存在与彝族地区的文化价值观念密切相关，现代社会的法律通常将大部分违法犯罪行为所侵害的客体视为单一的存在，譬如偷窃行为损害财产的所有权，伤害行为损害受害者的健康权等等。但在彝族习惯法的世界中，违法犯罪所侵害的总是成“复数”的法益，人们总是把名誉看得非常高，甚至高过某种表面上受损的法益。譬如偷盗案中受侵害的不仅是财产利益，更重要的是财产主人名誉的损失，有些盗窃案中遗失物品的价值简直微不足道，但因为对名誉的侵害，如果处理不当，受害方家支甚至会不惜一切代价来找回公道。如典型的拐妻案中，行为人不顾妇女已经结婚或者已有婚约的事实，拐走他人的妻子，这被视为是对他人最大的不尊重与蔑视，而受害者若不能改变局面，就将因此而蒙羞。如彝谚所云“妻子被拐走的人，怎么看也不帅”，妻子被拐者简直是“赔了夫人又折兵”，在熟人熟面的家门、亲友和邻居面前，他的名誉严重受损，以至于别人看他都觉得很不顺眼，可见妻子被拐走对任何人来说都是一种奇耻大辱。彝族传统社会中的家支和村落可以说是一个没有陌生人的社会，因而损害他人利益的违法犯罪行为总会被人们认为是有选择性的，这些行为被视作是对受害方个人乃至整个家支的不友好、不尊重，是对其尊严和名誉的挑衅行为。正是由于这样一种逻辑的存在，故以恢复名誉为首要目的的“若”仪式才变得极其重要甚至必不可少。它的存在抚平了受害方精神层面的创伤，而只有物质和精神的双重补偿，才能达到彝族人心目中“公正”的要求，也才能彻底平复受损的社会关系，保障案件调处结果长久有效。

第三节

神明裁判

前文介绍了彝族习惯法解决纠纷的一般程序。尽管随处都有宗教影响的痕迹，但习惯法中的程序法律制度从大体上看依然是世俗的，彝族社会中的宗教权威并不是法律的权威，宗教的信条也并非是法律的最高准则。然而，这并不妨碍宗教的神明裁判制度在彝族习惯法领域特殊而重要的地位。这种渊源久远的审判方式是解决彝族社会中所有用世俗手段所不能解决的疑难案件的最佳选择。一个事实清楚、争议不大的案件通常不会采用神明裁判的方式，毕摩这样的职业也不会介入案件的程序之中；只有当事实不清、证据不足，纠纷各方围绕一些直接影响案件结果的重要问题争论不休时，人们才可能选择借助神明的力量断清曲直。这种特殊审判方式的采用还有一个前提，那就是必须建立在纠纷各方都同意的基础之上，因此，神明裁判是彝族司法和程序法律制度中一种具有补充性和选择性的审判方式。

一、宗教与神明裁判的关系

神明裁判，又称神意裁判、神判、神裁、天罚、巫术裁判等等，是指让神灵的意志介入人类行为的是非辨别与纠纷处理之中，以求得公正的判决。神判几乎是所有古老民族在诉讼审判活动中所普遍使用的方法。神明裁判是一种世界性的法律文化现象，它的渊源十分久远。传说中国古代五帝时期的司法官皋陶曾运用神兽进行裁判，而夏启时代孟涂行巫断狱的“血迹神判”，商朝时期运用甲骨进行的“占卜神判”都是著名的例子。现代法律的发源地欧洲曾经有过广泛采用神明裁判的历史，以中世纪盛行的“热铁审”为例，牧师给烧红的铁块洒上一些圣水，并说道：“上帝保佑，圣父、圣子和圣灵，请降临这块铁上，显示上帝的正确裁判吧。”然后他让被告人手持那块热铁走过九英寸的距离。最后，被告人的手被密封包扎起来，三天之后查验。如果有溃烂的脓血，则他将被判有罪；反之就被认为是清白无辜的。古代日耳曼人经常采用一种“冷水审”的“神明裁判”方法，被告的膝盖被绑起来，然后用一根绳子系在腰部，慢慢地放入水中。根据他的头发的长度在绳子上打一个结，如果他的身体沉入水中的深度足以使那个绳结没入水中，则证明他是清白的；否则就证明他是有罪的，其理由是洗礼教派的水不能容纳提供虚假证言的人。在欧洲一些地区还曾经使用过一种鲜为人知的"圣经考验法"，牧师在祈祷以后把一本《圣经》挂到一根木棍上，保证其可以自由地左传或右转，然后让被考验者站在悬挂《圣经》面前陈述案情。如果其陈述后《圣经》按照太阳运行的方向旋转，就证明他是清白的；如果相反，就证明其有罪。神明裁判是宗教对法律活动进行全面占领的审判方式，梅因曾指出，在古代社会中，法与宗教从来都是相互依存、纠缠在一起的，无论在东方的还是西方的法律规范和典籍中，都无一例外地混杂着宗教的、民事的以及仅仅是道德的各种命令，而把法律从道德中分离出来、把宗教从法律中分离出来，则非常明显是属于"智力发展的较后阶段"的事。当代人类学的研究也证明，在所有的文化当中，法律和宗教存在四个共同的要素：一是仪式，即象征法律或宗教客观性的形式程序；二是传统，即由过去沿袭下来的语言和习俗，它们标志着法律或宗教的延续性；三是权威，即法律或宗教依赖的是某些成文或口头的渊源，这些东西在人们看来是至善至真，必须服从的；四是普遍性，即法律或宗教所包含的概念或洞见都必须是普遍有效的。法律上的权威和普遍性被认为是从宗教那里获得启示而形成的，而那些形态和结构较为简单的社会中，宗教更是广泛地影响和支持着法律秩序的形成。

彝族习惯法规范的产生源于彝族社会为了自身存在和发展而产生的有序化需求和倾向。起初，人们在生活中不断对其自身行为进行反复选择，在成功与失败中总结出正确的选择。由于相同的目标自然会导致人们习得经验的必然一致性，使越来越多的人为达到相同目标而倾向于采用同样的手段和方法。随着时间的延续，相同的行为方式和感受便会自然而然地演变成习惯和习俗，并内化为人们的精神价值。在这些习惯和习俗中，道德、政治、宗教、法律、哲学很难区分而且也不能区分。只有当人们的社会政治组织复杂到一定程度时，才产生了现代的人们所熟知的宗教、法律、政治等独立的部门。宗教是彝族社会中人们的生活所必不可少的部分，它也是各种习惯、民俗和秩序规则的重要组成。彝族的宗教信仰不属于建制宗教的范畴，它是一种典型的"民间"宗教和地方性宗教，彝族宗教变迁的历史是漫长的，这导致了其内容的复杂性。万物有灵的自然崇拜、图腾崇拜、灵魂观念、鬼神崇拜以及祖先崇拜等等形形色色的宗教观念和宗教仪轨共同构成了彝族人的信仰世界。宗教生活广泛地深入彝族民间，它深刻地影响着习惯法规则的形成和内容。

或许在现代人的眼中，各种神明裁判的方法都是荒唐的和滑稽的，但在特定的历史文化背景中，这种审判方式显然比我们想象的更有意义。人类学家特纳认为，原始社会的主要问题在于维护亲属间的和睦关系，减少竞争和敌对，神明裁判在很多时候或许并不等于辨明了案件事实，但它总是被人们确信为解决纠纷的“万能”手段或者最后手段，从而能够有效地避免大规模武装冲突的灾难发生。在没有诞生出统一司法体制的彝族地区，人们依赖自然产生的领袖裁判和调解纠纷，目的就是要防止任何人把法律握在自己手中作为私利或复仇的工具。而当世俗的权威——德古无法辨明事实真相的时候，神的判断显然比一切个人的虚妄猜测都更加可靠和可预期。有的时候，神判甚至能迫使人们表露出真实的心理活动，从而彰显出事实的真相。例如一个有罪者经常会因为畏惧神的惩罚而不敢进行宣誓；而有的人则被神判复杂细致的仪式所产生的神秘效果所震撼，从而将畏惧、恐慌溢于言表，被众人所识破。被贴上了野蛮与落后标签的神明裁判或许是一定文化背景中一个民族最理性的选择，这些严肃、庄重和公开的仪式体现出人们原始的正义理念，在相同的程序下，无论高贵者还是卑贱者，无论富有者还是贫寒者都被置于神的天平之上等候判决。某种程度上，这种原始的程序正义理念与今天的程序正义观并没有本质的区别，抛开神判是否能实现实质正义的争论，它所体现出的“一断于神”的法治精神是不得不为人们所信任和称道的。

二、彝族习惯法神明裁判种类

彝族地区进行神明裁判通常的情形是，当某人被指控犯下某种罪行，而他本人誓死不愿承认，又没有充足的证据证明谁真谁伪、谁是谁非之时，便可由负责解决纠纷的调解人作证，请毕摩进行神明裁判。有关彝族历史上举行神明裁判的案例在许多文献中均有记载，如《南诏野史》卷下记述彝族神裁的场面道：“有争者，告天，沸汤投物，以手捉之，曲则腐烂，直则无恙。”而《维西闻见录》称古代彝族“负约则延巫祝，置膏于釜，烈火熬沸时誓，置手膏内，不沃烂者为受诬；失物亦以此法明焉”。又有对贵州彝族神明裁判的记述：“蛮僚有事，争辩不明，则对神祠热油鼎，往往焦溃其肤，莫能白其意者。此习土著之民亦皆沿之，少抱微冤，动以捞油为说。”① 彝族的神明裁判也不止是“沸油审”一种方式，根据案件的性质和严重程度，通常会采用不同的神判方式。以下结合案例对神判的方式及其他案件细节加以描述。

① ［清］沈曰霖：《粤西琐记》。

（一）端铧口

端铧口，在彝语中称为“乃克夺”，是因偷盗抢劫或其他各种事件引起怀疑，被怀疑者坚决不承认，而怀疑者又一口咬定是其所为时用以证明事实的神判。四川、云南等地的彝族都存在用此种仪式裁决纠纷的做法。具体做法为由毕摩将铧口递给被疑者，令其将铧口捧至九步外的菩萨（供奉处）面前，手被烧黑变坏者算输，如手无恙者乃算赢。输者担负相应的金钱赔偿。

（二）捞油锅

捞油锅是滇南和四川彝区用以测试并裁定盗窃犯或者诬告者的一种神明裁判方式，一般适用于被指控者不承认自己是盗窃犯，因而发生争执的纠纷。其方法是毕摩诵经念咒后，把油盛入锅中烧沸，随即毕摩念咒朝锅中撒一把米或者放入一个鸡蛋或石头，以证明不烧无罪过之人。随即令指控者和被指控者依次赤手伸入油锅中，捞米或捞鸡蛋或捞石头，以烫坏手者为败诉，反之为胜诉。如果指控者的手被烫坏，即认定控诉无理，诬告好人；如果被指控者的手烫坏则认定有被指控行为。如果双方当事人的手均烫坏或均不烫坏则证明毕摩的法术不精明，因而毕摩需当即向双方当事人赔礼认罪，宣告裁判结果无效，并承担这次评判的一切费用。如果发生纠纷的一方变卦，不敢接受此裁判，则该方为无理败诉，败诉方要承担一切神明裁判的费用。

（三）嚼米

嚼米的操作方法为毕摩边诵经念咒边从双方当事人原先准备好合拢的米碗中撮起两把米，随即令双方当事人把米同时放入口中嚼烂，数分钟后，令双方当事人同时吐出口中的米，视米上带血者为败诉，未带血者为胜诉。如果两者吐出的米均未带血或均带血，两者不分胜败。如果一方不敢嚼米即为败诉。

（四）打鸡

打鸡彝语称“瓦独”，是彝族社会中最常见的一种神判方式。它通常是在各方围绕案件事实争论不休时，由指控方打死一只鸡，并诅咒说如果被指控者确有他所指控的行为，就会像鸡一样死去。习惯法认为，如果被指控者敢于在打鸡的当日出现在现场，则说明他敢于经受诅咒的考验，不怕被咒死，那么他就会被判定是清白的；反之如果被指控者不敢出现在现场，说明他心头有鬼怕被咒死，那么他将必然地输掉官司。

（五）折断棍子

这种神明裁判的方法曾经在滇南彝区出现过。如果两人或两家发生纠纷，诉讼双方均可提出折断棍子为证。由毕摩或锁斋（巫婆）主持，双方当事人分别以食指指向苍天，诅咒自己如果无理，愿受天神的惩罚。然后双方当事人折断准备好的棍子，之后一段时间内若无灾难降临，表明无罪，诉讼有理。若另一方在折断棍子以后一段时间里有灾难，则该方当事人败诉。如果不敢折断棍子以及指天发誓，证明该方无理，有被指控的行为。

（六）漂灯草

这种神判方法曾经在凉山彝族地区出现过，主要用于解决偷盗案件嫌疑人较多时的是非争端。其方法如下：由毕摩准备一盆清水以及数寸长之灯草两根，其中一根的一端染有箭头标志。巫师将灯草架搭成“十”字形态，使之漂浮盆中，然后令被怀疑的若干人都围站于水盆四周。巫师念完咒语后便对着灯草吹一口气，使之借助外力在水面上旋转漂动起来。待灯草自然停止之后，灯草上的箭头指向何人，他即被认定为偷窃者，并按习惯法进行赔偿和处理。